本书为国家社科基金重点项目“粮食产销区省际横向利益补偿机制构建与路径研究 ”（24AJY028）、国家社会科学基金项目“保护性耕作促进粮食安全效应提升的路径与对策研究”（21BJY249）的阶段性研究成果。

粮食主产区发展中的财税政策识别与探索

马 丽 著

中国财经出版传媒集团
中国财政经济出版社
·北京·

图书在版编目（CIP）数据

粮食主产区发展中的财税政策识别与探索 / 马丽著 . 北京：中国财政经济出版社，2025. 5. -- ISBN 978 - 7 - 5223 - 3868 - 2

Ⅰ. F812

中国国家版本馆 CIP 数据核字第 2025F4W992 号

责任编辑：陆宗祥　　　　责任校对：徐艳丽

版式设计：南博文化　　　　责任印制：张　健

粮食主产区发展中的财税政策识别与探索

LIANGSHI ZHUCHANQU FAZHANZHONG DE CAISHUI ZHENGCE SHIBIE YU TANSUO

中国财政经济出版社 出版

URL：http：//www. cfeph. cn

E - mail：cfeph@ cfeph. cn

社址：北京市海淀区阜成路甲 28 号　邮政编码：100142

营销中心电话：010 - 88191522

天猫网店：中国财政经济出版社旗舰店

网址：https：//zgczjjcbs. tmall. com

涿州汇美亿浓印刷有限公司印刷　各地新华书店经销

成品尺寸：170mm × 240mm　16 开　18. 75 印张　303 000 字

2025 年 5 月第 1 版　2025 年 5 月河北第 1 次印刷

定价：78. 00 元

ISBN 978 - 7 - 5223 - 3868 - 2

（图书出现印装问题，本社负责调换，电话：010 - 88190548）

本社图书质量投诉电话：010 - 88190744

打击盗版举报热线：010 - 88191661　QQ：2242791300

前 言
PREFACE

粮食安全是国家安全的重要基石，而粮食主产区作为我国粮食生产的核心载体，其可持续发展直接关系着“中国饭碗”的稳固性。当前，我国粮食主产区面临多重挑战：财政投入分散化与“重工轻农”倾向并存，税收优惠政策碎片化难以形成系统激励，中央与地方、政府与企业及农户间的利益博弈日益凸显，政策效能损耗问题亟待破解。现有研究虽对财税政策与粮食生产的关系有所探讨，但多局限于单一政策效果评价或理论推演，缺乏对多主体博弈、政策协同效应及国际经验本土化转化的系统性研究。本书以“政策识别－效果评价－博弈解析－国际对标－优化设计”为主线，试图回答三个核心问题：(1) 如何量化评估粮食主产区财税政策的综合效率？(2) 如何破解政府、企业与农户间的利益冲突？(3) 如何构建适配新发展格局的财税政策体系？这一探索对实现粮食安全、农民增收与区域协调发展的三重目标具有紧迫现实意义。

本书的研究思路和框架包括：在对相关概念和理论基础进行界定基础上，首先，对粮食主产区财税政策的历史演进和现状进行了分析；其次，运用 DEA－Malmquist 模型对粮食主产区财税政策的实施效果进行了评价，对存在的问题进行了剖析，同时采用三阶段序贯博弈方法分析粮食主产区地方政府与中央政府之间的财权、事权关系，刻画并分析了中央政府、地方政府和农民之间的利益冲突；最后，深入研究了制约粮食主产区经济发展和财政收入的财税法律制度约束因素，并借鉴国外先进经验，给出了促进我国粮食主产区发展的财税政策的总体设计和优化方向，提出了相应的对策建议，以实现我国粮食安全的长期稳定保障。

本书在以下方面具有创新：一是利用数据包络分析模型对近五年粮食财

税政策施用的综合效率进行测算，发现粮食主产区的效率大多好于产销平衡区，说明粮食主产区不仅在产量上优于产销平衡区，在粮食财税政策效率上同样比粮食产销平衡区更有优势，政府应该进一步加大对主产区的财政投入和税收减免力度；二是运用博弈法对粮食主产区不同涉粮主体间的博弈进行分析，发现粮食产业链中不同主体之间既存在竞争关系，也存在合作关系，因此，博弈分析需要综合考虑合作与竞争两种机制，并探讨了如何通过制度设计来促进合作、减少冲突；三是对粮食主产区粮食主管政府部门及部门领导、部分农户展开调查，获取一手资料，发现各涉粮主体间利益取向不同、粮食主产区奖励力度太小、粮食流通体制不顺畅、地方政府的重视程度不够等问题是限制粮食主产区经济发展的因素。这些研究不仅有助于深入了解粮食生产领域的实际情况，还能为政策制定、决策优化以及农业可持续发展提供重要依据。

本研究受国家社科基金重点项目“粮食产销区省际横向利益补偿机制构建与路径研究”（24AJY028）、国家社会科学基金项目“保护性耕作促进粮食安全效应提升的路径与对策研究”（21BJY249）资助，特此致谢。东北农业大学官思羽老师及笔者的研究生团队也为研究付出了努力，李飞扬、康新宇、刘雨昂、杨佳悦、布凯银、赵悦宏、冯丹彦、赵春悦在财税政策评估、博弈模型分析、数据收集与处理等方面做出了重要贡献，为实证分析提供了坚实保障。当然，囿于学识，书中难免存在疏漏，恳请读者指正，问责当然自负。

目录

1 绪　论

民以食为天。粮食是关系国计民生和国家经济安全的重要战略物资，是人类最基本的生活资料。各国一直以来都在积极推进粮食生产，维护国家粮食安全。粮食是一种关乎国家稳定和人民生存的必需品。长久以来，粮食的销售是供需主体的一种自主行为，但同时在粮食的生产、流通等多个环节，都离不开政府的扶持，因此，可以认为粮食是一种准公共产品（陆福兴，2011）。我国对粮食安全问题历来高度重视。1960 年，中共中央发布《关于全党动手，大办农业、大办粮食的指示》，并指出“民以食为天，吃饭第一，必须全党动手，全民动手，大办粮食”。改革开放以后，我国连续出台多项政策制度推进粮食生产、保障粮食安全。自 2004 年以来，国家更加关注“三农”问题，连续 21 个“中央一号文件”都关涉“三农”，并持续关注粮食安全问题，制定实施多种保护政策，保证我国粮食产量持续增长，并在粮食生产、流通、储存、销售等各个环节提出更高的要求。2024 年全国粮食总产量为 70650 万吨（14130 亿斤），相较于 2023 年，全国粮食总产量增加了 1109 万吨（222 亿斤），增长率达到了 1.6%。2024 年全国粮食播种面积为 119319 千公顷（178979 万亩），这一面积比 2023 年增加了 351 千公顷（526 万亩），增长率为 0.3%。2024 年谷物产量为 65229 万吨（13046 亿斤），比 2023 年增加了 1086 万吨（217 亿斤），增长率为 1.7%。谷物播种面积为 100458 千公顷（150687 万亩），比 2023 年增加了 532 千公顷（798 万亩），增长率为 0.5%。

在 2022 年全国“两会”上，习近平总书记就实施乡村振兴战略、提高农业综合生产能力作出了重要讲话和重要指示批示，进一步强调了新形势下保障粮食安全的极端重要性，明确提出了要“确保粮食安全的弦始终绷得很紧很紧，宁可多生产、多储备一些”“粮食生产年年要抓紧，面积、产量不能掉下来，供给、市场不能出问题”“中国人的饭碗必须牢牢端在自己手里”。粮食安全的极端重要性，对公共财政调整和完善对粮食生产的支持提出了期待。新中国成立以来国内粮食生产稳定发展，粮食安全保障有力，主要体现在以下四个方面。

（1）生产能力持续增强，粮食产量连上台阶

自新中国成立起，伴随我国农业农村改革的逐步深入，粮食综合生产能力持续提高，粮食生产达成了跨越式发展。新中国成立伊始，粮食产量仅有2000多亿斤，1962年稳定在3000亿斤之上，1966年达到4000亿斤；1978年改革开放初期，粮食产量超过6000亿斤。改革开放之后，家庭联产承包责任制得以建立并施行，这极大地调动了亿万农民的生产积极性，释放了农业生产力，粮食产量不断登上新台阶。1984年，全国粮食总产量超出8000亿斤；1993年超过9000亿斤；至1996年首次冲破1万亿斤，2012年达到1.2万亿斤的水平。党的十八大以来，以习近平同志为核心的党中央将粮食安全视作治国理政的首要任务，推行粮食安全党政同责，深入推进“藏粮于地、藏粮于技”战略，我国粮食综合生产能力稳步增强，粮食生产开创了新局面。2015年，粮食产量突破1.3万亿斤，此后连续9年稳定在1.3万亿斤以上。2024年，粮食产量达1.4万亿斤，人均粮食产量为493公斤，连续多年超越世界平均水平，且高于国际公认的400公斤粮食安全线。粮食单产亦大幅提高，2023年全国粮食单产为389.7公斤/亩，较1949年增加了321.1公斤/亩。

（2）种植结构持续优化，粮食品类均衡发展

新中国成立以来，我国着力解决农业发展中存在的深层次矛盾和问题，顺应人民群众对美好生活的新需求。其中，稻谷、小麦作为重要口粮作物，其占粮食产量比重总体保持稳定。2024年稻谷产量为4150.7亿斤，比上年增加18.6亿斤，增长0.5%；小麦产量为2802.0亿斤，比上年增加70.2亿斤，增长2.6%。稻谷和小麦的产量合计约占粮食总产量的49.2%，产量处于历史高位，有力确保了“谷物基本自给、口粮绝对安全”。玉米作为重要的粮食和饲料作物，也是关键的工业原料，在粮食生产中的重要性不断上升。2023年玉米产量5776.8亿斤，突破历史新高，比1949年增加5528亿斤，占粮食产量比重达41.5%，较1949年提高30.6个百分点，为粮食连年丰收作出了突出贡献。大豆作为重要油料和饲料作物，近年来通过实施大豆振兴计划，产量快速增长。2023年大豆产量417亿斤，较1949年增加315亿斤。2024年全国谷物产量为65229万吨（13045.8亿斤），比上年增加

1086 万吨（217.2 亿斤），增长 1.7%；2024 年，全国薯类产量为 3058.5 万吨（611.7 亿斤），比上年增加 44.5 万吨（8.9 亿斤），增长 1.5%；2024 年全国豆类产量为 2363.0 万吨（472.6 亿斤），比上年减少 21 万吨（4.2 亿斤），下降 0.9%。2014—2024 年全国主要农产品产量如表 1－1 所示。

表 1－1　2014—2024 年全国主要农产品产量　单位：万吨

年份	谷物	豆类	薯类	粮食
2014	59601.5	1564.5	2798.8	63964.8
2015	61818.4	1512.5	2729.3	66066.3
2016	61666.5	1650.7	2726.3	66043.5
2017	61520.5	1841.6	2798.6	66160.7
2018	61003.6	1920.3	2865.4	65789.2
2019	61369.7	2131.9	2882.7	66384.3
2020	61674.3	2287.5	2987.4	66949.2
2021	63275.7	1965.5	3043.5	68248.7
2022	63324.3	2351.0	5977.4	68652.8
2023	64143.0	2384.0	3014.0	69541.0
2024	65229.0	2363.0	3058.5	70650.0

数据来源：历年《中国统计年鉴》。

（3）区域布局持续完善，产区优势日益彰显

从新中国成立到 1978 年，南方地区是我国粮食主要产区，粮食调配从南方向北方流动。从 1978 年开始，随着工业化、城镇化的发展，以及北方农田和水利基础设施不断完善，我国逐步进入北粮南运时代，2005 年北方粮食产量首次超过南方。为适应新的粮食生产和流通格局变化，国家开展粮食生产功能区划分，出台一系列政策措施支持优势产区发展，确保了粮食产能逐步提高。根据国家统计局的数据可推出 2023 年 13 个粮食主产区产量达到 10834 亿斤，比 1949 年增加 9283 亿斤，增长 6 倍，占全国产量的比重为 77.9%，比 1949 年提高 9.4 个百分点，为我国粮食实现稳产、高产提供了主要支撑。特别是东北粮仓在确保国家粮食安全上发挥了重要作用，2023 年东北四省区粮食产量 3699 亿斤，比 1949 年增加 3384 亿斤，比 1978 年增加 2917 亿斤，比 2012 年增加 706 亿斤，占全国粮食总产量达到 26.6%，为端牢“中国饭碗”做出了突出贡献。党的十八大以来，党中央持续加大粮食生产支持力度，实行粮食安全党政同责，出台系列强农惠农政策，建立健全粮食主产区利益补偿机制，农民种粮和地方抓粮积极性极大提高，主产区粮食生产能力不断加强，产销平衡区粮食基本自给，主销区粮食自给率逐步提高，主产区、产销平衡区、主销区布局不断优化。

（4）发展质量持续提升，粮食产业提质增效

自新中国成立以来，我国粮食生产从追求数量为主的粗放式生产方式逐步向质效并重转变，特别是党的十八大以来，以农业供给侧结构性改革为契机，坚持产业兴农、质量兴农、绿色兴农，粮食生产走向高质量发展道路。近年来，我国持续大力培育和推广优良品种，打造了一批优质强筋弱筋专用小麦、高产优质玉米示范基地。2023 年，全国农产品质量安全监测总体合格率达到 97.8%，农作物良种覆盖率超过 96%，优质强筋弱筋小麦面积占比超过 35%。持续加大优势特色粮食种植，着力提升和保护特色粮食的品牌价值，形成一批特色优势农产品基地。截至 2023 年，全国绿色、有机、名特优新、地理标志农产品总数达到了 7.5 万个。2023 年粮食企业实现工业总产值超 4 万亿元，质量效益和竞争力不断提升。

粮食安全既关乎着国家安定、政局稳定，又制约、影响着各国的经济发展。可以说，粮食安全与社会的和谐、政治的稳定、经济的持续发展息息相关。粮食在我国国民经济发展中一直处于“强位弱势”地位。就粮食安全与财政政策之间的相关性进行论证，并表示“三分粮食、七分财政”，这一论述是符合客观实际情况的。在我国，粮食种植效益低下，粮食主产区长期面临“失血”状况，多数产粮大省经济发展相对滞后，粮食生产有不可持续的风险（尹成杰，2009；李全根，2009）。所以，对粮食主产区予以财政支持与补贴是保障粮食生产的主要方式。近年来，尽管粮食供求矛盾有所缓和，但因政府政策对市场的干预，新的粮食生产问题不断出现。如何构建合理的财政与税收法律制度，构建何种财政与税收法律制度，怎样平衡中央和地方、产粮大省与其他经济区域间的利益博弈，打破粮食主产区“高产穷省”财政匮乏的困局，从而长期确保我国粮食安全，值得深入探究。

1.1 研究背景

1978 年至今，我国不断进行粮食产业体制改革，逐步推行粮食购销市场化改革，实行粮食直接补贴的试点，并将“通过流通环节的间接补贴改为对农民的直接补贴”作为今后粮食流通体制市场化改革的方向。从2006年1月1日开始，全面取消农业税。至此，与农业行业相关的税种只剩下烟草税和耕地占用税。近年来，为进一步激励粮食生产，政府运用直接或间接的财政与税收优惠政策，对粮食生产、存储和流通等各环节加以扶持，以改善我国当前面临的粮食问题。我国为解决粮食供给不足的状况，实施最低收购价、农产品种植直接补贴政策并取消农产品各项税收，在实现粮食完全自给的同时达成农民增收的目标，而且使农业技术得以进一步发展。但是这一系列政策严重影响了粮食市场，导致粮食市场出现前所未有的难题。中央政府借助财政手段与中央职权向产粮大省下达粮食生产计划，产粮大省将主要精力与资源集中于粮食生产，这导致了其第二产业与第三产业的发展滞后。同时，政策反应的滞后使粮食供应与市场需求之间出现了不匹配，迫使粮食生产大省在产业链和价值链中处于低端位置，利益分配格局极度失衡。加之税收制度的变革，这些省份的财政收入遭受了显著缩减，财政缺口不得不依赖于中央政府的财政援助。因此，无论是在与中央政府的互动中，还是在与其他经济区域的竞争中，粮食生产大省都处于不利地位，仿佛被政策、中央政府以及市场机制所“束缚”，从而陷入了一个恶性循环：作为粮食大省却财政困顿，形成了“粮食丰饶而财政贫瘠”的反常现象。自2004年至2021年连续19年发布的“中央一号文件”均涉及粮食生产等内容，2022年“中央一号文件”中再次强调了保障粮食生产、稳定粮食播种面积，提出要把中国人的饭碗时刻牢牢端在自己手中，同时确保饭碗要装中国粮。自2020年以来，全球范围历经非洲蝗灾、极端气候、俄乌冲突等影响广泛而深远的重大事件，粮食安全问题受到全球瞩目，各国居民对本国和全球粮食供给产生担忧。正因如此，大多数粮食出口国家开始限制出口数量。对于作为世界人口第一的中国来说，保障国家粮食安全更具有战略性意义。全国粮食总产量在2021年达到了6828.5万吨，实现了历史性的“十八连丰”，国内粮食总产量依然保持在高位水平。然而，我国粮食供需“紧平衡”状态和脆弱的粮食生产基础，导致粮食生产产能并不完全稳固。尽管粮食连年丰产，但我国的粮食生产矛盾依然存在（魏后凯，2018）。

从国内形势来看，我国农业基础还不稳固，粮食安全面临着不小的挑战。一是粮食生产面临的资源和环境约束趋紧，目前国内耕地只能满足国内2/3的粮食和油料需求，尤其是在城镇化、工业化不断推进的背景下，耕地数量受到严重挤压，且随着大量化肥农药的投入，严重影响了耕地质量，粮食生产的可持续性发展面临严重的挑战。此外，农业灌溉用水的供给面临紧张局势，且利用效率相对较低，这在一定程度上对粮食生产构成了制约。二是粮食生产的成本持续上升，而种植粮食的相对收益则不断下滑，这一趋势普遍降低了农户种植粮食的意愿。相关统计数据显示，从 2008 年至 2022 年，稻谷、小麦及玉米这三大主要粮食作物的平均生产成本显著上升，由每亩 462.74 元增加至每亩 972.99 元。与此同时，尽管净利润在此期间也有所增长，但增幅远小于成本的增长，具体表现为从每亩 186.45 元微增至每亩 188.83 元①，净利润上涨幅度小且速度缓慢，与经济增长相比，收益过低，抑制了农民种粮积极性。三是粮食产业支撑不足，产业发展层次偏低，粮食企业成本高、利润低，关键核心技术缺失，导致科技研发核心竞争力偏弱，加之粮食市场化改革与政策性粮食储备之间的矛盾较为突出，对粮食产业发展带来一定的冲击。四是随着经济社会发展和人民生活水平提高，食物需求量不断增加，国内粮食供求将长期处于“紧平衡”状态。据统计，2020—2023 年，我国粮食产量增速为 3.87%，而粮食消费量增速为 17.16%，粮食消费量增速远高于粮食产量增速。

当前我国粮食生产面临的国内外形势较为复杂。粮食生产的经济效益相对较低，尤其是与工业、服务业等相比。这导致农民和地方政府在推动粮食生产方面积极性不足，甚至出现抛荒现象。此外，随着城市化进程的加快，粮食主产区面临着耕地被占用的风险，进一步加剧了粮食生产的压力。同时，粮食主产区在保障粮食生产的同时，还需要承担大量的公共服务和基础设施建设任务。然而，由于粮食生产的低效益，这些地区的财政收入往往有限，难以满足日益增长的公共需求。这导致粮食主产区在财政上陷入困境，难以为继。在当前国家倡导构建“以国内大循环为主体，国内国际双循环相互促进”的新发展格局框架下，坚守“以我为主、立足国内、保障产能、适度进口、科技支撑”的国家粮食安全战略显得尤为重要。此战略强调需充分利用国内、国际两个市场及资源，实施长远规划，不断强化粮食安全风险的监测与预警体系，以有效应对并化解各类风险，从而保障粮食主产区的权益及农民收益，全面提升粮食安全保障效能，确保国家粮食安全无虞。鉴于此，当前亟须解决的关键问题在于如何优化粮食主产区的财税政策体系，以

① 根据《全国农产品成本收益资料汇编（2000—2023 年）》中数据测算得出。

确保其粮食生产的持续性与稳定性，解除其后顾之忧，为粮食主产区的长远发展提供坚实保障。

1.2 研究目的和意义

1.2.1 研究目的

本研究以国家重要战略部署“保障粮食安全”为切入点，研究粮食主产区的各项财税政策问题及未来发展趋势，以打破“产粮大省”“财政穷省”的诅咒；在如今国内外如此严峻的形势下，建立长效的、稳定的粮食补偿政策，以确保我国粮食安全，同时保障粮食主产区财政收益，有效缓解粮食主产区地方政府的财政压力，提高粮食企业的收购、加工、储藏等意愿，提高农民种粮积极性。

本研究旨在研究如何通过财税政策激励粮食主产区增加粮食生产，确保国家粮食供应的稳定性和自给率。这包括提供财政补贴、税收优惠等激励措施，以降低种粮成本，提高农民种粮积极性。研究如何通过财税政策引导资金、技术、人才等资源向粮食主产区流动，提高资源利用效率，促进粮食生产的可持续发展。探讨建立粮食产销区省际横向利益补偿机制的可能性，通过财税政策调节粮食产销区之间的利益关系，确保粮食主产区得到合理的经济补偿，提高其生产积极性。主产区与财税政策的研究目的涵盖了保障国家粮食安全、促进农民增收与农村发展、优化资源配置与利益分配、推动粮食产业高质量发展以及应对国际粮食市场波动等多个方面。这些研究目的的实现将有助于促进我国粮食生产的持续稳定发展，提高农民生活水平，保障国家粮食安全。

1.2.2 研究意义

粮食安全既关乎国家经济发展，又关系着国家政治局面稳定；既是一个经济问题，同时也是政治、军事、社会问题；既是一个需要深入研究的理论问题，又是一个需要实践发现的现实问题。粮食安全的研究意义重大且深远。它不仅是保障个人饮食健康和社会稳定的基础，也是促进经济发展和国家安全的重要保障。同时，粮食安全研究还具有重要的理论意义和实践意义，能够推动农业科技创新和农业现代化建设。粮食主产区发展中财税政策财税问题的研究意义如图 1 -1 所示。

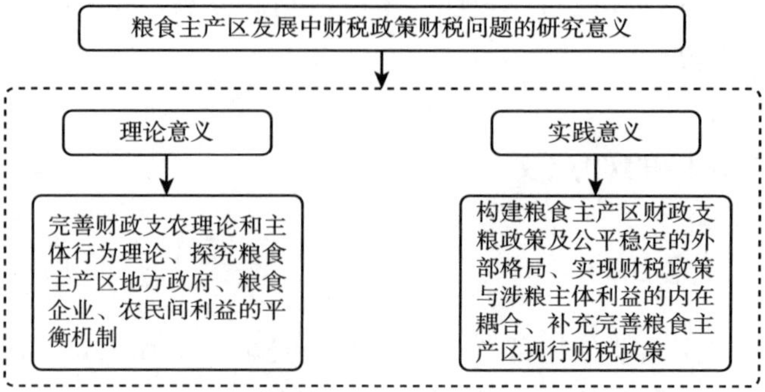

图1-1　粮食主产区发展中财税政策财税问题的研究意义

（1）理论意义

①有助于完善财政支农理论和主体行为理论。粮食主产区的财税政策是指从国家宏观角度，通过实施财政税收政策，调节粮食价格、各涉产区地方政府抓粮行为、粮食企业供给消费、农民产粮等行为，实现粮食的宏观调控与经济产出，以确保我国粮食长效、安全。而财税政策对粮食相关主体的影响作用机理和影响路径较为复杂，粮食主产区的财税政策作用路径是否畅通、相关政策的制定是否有效，关系到我国在宏观层面的政策设计及预期发展目标是否能如期实现。探究粮食主产区不同类型的财税政策推动粮食主产区经济发展的作用机理、效率、主体行为的研究，既是对我国财政支农理论的补充和完善，也是连接财税补贴理论与涉粮主体行为理论的重要枢纽。

研究粮食安全对于完善财政支农理论和主体行为理论具有重要意义。以下就从这两个方面进行详细阐述：一是完善财政支农理论。首先，明确财政支农的方向和重点。粮食安全研究能够揭示粮食生产中存在的关键问题，如资源约束、技术瓶颈、市场风险等，从而指导财政支农政策更加精准地投向这些领域。通过分析粮食生产的成本收益情况，可以明确财政补贴、税收优惠等支持政策的力度和方式，确保财政支农资金的有效利用。其次，优化财政支农政策体系。粮食安全研究有助于构建完善的财政支农政策体系，包括直接补贴、价格支持、保险保障、基础设施建设等多个方面。通过综合施策，形成政策合力，提高粮食生产的综合效益和抗风险能力。最后，提高财政支农政策的可持续性。粮食安全研究关注粮食生产的长期稳定性和可持续性，因此财政支农政策也应注重长期效应。通过建立稳定的财政支农投入机制，确保政策的连续性和稳定性，为粮食生产的持续发展提供有力保障。二是完善主体行为理论。首先，深入理解种粮主体的行为逻辑。粮食安全研究需要关注种粮主体的行为变化及其背后的原因，包括农户的决策过程、风险偏好、利益诉求等。通过分析这些行为特征，可以更加深入地理解种粮主体的行为逻辑，为制定更加符合实际的政策措施提供依据。其次，要揭示主体行为变动对粮食安全产生的影响。粮食主产区的农户、农业企业等主体的行为改变会直接对粮食生产的稳定性与安全性产生影响。通过对这些行为变化影响粮食安全的机制加以研究，能够及时察觉潜在风险与问题，进而采取相应举措予以应对。最后，指导政策制定以引导主体行为。基于对主体行为的研究和理解，可以制定更加科学、合理的政策措施来引导主体行为。例如，通过提高种粮收益、降低生产成本、改善生产条件等方式来激发种粮主体的积极性；或者通过建立健全的市场机制、加强监管和执法等方式来规范主体的行为。

研究粮食安全不仅有助于保障国家粮食安全和经济发展稳定，还能够为完善财政支农理论和主体行为理论提供重要的理论支持和实践指导。通过深入研究粮食安全问题，可以更好地理解财政支农政策的作用机制和优化方向，同时也能够更加准确地把握种粮主体的行为特征和变化规律，为制定更加科学、合理的政策措施提供有力支撑。

②有助于探究粮食主产区地方政府、粮食企业、农民间利益的平衡机制。粮食具有公共性属性，亦具有私人性。首先，粮食作为一种公共物品，它的收益非排他性导致了政府和职场需要共同作用，以保障粮食的生产。其次，从我国长期的发展趋势来看，在城乡二元经济结构的背景下，近些年来我国政策逐渐向“三农”倾斜，但是地方政府作为“理性人”，其长期偏好是追求自身利益最大化以及长期的财政稳定。一方面，地方政府决定农民种什么粮，推进什么政策让企业收益高、让农民收入高；另一方面，涉粮主体根据实际情况选择种粮及种什么粮、种多大面积、预计多大产量、预计多少收益等。很显然，政府、粮食企业、粮农互为利益博弈主体。因此，如何不断优化粮食主产区的财税政策、完善粮食的利益补偿机制，实现涉粮主体的利益与公共物品安全的均衡，是首要的问题，也是必须完成的任务。

粮食主产区地方政府、粮食企业及农民之间利益的平衡机制对于保障粮食生产的稳定性、提高粮食生产效率和促进农村经济发展具有重要意义。以下是对此机制的详细分析：一是利益关系的复杂性。粮食主产区地方政府、粮食企业和农民在粮食生产过程中各自承担着不同的角色和责任，同时也存在着复杂的利益关系。地方政府需要确保粮食生产的稳定和国家粮食安全，粮食企业追求经济效益和市场竞争力，而农民则关心自身的收入和生活水平。这些利益诉求之间既存在一致性，也存在矛盾点。二是平衡机制的重要性。首先，保障粮食生产稳定。通过探究利益平衡机制，可以确保各方在追求自身利益的同时，不损害粮食生产的稳定性和可持续性。这有助于维护国家粮食安全，满足人民日益增长的粮食需求。其次，提高生产效率。合理的利益分配和激励机制可以激发各方的积极性和创造力，促进粮食生产技术的创新和应用，提高粮食生产效率和质量。最后，促进农村经济的繁荣发展。通过构建一个更为合理且高效的利益平衡机制，可以有效驱动农村产业结构的调整与优化升级，进而为农村经济的持续增长注入动力，并助力农民实现收入的增加与生活水平的提升，迈向富裕之路。三是平衡机制的具体内容。首先，财政补贴与政策支持。政府可以通过财政补贴、税收优惠等政策手段，对粮食主产区地方政府、粮食企业和农民给予一定的经济支持。这有助于降低生产成本、提高收益水平，从而激发各方的生产积极性。特别是针对农民实施的直接补贴政策，诸如种粮补贴与良种补贴等，能够直接提升农民的经济收益，进而激发并增强其从事粮食生产的意愿。其次，市场调控与价格保护。政府可借助市场调控手段，如设定粮食最低收购价、推行粮食储备制度等，稳定粮食市场价格，维护农民与粮食企业的利益。此举有助于缓解粮食价格剧烈波动对农业生产造成的负面影响，从而确保粮食生产的持续稳定性。最后，利益共享与风险分担。建立合理的利益共享和风险分担机制，确保各方在粮食生产过程中能够共享收益、共担风险。例如，通过签订长期购销合同、建立利益联结机制等方式，将粮食企业、农民和地方政府紧密联系在一起，形成利益共同体。这有助于增强各方的合作意识和责任感，共同应对市场风险和自然灾害等挑战。

通过构建合理的利益分配和激励机制、加强市场调控与价格保护、建立利益共享与风险分担机制以及加强基础设施建设与公共服务等措施，可以确保各方在追求自身利益的同时，共同维护粮食生产的稳定性和可持续性，促进农村经济发展和农民增收致富。

（2）实践意义

①有助于构建粮食主产区财政支粮政策及公平、稳定的外部格局。效率和公平是人类福利最大化的现实目标，其内在是统一的，因此两者内部有很强的耦合关系。提高效率为实现公平提供了内在前提，而现实公平为提高效率提供了外在保障。首先，建立公平、完善的财政支粮政策，可以提升粮食

主产区地方政府“抓粮”的积极性，也可以提供农民“种粮”的积极性。其次，注重公平和效率是主产区财税政策制定的关键和基本准则，政府的补贴可以一定程度上缓解地方经济压力，一段时间内加大财政资金流，增加可支配资金的稳定性，缓解企业和农民持续增长的补贴需求，利用有效的资源进行合理的二次分配，实现城乡间、政府与企业农民间、企业与农民间的内部公平。当粮食主产区对粮食生产的积极性大幅提高后，其带来的生产要素的投入可以推进粮食补贴政策的实施，从而提高中央补贴利用率，最终实现财政支粮政策与各主体间平衡、稳定的外部格局。

对于构建粮食主产区财政支粮政策及公平、稳定的外部格局的实践意义，主要体现在以下几个方面：一是保障粮食生产的稳定性和可持续性。粮食安全研究能够揭示粮食生产中的关键问题，如耕地质量下降、水资源短缺、农业技术落后等，进而为政府提供指导，使其能够精准地调配财政资金，以支持粮食主产区的基础设施建设、农业科技的研发及推广等工作。通过对粮食安全的研究，可以明确粮食生产所需的各类资源，如土地、水、资金、技术等，进而优化资源配置，确保粮食生产的顺利进行。例如，政府可以根据研究结果，加大对粮食主产区农田水利设施建设的投入，提高农田灌溉效率，保障粮食生产的用水需求。二是提高粮食生产效率和质量。粮食安全研究能够推动农业科技创新，促进新品种、新技术、新装备的研发和应用，提高粮食生产效率和质量。政府可以通过财政支持，鼓励科研机构和企业加大研发投入，推动农业科技进步。研究还表明，新型农业经营主体如家庭农场、农民合作社等在提高粮食生产效率和质量方面具有重要作用。政府可以通过财政补贴、税收优惠等政策措施，支持新型农业经营主体的发展，促进粮食生产的规模化和集约化。三是促进农民增收和农村经济发展。构建合理的财政支粮政策能够确保农民的种粮收益，进而增加农民收入。比如，政府可推行种粮补贴、农机购置补贴等政策，削减农民种粮成本，提升种粮积极性。而且，保障粮食生产的稳定性与可持续性有助于推动农村经济发展，提升农村地区的整体生活水平。此外，政府亦能通过推动农产品加工业、乡村旅游业等产业的兴盛，进一步拓宽农民的增收渠道，推动农村经济向多元化、综合性的发展方向迈进。四是构建公平、稳定的外部格局。粮食安全研究能够助力政府强化对粮食市场的监测与调控，确保粮食市场供需平衡以及价格稳定。这对维护农民和消费者的利益、推动社会和谐稳定具有积极意义。构建针对粮食主产区的财政支持粮食生产政策，能够加大对这些区域的扶持力度，促进与其他地区之间的协调发展，有助于缩小地区间经济发展的差异，推动实现共同富裕的宏伟目标。另外，粮食安全作为一个全球性的重大议题，亟须世界各国共同努力、携手合作来加以应对。研究粮食安全有助于我国加强与国际社会的合作与交流，共同推动全球粮食安全的实现。

②有助于实现财税政策与涉粮主体利益的内在耦合。长期以来，微观涉粮主体（粮食企业、粮农）的偏好，很难影响中央、地方政府的“决策函数”，造成了实际需求与宏观政策间的偏差，导致了政策与微观主体的现实情况衔接不融洽。粮食安全研究的开展有助于中央政府深入了解微观主体需求，把握各主体的利益需求，协调各主体利益，满足其偏好，将其实际需求引入政府的“决策函数”中，制定科学、有效、完善、可操作的粮食主产区财税政策。由此可以提高政府及有关部门的决策水平，同时，可以从涉粮主体的诉求中，得知政策制定得是否合理、是否助农惠农利农。这有助于实现地方政府与涉粮主体间的内在耦合，从根源上解决粮食主产区实际问题，保障粮食主产区财税政策稳定实施。

财税政策与涉粮主体利益的内在耦合关系的建立，有助于确保财税政策的有效实施，同时保障涉粮主体的合理利益，促进粮食生产的稳定发展。以下从三个方面对这一实践意义进行详细阐述：一是明确财税政策支持方向。粮食安全研究能够深入了解粮食生产、加工、流通等各个环节中涉粮主体的实际需求，包括资金、技术、市场等方面的支持。这有助于政府在制定财税政策时，更加精准地定位支持方向，确保政策能够真正惠及涉粮主体。此外，通过粮食安全研究，政府可以评估不同财税政策对涉粮主体的影响效果，进而优化政策资源的配置。例如，对于生产效益高、发展潜力大的粮食生产项目，可以加大财政补贴和税收优惠力度；对于技术创新和产业升级项目，可以提供研发资金支持和税收减免等优惠政策。二是提高财税政策实施效率。首先，增强政策的针对性。粮食安全研究有助于政府识别粮食生产中的关键问题和“瓶颈”环节，从而制定更具针对性的财税政策。这些政策措施能够直击问题要害，显著提升政策执行的效果与效率。其次，它们有助于促进政策的协同作用。鉴于粮食安全涵盖多个部门与领域，因此亟须各部门间的紧密协作与配合。通过粮食安全研究，可以明确各部门在财税政策实施中的职责和任务，促进政策之间的协同作用，形成政策合力。三是保障涉粮主体合理利益。财税政策可以通过直接补贴、税收优惠等方式，增加农民种粮的收入。此举有助于调动农民从事粮食生产的积极性，进而增强粮食生产的稳定性与可持续性。其次，在支持粮食企业发展方面，针对粮食加工、流通等领域的企业，财税政策可以为其提供必要的资金援助及税收优惠，有效降低其运营成本，提升其市场竞争力。这将对促进粮食企业的稳健发展、推动粮食产业的转型升级产生积极作用。

③有助于补充、完善粮食主产区现行财税政策。我国对于粮食生产等财税政策已施行十几年，现在正迈入稳步发展阶段。但是目前施行的政策存在边际效应递减现象，其中粮食直接补贴政策、农机购置税补贴政策、价格支持政策等，这些政策在实施中也显现出一些漏洞。而且，在新发展格局、新冠疫情的大背景下，粮食主产区经济增速逐渐放缓，地方政府的财政压力不容小觑。本研究将对我国现行的关于粮食主产区的财税政策进行系统分析，并结合宏观数据、相关调研对现有政策的实施效果进行评价，探究粮食主产区相关政策需改进、完善的地方，并结合我国国情与未来发展趋势，完善针对粮食主产区的财税政策制度。

粮食研究不仅有助于深入了解粮食主产区的实际需求和问题，还能为政策制定者提供科学依据，从而制定更加合理、有效的财税政策。以下从三个方面对补充、完善粮食主产区现行财税政策的实践意义进行详细阐述：一是明确政策支持重点。首先，粮食安全研究强调耕地保护和地力提升的重要性。现行财税政策可以进一步加大对高标准农田建设、黑土地保护利用、盐碱地综合治理等项目的支持力度，通过财政补贴、税收优惠等手段，鼓励粮食主产区加强耕地保护和地力提升，确保粮食生产的可持续性。其次，农业科技创新是提高粮食生产效率和质量的关键，因此，现行财税政策可以加大对农业科技研发和推广的支持力度，设立专项基金，鼓励科研机构和企业加大研发投入，推动农业科技成果转化和应用，提升粮食主产区的科技水平。二是优化财税政策结构。当前的补贴政策或许存在覆盖面不广、标准不统一等问题。经由粮食安全研究，能够对现有补贴政策的成效与问题予以评估，从而优化补贴政策结构。例如，可以加大对种粮大户、家庭农场等新型农业经营主体的补贴力度，并提升补贴的精确性和实施效果。与此同时，可探索构建与粮食生产效益相挂钩的补贴机制，以激励农民提升粮食生产效益。在税收政策方面，可以研究如何通过税收优惠来鼓励粮食生产和加工企业的发展。例如，可以对从事粮食生产、加工和流通的企业给予一定的税收减免或优惠；同时，可以致力于构建粮食产销区之间的省际横向利益补偿机制，借助税收调节这一工具，实现粮食主产区与主销区之间利益关系的平衡。三是促进粮食产业融合发展。粮食安全研究领域同样高度重视粮食产业融合发展的关键作用。现行的财税政策体系能够为粮食主产区在粮食深加工、农产品电子商务等领域的拓展提供有力支撑，从而推动粮食产业链的延伸与价值链的升级。通过财政补贴、税收优惠等手段，可以激励企业增加投资，进而提升产品的附加价值与市场竞争力。此外，促进产销的有效对接也是当前财税政策的一个重要方面。为了缓解粮食产销之间的矛盾，相关政策正积极支持粮食主产区与主销区之间建立起稳定且高效的产销衔接机制。通过搭建产销对接平台、举办产销对接活动等方式，促进粮食主产区和主销区之间的信息共享和合作交流，实现互利共赢。

1.3 国内外研究现状

1.3.1 国外研究现状

（1）国外财政税收支农体制的起源

国外对粮食的财税政策的系统研究始于1933年，这一年美国政府颁布了《农业调整法》，由政府主导加大对农业支持的力度，并对其实施长期补贴。1936年，凯恩斯在《就业、利息和货币通论》中主张政府干预市场，同时他认为必须采取措施防止市场失灵，加大财政对农业的支持力度，对农产品采取保护性收购价格，以保护农民利益。由此可见，国外对农业的支持由来已久，且国外的经济理论研究比我国早很多。如今，国外对粮食产业的财税政策的相关研究也较为全面。我们通过对国外文献进行总结和归纳发现，国外文献主要关于涉粮财税政策有利、不利的影响研究包括涉粮政策对粮食产出效应的影响及对农户收入效应的影响等。

（2）国外财政税收政策对农业的有利影响

了解国外政策的研究现状，对解决国内面临的粮食主产区的财税问题大有裨益。许多学者对国外粮食产区财税制度进行研究，认为财税制度对粮食生产具有显著的效果。政府部门通过制定针对性的政策措施及提供精准、有效的支持形式，为乡村小规模旅游业的发展注入了新的活力与机遇，将会带来经济社会回报与效益（Fleischer & Felsenstein，2000）。作为发展中国家，要解决粮食安全问题，就必须通过利用财政支持补贴政策等，或是通过财政引导投资等渠道支持农业（Rosegrant et al.，2001）。以秘鲁为研究对象，通过对秘鲁财政支农情况进行分析得出，加大对农业基础设施建设的投入对促进农民增收具有非常重要的正向激励作用（Engle wamick et al.，2011）。对一个位于希腊的游牧农场运用 DEA 方法进行效率分析发现，如果技术效率较低，相对于大农场，直接补贴政策的效果在小农场更明显（Konstantinos，2011）。使用 1972—2010 年巴基斯坦农业部门的数据，通过构建 GMM 模型，分析财政政策和货币政策对农业增长的影响，验证后的模型认为实施财政政策和货币政策对于促进农业发展和改善农村贫困问题是有效的（Muhammad，2012）。在现代农业发展过程中，创新研发成为关键阶段，譬如对先进农业设备、种子、化肥等农业生产材料的研究和开发。而观察表明：享受过政府给予的税收优惠的公司与未受到国家税收优惠的公司相比更加倾向于创新，并且这些受惠企业在后续也展现出更强的发展势头。因此，税收激励措施能有效激发企业在研发活动上的积极性，促进科研人员向农业科技创新领域聚集，从而减少研发过程的成本、降低风险（Foreman - Peck & Pepelasis，2013）。将美国农业普查与农业资源管理调查结合起来，观察 150 万个农场的动态，这些数据可以揭示农场规模扩张和收缩的巨大变化。研究发现，随着农场规模的缩小，财税政策对农业的补贴显得尤为重要，并可能在减缓农业规模收缩方面发挥重要作用（Kirwan，2017）。利用 VECM 进行实证分析，结果显示，各国农业支出类型对农业增长所产生的影响不同，在支出类型中，只有获得第三优先的基础设施发展对农业经济增长具有促进作用（Jambo & Newettie，2017）。农业发展对自然资源和国家政策支持有严重的依赖性，政府要根据充足、有效的外部性成本和收益数据，以长期发展战略为导向制定针对性的政策，以有效解决全球农业和环境问题（Legg，2017）。有学者在研究中审查了尼日利亚的财政政策，重点审查了该国支持农业的政策，充分说明了这些政策在国家总体经济、全面发展中的重要性，建议政府继续加大力度投资农业，促进尼日利亚粮食安全与工业化发展，在促进农业部门发展的同时，带动整体经济发展（Aniyie，2017）。通过农业补贴是国家通过低于市场成本价格的方式激励用户增加农业投入。农业是重要的国民经济产业，同时该产业的发展具有弱质性，因而需要制定农业补贴这一财政政策支持农业发展（David et al.，2018）。有学者运用 VAR 模型，研究了财政支出对尼日利亚经济增长的影响，结果显示：对于农业此类初级经济，在短期和长期视角下，政府对农业领域的财政投入均会有效地推动以农业为主导的经济体增长（Akanbi et al.，2019）。政府财政政策对农业生产有积极影响（Moghaddasi，2008；Lawal，2011；Bojnec & Knific，2021）。政府对农业研发的投资有利于技术创新，在增加农业生产和加强粮食安全方面发挥着关键作用（Georgieva & Blagoeva，2021）。投入补贴政策对农业生产具有较大影响，区域补贴对农民收入具有较大影响，但投入补贴政策比区域补贴政策更有效，并建议在充分考虑生产效率和市场支持的情况下，增加投入补贴的预算，扩大覆盖范围，增加粮食产出（Deininger et al.，2020）。欧洲的绿色税收政策，提出发展现代农业需要通过征收农药税的方式保护土壤、增加财政收入等，用这笔钱支持可持续农业、创新实践研究、培训等（Blagoeva & Georgieva，2023）。增加农业投入补贴、建设或维护农村基础设施有利于家庭收入和农作物产量的提高（Stephen，2016）。有学者对不丹的农业补贴政策进行分析，发现不丹作为农业国家，优先考虑农业补贴问题，发现政策干预的有效性是促进农民增收的关键（Manjur et al.，2019）。有学者研究印度低收入落后地区的实际情况，认为消除贫困的最直接办法就是消除农村低收入人口，利用农业补贴持续促进农户增收，推进补贴政策实施保障农户持续受益（Bathla et al.，2019）。以美国《农业法案》为例，将美国的财政投入分为三个部分，分别是大宗商品支持、作物保险和营养援助计划，这三个方面都显著促进了美国农业的发展（Zagorin，2023）。

（3）国外财政税收政策对农业的不利影响

但也有一部分学者认为，粮食产区财税制度并没有完全发挥其真正的功效，甚至产生了负面影响，原因有三：其一，部分财政政策和资金的投入对粮食产量增加不如预期。市场价格补贴政策相较于直接支付补贴政策而言不利于提高农民收入水平（Moss & Schmitz，2023；Diamaran et al.，2003）。直接补贴会导致土地价格地租上升，进而抵消对农业生产者收入的正向影响（Serra，2006）。对乌克兰农业生产进行实证分析，发现政府在财政支农方面表现出资金使用效益偏低的状况，建议政府应合理优化财政支农结构，将支农资金从农业补贴向更能提高农业竞争力的项目转移（Sergiy，2006）。以下以尼日利亚1961—2010年的年度数据为例，具体分析尼日利亚农业经济增长与农业公共资本支出的关系。检验格兰杰因果关系表明，农业资本投入、农业经济增长存在单向关系（Ideba et al.，2014）。农业生态补偿政策具有两面性：一方面，它可以有效促进农业发展、提高农户的收入水平；另一方面，长期巨额的补贴也会使农产品价格扭曲和对环境的严重破坏（Rausser & Zilberman，2014）。单纯的农业生态补偿政策本身并不能达到很好的效果，必须要配合其他的政策才能达到预期的效果（Carmenza et al.，2015）。分析美国 2014 年的最低收购价政策，发现其对粮食规模生产效果不明显，因为最低收购价格远远低于市场价格，对提高农民种植收益作用不大（Gerlt et al.，2016）。只有在流动性限制的背景下，粮食补贴政策才会对粮食播种面积产生积极影响；而无约束群体的粮食土地利用不受粮食补贴的显著影响。因此，他们建议设计一种直接补贴方式，只针对流动性受限的家庭发放补贴，在提高粮食生产效率的同时，保证粮食补贴政策的有效性（Stephen，2016）。一些国家（如巴西）目前实施的最低价格保证政策（PGPM）虽然为生产商支付了最低生产成本，但也阻碍了生产效率的提高。其二，财政政策对农民收入影响甚微（Douglas et al.，2018）。虽然政府对农业的支持保护政策激励农民从事农业生产，使粮食产量略有增加，但由于农村家庭规模等，其对农民收入的贡献有限。其三，财政政策造成世界贸易市场的扭曲（Hansen et al.，2011）。高收入国家的农业保护和补贴压低了国际农产品的价格，降低了发展中国家农民的收入，这造成了世界农产品贸易的扭曲，加剧了全球的不平等和贫困（Witt，2018）。研究发现，印度喀拉拉邦的水稻种植方式对当地农业生态系统构成威胁，要想改变现状，应该对农户进行足够的承认和补偿（Rasheed et al.，2021）。生态补偿是保护生物多样性的重要方法，但是如何设计和实施，使之成为有效的保护方式，目前存在很大的不确定性（Blicharska et al.，2022）。

根据梳理国外相关涉粮政策对农业发展的影响可知，应该辩证地看待粮食产区财税制度的利弊。抓住问题导向，制定适合、适宜、有效、可持续发展的农业财政、税收政策。

1.3.2 国内研究现状

（1）我国财政税收体制的历史变迁

我国的财政税收体制发展大致可以划分为三个阶段：第一阶段从 1949 年新中国成立后至 1978 年改革开放之前，主要实行统收统支的财政集中体制；第二阶段从 1978 年到 1993 年，中央政府逐步放权，实行分成和财政包干体制；第三阶段从 1994 年之后，进入分税制改革，直到 2006 年彻底取消农业税，农业行业类的税收除烟草税和耕地占用税外，全部取消（周杨和邵喜武，2019；杨芷晴和孔东民，2021）。我国粮食补贴政策分为两个阶段，2004 年以前我国实施的是财政间接补贴政策，效果不明显，难以调动农民种粮积极性。2004 年之后，施行财政直接补贴政策，效果明显，能够较大地提升农民种粮积极性（刘培生，2015）。

（2）关于粮食方面的财政政策的重要性

大部分学者研究认为，关于粮食方面的财政政策的实施有助于提升粮食产量，提高农民收益。通过对中国粮食安全问题进行研究发现，要提高粮食产量，就必须加大财政支出投入，尤其是对农业基础设施的投入（Rozelle et al.，1999）。作为发展中国家，要解决粮食安全问题，就必须利用财政支持补贴政策等，或是财政引导投资等渠道（Rosegrant et al.，2001）。农业与环境保护和支持社会发展等多方面相互影响，国家应该把财政支农的重点放在农业可持续发展方面（Huylenbroeck et al.，2007）。直接补贴政策对于降低农业生产成本、促进农业生产规模化经营具有正向激励作用（Krop & Whitaker，2009）。有学者从协同性和非对称性视角深入分析了湖南省财政支农政策对粮食产出增长的影响程度，发现激励性财政支粮政策能够有利于促进粮食产出增长（罗光强和谭江林，2010）。利用 GMM 方法分析了财政支农等因素对粮食播种面积和粮食单位面积、产量的影响，认为财政支农力度与粮食播种面积、产量之间存在正相关性，能够显著增加粮食产量；相较于稻谷和小麦而言，对玉米单位面积产量具有更强的正向激励作用（星焱和胡小平，2013）。利用我国 1985—2009 年的省际面板数据，对中国财政支农对粮食增产产生的正向影响进行了实证分析（徐建军和星焱，2013）。采用扩展的 C－D 生产函数实证检验了现有粮食补贴水平对提高农户粮食产量的影响，即，每当亩均粮食补贴水平提高 1%，粮食产量则会增长 0.056%（吴连翠和谭俊美，2013）。运用 C－D 生产函数模型分析了农业基础设施对粮食增产的影响（康小兰等，2013；谢小蓉和李雪，2014）。运用层次分析法（AHP）对影响粮食增产的因素进行分析，结果表明政府支持政策、良种、机械化水平等因素在对粮食增产方面具有显著影响（赵金霞，2019）。运用协整检验、Granger 因果检验模型、脉冲响应函数、误差修正模型和方差分解等计量方法，证明了我国财政农业科技支出与粮食单产量存在稳定均衡关系，财政农业科技支出的增加能够提高粮食单产量，且这一作用在不断增强（邹杰，2015）。以浙江省微观农户数据为基础，利用回归计量分析法、描述性统计、DEA 相对效率分析法等方法进行分析，认为收入性质的补贴政策能够促进农民增收，生产要素补贴政策有利于提升农业生产效率（秦金霞，2016）。基于动态资产贫困理论，使用全国农村固定观察点微观数据进行分析，证明了农业补贴在粮食生产环节具有重要作用，能够有效促进减少粮食生产效率损失（高鸣等，2017）。粮食生产比较效益低是导致产粮大省财政收入低下的主要原因。因此，通过继续加大中央财政的奖励力度来加强对产粮大省的利益补偿，更有利于调动地方政府“重农抓粮”的积极性，保障国家粮食安全（王一杰等，2018）。提高财政转移支付力度与精确度是对粮食主产区实施利益补偿，有助于完善国家农业支持保护政策，发挥市场在资源配置中的决定性作用（张天佐等，2018）。运用AHP模型对我国粮食财政直接补贴政策的绩效进行综合评价，发现粮食直接补贴政策与粮食产量正相关（张荐华和刘培生，2015）。政府粮食政策对粮食生产的刺激，可以提升粮食产量，有效面对突发事件所带来的影响（戴化勇和陈金波，2021）。通过政策回归效应进行实证检验粮食最低收购价格政策对粮食收益的影响，同样发现政策实施促进了粮食总产量的提升，但要把握政策的实施导向，进行改革，持续提高农民收益（童馨乐等，2019）。研究表明，尽管财政支农对中低收入农户具有一定的积极影响，但是却不能改变农村整体收入分配格局，财政补贴可以缓解农村绝对贫困，增加中低收入农民收入（朱青和卢成，2020）。对补贴政策与粮食全要素生产率之间的关系进行了论证，认为补贴政策能够对粮食全要素生产率起到正向促进作用，并且结构效应和技术效应在补贴政策与粮食全要素生产率之间起到调节作用，技术环境越优越，粮食的全要素生产率越强（李自强等，2021）。粮食价补分离政策是把保护农民收入的那部分从粮食价格中剔除，对粮食生产者进行补贴来保障农民种粮收益（李京栋和李先德，2022）。玉米临储改革可以促进玉米绿色全要素生产率的提高，发展中国家应积极推进农业补贴的市场化改革，促进农业绿色发展（Ye et al.，2023）。

（3）有关粮食方面的财政政策的现状及其引起的问题

有关粮食方面的财政政策很大程度上带来了粮食生产的稳定，但是也在一定程度上忽视了主产区经济社会的发展。抽取6省58个村庄1064户农户数据进行描述性统计分析和多变量回归分析，得出农业补贴能够提高农民收入，但是不具有扭曲粮食市场和生产的能力，其中，粮食直补与粮食播种面积变化并不相关，农资综合补贴与化肥的施用量也没有关系（黄季焜等，2011）。以小麦、稻谷和玉米为研究对象，以河南省的粮食生产面板数据为研究数据，对其进行分析，得出了直接补贴政策对提高粮食主产区的粮食产量作用相对较优于非主产区，同时，粮食直接补贴政策的增产效果低于最低收购价政策（刘旗和刘培培，2013）。从农户视觉出发，以河北省辛集市乡镇农户为样本，创新性地运用双变量 Probit 模型分析得出，虽然目前大部分农户对粮食补贴政策的效果感到还是满意的，但是总体来看，现行的粮食补贴政策却并没有很好地发挥增强农户种粮意愿的作用（李韬，2014）。通过分析补贴政策对农户种植行为的影响发现，农业补贴通过提高农户收入，进而影响农户的种植行为。同时，相较于小麦和玉米，水稻对农业补贴政策的反应相对不敏感（钱加荣和赵芝俊，2015）。采用 C－D 生产函数实证分析了湖南省农业“三项补贴”、农机购置补贴、湖南省双季稻补贴、种粮大户奖励对农户单、双季稻选择未产生显著影响，建议继续发展与完善农业社会化服务体系，对现有补贴制度进行调整优化，提倡适度规模经营，以达到促进农民增收和粮食增产的目的（张倩等，2016）。我国财政支农支出总量不断增加，但其占财政支出的比重较小且不稳定，支农力度仍需提高（陈映廷，2016）。通过对粮食主产区及主销区相应指标的分析以及 Panel Data 模型的分析，得出粮食主产区为国家粮食安全做出重要贡献的同时，无论在地方生产总值、地方财政收入，还是在农民人均纯收入水平方面，与主销区差距越来越大，难以摘掉“产粮大省、财政穷省”的帽子（崔奇峰等，2016）。研究发现，利用政府手段对农业生产的补贴，对粮食生产效率的影响并不显著（刘海英和谢建政，2016）。财政支农支出无论是长期还是短期均未有效地提高粮食单产水平，当前财政支农资金配置模式和使用方式效率低下（田红宇和祝志勇，2017）。以 1992—2014 年中国 17 个重要产粮省份的面板数据为基数，运用经典的 C－D 生产函数来建立回归模型，得出了技术进步是能明显提高粮食产量的，而财政支农支出也可以相应提高粮食生产的产量，但是其作用相对偏弱（姜德波等，2017）。粮食安全财政政策存在资金使用效率偏低、资金结构不合理、政策支农缺乏实效等问题，要从保障粮食数量与质量并重，兼顾生态安全的角度出发，进一步改善财政支出结构，优化财政投放目标，提升粮食综合生产能力（李莹，2017）。从三类粮食功能区的影响因素分析发现，财政支农支出对粮食主产区的影响要大于对粮食平衡区和主销区的影响（徐永金等，2018）。我国目前的财政支农政策不利于农业的可持续发展，应该将财政资金向对农民的技能培训方面倾斜，提高农民整体素质（李胜男，2019）。赴黑龙江、辽宁、山东等 12 个全国主要产粮省份开展实地调研，发现种粮直接补贴政策与粮食产量之间不具有显著正相关性（黄少安等，2019）。基于 DEA 的方法表明我国农业保险补贴效率存在区域差异性，农业保险补贴在西部存在着不足（王晓红，2020）。基于近13年的面板数据分析粮食一般政策、直补政策、农机补贴政策等政策，对我国粮食生产有着积极的作用（赵和楠和侯石安，2021）。我国现行的利益补偿政策大多是以生产性政策为主的普惠性粮食产业政策，而忽视了粮食主产区经济社会发展的特殊性（胡青江和向洁，2021）。运用脱钩指数模型，实证检验了我国农业补贴强度与粮食生产之间的脱钩关系，在肯定农业补贴政策对稳定粮食价格方面的正向激励作用的基础上，也验证了当前农业补贴政策对粮食增产上存在激励作用逐步减弱的现实情况（高鸣和王颖，2021）。通过研究发现，财政支农对粮食生产功能区内部的作用存在差异（向洁等，2021）。利用双重差分模型得出财政涉农资金整合对农户具有增产效应，但是却没有增收效应（杨广勇和杨林，2022）。

（4）粮食税收体制的现状及问题

利用分省动态面板数据的系统GMM（SYS－GMM）方法，实证研究税费改革对粮食生产的影响。同时，通过构建不同的税费减免指标，对研究结果进行稳健性检验，结果发现税费改革对粮食生产的刺激作用在全面取消农业税的后续年份表现出较强的持续性（王辉，2015）。采用1999—2012年省级面板数据，同时引入粮食主产区、粮食主销区等地区虚拟变量和农业税取消时间虚拟变量，将分税制改革、土地财政和粮食生产纳入一个分析框架，就分税制对土地财政以及土地财政对粮食生产的影响机制进行分析，结果表明分税制增强了地方政府对土地财政收入的倾向，也会促进人均粮食产量增加，但是地方政府对土地财政的依赖对粮食生产的忽视，将会抑制粮食可持续发展（范东君，2015）。虽然农业税的废除提高了人均粮食产量，使地方政府获得一定数量的转移支付，但净收入减少。为了弥补损失，地方政府通过卖地提高收入的行为导致了可耕地面积的降低，一定程度上抵消了改革的正面作用（王芳等，2018）。2006年，我国在全国范围内取消农业税，极大地调动了农民生产的积极性，有力地保障了国家粮食安全（贾俊雪等，2019）。随着税收征管体制改革的深化，综合治税格局的逐步形成，税务部门获取企业各类信息的手段越来越多，因此，以往隐匿的各类涉税风险逐步暴露出来，农产品加工行业也成为税务部门关注的重点（王思聪，2023）。

（5）粮食财税政策存在问题的对策研究

在分析粮食产业财税政策改革对区域经济影响的基础上，有学者提出利用地区的财政补贴及税收惠农政策，推动粮食产业的转型升级，再通过转型升级后的粮食产业带动当地的经济发展（陈先吉，2024）。为实现粮食增产和农民增收，政府积极制定并推行了一系列粮食政策。当前，国家正处于发展关键期，农村地区的经济稳定发展是十分重要的环节，而通过合理的财税政策能够实现粮食增产与农民增收，进而保证农村经济社会平稳（陈明芳，2022）。粮食生产政策具有产生、发展和消亡的生命特征，农业补贴政策对粮食增产的效应正在不断弱化，因此，提出以绿色发展为导向，应创造粮食生产政策实施的大环境，精准实施粮食补贴政策（高鸣和王颖，2021）。建议财政政策必须系统谋划、顶层设计，定向实施、价补分离，统筹兼顾、利益补偿，创新调控、综合配套，最终消除市场扭曲（程国强，2015）。要通过优化财政支出规模与结构、加强粮食市场体系建设、完善财政帮扶政策的管理模式、重视财政支农资金整合等来提升粮食主产区财政帮扶效果，促进粮食主产区经济效益的增长（罗光强和姚旭兵，2019）。应培育并强化粮食主产区的自我发展能力，提升其“造血”功能，逐步实现以市场手段为主导的内生性补偿机制（吴珍彩，2016）。要进一步扩大税收优惠政策的受益范围，在加大对农产品深加工产业的政策扶持力度的同时，扶持农业产业化和现代化（王永成，2017）。建立粮食主产区新增粮食投入返还机制，以设定年份产量为基数，对新增粮食产量中地方政府投入部分予以全额返还，为稳定粮食生产、促进粮食增产提供政策支持和财力保障（蒋黎和朱福守，2015）。

1.3.3 国内外研究述评

粮食主产区发展离不开完善的财税制度。财税政策作为“三农”发展的必要条件，俨然已成为粮食企业、农户生产的先决利用条件。我国粮食政策虽然起步较晚（袁慧，2021），但是粮食政策的实施对我国的粮食市场已经产生了巨大且深刻的影响（蒋和平，2018）。通过对国内外已有文献的梳理可知，第一，现有关于农业财税政策及其影响因素的研究，多聚焦于涉粮财税政策对粮食产出效应的影响、对农户收入效应的影响、对生态环境的影响三个方面，而对于粮食主产区的涉粮财税政策的研究涉猎较少，偶有研究也多以理论分析为主，缺乏微观层面的实证分析。第二，国内外学者关于粮食主产区的财税政策的内在机理和利益主体的分析尚且不足，鲜有学者围绕粮食主产区财税政策的具体实施情况以及各个涉粮主体之间的作用路径及影响程度展开研究，这些问题未得到充分重视。第三，我国 13 个粮食主产区的粮食产量平均每年超过粮食总产量 75%，当前，针对粮食主产区财税政策影响的研究尚显匮乏，特别是在黑龙江省这一粮食总产量位居全国之首，而国民经济水平却相对滞后的背景下，对粮食主产区财税政策的深入剖析显得尤为重要。为了推动粮食主产区的发展并完善相关制度，提出切实可行的建议变得迫切，本研究在充分借鉴国内外研究成果的基础上，聚焦粮食主产区的三大涉粮主体（即粮食生产者、粮食加工企业及相关政府部门），对上述问题进行深入探讨。这不仅是对现有研究领域的补充与深化，更为如何破解“产粮大省、经济穷省”的困境、促进粮食主产区经济的全面振兴提供了有价值的参考与启示。

目前相关的研究成果虽然很丰富，但也存在着一定的局限性。一是在财政投入指标的构建上，并不丰富。多数学者选择农林水事务支出这个指标作为投入指标，研究口径偏大，不具有针对性（杨君茹和万莎，2013；周红梅，2015；徐合帆等，2019）；也有学者用粮食播种面积、农机总动力、有效灌溉面积、化肥施用量、从业人员数作为投入变量，来评价财税主产区政策绩效，在研究结果科学性上有所欠缺（李莹，2017）。二是在财税主产区政策效果的评价方面，现有研究大多侧重于通过构建计量模型来评估财政支持粮食政策的绩效，以及判断影响粮食生产的各种因素。然而，从空间维度的视角出发，对我国当前粮食生产的布局、财税主产区政策投入的特征等进行深入探讨的研究却较为罕见；多数学者倾向于对粮食补贴政策的评价，鲜有研究其他领域尤其是在一般服务支持政策方面财税主产区的政策效果。三是在研究时效性上，更新较快，无法解决新情况新问题。例如，近年来，随着发展理念的转变，财政投入的重点不断调整，相应的财税主产区结构变动较大，现有研究和当前形势相比有所滞后。四是研究内容上缺乏整体性，已有文献多是从单一政策的角度对政策效果进行评价，鲜有从财税粮食主产区整体实施效果的角度作全面、系统研究，在路径分析和政策优化分析上更为少见。然而单独研究某一项政策对粮食生产的作用是不全面的，很难排除其他财税政策因素对促进粮食生产的作用，因而有必要进行系统研究。

1.4 研究内容与方法

1.4.1 研究内容

（1）粮食主产区财税政策的理论分析

通过对相关概念的界定和相关理论的分析，本研究对粮食主产区的财税政策问题进行一个总体的把握。粮食主产区财税政策的理论分析，是在感性认识的基础上，通过理性思维深入探究粮食主产区财税政策的本质、目标、实施效果及其对社会经济的影响。这种分析旨在揭示政策背后的逻辑、动因及其可能带来的长远效应，为政策制定、调整和优化提供理论依据。对粮食主产区财税政策进行理论分析，有助于深入理解政策的本质、目标和实施效果。这有助于政策制定者更加科学地制定和调整政策，提高政策的有效性和针对性。同时，理论分析还有助于揭示政策可能带来的长远效应和潜在问题，为政策优化和完善提供理论依据。

粮食主产区财税政策的理论分析在多个方面发挥着重要作用。

①明确政策目标与方向。首先，理论分析有助于明确粮食主产区财税政策的重点，即支持粮食生产、提高农民收入、保障国家粮食安全等。这些重点的确立为政策制定提供了明确的方向。其次，引导政策创新。通过理论分析，可以发现现有政策中的不足和缺陷，从而引导政策创新。例如，针对补贴方式杂乱、补贴资金多头管理等问题，可以提出整合补贴体系、优化补贴方式等创新措施。

②提高政策实施效果。首先，优化资源配置。理论分析有助于评估不同财税政策对粮食主产区的影响，从而优化资源配置。通过合理的财政补贴、税收优惠等手段，可以引导资金流向粮食生产领域，提高资源利用效率。其次，增强政策针对性。通过理论分析，可以深入了解粮食主产区的实际情况和需求，从而制定更具针对性的财税政策。例如，针对不同地区的自然条件、种植结构等因素，可以制定差异化的补贴标准和支持措施。

③促进粮食产业可持续发展。财税政策在支持粮食生产的同时，也推动了农业现代化的进程。首先，理论分析有助于明确农业现代化的发展方向和重点任务，为政策制定提供科学依据。通过支持农业科技研发、推广先进农业技术和装备等方式，可以提高粮食生产的科技含量和效率水平。其次，保护农民利益。财税政策在确保国家粮食安全之际，亦重视对农民利益的保护。理论分析有助于对政策给农民收入造成的影响进行评估，进而调整并完善相关政策举措。例如，通过提高粮食生产补贴标准、加强耕地资源保护等方式，可以增加农民的收入来源和收入水平。

④提升政策公信力与执行力。理论分析在提升政策透明度方面发挥着至关重要的作用，它能够增进公众对政策目标、内容及实施成效的理解与认知。这种理解有助于提升公众对政策的认同感与支持度，进而强化政策的公

信力。同时，理论分析还能够促进政策执行力的提高。通过理论分析，可以明确政策执行中的重点和难点问题，为政策执行提供有力支持。

⑤促进经济社会协调发展。首先，推动城乡协调发展。粮食主产区财税政策的理论分析有助于推动城乡协调发展。通过扶持粮食生产和推动农村经济的蓬勃发展，有助于缩减城乡之间的差距，进而促进城乡一体化的和谐进程。其次，粮食作为保障国家经济安全的关键要素，其稳定供应对于维护国家整体经济安全具有不可或缺的作用。财税政策的理论分析有助于评估政策对国家经济安全的影响，从而制定更加稳健和有效的政策措施，确保国家经济安全、稳定。

（2）粮食主产区财税政策的历史变迁和现状分析

分析粮食主产区财税政策的历史变迁与现状，对于保障国家粮食安全、促进农村经济发展和提高农民收入水平至关重要。粮食主产区作为我国粮食生产的关键区域，其概念与地理位置在历史发展进程中持续演变。

在计划经济体制下，粮食生产被置于国家严格计划与调控的核心之下。财税政策紧密围绕国家粮食的统购统销制度而展开，政府灵活运用税收、价格调控等多种政策工具，对粮食的生产、收购直至销售的全过程实施了全面且深入的干预。此举旨在确保国家粮食供应的稳固性，以满足国民经济持续发展与人民群众基本生活的迫切需求。在这一阶段，财税政策具有高度的计划性和指令性，农民的生产活动主要是为了完成国家下达的任务，而财税政策则成为实现这一目标的重要工具。

改革开放初期，随着农村家庭联产承包责任制的广泛实施，粮食生产逐渐摆脱了严格的计划控制，农民获得了更为广泛的生产自主权。在此背景下，财税政策的重点开始转向激发农民的生产积极性。政府通过实施农业税的减免、提供财政补贴等一系列措施，为粮食生产的繁荣发展注入了强劲的动力。这一时期的财税政策调整，不仅顺应了农村经济体制改革的潮流，而且极大地激发了农民的生产热情，有力地推动了粮食产量的持续增长。

自进入新世纪之后，我国的市场经济体制持续完善，粮食市场也逐渐放开。财税政策在持续为粮食生产提供支持的同时，更为关注市场机制作用的发挥。通过价格支持、直接补贴、税收优惠等多种手段，一方面促进粮食生产的稳定增长，另一方面也致力于提高农民的收入水平。在市场经济条件下，财税政策的目标更加多元化，既要保障粮食安全，又要促进农民增收和农村经济发展。

近年来，鉴于国内外粮食市场环境的日趋复杂，我国提出了面向新时代的粮食安全战略。作为确保粮食安全的关键举措之一，财税政策亦随之进行了相应的调整与优化。政府加大了对粮食主产区的财政扶持力度，为粮食生产的持续稳定发展提供了更为坚实的资金支撑。同时，粮食生产补贴标准的提升，进一步激发了广大农民的种粮热情与积极性。同时，加强耕地资源保护，通过财税政策引导农民合理利用土地，确保粮食生产的可持续发展。

从历史变迁来看，粮食主产区财税政策始终围绕着国家粮食安全和农村经济发展的大局不断调整和完善。当前，我国粮食主产区面临着诸多挑战，如农业生产成本上升、农民增收压力加大、耕地保护任务艰巨等。因此，对粮食主产区的财税政策进行进一步优化显得尤为关键。首先，需持续增强对粮食主产区的财政支持力度，以改善农业基础设施条件，进而提升农业的综合生产能力。其次，要完善粮食生产补贴政策体系，确保补贴资金能够真正惠及种粮农民，切实提高其种粮收益。此外，还应充分发挥税收政策的调节作用，鼓励社会资本投入粮食生产和流通领域，促进粮食产业的健康发展。

当前，我国粮食主产区财税政策呈现出以下四个特点。一是财政支持力度不断加大。在国家粮食安全战略的指引下，中央和地方政府深刻认识到粮食主产区对于国家粮食供应的核心地位，因而持续强化对其财政支持力度。为了切实保障粮食生产的稳定与发展，政府通过多种途径进行投入。设立专项基金，专款专用，确保资金精准流向粮食生产的关键环节，如种子研发、农田水利建设等。不断提高补贴标准，涵盖种粮直接补贴、农资综合补贴等，减轻农民的生产负担，提高种粮积极性。同时，大力加强基础设施建设，修缮和新建农田灌溉设施、道路交通等，改善粮食生产的基础条件，为粮食的高产稳产提供有力支撑。例如，在一些粮食主产区，新修建的灌溉渠道使农田灌溉效率大幅提升，有效应对了干旱等自然灾害对粮食生产的影响，保障了粮食产量的稳定增长。二是政策手段多样化。财税政策在支持粮食生产方面充分展现了灵活性和综合性，采取了多种手段协同发力。直接补贴政策直接惠及农民，让农民切实感受到种粮的收益，激发其生产热情。税收优惠政策则通过减免农业相关税费，降低粮食生产经营成本，为农业企业和农民合作社等新型农业经营主体创造良好的发展环境。价格支持政策借助对粮食收购价格的合理调控，稳定市场预期，确保农民收入稳定。这些政策手段彼此互补、相互配合，构建起一个较为完备的政策体系。三是注重利益补偿机制。考虑到粮食主产区在保障粮食生产过程中承担着较多的机会成本，财税政策高度注重建立利益补偿机制。通过加大对粮食主产区的转移支付力度，使这些地区能够有更多的资金用于改善民生、发展地方经济。提高粮食生产补贴标准，直接增加农民的收入，弥补因专注粮食生产而可能损失的其他经济收益。例如，一些粮食主产区在获得充足的转移支付后，能够改善当地的教育、医疗等公共服务设施，提高居民的生活质量，同时也稳定了农民的种粮队伍，确保粮食生产的持续进行。四是推动农业现代化。财税政策在支持粮食生产的同时，将目光投向长远，积极推动农业现代化进程。通过支持农业科技研发，鼓励科研机构和企业加大对新品种培育、高效种植技术等方面的研究投入，提高粮食生产的科技含量。推广先进农业技术和装备，如大型农业机械、智能化农业管理系统等，提升农业生产效率和质量水平。在一些现代化的粮食生产基地，通过应用先进的农业技术和装备，实现了精准播种、施肥、灌溉，不仅减少了资源浪费，还大大提高了粮食产量和品质，同时也降低了农民的劳动强度，吸引了更多年轻人投身农业生产，为农业的可持续发展注入了新的活力。这些因素共同作用，使我国粮食主产区在财税政策的支持下，不断提升粮食生产能力，为国家粮食安全和农业现代化建设做出了积极贡献。

(3) 粮食主产区涉粮主体的博弈分析

粮食主产区涉粮主体的博弈分析，是一个深入探究粮食主产区内各关键利益主体（涵盖政府、农民、粮食企业等）在粮食生产、流通及销售等多个环节中的行为抉择、策略互动以及利益分配机制的复杂过程。此分析框架对于深入理解粮食主产区的发展态势、优化资源配置模式、提升粮食生产效率以及确保国家粮食安全等关键议题具有不可忽视的重要意义。具体而言，该分析通过对中央政府、粮食主产区地方政府、粮食企业及粮农之间复杂的利益行为进行细致描绘，构建出一个系统性的理论框架。在此基础上，运用博弈论工具，对这些经济主体的行为模式进行深入剖析，以期揭示其内在的逻辑关联与互动规律。

博弈分析在粮食主产区涉粮主体中的应用，主要体现在以下几个方面。

第一，利益冲突与协调。在粮食主产区，涉及众多的涉粮主体，包括农民、粮食企业、政府部门等，三者之间存在着复杂的利益关系和冲突点。农民关注的是粮食的种植收益，包括农产品价格、生产成本以及补贴政策等方面，希望能够获得更高的粮食收购价格，以增加收入，但同时也面临着农资价格上涨、自然灾害等风险，导致生产成本上升。粮食企业则追求利润最大化，关注粮食的收购价格、加工成本和市场销售价格。企业倾向于以较低的价格购入粮食，以此降低生产成本，并期望在市场上能以较高的售价推出其产品，从而实现利润最大化。然而，如果粮食的收购价格被设定得过低，这可能会削弱农民的种粮积极性，进而对粮食的供应量产生不利影响。政府部门则需要兼顾国家粮食安全、农民利益和粮食产业的可持续发展等多重目标。为达成利益协调，推动粮食生产可持续发展，需借助政策调整与市场机制等手段。政府可制定合理的粮食收购价格政策，确保农民基本收益，并且运用补贴政策削减农民生产成本，如实行农资综合补贴、种粮直接补贴等，以减轻农民经济负担。此外，政府能够加强市场监管，规范粮食企业经营行为，防范不正当竞争与价格垄断，维护市场公平竞争环境；在市场机制层面，推动农产品期货市场的发展可以为农民和粮食企业提供有效的价格风险管理工具，进而减轻价格波动所带来的风险。与此同时，促进粮食产业链的整合与深化发展，加强农民与粮食企业之间的协作关系，有助于实现利益的共同分享与增长。

第二，策略选择与互动。各涉粮主体在面对不同情境时会做出不同的策略选择，这些策略相互影响，形成最终的博弈结果。农民在选择种植品种和种植规模时，会考虑市场需求、价格走势以及自身的生产条件等因素。如果市场上某种粮食价格较高，且预期未来价格仍将上涨，农民可能会增加该品种的种植面积。粮食企业在收购粮食时，会根据市场价格、库存情况和加工能力等因素决定收购价格和收购量。如果市场供应充足，价格相对较低，企业可能会降低收购价格，减少收购量；反之，如果市场供应紧张，价格上涨，企业可能会提高收购价格，增加收购量。政府部门在制定政策时，也需要考虑各涉粮主体的策略反应。例如，政府提高粮食收购价格，可能会导致农民增加种植面积，但同时也可能会引起粮食企业成本上升，影响其利润。因此，政府需要在保障农民利益和促进粮食企业发展之间寻求平衡。各主体的策略互动还体现在合作与竞争方面。农民与粮食企业之间既可以通过签订订单合同等方式进行合作，实现互利共赢，也可能在粮食收购价格等方面存在竞争关系。政府与企业之间也存在着合作与监管的关系，政府需要引导企业加大对粮食产业的投入，推动技术创新和产业升级，同时也要对企业的市场行为进行监管，防止损害公共利益的行为发生。

第三，资源配置效率。评估当前资源配置方式对各主体利益的影响是博弈分析的重要内容之一。在粮食主产区，土地、水资源、资金、技术等资源的配置直接关系到粮食生产效率和各主体的利益。目前，我国粮食主产区在资源配置方面还存在一些问题，如土地流转不畅、水资源利用效率不高、资金投入不足、技术推广难度大等。土地流转不畅导致土地资源无法实现规模化、集约化经营，影响了农业生产效率的提高。水资源利用效率不高，部分地区存在水资源浪费和短缺的问题，制约了粮食生产的可持续发展。资金投入不足使得农业基础设施建设滞后，农业科技创新能力不强，影响了粮食生产的质量和效益。技术推广面临的难题在于其难度较大，加之农民对新技术接纳意愿相对较低，这阻碍了先进农业技术及时转化为生产实践中的生产力。通过运用博弈分析的方法，我们可以深入探索如何更有效地配置资源，以期提升粮食生产效率及市场竞争力。为应对这一挑战，政府可以出台相关政策措施，鼓励土地流转，并积极培育新型农业经营主体，从而推动实现土地的规模化经营。此外，政府还需加大对农业水利设施建设的投资力度，致力于提升水资源的利用效率，并积极推广节水灌溉技术。同时，政府应增加对农业的财政扶持，引导金融机构扩大对粮食产业的信贷投放，为农业科技创新与企业发展提供有力支持。更为关键的是，政府需不断强化农业技术推广服务体系的建设，着力提升农民的科技素养，为新技术的广泛推广与应用奠定坚实基础。

第四，风险管理与应对。粮食生产、流通等环节中存在着诸多潜在风险，如自然灾害风险、市场价格风险、质量安全风险等。这些风险不仅影响着各涉粮主体的利益，也威胁着粮食供应的稳定性和安全性。干旱、洪涝、台风等自然灾害可能导致粮食大幅度减产甚至完全失收，给农民带来严重的经济损失。同时，市场价格的频繁波动也会影响农民的收益和粮食企业的盈利水平。粮食价格的上涨或下跌，均会对农民收入及企业利润产生直接影响。此外，粮食质量安全问题一旦出现，不仅会危害消费者的身体健康，还会严重损害粮食企业的声誉及市场表现。因此，各涉粮主体需携手应对这些风险，以确保粮食供应的稳定性和安全性。为有效应对上述挑战，政府应着重强化自然灾害的预警与防控机制建设，提升农业的防灾减灾能力。同时，构建完善的粮食储备体系，以调节市场供求关系，从而达到稳定粮食价格的目的。此外，政府还需加强粮食质量安全的监管力度，完善质量检测网络，确保粮食产品的质量安全。粮食企业则需加强自身的风险管理，建立科学的库存管理策略，合理调控采购成本与销售价格，以有效防范市场价格波动的风险。同时，企业还需加强对粮食质量的严格把控，建立健全的质量追溯体系，确保所生产的粮食产品符合安全标准，维护企业的良好声誉和市场竞争力。

粮食主产区涉粮主体的博弈分析具有重要作用。一是为政策制定提供依据。通过对涉粮主体之间的博弈分析，能够深入了解各主体的利益诉求和行为模式，为政府制定更加科学、合理的粮食政策提供有力依据。政府在制定政策时，需要充分考虑各主体的利益平衡，避免政策的片面性和不合理性。例如，在制定粮食补贴政策时，通过博弈分析可以了解农民对补贴的期望和需求，以及补贴政策对粮食企业和市场的影响，从而制定出更加精准、有效的补贴政策，提高补贴资金的使用效率。二是促进粮食生产稳定发展。协调各主体之间的利益关系，优化资源配置方式，是促进粮食生产稳定发展的关键。博弈分析有助于发现各主体之间的利益矛盾和冲突点，通过政策引导和市场机制调节，实现利益的协调和平衡。当各主体的利益得到合理保障时，它们会更加积极地参与到粮食生产和经营活动中，从而提高粮食生产效率和市场竞争力。例如，通过促进农民与粮食企业之间的合作，建立稳定的产销关系，可以实现粮食的规模化生产和产业化经营，提高粮食产业的整体效益，推动粮食生产的稳定发展。三是保障国家粮食安全。粮食主产区是国家粮食安全的重要保障区域，其粮食生产和供应的稳定性直接关系到国家的粮食安全。通过博弈分析，可以及时发现和解决粮食生产、流通等环节中的问题，确保国家粮食供应的稳定性和安全性。例如，在面对自然灾害等突发事件时，通过分析各涉粮主体的应对策略和行为，政府可以及时采取有效的措施，组织各方力量进行抗灾救灾，保障粮食生产的恢复和供应。同时，通过对粮食市场的博弈分析，政府可以及时调控市场，防止粮食价格大幅波动，维护市场的稳定，保障国家粮食安全。

（4）制约主产区经济发展和财政收入的财税政策分析

制约主产区经济发展和财政收入的财税政策约束分析，旨在深入探讨财税政策如何对粮食主产区的经济发展和财政收入产生限制作用，并识别这些约束因素，以便提出相应的改进建议。本书分析目前财政和税收政策的现状，并针对这些制度对主产区经济发展、财政收入以及地方政府、粮食企业的影响进行研究。

首先，分析涉及的是财税政策，即政府通过调整财政支出、税收政策等手段对经济进行干预的政策工具。这些政策直接影响企业的运营成本、投资激励、居民消费能力等多个方面。在企业层面，财政支出的投向和力度会影响企业的运营环境。例如，政府对基础设施建设的投入，如交通、能源等领域的财政支出，直接关系到企业的物流成本和生产运营效率。税收政策则直接作用于企业的成本核算，不同的税率、税收优惠政策等都会影响企业的盈利能力和投资激励。合理的税收优惠可以鼓励企业加大研发投入、扩大生产规模，而过高的税负则可能抑制企业的发展活力。同时，财税政策对居民消费能力也有重要影响。例如，个人所得税的调整会直接影响居民的实际收入水平，而消费税的变化则会影响某些商品的消费成本和消费需求。

其次，分析的重点是粮食主产区的经济发展和财政收入。粮食主产区在国家经济体系中占据着举足轻重的地位，是国家粮食安全的核心保障区域。其经济发展和财政收入状况不仅关乎自身的繁荣稳定，更对国家粮食的稳定供应和农村经济的全面发展起着决定性作用。粮食主产区的经济发展具有以下特点：一方面，农业生产是其经济的重要支柱，但农业产业往往面临着自然风险高、生产周期长、利润空间相对较窄等问题。另一方面，粮食主产区的基础设施建设相对薄弱，农村劳动力素质有待提高，这些因素都制约了其经济的多元化发展和产业升级。在财政收入方面，由于农业产业的税收贡献相对有限，且粮食生产的特殊性使其对财政补贴的依赖程度较高，因此，如何保障粮食主产区的财政收入稳定增长，成为了一个关键问题。分析的重点就在于深入研究财税政策在粮食主产区经济发展和财政收入中的具体作用机制，以及如何通过优化财税政策来促进粮食主产区的可持续发展。

最后，准确识别出财税政策中对主产区经济发展和财政收入构成制约的因素，是解决问题的前提和基础。这些制约因素可能来自多个方面，而税收政策的不合理是其中一个重要方面。例如，某些税种的设置可能不适应粮食主产区的产业特点，导致农业企业和农民的税负过重。或者税收优惠政策的覆盖范围有限，未能充分惠及粮食生产和加工环节的企业，影响了企业发展积极性。财政支出的不足或分配不均也是常见的问题。在粮食主产区，可能存在对农业基础设施建设、农业科技创新等方面的财政投入不足，导致农业生产条件无法得到有效改善，生产效率难以提高。同时，财政支出在不同地区、不同项目之间的分配不均，可能使一些急需资金支持的地区或领域得不到应有的关注和扶持，进一步拉大了地区之间的发展差距。此外，财税政策执行效率低下亦会给政策效果带来消极影响。在政策执行期间，可能遭遇各类阻碍，像部门间协调不力、信息传递存在延误、执行标准缺乏统一性等情况，这会致使政策不能及时且精准地施行，难以充分发挥其本应具备的作用。

制约主产区经济发展和财政收入的财税政策约束分析的作用具有多样性。一是揭示问题根源。制约主产区经济发展和财政收入的财税政策约束分析能够像一把精准的“手术刀”，深入剖析当前财税政策中存在的深层次问题和不足之处。通过对财税政策在粮食主产区实施效果的全面评估和细致分析，能够准确找出政策与实际情况不匹配的地方，揭示出问题的根源所在。例如，通过对税收数据的分析，发现某些地区粮食加工企业的税负过高，原因可能是税收政策在制定时没有充分考虑到该行业的特殊性和成本结构。或者通过对财政支出项目的跟踪调查，发现一些农业基础设施建设项目进展缓慢，资金使用效率低下，根源可能在于项目审批流程烦琐、资金拨付不及时以及监管不到位等。对这些问题的揭示为政策制定者提供了明确的改进方向，能够有的放矢地进行政策调整和优化。二是优化政策设计。通过深入分析财税政策对主产区经济发展的影响，可以清晰地辨别出哪些政策对主产区的发展具有正面激励作用，哪些政策则产生了负面制约效果。这对于政策制定者来说，是优化政策设计的关键依据。例如，发现对农业科技创新企业给予税收优惠政策后，这些企业的研发投入增加，技术创新成果显著，带动了粮食生产效率的提高和产业升级，那么就可以进一步加大对这类政策的支持力度和推广范围。相反，如果某些税收政策导致粮食主产区的企业经营困难，投资意愿下降，就需要及时对这些政策进行调整或修订。同时，分析还可以帮助政策制定者根据主产区的实际需求和发展阶段，制定更加个性化、差异化的财税政策。不同的粮食主产区在资源禀赋、产业结构、经济发展水平等方面或许存在差别，所以有必要因地制宜地规划财税政策，让其更契合当地的实际状况与发展需求，提升政策的针对性与有效性。三是促进资源有效配置。财税政策作为资源配置的关键手段之一，在引导资源流向方面发挥着重要意义。通过分析财税政策对主产区经济和财政的制约作用，可以更加清晰地认识到资源配置的不合理之处，从而采取措施引导资源向更高效、更需要的领域流动，提高资源利用效率。在粮食主产区，可能存在一些资源闲置或浪费的情况，同时一些关键领域却又面临着资源短缺的问题。例如，部分农村地区的土地资源没有得到充分利用，而农业现代化所需的资金和技术资源却相对匮乏。通过合理调整财税政策，如对农村土地流转给予税收优惠，鼓励资本进入农业领域投资，对农业科技研发给予财政补贴等，可以引导土地、资金、技术等资源向粮食生产和农业产业升级方向流动。同时，对于一些低效、高污染的农业生产方式，可以通过税收调节等手段加以限制，促使资源从这些领域中退出，转向更加环保、高效的生产方式。这样不仅可以促进粮食主产区的经济发展，还可以提高整个社会的资源配置效率，实现经济的可持续发展。

（5）国外促进粮食发展的财税政策经验

对发达国家和发展中国家促进粮食主产区发展的财税政策进行梳理和描述，本研究得出国外一些国家对我国财税政策发展的启示。或者说，通过学习和分析其他国家在促进粮食发展方面所采取的财税政策措施，提炼其成功经验和有效做法，并结合本国实际情况进行适应性调整和应用的这一过程，对于优化我国粮食发展的财税政策环境、提高粮食生产效率和保障粮食安全具有重要意义。国外促进粮食发展的财税政策经验借鉴的作用可以概括为以下四个方面。

①优化财税政策环境。一个良好的财税政策环境对于粮食产业的发展至关重要。借鉴国外经验能够为我国粮食发展的财税政策体系注入新的活力和理念，使其更加完善和科学。国外许多国家在制定财税政策时，会充分考虑到粮食产业的各个环节和不同主体的需求。例如，部分发达国家建立了全面且细致的财政补贴制度，不仅涵盖了种子研发、农田水利建设等基础生产环节，还涉及农产品加工、销售等后续环节，形成了一个完整的政策扶持链条。通过学习这些经验，我国可以进一步细化和拓展财政补贴的范围和方式，确保政策能够精准地支持到粮食生产的每一个关键节点。同时，在税收政策方面，国外一些国家针对粮食产业制定了差异化的税收政策，对农业生产经营给予特殊的税收待遇，如减免农业企业的所得税、降低农产品增值税税率等。这不仅减轻了粮食生产经营者的负担，还提高了其积极性和市场竞争力。我国可以借鉴这种差异化税收政策的思路，结合国内实际情况，对粮食产业的税收政策进行优化调整，为粮食生产提供更加有力的政策支持和保障，营造一个有利于粮食产业发展的良好财税政策环境。

②提高粮食生产效率。粮食生产效率的提升是保障粮食供应稳定和满足不断增长的粮食需求的关键。国外通过多种财税政策手段有效地激励了农民和粮食企业增加投入、改进技术，从而推动了粮食生产效率的提高。财政补贴在其中发挥了重要作用。比如，一些国家对农民购买先进的农业机械设备给予高额补贴，这使得农民能够使用更高效的生产工具，提高农业生产的机械化程度，进而大幅度提升劳动生产率。同时，对于采用新技术、新种植方法的农民和企业，也给予相应的财政奖励，鼓励他们积极探索创新，提高粮

食产量和质量。对农业科研投入给予税收抵扣或减免，促使企业加大在农业科技研发方面的投入，推动农业技术的不断进步。例如，一些国家对从事农业科技创新的企业减免一定比例的税收，激发了企业的创新活力，研发出了更优质的种子品种、更高效的肥料和更先进的灌溉技术等，这些都直接促进了粮食生产效率的提升。我国可以借鉴这些经验，通过合理的财政补贴和税收优惠政策，引导农民和粮食企业增加对生产要素的投入，积极引进和应用先进技术，不断改进生产方式，从而推动我国粮食生产效率的稳步提高，实现粮食生产的稳定发展。

③促进农业可持续发展。随着全球对环境保护和可持续发展的关注度日益提高，农业可持续发展成为粮食产业发展的必然趋势。一些国外国家在财税政策方面注重引导和支持农业向可持续方向发展，为我国提供了宝贵的经验启示。例如，许多欧洲国家鼓励发展生态农业和有机农业，通过财政补贴和税收优惠政策，支持农民采用环保型的农业生产方式，提高农产品的质量和安全性。对从事生态农业和有机农业的企业和农户给予资金补贴，帮助他们承担因采用环保技术而增加的成本。同时，在税收方面，对符合环保标准的农业生产经营活动给予税收减免，如减免环保设备购置的税收、降低有机农产品生产企业的所得税等。这些政策措施有效地促进了生态农业和有机农业的发展，实现了农业经济发展与环境保护的良性互动。我国可以借鉴这些经验，加大对农业可持续发展的财税支持力度，制定相关政策鼓励农民和企业采用绿色生产技术，发展生态友好型农业。例如，通过财政补贴推广绿色防控技术、生态循环农业模式等，同时利用税收政策引导农业资源的合理利用和环境保护，推动我国农业向绿色、可持续方向发展，实现农业的长期稳定发展和生态环境的保护。

④增强国际竞争力。在全球经济一体化日益加深的背景下，增强我国粮食产业的国际竞争力，对于推动我国粮食产业的繁荣发展及拓展粮食国际贸易具有深远的意义。通过汲取并借鉴国际上先进的财税政策经验，可以为我国粮食产业注入新的活力与动能，进而提升其在全球市场中的竞争优势。一些发达国家通过财税政策支持粮食企业进行国际化经营，例如，对粮食出口企业给予税收优惠和财政补贴，降低其出口成本，提高产品在国际市场上的价格竞争力。同时，政府还通过财政资金支持企业开展国际市场调研、品牌建设和营销推广等活动，帮助企业提升国际知名度和市场份额。此外，在农业科技创新方面的财税支持也有助于提高我国粮食产业的核心竞争力。例

如，国外一些国家通过税收优惠鼓励企业与科研机构合作，加速科技成果转化，推动农业技术的创新和升级，使本国的粮食产品在质量、品种等方面具有优势。我国可以学习这些经验，制定有利于粮食产业国际化发展的财税政策，加大对粮食企业科技创新和国际市场拓展的支持力度，提高我国粮食产业的整体素质和国际竞争力，促进粮食出口和国际贸易的发展，更好地融入全球粮食市场，实现我国粮食产业的可持续发展和国际地位的提升。

在借鉴国外粮食发展财税政策的经验方面，我们可以从以下五个维度进行深入探讨。一是财政补贴政策。例如，美国采取直接支付补贴和价格支持等措施，确保农民收入的稳定和粮食生产的持续。我国可以借鉴这一模式，进一步完善粮食补贴体系，提升补贴的精确性和实效性，从而更好地保障农民的利益和粮食生产的稳定性。二是税收优惠政策。一些国家在农产品加工、农业技术创新等领域实施了税收减免或优惠措施，旨在推动农业产业的升级和科技创新。我国可以借鉴这些做法，制定更加灵活且多样化的税收优惠政策，以支持粮食产业链的延伸和升级，进而提升整个粮食产业的竞争力。三是农业保险制度。国外普遍建立了相对完善的农业保险体系，有效减轻了自然灾害等风险对农业生产的影响。我国可以加强农业保险制度的建设，提升农民的抗风险能力，为粮食生产的稳定提供有力保障。四是农业信贷支持。这也是关键一环。通过提供低息贷款、担保贷款等金融服务，可以有效支持农民和粮食企业的发展。我国可以加大对农业信贷的支持力度，降低融资成本，推动粮食生产的规模化、集约化经营，提升粮食产业的整体效益。五是国际合作与交流。这也是不可忽视的方面。加强与国际组织和其他国家在粮食发展方面的合作与交流，学习借鉴其先进经验和做法，对于提升我国粮食产业的国际竞争力具有重要意义。综上所述，通过借鉴国外先进的财税政策经验，并结合我国的实际情况进行创新和优化，可以为粮食产业的发展注入新的活力，提升其国际竞争力。

（6）促进粮食主产区发展的财税政策改革建议

促进粮食主产区发展的财税政策改革建议，旨在通过优化和调整财税政策体系，为粮食主产区的经济发展提供强有力的政策支持和激励，以进一步激发粮食生产的积极性和创造力，保障国家粮食安全。本书基于我国如今粮食财税制度不足之处，制定改革的思路和重点，构架新型可促进粮食主产区发展的财税政策，并提出具体改革建议。首先，针对当前财税政策在支持粮食主产区发展方面存在的不足，提出具体的改革建议，包括调整财政补贴结构、优化税收优惠政策、加大农业保险和信贷支持等。其次，机制创新。探索建立更加科学、合理的财税激励机制，如建立粮食产销区省际横向利益补偿机制，以平衡粮食主产区与主销区之间的利益关系，促进区域协调发展。最后，可持续发展。注重财税政策对粮食主产区生态环境和社会经济的长远影响，推动粮食生产向绿色、高效、可持续方向发展。

促进粮食主产区发展的财税政策改革建议的作用概括为以下五个方面。

第一，有助于优化资源配置。通过合理调整财政支出结构，加大对粮食主产区基础设施建设、农业科技创新等方面的投入，能够引导资源向粮食生产领域集中，提高资源利用效率，改善粮食生产条件，为粮食产业的可持续发展奠定基础。

第二，能增强粮食生产动力。适当的财税政策改革，如增加对农民的直接补贴、实施税收优惠等措施，可以提高农民和粮食企业的收入预期，激发他们的生产积极性，促使他们增加投入、改进技术，从而推动粮食产量的提高和质量的提升。

第三，保障粮食安全。完善的财税政策体系可以强化粮食主产区的生产能力和储备能力，在面临自然灾害、市场波动等情况时，能够更好地保障国家粮食供应的稳定性和安全性，降低粮食安全风险。

第四，推动区域协调发展。针对粮食主产区的财税政策改革，有助于缓解这些地区经济发展相对滞后的问题，促进粮食主产区与其他地区的协调发展，缩小区域差距，实现全国经济的均衡发展。

第五，提升财政资金效益。通过对财税政策的改革优化，可以加强对财政资金的监管和绩效评估，确保资金使用的合理性和有效性，提高财政资金在促进粮食主产区发展中的投入产出比，实现财政资源的高效利用。

1.4.2 研究方法

除了常用的文献查阅、实地调查、问卷调查和归纳分析等方法外，本书还大量采用了数量分析的方法：一是在对粮食主产区财税政策的实施效果分析中，运用 DEA - Malmquist 模型，对粮食主产区财政政策（价格支持政策、补贴政策、一般服务支持政策）、税收政策（增值税、所得税、城镇土地使用税、印花税）等的实施效果进行评价；二是在对粮食主产区地方政府与中央政府围绕财权、事权关系的分析中，运用三阶段序贯博弈的方法对中央政府、地方政府、农民之间的利益冲突与现实选择进行分析，提出相应改进依据；三是在对制约主产区经济发展和财政收入的财税法律制度约束分析中，采用分位数回归方法对影响因素进行分析。

1.5 创新之处

(1) 对近5年粮食财税政策施用的综合效率进行测算

根据对粮食主产区财税政策效果的评价，粮食主产区的效率大多好于产销平衡区，说明粮食主产区不仅在产量上优于产销平衡区，在粮食财税政策效率上同样比粮食产销平衡区更有优势，因此政府应该进一步加大对主产区的财政投入和税收减免力度。

本书利用数据包络分析（DEA）模型对近五年粮食财税政策施用的综合效率进行测算，具有以下几个显著特点。一是多输入、多输出处理能力。DEA模型能够处理具有多个输入和多个输出的复杂系统，这是其显著优势之一。在粮食财税政策的综合效率测算中，输入可能包括政策投入的资金、人力、物力等资源，输出则可能包括粮食产量、农民收入增长、粮食市场稳定性等多个方面的成效。DEA模型能够综合考虑这些多个输入和输出因素，从而更全面地评估政策的综合效率。二是无须预设权重。传统的效率评估方法往往需要预先设定输入和输出指标的权重，这在一定程度上存在主观性和不确定性。而DEA模型则无须预设权重，它通过构建线性规划模型，自动计算出各输入和输出指标的权重，从而避免了人为因素对评估结果的影响，使评估结果更加客观和公正。三是灵活性和适用性。DEA模型具有较强的灵活性和适用性，可以根据具体的研究对象和研究目的进行调整和优化。在粮食财税政策的综合效率测算中，可以根据政策的实际情况和评估需求，选择合适的DEA模型（如CCR模型、BCC模型等）和输入输出指标，从而得到更加准确和可靠的评估结果。四是能够识别无效投入和产出。DEA模型不仅能够评估政策的综合效率，还能够识别出无效投入和产出。在粮食财税政策的评估中，如果某个政策投入未能带来预期的产出，或者某个产出未能充分利用政策投入的资源，DEA模型都能够通过其独特的分析方式揭示这些问题，从而为政策优化提供有针对性的建议。五是反映规模效率和技术效率。DEA模型还可以将综合效率进一步分解为规模效率和技术效率。规模效率反映了政策在现有规模下的利用效率，而技术效率则反映了政策在管理和技术等方面的效率。通过DEA模型的评估，可以清晰地看到政策在规模和技术两个方面的效率表现，从而为政策调整和优化提供更为全面的依据。六是具体应用示例。在利用 DEA 模型对近 5 年粮食财税政策施用的综合效率进行测算时，可以首先确定研究的决策单元（DMU），即每年的粮食财税政策实施情况。然后，根据政策的实际情况和评估需求，选择适当的输入输出指标，如政策投入的资金、人力、物力等作为输入指标，粮食产量、农民收入增长、粮食市场稳定性等作为输出指标。接下来，构建 DEA 模型并进行求解，得出每年的政策综合效率值以及规模效率和技术效率的分解结果。最后，根据评估结果进行分析和讨论，提出政策建议和优化方向。

以下是对该测算意义的具体阐述：一是科学评估政策效果。首先，DEA 模型通过构建生产前沿面，将实际产出与在最优资源配置下可能达到的最大产出进行比较，从而得出政策施用的综合效率值。这一效率值能够直观地反映财税政策在促进粮食生产方面的有效性和成果。其次，DEA 模型允许同时考虑多个投入和产出指标，如财政补贴金额、税收减免额度、粮食产量、农民收入等，从而能够全面评估财税政策对粮食生产的综合影响。二是优化政策制定。首先，通过 DEA 分析，可以识别出哪些年份或哪些方面的财税政策施用效率较低，进而分析其原因，如政策设计不合理、执行力度不够等。这有助于政策制定者及时调整和优化政策措施，提高政策施用的针对性和有效性。其次，DEA 模型还能够提供具体的改进方向和策略建议，如增加财政补贴的精准性、优化税收减免的结构、加强政策执行的监管等。这些建议有助于政策制定者制定更加科学、合理的财税政策，进一步促进粮食生产的稳定发展。三是促进资源合理配置。首先，DEA 分析能够帮助识别出资源配置中的浪费现象和低效环节，从而引导资源向更加高效、合理的方向流动。这有助于提高财政资金的使用效率，促进粮食生产资源的优化配置。其次，通过 DEA 分析，可以评估财税政策在推动农业可持续发展方面的作用。例如，评估政策对农业生态环境保护、农业科技创新等方面的支持效果，从而引导财税政策更加注重农业的长期发展和可持续性。四是增强政策透明度与公信力。首先，可以提高政策透明度。DEA 分析的结果以量化指标的形式呈现，具有较高的客观性和透明度。这有助于公众更加清晰地了解财税政策在粮食生产领域的实际效果，增强政策的公信力和认可度。其次，促进公众参与。通过公开 DEA 分析结果，可以鼓励公众参与到政策讨论和反馈中来，形成政府、社会和公众共同参与的政策制定和评估机制。这有助于进一步提高政策制定的科学性和民主性。

（2）利用博弈法对粮食主产区不同涉粮主体间博弈进行分析

利用博弈法对粮食主产区不同涉粮主体间分析发现，在政府与粮食企业间代理—委托模型中，减少粮食企业投机惩罚力度，可以激励粮食企业收粮积极性；在政府与农民的博弈分析中，若中央政府介入，应完善粮食利益补偿机制、增加财政支出力度，地方政府抓粮积极性和农民种粮积极性会提高；在政府、粮食企业、农民三者间博弈分析中，地方政府对粮食企业存在最佳财政补偿概率、粮食企业对农民存在最佳收购概率、地方政府对农民存在最佳财政补偿概率。在粮食产业链中，不同主体之间既存在竞争关系，也存在合作关系。例如，政府和农民之间需要合作，以确保粮食生产的稳定性和可持续性；而企业和农民之间则需要在市场中进行价格谈判和交易。因此，博弈分析需要综合考虑合作与竞争两种机制，并探讨如何通过制度设计来促进合作、减少冲突。

利用博弈法对粮食主产区不同涉粮主体间的博弈分析，主要关注这些主体在粮食生产、流通、销售等环节中的利益冲突与合作机制。利用博弈法对粮食主产区不同涉粮主体间的博弈分析具有多主体参与、信息不对称与不完全竞争、动态博弈与策略调整、合作与竞争并存、政策影响显著以及注重长期利益与可持续发展等特点。这些特点要求我们在分析过程中充分考虑各种因素的作用机制和相互影响关系，以得出更加准确和全面的结论。粮食生产是一个长期过程，涉粮主体在博弈中需要关注长期利益和可持续发展。例如，农民在种植决策中需要考虑土壤质量、水资源等长期因素，而企业在经营中则需要关注品牌形象、社会责任等长期利益。因此，博弈分析需要采用长期视角来评估不同策略的长期效果和可持续性。

在粮食生产环节，农民作为主要参与者，面临着诸多决策考量，不仅要关注当下的种植成本和收益，还需从长远角度考虑土壤质量的维护。长期过度使用化肥可能在短期内提高产量，但会损害土壤肥力，影响未来的收成。因此，农民在博弈中需要在短期利益和长期的土壤质量保护之间寻找平衡。水资源的利用也是如此，合理灌溉以保障长期的水资源可持续利用，对于农民的长期利益至关重要。

在粮食流通环节，涉及运输企业、仓储企业等多个主体。运输企业在选择运输方式和路线时，需要考虑成本与效率的平衡。从短期看，选择低成本的运输方式可能节省费用，但如果导致粮食损耗增加或运输时间过长，影响粮食质量和市场供应及时性，从长期来看则可能损害自身声誉和与客户的合作关系。仓储企业则需要在仓储设施建设和管理上进行长期规划，确保粮食在储存过程中的质量稳定，同时要考虑仓储成本与市场需求的动态变化，以实现长期的可持续运营。

在销售环节，企业的品牌形象建设是长期利益的重要体现。通过提供优质的粮食产品和良好的售后服务，树立良好的品牌形象，能够在市场中获得长期的竞争优势。企业还需要关注社会责任，如保障食品安全、参与农村发展等，这不仅有利于提升企业的社会声誉，也符合社会对企业的长期期望，为企业的可持续发展创造良好的外部环境。

对于整个粮食产业来说，可持续发展是各涉粮主体共同的长期目标。政策在引导和规范涉粮主体行为方面发挥着重要作用。政府制定的农业补贴政策、环保政策等都会影响各主体的决策和博弈策略。例如，环保政策的收紧可能促使企业加大在环保设备和技术上的投入，虽然短期内增加了成本，但从长期看符合可持续发展要求，也有助于企业在未来的市场竞争中占据有利地位。

利用博弈法对粮食主产区不同涉粮主体间博弈分析发现的现实意义是多方面的。一是深入理解粮食生产与市场的关系。首先，通过博弈分析，可以清晰地看到粮食主产区内的不同涉粮主体（如政府、农户、粮食企业等）在粮食生产、储存、流通等环节中的互动关系，以及他们如何根据自身的利益和目标做出决策。其次，分析这些主体间的博弈行为，有助于揭示粮食市场价格波动、供需失衡等问题的深层次原因，为制定更加精准有效的政策措施提供依据。二是优化粮食资源配置。博弈分析可以揭示哪些资源在哪些环节上存在浪费或低效利用的情况，从而引导资源向更加高效、合理的方向流动，提高整体资源利用效率。此外，通过分析不同主体间的博弈关系，还可以发现产业链上下游之间的合作与竞争关系，为推动粮食产业协同发展提供思路。三是促进粮食政策的科学制定与调整。博弈分析的结果可以为政府制定粮食生产、流通、储备等方面的政策提供科学依据，确保政策制定的合理性和有效性。当发现政策执行过程中存在问题时，博弈分析可以帮助政府快速定位问题所在，并指导政策调整的方向和重点。四是保障国家粮食安全。一方面，通过博弈分析，可以更加深入地理解粮食安全的重要性及其面临的挑战，从而强化全社会的粮食安全意识。另一方面，分析不同主体在粮食安全保障中的角色和责任，有助于构建更加完善的粮食安全保障体系，提升国家的粮食安全保障能力。五是推动农业可持续发展。博弈分析可以揭示农业技术应用的现状和潜力，为农业技术创新和推广提供方向，推动农业技术水平的整体提升。此外，通过分析不同主体在农业生产中对环境的影响，可以发现环境问题产生的根源，并引导农业生产向更加环保、可持续的方向发展。

（3）对粮食主产区粮食主管政府部门及部门领导、部分农户展开调查

通过对粮食主产区粮食主管政府部门及部门领导、部分农户展开调查，从调查结果中发现各涉粮主体之间利益取向不同是限制粮食主产区经济发展的主要因素；粮食作为无税产业，带给地方的财政收入太低，粮食主产区奖励力度太小是限制粮食主产区经济发展的因素；粮食流通体制的不顺畅、地方政府的重视程度不够等问题也是限制粮食主产区经济发展的因素。

这些调查活动不仅有助于深入了解粮食生产领域的实际情况，还能为政策制定、决策优化以及农业可持续发展提供重要依据。以下是对这一调查意义的具体阐述：

第一，政策制定与调整的科学依据。在生产条件方面，调查能够精准呈现土壤肥力状况、气候特点以及水资源的分布和利用情况等。例如，了解到某粮食主产区的土壤酸碱度失衡，影响了农作物对养分的吸收，这就为制定土壤改良政策提供了关键线索。产量水平的调查不仅包括实际产量数据的收集，还涉及对不同种植品种、种植方式下产量差异的分析，为优化种植结构和推广高产技术提供了依据。技术应用的调查则能揭示当前农业生产中新技术的普及程度和应用效果，比如智能化灌溉技术在节水和增产方面的实际表现，以及农民在使用过程中遇到的技术难题，从而为后续的技术培训和推广政策提供方向。市场需求的调查有助于把握粮食市场的动态变化，包括消费者对不同品种、品质粮食的需求偏好以及国内外市场的供需关系，为调整粮食生产结构和制定市场导向的政策提供支持。此外，政策执行情况的调查能够及时发现政策在落地过程中存在的问题，如补贴资金是否足额及时发放到农户手中，农业信贷政策是否真正惠及有需求的农业经营主体等，为政策的优化和完善提供了第一手资料。通过这些全面的调查，能够精准地揭示粮食生产中存在的深层次问题，像技术瓶颈导致的生产效率低下、资金短缺制约农业基础设施建设和农业现代化进程、市场信息不对称造成农民盲目生产等，进而为政策调整指明方向，使政策更加贴合实际需求，切实解决粮食生产中的关键问题。

第二，提升政府部门的管理与服务水平。基于调查结果，粮食主管政府部门及领导能够在管理和服务方面做出更加科学、精准的决策，从而极大地提高工作的有效性和针对性。首先，了解到粮食生产的实际情况后，政府可以制定出符合当地农业发展特点的管理政策。例如，根据不同地区的种植习惯和土地资源状况，制定差异化的土地流转政策，促进土地的规模化经营和高效利用。在服务措施方面，针对农民对农业技术的需求，政府可以组织专业技术人员深入田间地头，为农民提供面对面的技术指导和培训服务。其次，通过对资源分配和使用情况的深入了解，政府部门能够及时发现资源配置不合理的地方。比如，某些地区农业基础设施建设滞后，影响了粮食生产的效率和质量，政府就可以加大对这些地区的基础设施投入，修建灌溉渠道、改善道路交通条件等，确保关键领域和环节得到足够的资源支持。同时，对于资源利用效率较高的地区和生产模式，可以进行总结推广，提高整体的资源利用效率。

第三，促进农户增收与农业可持续发展。深入了解农户的诉求和期望是制定有利于农户政策措施的关键。通过调查，政府部门能够切实感知农户在生产生活中面临的困难和需求，从而制定出更具针对性的政策，如合理增加补贴标准，确保补贴能够真正弥补农民的生产成本并带来一定的收益增长。在提供技术支持方面，可以根据农户的实际技术水平和接受能力，组织开展形式多样的技术培训活动，包括现场示范、线上教学等，让农民更好地掌握先进的种植技术和管理方法，提高粮食产量和质量，进而增加收入。同时，调查对农业技术应用的全面梳理能够揭示出技术创新的潜力和方向，了解到当前哪些技术在实际生产中应用效果良好，哪些技术还需要进一步改进和推广，为农业科技创新提供了实践依据。政府可以加大对农业科研的投入，鼓励科研机构和企业开展联合攻关，研发出更适合本地生产条件的农业技术和设备，并通过有效的推广机制，将这些新技术快速应用到农业生产中，促进农业技术水平的整体提升。此外，对粮食生产实际情况和潜在风险的全面把握，有助于政府部门提前制定应对措施。在面对自然灾害时，能够及时组织抗灾救灾工作，保障粮食生产的基本条件；在应对市场波动时，通过建立储备制度、加强市场调控等手段，稳定粮食价格，保障农民的收益。从长远来看，这些措施都有利于维护国家粮食安全，实现农业的可持续发展，确保粮食生产在满足当代人需求的同时，不损害子孙后代满足其自身需求的能力，为农业的长远发展奠定坚实基础。

2 相关概念界定与理论基础

2.1 相关概念的界定

2.1.1 粮食主产区

粮食主产区是保障粮食安全的重要支撑，推进粮食主产区的农业生态效率提升，是实现农业可持续发展的重要途径之一（刘婷婷等，2024）。“粮食主产区”这一概念的正式出现是在2003年财政部印发的《关于改革和完善农业综合开发政策措施的意见》（财发〔2003〕93号）中。该文件明确了主要产粮地区是在农产品的种植、生产、外调中处于全国重要地位的，能够供给较多与国家经济、民众生活有密切关联的大宗农产品，包括粮食、谷物、油料、肉、糖等的集中生产地区。根据以上标准与我国现实情况，在全国共有13个省份被列为“粮食主产区”，分别是东北地区的黑、吉、辽，华东地区的鲁、苏、皖、赣，华北地区的蒙、冀，华中地区的豫、鄂、湘，西南地区的川。2008年又将上述13个主产区依据地理方位划分为北方主产区和南方主产区，分别包括7个省份和6个省份。粮食的主要生产地域事关我国的粮食安全，扮演者“压舱石”的作用，粮食生产大省是我国的商品粮的主要来源。但自2006年取消农业税以来，这些农业大省财政收入不足，工业发展滞后，产业升级遇阻。

2.1.2 财政政策

财政政策是由国家制定的，其目的是针对财政收入如何具体分配以及依据怎样的准则来进行分配等方面给出具体的规定。财政政策在制定时考虑国家当前的综合状况，包括政治、经济、文化等方方面面。财政政策的制定要符合国家当前的发展目标。财政政策不是独立存在的，它与金融、产业发展、收入分配等方面的政策息息相关，他们共同组成整个国家的经济政策

（苏芳等，2021）。政府支出与税收构成了财政政策的两大核心支柱。政府支出不仅涵盖通常意义上的转移支付，还包括政府购买行为，两者共同作用于经济体系。税收则通过调节生产要素的配置，对宏观经济的发展产生深远影响。财政政策的实施手段丰富多样，国家预算的编制、公共投资、各类补贴，以及贴息政策等均为常见的操作方式。财政政策旨在实现多元化的目标，以促进经济社会的全面进步。具体而言，这些目标包括：实现资源的有效配置，即确保资源能够流向最具生产效率的领域；促进收入分配的公平性，减少社会贫富差距；维持经济的稳定增长，避免周期性波动带来的负面影响，以及提升社会生活质量，满足人民群众日益增长的美好生活需要。通过这些目标的协同推进，财政政策在推动国家经济发展和社会进步中发挥着至关重要的作用。

具体针对粮食主产区来看，当前实施的积极财政政策对于财政收入相对薄弱的主产区而言，具有至关重要的意义。首先，从保障国家粮食安全的视角出发，粮食主产区作为我国粮食生产的基石，肩负着确保国家粮食安全的重要职责。通过加大对粮食主产区的财政扶持力度，用于农业基础设施的完善、农业科技研发与推广等方面，可以有效提升粮食主产区的自给自足能力，降低对外部粮食市场的依赖程度，进而强化国家粮食安全保障的基石。其次，积极财政政策在调动粮食生产积极性方面发挥着关键作用。通过实施稻谷补贴、耕地地力保护补贴等政策措施，能够直接增加农民的经济收益，激发其种粮热情。同时，这些补贴政策还有助于减轻农民的生产成本负担，使其能够更加专注于粮食生产活动。此外，积极财政政策还致力于支持农业科技创新及其推广应用，如推动种业振兴行动、普及绿色高效技术等，以提升粮食生产的科技水平和效率。这一系列举措将进一步激发农民和农业企业的创新潜能，推动粮食产业向高质量发展阶段迈进。最后，从促进粮食主产区经济社会发展的角度来看，由于粮食主产区往往专注于粮食生产而错失部分经济发展机遇，其经济社会发展水平与主销区相比存在一定的差距。因此，积极财政政策通过转移支付、税收优惠等手段，加大对粮食主产区的支持力度，旨在缩小区域间的发展差异，推动实现区域间的协调发展。中央财政在转移支付、财政补贴、政府购买等方面都积极向主产区倾斜，可以支持主产区的发展，保障粮食安全，这是十分必要的。总之，国家通过制定适宜当前状况与经济发展目标的财政政策并根据具体情况进行调整，来使经济得到稳定发展。

2.1.3 税收政策

税收政策是政府为实现特定经济社会发展目标，运用恰当的税收方法与工具，对市场经济主体的利益进行调整与管理的手段，旨在通过压制或激励的方式干预市场机制，以达到既定的政策目标。作为经济政策的关键组成部分，税收政策通过构建和调整税收制度，引导社会资源的合理配置，促进经济的稳健增长和社会的和谐进步。税收政策的本质在于，政府为实现特定时期的社会或经济目标，运用税收政策手段对市场经济主体的物质利益进行调整，施加具有强制性的刺激措施，从而在一定程度上对市场机制的运行进行干预。这种经济活动及其准则，体现了国家对经济活动进行宏观调控的意图与方向。税收政策可以分为税收总政策和税收具体政策两个层次。税收总政策是基于国家在特定历史阶段税收实践中必然面临的基本矛盾而制定的，旨在解决这些基本矛盾的指导原则，也被称为“税制构建原则”。它为国家税收制度的整体设计和实施提供了根本性的指导。而税收具体政策则是在税收总政策的指导下，针对税收工作中更为具体的问题和矛盾而制定的指导原则，用于解决税收实践中的具体操作问题。通过税收政策的制定与实施，政府能够更有效地引导资源的合理配置，调节收入分配，促进经济增长，以及实现其他社会和经济目标。税收政策作为国家宏观经济调控的重要手段，对于推动经济社会的持续健康发展具有重要意义。税收政策调控系统由多个方面组成，包括政策的决策者即国家，税收政策想要达成的既定目标、税收政策采用的管理方式、税收政策的具体实施效果及其评价、税收政策实行过程中各方的反馈以及上述各个内容之间的相互关系。税收政策对一国经济运行是十分重要的，这种重要性体现在生产、消费、分配等方面，对整体经济的稳定有十分重要的作用，通常这是通过杠杆作用来实现的。

正向的税收激励往往通过积极的鼓励和刺激来实现，具体来说是指国家为了达到刺激相应主体生产发展的目的，对目标主体实行与其他主体相比更轻或免除的税额。正向的税收激励政策是政府在税收领域实施的一种积极措施，旨在通过减轻或免除特定纳税人或经济活动的税收负担，来鼓励和支持符合国家发展导向的经济行为。这些政策对于促进企业发展、增强市场活力、优化资源配置等方面都具有重要作用。政府应根据国家发展需要和实际情况制定科学、合理的税收激励政策，并加强政策宣传、执行、监管和评估工作，以确保政策能够得到有效落实并取得预期效果。相应的负向税收激励则是通过消极的压制来实现，往往对目标主体征收更重的税额。负向税收激励，相对于正向税收激励而言，是一种通过增加税负或采取其他税收措施来抑制、限制或惩罚不符合社会经济政策目标的行为的策略。虽然负向税收激励在税收政策中不如正向激励常见，但它在维护市场秩序、调节资源分配、保护环境等方面也发挥着重要作用。负向税收激励是税收政策中的重要组成部分，它通过增加税负或采取其他税收措施来抑制、限制或惩罚不符合社会经济政策目标的行为，对于维护市场秩序、调节资源分配、保护环境等方面具有重要作用。然而，在实施负向税收激励时需要注意合理性和公正性、稳定性和可预见性、与其他政策的协调性以及加强监管和评估等问题。

税收政策对经济产生的影响是深远而广泛的，主要体现在以下几个关键方面：一是筹集财政收入。政府通过实施税收政策，能够获取必要的财政收入，这些资金随后被广泛投入教育、医疗卫生、社会保障等至关重要的公共服务领域。合理的税率设置既能确保财政收入的稳定增长，又不会对纳税人造成过重的负担，影响其经济活动的积极性。不同的税种和税收征管方式相互配合，能够全面覆盖各种经济活动和收入来源，确保税收的公平性和效率性。二是调节经济。税收政策作为宏观调控的有力工具之一，对经济具有强大的引导和调节作用。政府可以通过灵活调整税率、税目以及实施税收优惠等多种措施，精准地对经济进行干预，促进经济的稳定增长和结构优化。税收政策通过调整税目的设置，对产业结构的调整发挥着重要的引导作用。具体而言，政府对于鼓励发展的新兴产业和高新技术产业，会实施一系列的税收优惠措施，如减免企业所得税、实行研发费用加计扣除等，旨在促进这些产业的加速发展，进而推动经济结构的转型升级。与此同时，对于高污染、高耗能等落后产业，税收政策则通过适当提高税收负担的方式，对其进行一定的经济制约，以激励这些产业进行技术改造或逐步淘汰，从而实现资源的优化配置并加强环境保护，促进经济的可持续发展。政府可以针对特定地区、行业或企业制定税收优惠政策，引导资源的合理流动和集聚。如对经济落后地区实施税收优惠、吸引投资和产业转移、促进区域经济的协调发展，以及对小微企业给予税收减免、扶持其发展壮大、激发市场活力和创新精神，为经济增长注入新的动力。三是促进公平竞争。通过制定统一、公正的税收制度，所有纳税人在相同的税收规则下承担纳税义务，避免了因税收差异导致的市场扭曲和不公平竞争。公平的税收政策能够使企业将更多的精力放在提高生产效率、创新技术和产品质量上，而不是通过不正当的税收手段获取竞争优势。此外，税收政策在调节收入分配领域扮演了重要角色，进而对社会公平与市场公平竞争产生了积极影响。具体而言，通过实施累进的个人所得税制度，政府对高收入群体征收相对较高的税额，而对低收入群体则提供一定的税收减免或优惠政策，这一做法有助于缓解贫富差距，降低社会不平等现象。这种税收政策的实施，不仅促进了社会财富的更加均衡分配，还为市场公平竞争创造了有利条件，有助于构建一个更加和谐与公正的社会经济环境，促进经济的可持续发展。

具体针对粮食主产区来看，当前我国粮食主产区经济发展水平相对较弱，急需国家进行相应的扶持，在这样的情况下应当对其采取正向的税收激励，以保障粮食主产区的生产积极性。随着人口增长和消费升级，粮食需求不断增加。通过税收政策激励粮食主产区增加投入、提高单产，有助于提升粮食自给率，减少对外依赖，确保国家粮食安全。同时，我国农业正处于供给侧结构性改革的关键时期，通过税收政策调整和优化农业生产结构，能够在提高农产品供给质量等方面发挥积极作用。因此目前我国针对粮食主产区以及粮食生产加工仓储销售等活动都制定了相应的税收优惠，以达到正向激励的目的。

2.2 研究的理论基础

2.2.1 产业发展理论

产业发展理论是一种综合性理论体系，它专注于探究产业发展过程中涉及的一系列关键问题，包括发展规律、周期性变化、影响因素、产业转移模式、资源配置效率以及发展政策等。该理论的核心目标是揭示产业发展各阶段的内在逻辑，涵盖从产业萌芽、成长壮大、扩张繁荣到衰退、淘汰等全生命周期所需的条件与环境，并据此提出相应的政策措施。通过对这些深层次规律的深刻洞察，产业发展理论为决策部门及企业提供了宝贵的指导，助力它们依据产业发展的不同阶段特征，制定出行之有效的战略与政策，从而推动产业的持续健康发展。产业发展理论的应用实践主要体现在三个方面：首先，在产业政策制定层面，依据产业发展理论揭示的规律及各阶段特性，可以设计出更具针对性的产业政策，有效推动产业的转型升级，迈向高质量发展阶段。其次，在企业战略决策方面，企业能够借助产业发展理论的分析框架，结合自身实际情况，制定出既符合市场趋势又具备竞争优势的发展战略与竞争策略，进而提升市场竞争力和盈利能力。最后，在区域经济发展领域，通过运用区域分工与合作理论，可以优化区域内的产业布局与资源配置，促进区域间经济的协同共进，实现整体经济的全面提升。产业发展理论与农业发展关系如图2-1所示。

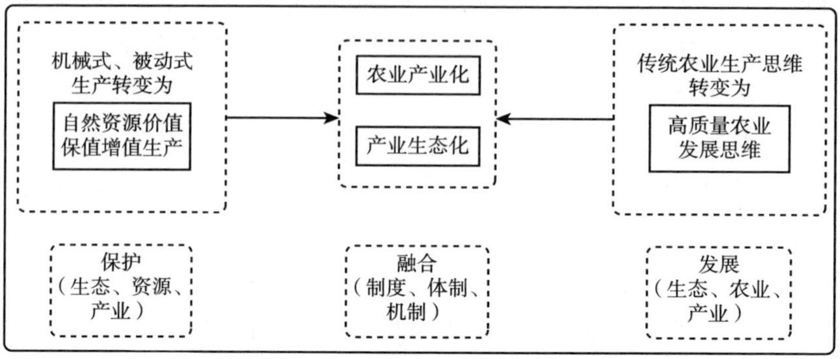

图2-1 产业发展理论与农业发展关系

产业发展理论的研究对象包括产业的发展规律，即某个产业从诞生到成长再到扩张最后到衰退四个阶段的过程中，怎样的外部环境和条件会对它产生怎样的影响，应当采取怎样的措施或给予怎样的政策才能使该企业得到良好的发展。充分研究并熟练掌握产业的发展规律对于延长产业的寿命是十分有益的，因为只有掌握了产业发展的规律，相关企业才能做出适宜的决策并适时做出调整，采取正确的措施应对不同的变化。此外，产业发展理论的探讨主题还包括产业发展的周期、影响产业发展的因素、产业如何进行转移、产业发展过程中应该怎样合理配置资源、在不同的产业发展阶段应该给予怎样的政策等。相同的产业在不同的发展阶段、同一发展阶段的不同产业都有着各自的发展规律。充分掌握产业发展的规律对于增强产业的可持续发展能力与竞争力都是十分重要的。产业发展理论为政府制定科学、合理的产业政策提供了理论依据，有助于推动产业结构优化升级和经济持续健康发展。在实践中，产业发展理论被广泛应用于各个领域，如政府制定产业发展规划、企业制定发展战略、区域经济合作等。

随着全球化和信息化的不断深化，产业发展理论持续演进并不断丰富。面对全球经济发展所带来的挑战与机遇，未来的产业发展理论将更加聚焦于创新驱动、绿色发展以及可持续发展等关键领域的研究。与此同时，新技术、新业态与新模式的快速涌现，正不断拓展产业发展理论的研究边界和应用范畴，使其能够更好地适应和引领经济发展的新趋势。在农业领域，农业产业化作为农业生产经营组织形式与制度演变的重要成果，是生产力和生产关系矛盾运动的必然产物。随着农业生产力的持续提升，客观上要求农业内部的各类经营主体，包括公司、农户等，通过合同或其他形式建立起紧密的合作关系，形成特定的组织形式，共同开展专业化、一体化以及社会化的生产经营服务。这种制度创新不仅有助于降低交易成本，减少市场进入壁垒，还有利于促进分工协作，实现规模经济效应，进而推动农业生产的现代化与高效化。

农业作为国民经济体系中的基石产业，在国家的经济发展中均扮演着举足轻重的角色。在产业结构变迁的理论框架下，农业往往被视为经济发展的初始或基础阶段。尽管伴随着经济的持续增长与工业化步伐的加快，农业在国民经济总量中的占比呈现出逐步降低的趋势，然而其作为基础性产业的地位却依然稳固不变。农业的稳定和繁荣对于确保国家粮食安全、驱动农村经济的增长以及维护社会的和谐稳定等方面，均发挥着无可替代的关键作用。在此背景下，产业发展理论为农业的转型升级提供了宝贵的理论指引。该理论不仅有助于揭示农业在不同经济发展阶段中的演变规律，还为政策制定者及农业从业者提供了科学的方法论基础，助力其制定出更加精准、有效的战略与政策，推动农业向更高质量、更高效率的发展阶段迈进。

粮食产业是重要的基础产业，有着特殊的发展历程。财税政策在粮食产业的发展中起着重要作用，产业发展理论对于理解粮食产业的发展也起着重要的作用。在推动农业发展的过程中，加强农业与产业发展的协同推进，能够实现资源的优化配置，提高经济整体效益。一方面，产业发展的成果可以为农业提供先进的技术、设备和管理经验，促进农业的现代化进程；另一方面，农业的发展也为其他产业提供了丰富的原材料和广阔的市场空间。产业发展理论可以帮助我们深入分析粮食产业的发展趋势、市场需求和竞争格局，为制定科学、合理的发展策略提供理论依据。例如，运用产业融合理论，可以推动粮食产业与食品加工、物流配送等相关产业的深度融合，拓展粮食产业的产业链和价值链，提高粮食产业的综合竞争力。因此，在推动农业发展的过程中，应充分认识和利用这种联系，加强农业与产业发展的协同推进，实现农业与其他产业的融合发展。

2.2.2 政府行为理论

政府行为理论是一个横跨政治学、经济学等多个学科领域的综合性理论体系，其核心在于深入探究政府在社会经济活动中的行为模式、内在动机、实施效果以及其对社会的深远影响。从广义视角来看，该理论涵盖了立法机关、行政机关及司法机关这三大核心系统在内的广泛政府行为；而狭义上，它则聚焦于国家行政机关（涵盖中央政府与各级地方政府）在法律框架内对公共事务所实施的各项管理行为。这些管理行为具体体现为政府运用行政权力及所掌握的财政资源，针对社会中的特定事务，从产生到运行的全过程进行引导、调控及监督的一系列政府干预措施。在政府行为理论的主要理论框架中，公共选择理论与政府行为理论占据了重要地位，它们共同构成了理解政府行为逻辑、评估政府政策效果及预测政府行为趋势的重要分析工具。通过这些理论，我们能够更加深入地剖析政府行为背后的动因，评估其对社会经济的实际影响，从而为优化政府治理、提升政策效能提供科学依据。政府行为是政府组织为达到整个社会公共利益的最大化，而针对自然人、个体、企业等主体，在社会发展的方方面面，如政治、经济、文化、社会、法制等全面协调而做出的具有强制性和指导性的行政行为。政府行为包括对具体事项的决策、对未来目标的规划、与各个主体之间的沟通、对各方主体的协调、对政策执行的监督等方面。政府行为理论是一个复杂而重要的研究领域，它对于理解政府在社会经济活动中的作用、指导政府政策制定和执行具有重要意义。同时，随着社会的不断发展和变化，政府行为理论也需要不断发展和完善以适应新的形势和需求。从经济学的角度来讲，企业行为的目的是私人利润最大化，个人行为的目的是效用最大化。与个人与企业行为不同，政府行为是在市场供求达到平衡的基础上，为实现整个社会的公共利益最大化而做出的一系列行动。在市场经济的条件下，政府行为理论是政府组织为了达到公共利益最大化的目的，对当地的市场、资源、税收、环境等方面面进行综合规划管理、统筹分配的具体行为理论。不同经济主体的行为方式直接决定整个粮食产业的发展状况，从而影响到国家粮食安全，研究政府行为是财税政策研究的必然主题。

政府行为理论是研究政府如何制定和执行政策，以及这些政策如何影响社会和经济活动的理论。它涉及政府的角色、职责、行为方式以及政策效果等多个方面。在农业领域，政府行为理论的应用尤为重要，关系到国家的粮食安全和农民的生计。政府行为理论与农业之间存在着密切的关系，这种关系体现在政府如何通过其行为和政策来影响、支持和促进农业的发展。政府通过财政拨款、补贴等财政手段，为农业部门注入资金支持，旨在缓解农民面临的资金约束，确保农业生产的平稳进行。与此同时，政府还制定并实施了一系列旨在引导农业发展方向与模式的农业政策，这些政策涵盖了土地政策、农业税收政策以及农业信贷政策等多个方面。这些政策的核心目标在于优化农业资源的配置效率，提升农业生产的效能，以及推动农业的可持续发展。通过这些综合性的政策措施，政府不仅为农业提供了必要的经济支持，还为其长期发展奠定了坚实的基础，从而有助于实现农业经济的繁荣与社会的稳定。政府行为理论对粮食的重要性体现在确保粮食生产的稳定性、维护粮食市场的稳定性、保障国家粮食安全和推动粮食产业高质量发展等多个方面。这些方面共同构成了政府保障国家粮食安全、促进粮食产业健康发展的重要支撑。

2.2.3 利益补偿理论

利益补偿理论是一个多维度、跨领域的复杂理论体系，其核心聚焦于探讨在特定情境下，如何构建有效的补偿机制以保障受损者的权益，进而促进社会公平与正义的实现。具体而言，利益补偿涉及利益补偿主体（如政府、企业等）采取多种形式与渠道，针对利益补偿客体（包括受损者、弱势群体等）所遭受的利益损失，进行恰当且合理的补偿，旨在保护这些群体的权益，尤其是那些因天赋或社会条件限制而处于不利地位的群体。这一过程深刻体现了对公平与效率双重价值的追求与平衡。利益，作为行为主体基于自身实际需求在特定行为中所作出的价值抉择，其保护与恢复成为利益补偿理论关注的核心议题。利益驱动着相关主体进行社会经济活动，他们各自对于利益的选择就是他们之间的利益关系。在实际情况中，不同的主体难免会选择不同的利益，这就导致了他们之间的利益矛盾。为了有效解决利益矛盾，分辨清楚相关利益对各方主体的影响，利益机制应运而生。利益机制对于利益的产生及分配做出合理的规定，调解各主体权益冲突，确保利益覆盖面最大化，以达到整体利益最大化的目的。合作中利益很难在各个主体之间平均分配，往往存在施益方与获益方。为了使整体利益最大化，施益方的一部分利益受到损失，而获益方实际得到的利益比应得的更多，这与公平正义的原则相违背。因此获益方应当给施益方一定的补偿，否则彼此的和谐关系将很难长久维持下去。除了利益还应当考虑风险的影响，各方主体承担的风险在种类与大小上都有所差异。有时某一方主体为了整体利益的最大化可能会为另一方主体承担本不属于自己承担的风险，使自身的风险变大；在没有充分考虑到风险这一因素的情况下，相应的风险变小的一方则可能同时获得较高的利益而面临较小的风险，这显然是不公平的。在这种情况下利益补偿机制十分有必要。各方利益主体依据外部环境的变化，及时对合作中涉及的利益主体做出调整，以利益机制为媒介来有效调节各方主体的利益关系，使利益分配满足与风险的对等关系，对利益相对受损的一方做出应有的补偿，尽可能在实现整体利益最大化的同时达到整体的公平正义，保障各个主体应得的利益，调动相关主体的积极性，使该合作长久稳定地发展。利益补偿理论在多个领域都有广泛的应用和实践，如农业、环境保护、社会保障等。在农业领域，政府通过实施各种补贴政策来激励农民增加粮食生产；在环境保护领域，政府和企业通过生态补偿机制来保护和恢复生态环境；在社会保障领域，政府通过建立和完善社会保障体系来保障弱势群体的基本生活需求。利益补偿理论实践如图 2 -2 所示。

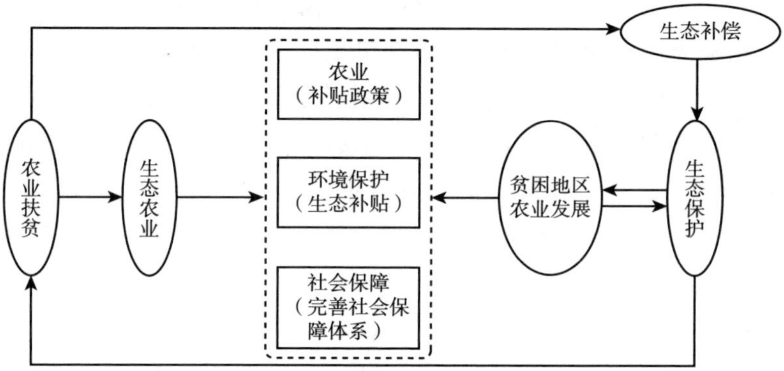

图 2 -2　利益补偿理论实践图

农业生产的稳定与社会秩序的和谐是国家持续发展的坚固基石。构建有效的利益补偿机制，以维护和增进农民的权益，进而确保农业生产的稳定，对于促进社会整体的和谐与安定具有重大意义。政府可以依据市场需求的变化以及资源分布的特点，通过实施差异化的补偿政策，激励农民调整其种植结构，积极发展具有地方特色和比较优势的农业产业。在农业现代化这一历史进程中，利益补偿理论扮演着至关重要的角色。政府通过加大对农业科技创新的支持力度，以及推广先进的现代农业技术，旨在提升农业生产的科技密集度和产品的附加值。这些措施不仅有助于优化农业生产结构，提高农业生产效率，还能够促进农业的可持续发展，从而为实现农业现代化奠定坚实的基础。同时，对于采用现代农业技术的农民或农业企业，政府还可以给予一定的政策优惠或补贴支持，以鼓励更多的农业主体参与到农业现代化进程中来。利益补偿理论与农业之间存在着紧密的联系和相互促进的关系。在未来的发展中，需要继续完善和优化利益补偿机制，以更好地服务于农业的发展和农民的利益保障。粮食生产的主要领域和粮食销售的主要领域必须建立利益平衡协调机制，同时改善现有的利益补偿和分配机制，以实现我国各区域均衡发展的目标。利益补偿机制可以平衡主产区与主销区之间的利益关系，通过横向利益补偿等方式，缩小区域发展差距，实现共同富裕。利益补偿理论对粮食生产的意义在于保障粮食生产的稳定性、促进粮食生产的可持续发展、优化粮食生产结构、缩小区域发展差距以及保障国家粮食安全等多个方面。这些意义共同构成了利益补偿理论在粮食生产中的重要性和必要性。

2.2.4 博弈论

博弈是指在相同的外部环境和规则下，不同的抉择者为使己方的利益最大化而在可以选择的范围内挑选适宜的方案并采取相应的行动，最后得到与各自的选择对应的结果。这种选择可以是多个主体同时进行的，也可以是有顺序地进行的；可以只有一次选择，也可以进行若干次选择。博弈论属于一门学科，其研究多个个体或者团队在特定条件限制下的对局里，运用相关方的策略来实施相应策略的情况。博弈论又被叫作“对策论”或“赛局理论”，它是现代数学的一个新兴分支，也是运筹学中的一个重要学科。博弈论的核心思想在于分析参与者之间的交互关系，探讨他们在不同情况下的最佳策略选择。博弈论研究的就是在博弈当中各个行为主体如何进行选择，并使最终整体达到均衡状态。博弈论研究的要素包括参与博弈的主体、利益相关者为确保本主体的收益最优化而采取的策略、各方主体所获得的信息、不同主体采取的战略方法、主体进行选择与行为后付出的成本与得到的效用、各方主体博弈之后整体的结果与最终的均衡。博弈有以下分类标准：第一种分类是根据博弈主体的抉择是否具有时序性；第二种分类是依据博弈主体是否充分掌握相关信息，如其他主体的情况、战略选择和其他知识。仅依据第一种分类方式博弈可分为静态博弈和动态博弈，仅依据第二种分类方式博弈则可分为完全信息博弈与不完全信息博弈。综合考虑两种分类依据博弈则可根据静态或动态，完全信息或不完全信息排列组合出四种分类。博弈论为这些领域提供了一种全新的分析视角，有助于更好地理解复杂的社会、经济、政治等问题，并寻找最优的解决策略。通过博弈论的分析，可以揭示出隐藏在表面现象背后的深层次规律和机制，为决策者提供科学的依据和参考。

在粮食主产区财税政策研究中，参与博弈的主体有中央政府、主产区政府、粮食企业、种粮农民，可分为中央政府与主产区政府的博弈、主产区政府与粮食企业的博弈、主产区政府与种粮农民的博弈、粮食企业与种粮农民的博弈。

第一，中央政府与主产区政府的博弈。中央政府与主产区政府之间的博弈，主要围绕粮食生产、资源分配、政策执行及利益协调等方面展开。这种博弈并非简单的对立关系，而是双方在特定制度环境和资源约束下，为实现各自目标进行的策略互动。中央政府希望主产区政府能够稳定粮食生产，确保国家粮食安全。同时，中央政府也会通过财政补贴、税收优惠等政策手段来激励主产区政府增加粮食生产。主产区政府则关注自身经济发展和地方利益，希望在保障粮食生产的同时，能够获得更多的财政支持和政策优惠。因此，主产区政府可能会与中央政府就粮食生产目标和利益分配进行博弈。

第二，主产区政府与粮食企业的博弈。主产区政府与粮食企业之间的博弈，主要围绕粮食生产、收购、储存、销售等环节展开，涉及政策执行、利益分配、市场竞争等多个方面。一是粮食生产与收购。主产区政府希望粮食企业能够积极参与粮食收购，确保当地粮食生产的顺利进行和农民收益的稳定。然而，粮食企业可能会根据市场供求关系和价格水平来决定收购量和收购价格，从而与主产区政府产生博弈。在收购过程中，主产区政府可能会通过政策手段来引导粮食企业的收购行为，如设定最低收购价格、提供收购补贴等。而粮食企业则会根据自身的经营成本和利润预期来作出决策。二是粮食储存与管理。粮食储存是保障粮食安全的重要环节。主产区政府需要确保储备粮的数量和质量满足国家要求，并承担相应的储存和管理成本。然而，粮食企业可能会因为储存成本高昂、资金占用大等而不愿意承担过多的储备任务。在这种情况下，主产区政府会通过政策手段来激励粮食企业参与储备粮的储存和管理，如提供储存补贴、降低储存成本等。而粮食企业则会根据自身的经营情况和市场需求来作出决策。

第三，主产区政府与种粮农民的博弈。主产区政府与种粮农民之间的博弈，主要体现在粮食生产、政策执行、利益分配等多个方面。一是粮食生产目标与种植结构调整。主产区政府会根据国家粮食需求和地方资源条件，制定粮食生产目标和种植结构调整计划。这些目标和计划可能要求农民种植特定作物或采用特定种植方式。种粮农民则会根据市场需求、自身种植经验和技术水平，以及政府补贴政策等因素，来决定种植何种作物和如何种植。农民可能会选择种植经济效益更高的作物，而不是政府推荐的作物。二是政策执行与补贴发放。主产区政府会通过各种渠道宣传粮食生产政策，并监督政策的执行情况。政府还会根据政策规定向种粮农民发放补贴，以激励其稳定粮食生产。种粮农民会关注政府补贴政策的落实情况，并据此调整自己的生产行为。如果补贴政策未能及时到位或补贴标准不合理，农民可能会降低生产积极性或改变种植计划。三是利益分配与风险承担。在粮食生产过程中，主产区政府和种粮农民都需要承担一定的风险。政府需要承担政策制定和执行过程中的风险，如政策效果不佳、农民抵触情绪等；而农民则需要承担自然灾害、市场波动等风险。双方之间的利益分配也是博弈的重要内容。政府希望通过政策手段来引导农民稳定粮食生产，但也需要考虑农民的经济利益和生产积极性；而农民则希望获得更多的补贴和收益，以改善生活条件。

第四，粮食企业与种粮农民的博弈。粮食企业与种粮农民之间的博弈，主要体现在粮食收购、价格谈判、利益分配及市场风险共担等方面。一是在粮食收购环节，粮食企业根据市场需求、库存情况和资金状况来决定收购量，而收购价格则受到市场供求关系、国家粮食政策以及企业自身利益等多种因素的影响。种粮农民则希望以较高的价格出售粮食，以获得更好的经济收益。因此，在收购过程中，双方会在收购量和价格上进行博弈，以争取自身利益最大化。粮食企业对收购的粮食有严格的质量要求，以确保产品的质量和市场竞争力。而种粮农民则可能由于技术水平、自然条件等不同而使粮食质量参差不齐。在质量标准的博弈中，粮食企业倾向于提高收购标准以确保产品质量，而种粮农民则可能因质量标准过高而面临销售困难或经济损失。二是在价格谈判环节，粮食企业通常具有更强的市场信息和议价能力，能够更准确地掌握市场动态和价格趋势。而种粮农民则可能因信息不畅而处于劣势地位。因此，在价格谈判过程中，粮食企业可能会利用信息优势来压低收购价格，从而损害种粮农民的利益。三是在利益分配及市场风险环节，粮食企业与种粮农民之间的利益分配是博弈的核心。粮食企业希望以较低的成本获取稳定的粮食供应，而种粮农民则希望获得更高的销售价格和经济收益。在利益分配的博弈中，双方会通过协商、谈判等方式来争取各自利益的最大化。同时，政府也会通过政策手段来平衡双方利益，确保粮食市场的稳定和可持续发展。

对粮食主产区不同涉粮主体间博弈分析发现，加强地方政府对粮食企业的监管力度、加大对主产区的财政投入，会提高地方政府抓粮、农民种粮的积极性。博弈论在粮食领域的重要性体现在揭示市场参与者的行为逻辑、优化政策制定与执行、促进市场稳定与可持续发展、提升市场透明度与公平性等方面。随着粮食市场的不断发展和完善，博弈论的应用前景将更加广阔。

3 粮食主产区财税政策的政策演进和现状分析

3.1 粮食主产区财税政策的政策演进

3.1.1 粮食主产区财政政策的政策演进

粮食主产区财政政策是指针对国家粮食生产的主要区域，政府通过制定和实施一系列财政措施，旨在保障该区域粮食生产的稳定发展，提高粮食产量和质量，促进农民收入增加，以及维护国家粮食安全的一系列经济政策（Abdoulaye et al.，2021）。这些财政政策包括价格支持政策、补贴政策和一般服务支持政策等多种形式，旨在通过财政资源的合理配置，引导和激励粮食主产区加大粮食生产投入，提高粮食生产能力和效率，确保国家粮食供求平衡，维护粮食安全。新中国成立以来，我国粮食主产区财政政策不断调整、优化，对于维护国家经济平稳运行和保障社会安全具有重要意义。粮食主产区作为国家粮食安全的基石，对其财政政策的演进历程进行回顾、梳理，不仅是理解我国农业发展、经济变迁及国家政策调整的重要窗口，而且有助于进一步完善财政政策体系，加强财政政策精准施策能力的探索。根据毛佳和朱述斌（2021）的研究，将新中国成立以来的粮食主产区财政政策划分为四个阶段，即1949—1978年起步摸索阶段；1979—1997年探索调整阶段；1998—2003年改革发展阶段；2004年至今提质增效阶段。

（1）1949—1978年起步摸索阶段

新中国成立初期，受战争破坏和自然灾害的严重影响，我国面临粮食供需失衡的问题，一些私人粮商通过囤积粮食、变相涨价等方式，进行投机活动，哄抬粮食价格，从而获取高额利润，严重破坏了正常的市场秩序。1949年4月，华北地区发生严重的春旱，导致春粮大幅度减产，粮食供应紧张，部分私人粮商趁机提高粮食价格，进而华北、华中、苏北和西北等地区粮价大幅上涨。如 1949 年 6 月中旬到 7 月下旬的一个多月时间，上海米价猛涨 4 倍，每石米从 11700 元涨至 59000 元，是一般商品的 1 倍或 1 倍以上。粮价的剧烈波动不仅加重了人民的生活负担，而且严重威胁了国民经济的健康发展。为了平抑粮价波动，维护市场秩序，保障城乡居民的粮食需求，国家决定将原来的粮食自由购销模式转变为粮食统购统销政策。1953 年 11 月，国家颁布《关于实行粮食的计划收购与计划供应的决议》，明确规定了两项措施：一是在农村地区，对拥有余粮的人民实施有计划的粮食收购政策；二是对城市人民以及农村中粮食短缺的人民，实行有计划的粮食供应制度，这标志着我国正式进入粮食统购统销的新阶段。然而，在这一时期，中央政府并未找到全面落实粮食统销制度的合适途径。1955 年 8 月，国务院发布的《关于市镇粮食定量供应暂行办法的命令》，明确规定市镇居民需凭借政府发放的粮票，在指定的粮食供应点购买规定数量的粮食，以此确保粮食分配的公平性和合理性。通过引入凭粮票购买机制，将粮食“统购”与“统销”两大环节纳入同一制度框架中，成为中国粮食统销制度的实际起点。在粮食统购统销阶段，国家通过采取上调粮食统购价格，对粮食主产区实施加价奖励，对农药、化肥等生产资料进行补贴等措施，不仅迅速扭转了粮食市场的混乱局面，稳定了物价，保障了人民的基本生活需求，更为国家的工业化建设提供了有力的支持。然而，由于“重工轻农”思想的影响，国家在一定程度上通过牺牲农业和农民的利益来支持工业化建设，削弱了农业生产在国民经济中的基础地位。这不仅影响了农民的生产积极性，而且阻碍了农村经济的发展。

（2）1978—1997 年探索调整阶段

随着改革开放的不断推进，经济特区、沿海开放城市以及各大中心城市的工业化、城市化进程加快。在这一时期，中国人口结构出现重大改变，大量农民工开始涌入城市，城市人口规模出现了第二次扩张。城市人口的快速增长使粮食需求急剧上升，原有的粮食供需平衡被打破，粮食供需矛盾日益尖锐，表现为原有的粮食统购统销制度难以满足城市居民的基本生活需求。在这种情况下，党中央对粮食统购统销体制进行了四个阶段的改革，实现了从粮食统购统销向粮食购销市场化的转变。

第一阶段（1978—1984 年）：自 1978 年起，在统购统销的基本框架下，政府开始对粮食购销政策进行调整，允许市场机制在一定范围内发挥作用。在这一时期，国家开始对粮食价格进行全面调整。一方面，将统购价格上调了20%；另一方面，对于超出基本统购任务的粮食，在统购价格基础上再给予50%的加价。经过这一轮价格调整，6种主要粮食作物的加权平均价格每千克上涨了20.86%。粮食价格的大幅提高，不仅直接增加了农民的经济收入，提高农业生产效率，而且推动了粮食产量的显著提升，有效缓解了粮食供需紧张问题，维护了粮食市场的稳定性。然而，由于国家在提高粮食收购价格的同时，并未对粮食的销售价格做出相应调整，粮食的收购成本高于销售价格，从而形成了"购销倒挂"的局面。据相关统计数据，1979年政府对粮食价格的补贴净额相较于1978年增长了147%，到1984年，国家对粮食流通系统的财政补贴总额达到了209.20亿元，这一数额约占当年全国国内生产总值（GDP）的3%（钱煜昊等，2019）。高额的粮食补贴给国家财政体系带来了沉重负担，严重影响了整个经济体系的稳定运行，但这也促进了国家对粮食统销统购制度的进一步改革。

第二阶段（1985—1991年）：随着市场调节作用的增强，我国开始逐渐突破高度集中的计划经济体制。1985年1月，《关于进一步活跃农村经济的十项政策》的出台，标志着我国开始进行农产品统购派购制度改革。根据不同的农产品种类和地区情况，开始实行"价格双轨制"。这一制度的实施，极大地激发了农村经济的活力，促进了农产品的流通和交易。为了进一步推动农村经济的改革与发展，国务院颁布《关于1986年农村工作的部署》，提出要逐步减少合同定购的数量，增加市场议价收购的比例，旨在减少政府对农产品市场的直接干预，更多地让市场机制发挥作用。然而，由于合同定购中的"倒三七"比例加价（即三成按原统购价，七成按超购加价）低于原统购统销中的超购加价水平，加上经济作物的市场价格相对较高，这在一定程度上挫伤了农民种植粮食作物的积极性，使粮食产量连年下滑，国内粮食市场价格快速上涨。为解决农民生产积极性下降和粮食市场价格不稳定的问题，1990年国家出台了《关于建立国家专项粮食储备制度的决定》，对原有的"合同定购"制度进行调整，实行"国家定购 "。国家在提高粮食合同定价、强化政策扶持的基础上，对定购粮食实行"三挂钩"政策，以经济手段重新激发农民的生产积极性。同时，国家逐步扩大了粮食的市场定价范围，进一步提高农产品市场的竞争力。与1986年相比，1991年农产品收购价格中的国家定价与国家指导价种类发生了显著变化。国家定价的种类由1986年的17种减少至1991年的9种，而国家指导价的种类则从1986年的11种增加至1991年的19种，在销售价格方面，国家定价的种类由1986年的14种减少至1991年的7种，国家指导价的种类则由1986年的4种增加至1991年的10种。但这一阶段粮食价格购销倒挂的问题仍然未能得到有效解决，并且出现一些不法分子利用政策漏洞，通过套取政府补贴、违规赚取差价等行为严重扰乱了市场秩序，损害了农民的利益和农产品市场的健康发展。

第三阶段（1992—1993年）：为了解决实施粮食价格双轨制以来出现的一系列问题，国家通过采取同步提高粮食订购价格和销售价格的方式，缩小购销价格之间的差距，在很大程度上实现了购销同价。同时，国家进一步加大粮食销售价格放开的力度，逐步放宽了对粮食销售价格的管制，为农产品市场购销制度的形成奠定了坚实基础（刘振伟，2019）。1993年出台的《国务院关于建立粮食收购保护价格制度的通知》，明确要求建立一套科学、合理的粮食收购保护价格制度。具体而言，针对粮食的主要品种，如小麦、稻谷等，实行收购保护价格制度，其价格不得国家合同订购价。当粮食的市场价格低于保护价时，政府按照保护价进行收购，以此防止粮食价格过度下跌，保护农民的利益；当粮食市场价格上涨过多，超出合理范围时，政府按照相对较低的价格出售粮食，以此平抑市场价格波动，维护市场稳定。截止到1993年底，我国粮食购销制度改革取得了显著成果，全国98%以上的县市已经全面放开了粮食购销以及价格，标志着我国结束了长达40年的粮食统销制度。这一阶段实现了从计划定价与市场定价并存的双轨制向完全市场定价单轨制的过渡，粮食价格暂时进入了由市场机制主导的新阶段。

第四阶段（1994—1997年）：由于1993年全国粮食收购价格大幅度上涨，引发1994年恶性通货膨胀，1994年全国粮食平均收购价格比1992年上涨了109%，粮食价格的剧烈波动不仅给居民生活带来了沉重的负担，而且严重阻碍了粮食购销市场化改革的进程。为了确保粮食改革的顺利推进和城市粮食稳定供给，国家加强对粮食市场的全面管理和宏观调控，进一步深化粮食购销体制改革，以稳定市场价格和满足城市粮食需求，但实际上这一时期又回到了粮食购销的“双轨制”阶段，重新确立了粮食价格的刚性，以确保市场的平稳过渡。由于市场供需关系、粮食价格波动等多重因素的影响，1994年提出的“保量放价”政策，并未得到真正的贯彻落实。为了确保国家粮食总量的平衡，1995年国家开始实施“米袋子”省长负责制，要求各省省长亲自负责，保障本地区的粮食稳定供应，强化了地方政府在粮食安全保障中的责任。1997 年，国家要求粮食部门必须按照既定的保护价格，敞开收购农民的余粮，确保农民粮食能够顺利出售，获得稳定的经济回报，这极大地调动了农民的生产积极性，粮食产量实现大幅的增长。随着粮食供给量的不断增加，市场供需关系逐渐趋于平衡，粮食价格开始回落。这一阶段政府主要采用行政手段对粮食价格进行调控，从某种程度上来说这是粮食市场化改革中的一次“倒退”。但在特定历史时期对于稳定粮食市场、保障粮食安全发挥了至关重要的作用，为后续的粮食市场化改革积累了宝贵的经验。

（3）1998—2003 年改革发展阶段

此阶段，国家重新确立了粮食价格的刚性，使得粮食的购销价格再次倒挂，从而导致 1996—1997 年粮食产量严重过剩，出现粮食供过于求的局面。截止到 1997 年底，国家粮食库存量急剧膨胀，达到了 2000 亿公斤，这一库存量远远超出了 750 亿公斤的合理库存量。这种粮食过剩导致广大粮农面临“卖粮难”的问题，严重挫伤了粮农的生产积极性。同时，由于收购价格高于销售价格，国有粮企陷入政策性亏损的困境。据统计，部分粮企在农业发展银行的亏损挂账已超 1500 亿元，这对国有粮企的财务状况造成了严重冲击（王双正，2008）。为了应对这一困境，中央财政用于粮食方面的直接支出高达 292 亿元，直接加剧了国家财政负担。因此，从 1988 年起，我国开始探索发挥市场的调控作用，进行粮食购销市场化改革，改革措施分为两个阶段。

第一阶段（1998—2000 年）：1998 年，我国粮食购销体制改革步入新阶段。此次改革的重点是国有粮食企业，通过实施三项关键政策，来改善国有粮食企业面临的困境。一是按保护价收购农民的余粮，以稳定农民的收入预期，激发其生产积极性；二是粮食收储企业实行顺价销售，即在确保收购成本的基础上，合理确定销售价格，避免价格倒挂带来的经营亏损；三是粮食收购资金实行封闭运行，确保资金的有效利用，为粮食收购提供坚实的资金保障。改革所遵循的原则是“四分开一完善”，即明确划分政企职能、中央与地方合理分担粮食责任、有效分离粮食储备与经营活动、清晰划分新老财务账目，以及进一步完善政府调控下粮食价格形成机制。同年 6 月，进一步细化了改革策略，提出了以“三项政策、一项改革”为核心的粮食改革方案，标志着我国粮食改革正式步入“市场调节为主，计划调节为辅”的新阶段（胡小平等，2018）。虽然此次粮食改革在推动粮食流通领域市场化方面取得了显著成果，但并未实现 1992 年“粮改”中提出的“粮食商品化、经营市场化”目标。在这一阶段的改革实施过程中，由于政策目标的多重性和复杂性，政策实施效果并未达到预期目标，如部分私营粮商在市场上以较低的价格收购粮食，再以略低于国有粮食企业的价格出售，这不仅压低了粮食的市场价格，而且使国有粮食企业难以实现顺价销售，在一定程度上加剧了国有粮食企业的经营困境。

第二阶段（2000—2003 年）：2001 年，中国正式加入世界贸易组织（WTO），对国内的农业政策进行相应的调整和优化，与之达成了符合其规则的农业支持和保护政策协议，为后续粮食改革提供了明确的制度边界和改革方向。2001 年 8 月，国务院召开全国粮食工作会议，进一步深化和全面进行粮食价格改革。会议明确了地方政府在粮食改革中的主体责任，提出加大对粮食生产区域的政策支持和保护，并逐步减少对粮食市场的直接干预，让市场机制在资源配置中发挥更大作用。根据这一方针政策，各地开始逐步放开粮食价格管制，这不仅提高了粮食生产的效率和效益，还促进了粮食市场的稳定发展。

（4）2004 年至今提质增效阶段

1999—2002 年，我国粮食产量呈现逐年下降的态势。尽管在 2002 年，粮食产量出现小幅回升，但这并未能扭转整体下滑的趋势。到了 2003 年，粮食产量大幅下降。面对这一严峻形势，国家将解决“三农”问题提升到了前所未有的战略高度。从 2004 年起，中央连续 20 年发布了聚焦“三农”（农业、农村、农民）问题的“中央一号文件”，“三农”支出的绝对量持续增长，占财政比重所反映出的相对量也不断提高，这一变化反映了国家在政策层面上对农业支持力度的不断加大。国家实施了以价格支持政策、补贴政策和一般服务支持为主要内容的一系列财政政策支持粮食生产，农业投入大幅度增加。一是价格支持政策，通过完善粮食收购政策、建立粮食储备制度等措施，调节市场供求关系，稳定粮食市场价格，防止粮食价格的大幅波动影响农民收入和国家粮食安全；二是补贴政策，为减轻农民生产成本，对农民进行直接补贴或实施专项补贴政策，鼓励农民采用先进技术和管理方式，提升粮食生产效率和质量，提高农民种粮积极性；三是一般性服务政策，聚焦于农业基础设施建设与改造，特别是对农田水利设施的投入和耕地资源的保护与管理，从而增强农田抵御自然灾害的能力，确保粮食生产的稳定性与可持续性（Carr & Kefalas，2011）。这一阶段的改革使我国粮食支持保护政策体系迈向了更加成熟与完善的阶段，不仅精准对接了粮食生产的实际需求，而且使农民更加注重粮食生产的效率与质量，提高了粮食生产的综合竞争力，为我国粮食生产的长期稳定发展奠定了坚实的基础。

从价格支持政策来看，2004 年，我国全面放开粮食收购市场，粮食价格主要依据市场供求关系来决定。同时，为了确保粮食市场的平稳运行和农民的利益不受损害，国家采取粮价区间干预政策，当市场价格偏离这一区间时，国家将适时进行干预（马腾和袁芳，2021）。国家在 2004 年和 2006 年相继在粮食主产区对稻谷和小麦实行最低收购价政策，旨在保障农民种粮的基本收益，稳定粮食生产。由于化肥、农药、种子等农业生产资料价格上涨，农业生产成本增加。因此，从 2008 年到 2014 年，国家连续 6 年提高粮食的最低收购价格，以保障农民的种粮积极性。从 2004 年到 2024 年，国家陆续出台小麦、稻谷的最低收购价政策以及玉米、大豆的临时收储政策，我国逐步构建了完善的粮食价格支持保护体系。自 2014 年起，国务院开始实施“价补分离”新机制，即农产品价格主要由市场供求关系决定，补贴则根据国家粮食安全战略和农民收益保障的需要进行适时调整。2016 年国家率先对东北四省区（黑龙江、吉林、辽宁和内蒙古）的玉米实施“价补分离”政策，标志着我国粮食价格机制改革进入实践阶段。2017 年，进一步完善粮食价格形成机制，对稻谷、小麦实施最低收购价政策。2024 年 6 月，提出要健全粮食主产区奖补激励制度，通过财政转移支付、税收减免等多种方式，对粮食主产区进行利益补偿，以调动其生产积极性。这些政策的出台，标志着我国粮食价格支持保护体系向着更加科学、更加合理的方向发展。

从补贴政策来看，2004 年，全面实行对种粮农民的直接补贴、良种补贴和农机具购置补贴等“三项补贴”。2005 年，国家通过良种补贴项目，进一步鼓励和支持粮食主产区的农民种植优质、高产的粮食品种，提高粮食的产量和质量。2006 年，我国农业补贴政策范围进一步扩大，由原来的“三项补贴”转变为“四项补贴”（粮食直接补贴、良种补贴、农资综合补贴、农机具购置补贴）。“四项补贴”政策的实施，激发了农民生产积极性，实现了国内粮食连续 3 年的增产，为国家粮食安全提供了有力保障。为进一步保障农业生产，2007 年“中央一号文件”明确要求，各级财政要对农户参加农业保险给予保费补贴，降低农民因自然灾害等不可抗因素导致的经济损失风险。

2007—2023 年，中央政府农业保险补贴金额整体呈上升态势（见图 3 - 1）。2023 年，中央政府农业保险补贴金额 477.66 亿元，同比增长 9.9%。2009 年，国家进一步加大对农作物良种的补贴力度，实现水稻、小麦、玉米、大豆及棉花等主要粮食和经济作物的良种补贴全面覆盖，优化农作物品种结构，提升农作物产量。2016 年，将“三项补贴”合并为农业支持保护补贴，重点支持耕地保护和粮食适度规模经营（鲍国良和姚蔚，2022），从而推动农业生产的现代化和集约化，提升农业综合生产能力。为实现农业绿色发展，2019 年“中央一号文件”指出，要加快构建新型农业补贴政策体系，引导农业向绿色、生态、可持续方向发展，鼓励农民采用环保型农业技术和生产方式，减少化肥农药使用，保护农业生态环境，实现农业生产的绿色转型。2024 年，我国大幅提高对新能源农机等绿色农机的补贴额度，对于保有量过多、技术相对落后的农机具，适当降低补贴标准，以鼓励农民购置和使用更加环保、高效的农业机械，提升农业生产效率和智能化水平，推动农业装备的升级换代。

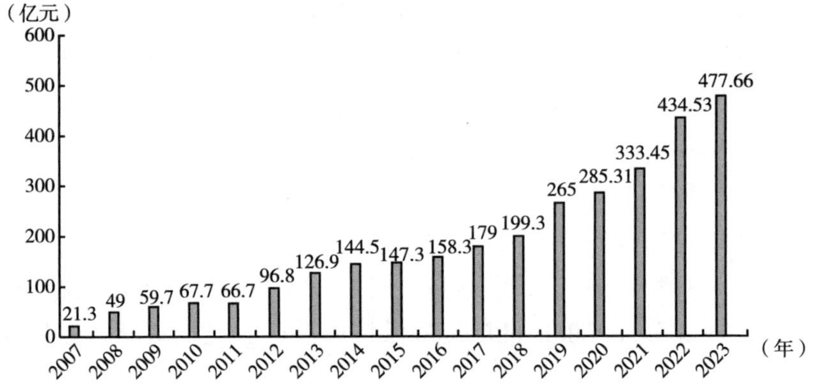

图 3 - 1　2007—2023 年我国中央政府农业保险补贴金额

数据来源：原中国银监会。

从一般性服务政策来看，为确保国家粮食安全，增强粮食综合生产能力，我国从完善奖补政策、加强基础设施建设、加大科技研发投入等方面采取了许多有效的举措。如 2005 年，根据全国县级行政区产粮的实际情况，并结合其粮食产量在国家和地区中的排名，国家对评选出的产量大县予以资金奖励，从而激发地方政府对粮食生产的积极性，实现了粮食生产的稳定增长（文小才和杨淑燕，2022）。2005 年，中央财政以“民办公助”方式对小型农田水利工程建设予以补助，加强各地区的农田水利设施建设，提升农业灌溉效率和抗旱能力。2014 年，我国实施新一轮退耕还林还草政策，中央财政不断提高对退耕还林还草的补助标准，其补助标准达到每亩 1600 元。2019 年，中央政府通过以奖代补的方式对山西、吉林、江苏等 10 个省份的绿色、循环、优质、高效特色农业促进项目予以补助，推动农业绿色、循环、高效发展，提升农产品的品质和附加值。2023 年，中央财政进一步设立田园综合体建设项目、区域生态循环农业项目补助，全面提升农业生产水平，激发农业发展的潜力和活力。

3.1.2 粮食主产区税收政策的政策演进

粮食主产区税收政策是指针对国家粮食生产的主要区域所实施的一系列税收措施和优惠政策，旨在通过减轻粮食生产者的税收负担，减少农业生产损失，增加其生产积极性和收入水平，从而促进农业生产高质量发展（Michael et al.，2012）。目前，在我国税收制度框架下，税收政策主要包括增值税、所得税、城镇土地使用税及耕地占用税等多个税种。其中，增值税与所得税在我国总税额中所占比例较大，是我国税收体系中的两大主要税种，而耕地占用税、城镇土地使用税等仅在粮食主产区关于农业土地种植税收中涉及，适用范围相对有限。鉴于此，本书主要从粮食主产区中涉及的增值税、所得税、城镇土地使用税、印花税四个方面，探讨我国粮食主产区税收政策的演进历程。

（1）增值税政策

粮食主产区增值税收优惠政策主要涉及种粮农民、纳税人、粮食企业、农民合作社以及银行等利益主体。

①有关粮食主产区种粮农民的增值税优惠政策。我国税收政策中包含了多项具体措施，旨在减轻农民负担，鼓励粮食生产。根据税法相关规定，农民销售自己种植的粮食作物时，无须缴纳增值税。同时，国家针对部分农业生产资料实施了增值税免税政策，如农业生产过程中所需的农膜、种子、种苗、化肥、农药以及农机等关键生产资料，在批发和零售环节上，免征增值税。这些政策旨在降低农民购买农业生产资料的成本，提高农业生产效益。

②有关粮食主产区纳税人的增值税优惠政策。一是对于将土地使用权转让给农业生产者用于农业生产的纳税人，国家给予免征增值税的优惠待遇；二是对于提供农业机耕、排灌、病虫害防治、植物保护、农牧保险以及相关

技术培训业务的纳税人，免征增值税；三是对于采取转包、出租、转让、入股等方式将承包地流转给农业生产者用于农业生产的纳税人，在特定时间段内享受免征增值税的优惠；四是纳税人购进农产品时，可以按照一定的扣除率计算进项税额。通过税收优惠政策的落实，能够有效地激励纳税人积极参与农业生产，提高农业生产效益，为国家的粮食安全提供有力保障。

③有关粮食主产区粮食企业的增值税优惠政策。对于饲料生产企业所生产的单一大宗饲料、混合饲料、配合饲料以及复合预混料等饲料产品，在销售过程中无须缴纳增值税；对于制种企业在特定的生产经营模式下，如通过自产自用或委托加工等方式生产销售的种子，享受免征增值税的待遇。通过税收政策的完善，不仅有助于减轻粮食企业负担，促进农业产业链上下游的协调发展，而且进一步扩大了企业生产规模，激发粮食企业的发展活力，提高其市场竞争力。

④有关粮食主产区农民合作社的增值税优惠政策。一是农民合作社在销售成员生产的农产品时，无须缴纳增值税，降低了销售成本，提高了合作社的盈利能力；二是农民合作社在向本社成员销售农业生产资料时，也享受免征增值税的优惠。这些税收优惠政策的引导下，减轻了农民合作社的税收负担，农民合作社得以更加专注于服务农业生产，提高产品质量和服务水平，进而实现自身的可持续发展。

⑤有关粮食主产区基础设施建设的增值税优惠政策。为了加强基础设施建设，特别是提升农村地区的能源供应能力，国家实施了相关增值税优惠政策，如对于县级及县级以下的小型水力发电单位，自 2014 年 7 月 1 日起，不再按照标准的增值税率进行征收，而是采用了较低的征收率，即 3% 的征收率来计算缴纳增值税。这一政策调整显著降低了小型水力发电单位的税负，提高了其经济效益，进而鼓励了更多的投资用于农村水电开发，增强了农村地区的电力供应能力。

⑥有关粮食主产区银行信贷的增值税优惠政策。对于某些特定类型的金融业务，如邮政企业为中国邮政储蓄银行及其分支机构代办的金融业务，国家在一定时期内给予了免征增值税的优惠。此外，为了持续支持金融机构向农户发放小额贷款，规定金融机构在向农户提供小额贷款时，所取得的利息收入无须缴纳增值税，从而降低了金融机构的运营成本和风险，提高了其服务农户的积极性和能力，缓解了农户融资难、融资贵的问题。粮食主产区增

值税收优惠政策通过税收杠杆作用优化农业资源的配置，对高效益、高附加值的农业产业给予更多的税收支持，可以引导更多的资源向这些产业流动，从而提高农业资源的利用效率。

（2）所得税政策

粮食主产区所得税税收优惠政策主要包括个人所得税、企业所得税及银行信贷所得税三个部分。

①有关粮食主产区种粮农民的所得税优惠政策。农民因农作物受损而获得的青苗补偿费，被视为种植业的正常收益和经济损失的补偿，这部分收入暂时不需要缴纳个人所得税。为了进一步减轻农民负担，促进农业发展，国家明确规定对于个人或个体工商户从事种植业所得的收入，暂不征收个人所得税；对于农民销售自己种植的农产品所得，且没有确凿证据表明销售者不符合“农民”身份或销售的并非“自产农产品”，税务机关都应按照农民销售自产农产品的相关政策执行，即这部分收入不缴纳个人所得税。这些政策体现了国家对农业生产的支持与鼓励，旨在通过税收优惠激励农民积极参与农业生产，保障粮食安全和农业稳定。

②有关粮食主产区粮食企业的所得税优惠政策。一是对于从事农产品和油料作物初加工的企业，免征企业所得税；二是对于从事饮料作物和香料作物种植的企业，采取减半征收企业所得税的政策；三是对于设在西部地区的粮食企业可享受降低15%税率的所得税优惠，以支持西部地区粮食企业的发展，推动粮食产业的区域均衡发展。

③有关粮食主产区银行信贷的所得税优惠政策。对于金融机构而言，当它们向农户提供小额贷款时，这些贷款所产生的利息收入在计算应纳税所得额时，按照90%的比例计入收入总额，从而降低金融机构的实际税负，激励金融机构增加对农户的信贷支持；对于保险公司而言，当它们为种植业提供保险业务时，那么从这项业务中取得的保费收入在计算应纳税所得额时，同样享受类似的税收优惠。粮食主产区所得税优惠政策能够直接减轻粮农和粮食相关企业的税收负担，从而增加其可支配收入或利润，有助于激发粮农和粮食相关企业的生产积极性，鼓励他们投入更多的资源到农业生产中，提高粮食产量和质量。

（3）城镇土地使用税政策

粮食主产区城镇土地使用税政策主要涉及农业基础设施用地、农业生产用地、粮食收储企业用地等领域。为了促进粮食主产区基础设施的建设，

1988 年，国家明确规定了对水利设施及其管护所需土地实行税收优惠政策，主要对水库库区、大坝、堤防、灌溉渠道以及泵站等关键水利设施用地。此外，对于兼具发电功能的水利设施用地，在享受土地使用税减免时，参照电力行业的税收优惠政策执行。这一举措不仅减轻了水利设施建设和维护的财政压力，还确保了农业用水用电的稳定供应，为粮食生产提供了坚实的保障。1999 年，国家进一步扩大了税收优惠政策的覆盖面，规定对农林牧渔业用地以及农民居住的房屋和土地，免征城镇土地使用税，为粮食主产区的农业发展提供了税收上的支持。随着农业现代化的推进和粮食生产方式的转变，针对特色农业用地、农产品市场等与粮食生产密切相关的领域出台了相应的税收优惠政策。如对于直接用于采摘、观光的种植、养殖、饲养的土地，国家给予免征城镇土地使用税的优惠，促进了特色农业的蓬勃发展，带动了乡村旅游的兴起，为农民增收开辟了新途径，同时也丰富了城市居民的文化休闲生活。为了降低农产品市场的运营成本，提高其竞争力，国家明确规定对于农产品批发市场和农贸市场，如果其房产和土地是专门用于经营农产品的，暂免征收城镇土地使用税；如果同时经营农产品及其他产品的批发市场和农贸市场，国家根据实际情况，按照其他产品与农产品交易场地面积的比例，合理确定城镇土地使用税。为促进粮食主产区粮食企业的健康发展，国家对于商品储备管理公司及其直属库自用的、承担商品储备业务的房产、土地，免征城镇土地使用税，这一政策不仅减轻了粮食企业的税收负担，还提高了其粮食储备能力。总之，粮食主产区城镇土地使用税收优惠政策，促进了粮食主产区的农业发展，提高了土地资源的利用效率，保障了粮食安全和农业生产的可持续发展。

（4）印花税政策

粮食主产区印花税政策主要涉及农副产品买卖合同以及农业保险合同领域。1998 年，国家规定粮食主产区的指定农产品收购机构，在与村民委员会及农民个人签订农副产品收购合同时，以及提供无息或贴息贷款时，均可享受免征印花税的优惠，从而促进农产品的有序收购，保障农民利益；同年 12 月，为推动农村保险事业的健康发展，增强农牧业生产的抗风险能力，国家对农林作物、牧业畜类的保险合同实施暂免征收印花税的优惠政策。2008 年，国家进一步加大了对农民专业合作社的扶持力度，对于农民专业合作社与本社成员之间签订的农业产品和农业生产资料购销合同，免征印花税。这一政策促进了农民专业合作社的发展，提高了农业生产的组织化程度。在

2022 年正式实施的《中华人民共和国印花税法》中，购买农业生产资料或销售农产品时签订买卖合同以及农业保险合同免征印花税的主体范畴进一步扩大，主要包括农民、家庭农场、农民专业合作社、农村集体经济组织、村民委员会等。2023 年，为了进一步强化对粮食储备企业的支持，并鼓励其更好地履行粮食储备职责，国家对粮食储备企业及其直属库的营业账簿免征印花税，同时对其在承担粮食储备业务过程中签订的买卖合同也免征印花税（赵宁宁，2019）。印花税政策的不断调整和完善，为粮食主产区的农民、企业和组织提供了更加优惠和便捷的税收环境，促进了农业生产的稳定和发展。

3.2 粮食主产区财税政策的现状

3.2.1 粮食主产区财政政策的现状

基于经济合作与发展组织（OECD）对财政政策的分类方式与我国实际情况，根据陈颖和李继志（2021）的研究，将我国粮食主产区涉及的财政政策分为以下三类：价格支持政策、补贴政策及一般服务支持政策。第一类为价格支持政策。这类政策是国家政府出于对种粮农民利益的保护与粮食市场的稳定双方面的考虑，而对部分粮食作物的价格进行一定的干预，使其保持在稳定的水平。这一过程中所产生的成本的承担者不仅包括市面上的消费者，还包括我国纳税人。第二类为补贴政策。这类政策是国家为了提高农民种粮、政府抓粮的积极性，增强粮食生产能力与质量安全，进而采取的粮食财政政策。依据补贴金额是否与该年农户所种粮食的具体情况（如面积、生产资料成本、产量、收入等）有直接关系，补贴政策可分为挂钩与脱钩两种。当前我国所采用的大多是挂钩补贴政策。第三类为一般服务支持政策。这类政策是在农业生产的整个过程中由公共财政负责承担的，对生产加工销售各个环节进行的投资支出。这类政策虽然不像前两类一样使农业生产者直接获得经济利益，但对农业生产活动有极大的帮助。

根据张慧琴等（2016）的研究可以将本书的研究对象分为三类（见表 3 -1）：第一类财政政策是价格支持，主要包括粮食最低收购价政策、粮食临时收储政策（姚毓春和夏宇，2021），在本研究中主要体现在粮食最低收购价政策。第二类财政政策是补贴政策，主要包括农机购置补贴、农业支持保护补贴、农业保险保费补贴三种。其中，农业支持保护补贴是在 2016

年农业“三项补贴”改革后形成的一项综合性补贴政策（王海燕和闫磊，2017）；第三类财政政策是一般服务支持政策，此类政策形式多种多样，以服务项目来划分包括农业基础设施建设、农业新型机械推广与应用和产粮大县奖励，以上三项为本书的重点研究对象。此外还包括土地治理、农民素质提升工程、农业综合开发项目、科研推广等对粮食生产大有裨益的服务工程。

表3-1　　粮食主产区财政政策分类

政策类别	政策分类	政策措施
农业生产者支持	价格支持	最低收购价、临时收储政策
	直接补贴	农机购置补贴、农业支持保护补贴、农业保险保费补贴
一般性服务支持		农业基础设施建设、农业新型机械推广与应用、产粮大县奖励、土地治理、农民素质提升工程、农业综合开发项目

（1）价格支持政策

如前文所述，本章研究的核心在于价格支持政策中的粮食最低收购价政策。作为价格支持政策的核心组成部分，粮食最低收购价政策是政府为保障农民的基本收益和稳定粮食市场价格而采取的一项关键性措施。粮食最低收购价政策并非一成不变，而是根据国内外粮食市场的实际情况进行适时调整的，以适应新的市场条件和政策目标。如果出现市场上的粮价比最低收购价低的情况，这些企业就会由国家委托去进行收购，以更好地适应粮食生产的实际需求。众所周知，在我国经济发展初期，农业为国民经济的发展做出了巨大的贡献，如今，随着我国经济实力的显著增强和工业化、城市化水平的不断提升，我国已进入“工业反哺农业、城市支持农村”的新发展阶段。2021年，我国粮食生产实现了“十八连丰”，根据经济学原理，当需求一定时，产量的持续增加往往会导致均衡价格的下降。由于粮食产业的特殊性，粮食价格过低会使农民收入锐减，出现“谷贱伤农”的现象，进而制约了农业的可持续发展和农民生活水平的提升。在粮食生产“十八连丰”的背景下，如何有效调控粮食价格，调动粮农种粮积极性，稳定粮食生产，保障国民基本生活成为一项十分重要的课题（Yu & Jensen，2010）。这不仅关系到全国所有人口的吃饭问题，也关系到广大种粮人生活质量提高的问题。这一问题引起了我国政府的持续关注。从2004年起，为了切实保障种粮农民的根本利益，维护粮食市场的平稳运行，我国采取了如控制保护农田和耕地、实施“三项补贴”、推进农业供给侧结构性改革、完善农业保险体系等在内的众多措施。其中，实施粮食最低收购价政策也是政府采取的一项重要措施。当粮价低于成本价时，种粮农民面临严峻的经济压力，其种植热情会受到很大的影响，直接后果就是粮食生产过少，粮食供应不足，极易引起市场的混乱。与其他商品不同，市场上粮食的价格不仅由供求关系决定，同时也受到国家宏观调控的影响。国家手段作为市场经济的一种补充和调整方式，其依托在市场这个主要方式之上。当某一重点粮食（小麦或水稻）出现短缺时，国务院会在必要的情况下对其制定最低价格来进行收购。具体实施这一政策的是经国务院认定符合一定要求的粮食企业与地方储备粮管理公司。国家规定的最低收购价与市场价格的差价由政府来承担，收储的粮食在仓储过程中产生的费用也由国家进行补贴，这不仅体现了国家对农业的支持和保护，而且减轻了粮食企业和农民的经济负担，为粮食市场的平稳运行提供了有力保障（唐莹莹和王飞，2022）。在实施地点上，国家根据各地农作物种植结构、气候条件及市场需求等因素，划定不同粮食作物的执行范围。例如，黑龙江省属于中晚籼稻及粳稻的执行范围，但并不属于小麦的执行范围。在实施时间上，各地并不是全年进行收购，而是依据当地情况确定具体的收粮时间。每年的最低收购价格依据当年具体情况而定。以小麦为例，2005—2023 年小麦最低收购价如表 3 －2 所示。

表 3 －2　　2005—2020 年小麦最低收购价

年份	白小麦（元/吨）	红小麦（元/吨）	混合麦（元/吨）
2005	—	—	—
2006	1440	1380	1380
2007	1440	1380	1380
2008	1540	1440	1440
2009	1740	1660	1660
2010	1800	1720	1720
2011	1900	1860	1860
2012	2040	2040	2040
2013	2240	2240	2240
2014	2360	2360	2360
2015	2360	2360	2360

续表

年份	白小麦（元/吨）	红小麦（元/吨）	混合麦（元/吨）
2016	2360	2360	2360
2017	2360	2360	2360
2018	2300	2300	2300
2019	2240	2240	2240
2020	2240	2240	2240
2021	2260	2260	2260
2022	2300	2300	2300
2023	2340	2340	2340

数据来源：布瑞克数据库、发改委。

除了2005年由于小麦市场价格较高未启动最低收购价外，此后到2023年我国均启动了小麦最低收购价。18年间白小麦、红小麦、混合麦的最低收购价分别从1440元/吨、1380元/吨、1380元/吨涨至2340元/吨、2340元/吨、2340元/吨。2006—2017年，小麦最低收购价均处于不变或上升的状态。在2014年，白小麦、红小麦和混合麦的最低收购价均达到了最高峰2360元/吨，并在这一位置保持了4年。从2018年开始小麦最低收购价小幅下降，到2022年三种小麦的最低收购价格开始上涨。截止到2023年，三种小麦的最低收购价均为2340元/吨。三种小麦的最低收购价总体呈现出先上升后下降再上升的趋势。由此可见，通过设定粮食最低收购价，能够在一定程度上调节粮食市场供需关系，避免粮食价格大幅波动，既保障了农民在粮食市场价格低迷时的基本收益，稳定了农民种粮预期，也保障了消费者的利益。

（2）补贴政策

粮食安全政策对激起农户种粮的积极性有着重要的激励作用（崔焕金和曾蓓，2021）。针对粮食的财政补贴早在20世纪50年代就已经开始，此后的70年间粮食财政补贴项目随着时代变迁、农业发展需求以及国内外粮食市场形势的变化，进行了多次调整，补贴规模不断扩大，补贴政策不断完善，政策效果日益显现，极大地调动了农民对粮食种植的积极性，提高了粮食种植产量，增加了农民收入，进一步巩固了我国的粮食安全线（Serban，2007）。如前文所述，本部分对粮食补贴政策的研究主要包括农机购置补贴政策、农业生产支持保护补贴、农业保险保费补贴政策 3 项。

①农机购置补贴政策。在粮食生产过程中，机械的使用能够节约大量劳动力的投入，改善生产条件，提升种植效果，提高产作比率（谢炜聪和王景利，2021）。因此，为了减轻粮农的农业生产成本，加速农业机械化进程，国家于 2004 年正式启动了农机购置补贴政策。通过财政支持，鼓励农民及农业生产经营组织购置并应用国家推广的先进农业机械。随着中央财政对农机购置补贴投入力度的持续加大，资金规模大幅上涨，资金覆盖范围逐步扩大到全国所有农牧县和农场（辛翔飞等，2016）。至 2020 年底，中央财政累计拨付的补贴资金高达 2392 亿元，直接惠及了超过 3800 多万户农民和农业生产经营组织，帮助他们购置了 4800 多万台（套）农机具。随着补贴政策的不断优化与调整，农机购置补贴的范围进一步扩展与细化，现已涵盖 15 个大类、44 个小类，以及 172 个品目，补贴对象基本囊括了粮食等主要农作物以及重要畜禽产品实现全程机械化生产所需的关键机具设备，包括但不限于耕种、收割、植保、加工、养殖等多个环节所需的现代化农机装备。农机购置补贴政策直接减轻了农民的购机负担，促进了农业机械化的普及和应用，使农业生产过程中的各个环节都能够实现精准作业和高效管理，提高了粮食生产效率和粮食产量（Dobre et al.，2012）。

农机购置补贴资金是由中央财政进行统一规划与调配，并逐级下拨至地方各级财政部门。同时，各省的补贴资金多少与该省的具体生产情况，如耕地面积、播种面积、粮食产量等直接相关。农机购置补贴的对象包括从事农业生产的个人和农业生产经营组织等。在具体实施过程中，各省根据自身实际情况制定实施流程，总体上遵循“农民申请、部门审核、公示确认、购机结算、补贴发放”的基本原则。首先由农民自行确定生产所需且在补贴范围内的农机具，然后到当地农机管理部门进行申请，审查公示通过后到经销商处购买相应的农机具，经相关部门与经销商审核通过后，由省财政厅拨款，县级统一结算，将补贴金额直接发放到农民个人账户中。

农机购置补贴的发放方式主要分为两类：差价购机补贴与全价购机补贴。差价购机补贴指的是当地政府部门根据当地的实际情况，确定好享受补贴的农机具类型，然后与农机生产企业或供应商进行谈判，确定补贴的具体金额或比例，当农户决定购买这些享受补贴政策的农机具时，只需支付农机具市场销售价格与政府补贴金额之间的差额部分，而补贴部分则由政府直接支付给农机生产企业或供应商。该补贴方式是购机农民未能直接获取补贴，而是政府部门把补贴资金交给农机企业，农机企业再以低于市场价格的方式给购买农机的农民予以补贴。但是这种补贴方式存在“寻租”空间，农机企业与农机基层管理人员会因为利益关系而制定不利于购机农户的价格。全价购机补贴指的是由差价购机补贴支付给农机企业转而直接支付给购机农户，具体操作是购机农民向当地政府提出申请，经过相关部门核实后，便交给购机农民一系列与购机补贴有关的资料，然后购机农民就凭着这些资料向县级部门申请购机补贴，经县农机部门核实后再经县财政部门核实，最后以“一本通”的方式给购机农民发放购机补贴。该补贴方式消除了农机企业与政府基层部门的“寻租”空间，但存在太多的手续办理，导致补贴资金的发放往往滞后于农户的实际购机需求，不利于提高农户购机的积极性。

②农业支持保护补贴政策。2016 年，财政部联合农业部共同发布了《关于全面推广并实施农业“三项补贴”改革工作的通知》，对我国原有的农业补贴政策进行调整，将良种补贴、粮食直补、农资综合补贴三项补贴合并为“农业支持保护补贴”。通过补贴政策的引导，鼓励和支持农户或农业企业扩大粮食种植面积，提高粮食生产的规模效益和市场竞争力。2015 年、2016 年连续两年国家都出台了关于农业支持保护补贴的系列政策文件，对其补贴标准、资金来源、发放方式等内容做出了具体规定。其补贴来源主要是农业补贴库存的八成，再加上直接粮食补贴和农作物补贴（陈祥云和张慧琴，2019）。该项补贴认为农户有权耕种土地，并保护农户的土地耕种权利。在补贴面积的确定上，各省根据实际情况略有不同。一些地区的补贴面积直接基于农户原来所承包的耕地面积，这种方式简便易行，能够迅速覆盖广大农户，确保补贴资金及时到位，也有一些地区是依据土地确权时明确界定的耕地面积或根据农户实际耕种的粮食作物面积来核算补贴面积，这种方式更加精准地反映了农户所享有的实际土地权益，不仅提高了补贴政策实施的精确度，而且增强了补贴发放的公平性和透明度。每个农户所能获得的农业支持保护补贴的具体标准，是由各地政府依据当地可用的补助资金总额以及预先设定的补贴基础，通过采用特定的计算方法计算后确定的。在具体发放农业支持保护补贴的过程中，大部分省份遵循以下步骤：第一步，省级财政部门会根据中央财政下拨的专项资金、省级财政配套资金以及上一年度补贴资金使用情况的评估，确定本年度全省范围内的农业支持保护补贴资金总量；第二步，补贴资金总额按照从省级到市级，再到县级、乡级、村级，最终落

实到每一户农户的顺序进行逐级分解和划拨；第三步，补贴资金发放后，通过官方网站等多种渠道公示补贴资金的发放情况，并开通电话举报、网络举报、信函举报等举报渠道，从而有效监督补贴资金的流向和使用情况，确保补贴资金精准、高效地服务于农业生产，提高补贴政策执行的透明度和公信力。

在规划和发放农业支持保护补贴时，省级政府通常会结合本地区农业生产的实际情况，采用一系列具有针对性的专用方法和策略。考虑到实际情况，有些地区选取了统一的标准。而有时不仅不同省份之间有所差异，同一省份之间的不同地区也略有不同。各个省份之间的补贴标准可分为以下几种：一是根据土地确权面积或第二轮土地承包面积来确定补贴标准。湖北省便是依据这一标准，具体采用统计年鉴中记录的面积数据作为衡量基准。对于在 2016 年尚未完成土地确权工作的县市，直接以农民土地第二轮扩建的实际测量面积作为补贴基础。补贴标准则由各县（市）政府根据上级财政下拨的补助资金总额和补贴区域面积来确定。二是基于实际粮食种植面积来确定补贴标准。北京市选取这一标准，2016 年，北京市延续了 2015 年的补贴政策，继续按照既定的直接粮食补贴标准、农产品综合补贴标准和改良种子补贴标准，对小麦和玉米的种植户进行补贴。补贴对象包括个体农户、村集体土地承包商以及有权为城市耕种土地的城市农场（如黑龙江双河农场），补贴范围覆盖全市的耕地面积。三是依据原有的计税面积来确定补贴标准。湖南省采取这一标准，以中央财政下拨的农业扶持保护补贴总额作为补贴资金的基础，结合 2014 年的计税面积、双季稻的种植面积以及近年来双季稻补贴在整个农资综合补贴中所占的比例，计算并确定补贴的具体数额。四是依据原有计税面积或实际种粮面积来确定补贴标准。黑龙江省就是如此。黑龙江根据全省农业扶持保护补贴的总额，以及下辖各县（市）所上报的计税面积（暂以原粮食补贴面积为参照），来测量并计算各县（市）应得的补贴数额。然后按照计算结果，将补贴资金按县（市）进行划拨。各个省还有一些其他标准，但主要是以上几类。

③农业保险保费补贴政策。与第二、三产业相比，农业天生的弊端与不确定性远高于其他产业。其他产业面临的风险主要来自市场，农业除了这一风险外，还要承受来自自然因素的极大风险，因此农业保险对于保障各类生产经营主体的利益具有重要意义。由于农业生产具有高风险性和不

稳定性特征，以及农业保险业务具有高成本和高赔付率的特点，使商业保险公司难以单独承担如此大的风险。因此，很少有商业保险公司愿意主动涉足农业保险领域，政策性保险成为了推动农业保险发展的主要力量（李琴英和陈芮格，2021）。政府通过对农业保险实施补贴，可以有效缓解市场失灵，提高农民投保积极性，对于促进农业生产和提高粮食产量有着重要作用（Joseph et al.，2021）。2007 年，将吉、蒙、疆、苏、湘、川这 6 个省（区）作为农业保险补贴政策的试点地区，对小麦、水稻、玉米等粮食作物进行了保险保费补贴试验，补贴金额由中央财政、省级财政共同承担，财政部首次将农业保费补贴纳入预算科目。同时，为了规范补贴资金的管理与使用，财政部制定了专门的保费补贴管理试点办法，为政策的有效实施提供了制度保障。这一系列举措的出台，标志着我国农业保险保费补贴政策正式开始实施。自 2007 年开展试点以来，中央逐年扩大农业保险补贴品种的范围，并逐年增加试点地区及补贴比例，进一步减轻了农民的保费负担，激发了其参保的积极性与主动性。2016 年正式出台农业保险保费的政策文件，该文件对中央财政下发的相关补贴资金做出了切实可行的在管理办法方面的规定。该文件规定中央财政对大宗农产品及生产成本做出保障，地方政府应当对各地特色农产品及产量做出保障，并规定地方省级政府应当做出不少于 1/4 的补贴，中央财政根据不同地区的经济发展水平和农业生产条件，设定了差异化的补贴比例，中西部地区与东部地区分别为 40% 和 30%，对符合要求的中央单位，中央财政进行 65% 的补贴。值得关注的是，针对产粮大县中央财政给予了更多的优惠（费佐兰等，2016），以上地区针对三大主粮的保费补贴与非产粮大县相比，中西部地区平均提高 6.22%，东部地区平均提高 5.58%。黑龙江省 2016—2023 年的农业生产保险保费补贴如图 3－2 所示。可以看出，近 8 年来，黑龙江省的农业生产保险保费补贴金额大体呈上升趋势，从 2016 年的 92073 万元上升到 2021 年的 219009 万元，涨幅为 137.86%。然而，这一上升趋势在 2022 年出现了短暂的回调，补贴金额略有下降，紧接着 2023 年农业生产保险保费补贴金额大幅上涨，达到 397209 万元。这表明随着国家对农业保险重视程度的提高，不断出台相关政策，并通过财政补贴的方式降低农民参保成本，提高农业生产的抗风险能力。黑龙江省作为农业大省，积极响应国家政策，逐年加大对农业生产保险保费补贴力度，以促进农业稳定发展。

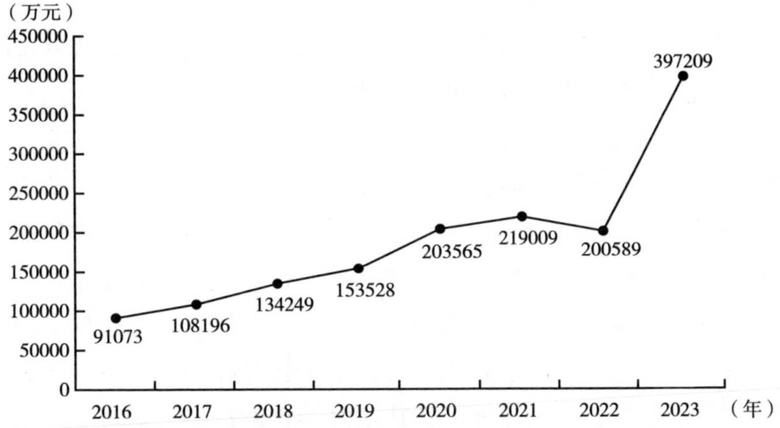

图 3－2 黑龙江省 2016—2023 年农业保险保费补贴额

数据来源：黑龙江省财政厅网站。

（3）一般服务支持政策

①农业基础设施建设。农业基础设施建设涵盖了农业生产过程的各个环节（卓乐，2021），包括灌溉时需要的农田水利、人与农机通行时需要的田间道路、农机设备运行所需的电力与能源，以及其他相关建设（张立迎和李翠霞，2015）。自古以来，农业生产一直要受到天气、土质、反常特殊天气等自然条件的极大影响，是自然风险非常大的弱质产业。农业基础设施的建设通过工程技术手段，改善农业生产的基本条件，提升农业生产的抗风险能力，是人类改造自然条件的一个重要途径（Jenny，2006）。适宜当地实际情况的农业基础设施不仅能够帮助农户更加便捷地获取生产资源，提高农业生产效率，还能在降低生产成本的同时，通过优化资源配置和引进先进技术，增强农业生产的稳定性，从而促进农作物产量的稳步增长。在自然灾害来临时，良好的农业基础设施对于抵御风险也有着重要作用。因此，农业基础设施建设对于改善农田水利设施，增强农业生产的抗风险能力和可持续发展能力具有重要作用。2005 年，中央财政特别设立了专项资金，为加强小型农田水利设施建设提供必要的资金支持。2009 年，从全国范围内筛选出了 400 个重点县，实施小型农田水利建设项目，这些地区的农业基础设施建设水平显著提升，极大地改善了当地农户的农业生产条件。随着试点工作的成功推进和良好成效的展现，一年后又新增了 450 个重点县，进一步扩大了小型农田水利建设的覆盖范围。自 2005 年以来，中央始终对农业基础设施建设高度重视，针对小型农田水利、节水灌溉、农业灾害防治等许多方面实施补助。

2020年，黑龙江省针对农垦运行支出1551万元，针对病虫害控制支出36682万元，针对农村道路建设支出20660万元，针对农田建设支出684301万元，足以体现黑龙江省对农业基础设施建设的重视。

②农业科技转化与推广服务。科学技术是第一生产力，种植技术的提升是我国农业生产由传统农业向新型农业转变过程中至关重要的支撑（高敏和洪亚军，2024）。农业科技研发成功后仍然需要恰当的转化与推广工作，让这项先进科技得以适合当地的实际生产条件，使当地从事农业生产的农户能够自发、自愿地在实际生产中运用该项技术。只有这样，先进的农业科技才能发挥它真正的作用和价值。农业科技成果转化是指将那些具有潜在批量生产和广泛应用价值的农业新品种、新技术以及创新产品，通过一系列区域试验与示范、中间试验或生产性试验进行验证与优化，为后续的农业生产大面积应用提供完整、成熟、高效的技术支持。农业科技推广服务是指将先进实用、高产高效、安全环保的农业技术广泛应用于农业生产中，为农业生产提供全方位、多层次的服务与支持。农业科技推广服务主要包括基层农技推广体系建设、测土配方施肥技术、旱作农业、智慧农业建设等（乔金杰和穆月英，2015）。2013年，中央财政进一步加强对农业科技成果转化与技术推广服务补助资金的管理力度，促进农业科技的普及和应用，提升农业生产的整体效益和竞争力，为实现农业现代化和可持续发展提供了有力支撑。农业科技转化与推广服务资金针对的是新近研发的可应用于农业生产领域的先进科学技术，在具体实践中，这些技术还需要依据实际生产情况进行改进、大范围推广实施以及在生产中对应用该项技术的对象提供相应的服务。该项资金是中央财政预算安排的专项补助资金，中央财政将转化与推广资金按支持方向下达到省级财政，省级财政部门根据补助对象所属的预算级次来合理安排和分配资金。在资金的使用和发放上，省级财政主要采取以奖代补、先建后补、贷款贴息，以及现金或实物补助等方式。中央财政对农业科技转化与推广服务的资金投入，不仅能够有效降低农户、合作社及农业企业在应用新技术时的经济负担与风险，还能够激励他们更加积极地投身于农业科技推广与服务之中，形成政府引导、市场主导、社会参与的多元化农业科技推广服务体系。2016—2023年，黑龙江省支出的农业科技转化与推广服务资金分别为67850万元、102190万元、45052万元、25892万元、20536万元、45590万元、26199万元和49394万元。虽然黑龙江省在农业科技转化与推广服务领域的资金投入呈现出波动上升的趋势，但仍在继续加大农业科技转化与推广

服务的资金支持力度，以促进农业科技创新成果的有效转化和广泛应用（Ramakumar，2013）。

③产粮大县奖励政策。目前，全国共有产粮大县800个，主要集中在上述13个粮食主产区，具体分布如图3－3所示。产粮大县在我国粮食生产中占有极其重要的地位，其粮食产量的稳定与增长对于保障我国的粮食安全具有至关重要的作用。因此，如何有效激发产粮大县的种粮积极性，成为我国粮食安全工作中的一项核心任务。然而，对产粮大县而言，由于粮食生产本身属于一个“无税产业”，其直接产生的税收收入相对有限，而地方财政的发展依赖于税收收入。在产粮大县，大量的土地资源被用于粮食生产，可供开发利用的土地有限，在一定程度上限制了地方税收收入的增加，导致产粮大县的地方政府面临资金短缺的问题，缺乏足够的财力推动当地经济的发展。为了有效缓解产粮大县所面临的财政困境，激发地方政府在粮食生产方面的积极性，中央政府于2005年制定并实施了针对产粮大县的专项奖励政策，依据专门的测算方法和标准，对每个产粮大县的粮食生产贡献进行全面评估，然后根据测算结果，将相应的奖励资金直接拨付到县级财政部门。为了进一步加大对产粮大县的支持力度，减轻其财政负担，2009年中央财政免去地方政府对粮食风险基金补贴的支出。两年后中央财政又针对产粮大县下发了一项重要补贴。与从前的转移支付奖励不同，该项补贴是针对粮食生产中与之前相比粮食产量增加的部分，这对于鼓励产粮大县追求提高产量起到了积极的作用。随着对产粮大县奖励的力度不断加大，产粮大县政府面临的上述困境得到了一定程度上的纾解，粮食生产又重新成为当地政府紧抓的产业。2012年，针对不同地区的经济发展水平和财政实力，中央财政重新调整了对产粮大县资金分配方法和奖励对象。具体而言，将常规产粮大县的资金分配与其所在省份的财力状况挂钩，根据不同地区的实际情况采用差异化的奖励系数，以确保奖励资金能够更加公平、合理地分配给各个产粮大县。奖励资金由中央财政统一测算并直接分配到县一级，由县级人民政府根据本地区发展的具体情况统筹安排使用（亓翠玲等，2022），从而满足产粮大县在粮食生产、农业基础设施建设、农业科技研发等方面的多样化需求，提高资金使用效率。此外，为了加大对产粮大县的激励，中央财政在常规产粮大县奖励基础上，对2006—2010年这五年间，粮食产量或商品量持续稳居全国前100名的产粮大县，设立了“超级产粮大县”的重点奖励计划。超级产粮大县所获得的奖励资金，由中央财政直接划拨，专项用于支持本地区的粮食

生产和相关产业的发展。同时，中央财政还实施了包括常规产粮大县、超级产粮大县、产油大县、商品粮大省以及制种大县在内的综合奖励政策，覆盖了粮食生产的主要领域和关键环节，这对于提高产粮大县的生产积极性、保障粮食稳定生产具有重要意义。相关政策的出台给产粮大县增强了生产的信心，大大鼓励了政府与粮农的积极性。2018 年正式文件的出台使相关资金的管理更加规范。2016—2023 年，中央财政下发的产粮大县奖励资金及黑龙江省占比如图 3－4 所示。由图 3－4 可知，中央产粮大县奖励资金逐年递增，由 2016 年的 3927731 万元涨到了 2023 年的 5561400 万元，但黑龙江省在其中的占比有所起伏，最高为 2017 年的 17.06%，最低为 2021 年的 11.03%。

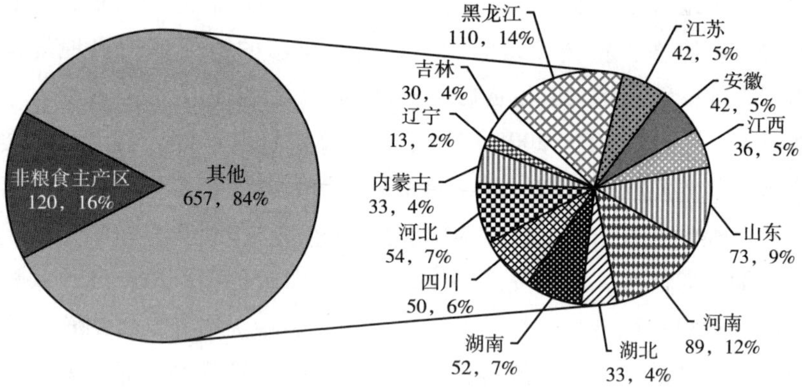

图 3－3　产粮大县分布图

数据来源：各地区政府网站。

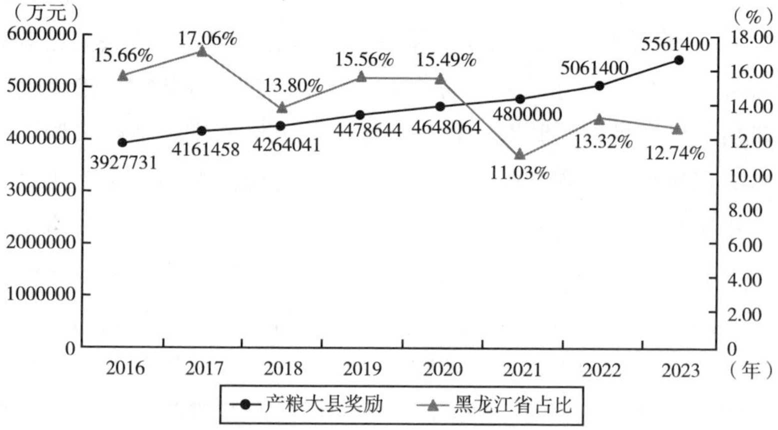

图 3－4　2016—2023 年中央产粮大县奖励及黑龙江省占比

数据来源：黑龙江省财政厅网站。

3.2.2 粮食主产区税收政策的现状

为了鼓励种粮农民、粮食经销商、涉农企业等粮食生产经营相关主体积极从事粮食生产、加工、仓储、销售等活动，政府针对以上环节分别给予了各个主体相应的税收优惠（康涌泉，2013）。例如，为调动种粮农民的生产积极性，我国取消了农业税并规定针对农民自己生产的农产品，在销售时给予相应的税收激励，这样在一定程度上扩大了农民的在这一生产活动中的收入，从而使他们更倾向于种粮（Anderson et al.，2022）。其中涉及的主体除了种粮农民，还包括粮食企业、相关银行、基础设施建设公司等，涉及的税种包括增值税、所得税、城镇土地使用税、印花税等。

（1）粮食主产区增值税政策

粮食主产区的增值税优惠涉及种粮农民、粮食经销商、粮食企业、相关银行等主体。针对种粮农民的增值税优惠涉及两个方面，分别是初级农产品和粮食生产所需的生产资料。首先，对于种粮农民自己种植的、收获的农产品以及经过初级加工的农产品、自行饲养的牲畜在自行出售时不需缴纳增值税。其次，为了减轻农民在粮食生产过程中的成本负担，对于粮食种植所需的部分生产资料不征收增值税。这些生产资料既包括种植所需的种子或种苗、培育过程中用到的地膜、化肥、农药，也包括部分生产所需的农机。此外，我国通过税收政策鼓励农民多使用国内企业生产的产品。例如，国产尿素产品的增值税过去采取的是“先征后返”政策，即全部征收后再返还一半。现在为支持国内化肥产业发展，提升国产化肥的市场竞争力，对国产尿素产品实行免征增值税政策。针对经销商和小型加工作坊，对于从农民手中直接购买他们自行生产的初级农产品，在对购来的农产品进行加工后再由加工者售卖时，增值税额可享受优惠。税收优惠的数额与农户或企业购买初级农产品时的实际交易价格相关，所支付价款的13%可用于抵扣税款。针对主产区粮食企业的增值税，种子、种苗、地膜、化肥、农药以及农业机械设备等部分农业生产资料，单一饲料、混合饲料、配合饲料以及复合预混料等多种类型的饲料免征该项税款。除了直接免征增值税外，国家针对主产区粮食企业的另一种增值税优惠方式为先正常征收、后再行返还。以钾肥为例，由于国内钾肥资源相对匮乏，部分钾肥需要依赖进口，为了减轻粮食企业的负担，国家对钾肥增值税采取了先正常征收、后再按一定比例返还给企业的政策。为了加快农业基础设施的升级与完善，鼓励更多社会资本投入这一关键领域，国家特别出台了一系列税收优惠政策，以减轻相关企业在建设过程中的经济负担。针对主产区的农业基础设施，我国规定对相关企业所用的部分建筑材料给予税收优惠。如砂土石料等可以部分减免增值税。由于农民缺少质押物、征信评定困难、农业风险较大、放贷成本较高等，农民一直难以取得贷款，从而限制了农业的进一步发展。为了解决这一问题，我国在税收政策方面采取了一定的优惠。针对主产区银行，2014—2016 年，对金融机构向农户提供的小额贷款业务免征增值税，不仅降低了金融机构提供小额贷款的成本，而且有效缓解了农户的资金压力。2017—2019 年，金融机构从农户贷款业务中获得的利息收入部分被纳入免征增值税的范围，具体规定为：利息收入应当按照总金额的 90% 计算税款，进一步刺激了金融机构扩大对农户的信贷投放规模，使更多金融资源流向农村，促进农村金融市场的繁荣发展。2018—2020 年，划入“三农金融事业部”的金融机构，在其业务覆盖的地区内，从农户、农业企业及各类组织获得的贷款利息收入，按照 3% 的较低征收率来计算增值税，从而减轻了金融机构在支持“三农”发展方面的税负，增强了其服务农业、农村和农民的积极性和能力。针对农业保险公司，国家同样给予税收支持，对于种植、养殖业保险业务的收入，在计算所得税时，按照 90% 的比例计入应纳税所得额。这一系列税收优惠政策，有效缓解了农民贷款难的问题，促进了金融资本向农业领域的流动。

（2）粮食主产区所得税政策

所得税是一个综合性的税收概念，它涵盖了针对法人、自然人以及其他各类经济组织，在其一定时期内所获得的全部收入进行征收的税款。目前，我国针对粮食主产区的所得税优惠主要包含以下几个方面。首先，对于种粮农民，当农民自行销售自家种植或养殖的农产品时不征收个人所得税。如无有力证据证明该售卖者不是农民或证明该商品并非自产，则统一认为符合农民自产自销的情况，不予征收该项税款。这一政策体现了国家对农业生产的直接支持与鼓励，确保了农民从土地上获得的基本收益能够完整地保留在农户手中，用于改善生活或再投资农业生产。如果因城镇规划等需要征用农民的土地，征用单位应对土地上种植的作物进行赔偿，这部分赔偿费俗称“青苗费”。青苗费虽然属于农民的一项收入，但鉴于其是对农民因土地被征用而遭受的直接经济损失的补偿，我国规定这项收入不需缴纳所得税。当农民个人或组织进行种植生产，且种植生产为他们带来一定的收入时，这种收入也不需缴纳所得税。其次，针对粮食主产区的粮食企业，对于业务范围为初加工，且原料为粮食作物或油料作物的，根据 2011—2020 年实施的政策规定，我国西部地区粮食主产区内，从事粮食作物及油料作物初加工业务的企业，可享受 15% 的企业所得税优惠税率（较法定税率降低 10 个百分点）。此项政策有效引导资本、技术、人才等要素向西部集聚，助推当地粮食产业现代化进程。为促进粮食产业绿色发展，主产区企业购置用于粮食生产、储运等环节的环保型专用设备（如节能烘干机、有机肥生产装置等），可按设备购置价的 10% 抵减应纳税额。该政策特别限定设备须通过国家绿色认证，且须与企业主营业务直接相关。依据《企业所得税法实施条例》，粮食主产区企业经营目录内农产品（含初级加工品），可享受增值税即征即退政策，其中部分特色农产品按 50% 比例减征，对符合生态种植标准的有机农产品实行全免政策。最后，针对粮食主产区基础建设相关企业的所得税，针对从业资质和经营范围符合相关规定的企业，在建设 2008 年起经过批准的主产区基础设施时，从应当缴纳所得税的第一年算起，该项目的企业所得税前三年内不予征收，再往后三年内征收一半，这一过渡性的减半征收政策，充分考虑了基础设施建设周期长、初期投入大、回报相对滞后的特点，为企业提供了税收上的缓冲，有助于其平稳度过项目建设的后期阶段，并逐步实现盈利。综上所述，在所得税方面针对种粮农民、粮食企业和基础设施建设企业都给予了相应的税收激励，有效减轻了他们的税收负担，刺激了以上各主体的生产积极性。

（3）粮食主产区城镇土地使用税政策

城镇土地使用税（简称“土地使用税”）的征收对象是在国家法律法规所明确规定的地域范围内，占用并使用土地资源的单位及个人，征收依据为该单位或个人使用土地的总面积。在粮食主产区，享受该项税款优惠的有粮食企业、基础设施建设企业、物流企业。为了鼓励粮食企业扩大仓储能力，提高粮食储备水平，针对粮食企业，在商品仓储方面的相关公司和下属仓库使用的土地不予征收城镇土地使用税。粮食企业占用的土地用途明确为粮食仓储，且实际用于粮食商品的储存和管理，即可免征城镇土地使用税。在粮食主产区基础设施建设方面，对水利设施用地免征城镇土地使用税。部分水利设施除了基本的农田水利功能外，还兼具发电等用途。对于这类兼具多种功能的水利设施，在享受城镇土地使用税优惠时，需要遵循特定的处理原则。具体而言，该水利设施中的发电部分需参照电力行业的相关规定，对于明确服务于农业生产的部分，如灌溉用水的蓄存、调配及输送等环节所涉及的土地，同样免征城镇土地使用税。针对主产区物流企业，相关税收政策规定对于上述企业自有的用于储备包括农产品在内的大宗商品的土地可享受依照标准应当缴纳税款的50%来计算该项税款，这一政策直接降低了物流企业的运营成本，鼓励其扩大仓储规模，提升仓储设施的现代化水平，进而更好地服务于农业生产与流通。综上所述，针对粮食主产区的城镇土地使用税优惠主要覆盖了农业生产的配套设施与农产品的仓储两大方面，通过发挥税收杠杆的调节作用，促进粮食生产、加工、仓储、物流等各个环节的协同发展，构建高效、稳定的粮食产业链。

（4）粮食主产区印花税政策

针对粮食主产区的印花税优惠主要应用于农产品收购、保险以及相关贷款。具体来说，主产区粮食在进行收购时由具有相应资质的单位与村集体、村民个人签订的收购合同，免收印花税，在此过程中产生的无息或贴息贷款同样免于征收印花税，从而降低了粮食收购成本，促使粮食收储企业积极参与粮食市场，保障农民收益和粮食市场稳定。其次，针对保险标的为农牧产品的农业保险合同也免征该项税款。最后，针对主产区金融机构，对于具备相应资质条件的粮食收储企业，在农发行所办理的、专门用于农副产品收购或储备的贷款合同，并且对由财政部门贴息的贷款合同，免征印花税。这一政策促使金融机构加大对粮食收储企业的信贷支持力度，降低其融资成本，促进粮食收储企业的健康发展。同时，通过财政贴息的方式，进一步减轻了企业的经济负担，提高了其资金使用效率，为粮食市场的稳定供应提供了有力保障。

4 粮食主产区财税政策评价与问题分析

4.1 粮食主产区财税政策的效果评价

4.1.1 评价指标体系

(1) 指标选取原则

①科学性。对于粮食主产区财税政策评价体系中评价指标的选取应当秉持科学性的原则，即各项指标应当能够真实、准确地反映粮食主产区财税政策的实际投入与产出情况。同时各个评价指标之间应界限清晰，互不重叠，避免重复计算或产生冗余信息，提高评价的准确性，并且各个指标之间应当相互补充，围绕财税政策对粮食主产区的整体影响展开，从各个不同的方面共同反映出粮食主产区财税政策的全貌。

②可操作性。选取的指标应当是在现阶段较容易获得的数据，如官方统计数据、公开发布的报告，以及通过合理途径能够采集到的实地调研数据等。在保证评估结果真实、客观、公正、有效的同时，所选指标应能够适应不同粮食主产区的实际情况和政策环境，具有一定的普遍性和代表性。如果选取的指标无法度量，或因过多、过大而难以获得，会导致数据收集、处理和分析工作过于烦琐和耗时，使研究难以继续进行，给整个研究造成不经济的结果。因此在选择指标时应当在保证科学、有效的前提下尽量选取少而精、易于度量的指标，以便后续操作。

③相关性。在保证科学性、可操作性的基础上，在评价主产区财税政策时，应当选取能够直接反映主产区财税政策实施效果、揭示政策内在逻辑与外在影响的指标，而不能随意选取一些离题千里只是容易获取的数据。随意选取与主题相关性不强的指标，不仅会导致评价结果的失真和误导，还会浪费大量的人力、物力和时间资源，使整个评价偏离原定的主题，从而造成整

个研究不可靠的后果。只有评价指标与粮食主产区财税政策密切相关，才能够更准确地评估财税政策的实际效果，为政策制定和调整提供有力的数据支持和决策依据。也只有这样对于这一主题的评价才是有意义的。

（2）评价指标体系

根据上述指标体系的选择原则，本书从投入与产出两个方面确立粮食主产区财税政策评价指标体系，分别为财税政策指标和粮食安全指标。其中，财税政策指标分为财政支出政策与税收政策两个方面。依据前文所述，在财政支出政策方面，本书选取价格支持金额、补贴金额、一般服务支持金额3个三级指标来衡量粮食主产区在财政支出方面的投入。在税收政策方面，本书选取的指标分别是税收优惠、所得税税额、增值税税额、城镇土地使用税税额和印花税税额。归根结底，主产区的一系列财税政策是为了鼓励粮食生产，保障粮食安全，因此本书将产出指标划定为粮食安全指标，包括粮食生产效益与经济效益两个部分。在粮食生产方面，选取种粮面积与粮食单产两个指标进行衡量。种粮面积是衡量粮食生产规模的基础指标，它直接反映了财税政策对农民种粮积极性的影响；粮食单产是衡量农业生产效率和科技水平的重要指标，它反映了财税政策在促进农业生产效率、提升粮食生产能力等方面的效果。在经济效益方面，选取粮食企业盈利值与粮农人均可支配收入两个指标进行衡量。粮食企业的盈利情况反映了财税政策对粮食企业的扶持效果和产业发展水平；粮农人均可支配收入是衡量财税政策在粮食主产区实施效果与成效的重要指标。本书具体评价指标体系如表4－1所示。

表4－1　　粮食主产区财税政策评价指标体系

一级指标	二级指标	三级指标
财税政策指标（投入指标）	财政政策	价格支持金额
		补贴金额
		一般服务支持金额
	税收政策	税收优惠
		所得税税额
		增值税税额
		城镇土地使用税税额
		印花税税额

续表

一级指标	二级指标	三级指标
粮食安全指标（产出指标）	粮食生产效益	种粮面积
		粮食单产
	经济效益	粮食企业盈利额
		粮农人均可支配收入

4.1.2 模型构建

(1) 数据包络分析（DEA）模型

数据包络分析（Data Envelopment Analysis，DEA），是用来全面、系统地对多个主体之间相对而言的运行效率进行科学分析的一种方法。作为一种先进的非参数效率评估技术，DEA 常常被用来评价政府推出的公共政策的运行效率。在具体运行中，首先需明确各决策单元的界定，然后根据评价目的和实际情况，选取适当的输入和输出指标，再将各个决策单元的输入与输出指标进行科学、合理地线性规划，得出一个在现有条件下效率最优的生产前沿。各个决策单元的输入与输出指标可以有多个。算出生产前沿后，将多个决策单元的输入、输出情况分别与其进行比较，即可得到各个决策单元的相对效率，通常采用“效率得分”或“效率比率”的形式（闫晗等，2021）。当相对效率值为 1.000 时，则认为是 DEA 有效。在运行中，DEA 选出一个凸性生产前沿，即所有决策单元中效率最高的那个，再将其余决策单元和凸性生产前沿相对比，可以直观地反映出它们与最优效率的差距，并得出各自的效率值。在实际研究中，DEA 对输入和输出的数据进行处理，从而得出效率指标，与真实情况十分接近。根据相关数据的非参数线性组合估计的处理结果，DEA 不仅能够揭示出哪些决策单元是 DEA 有效的，还能够对那些未达到 DEA 有效的决策单元进行深入剖析和诊断。针对没有达到 DEA 有效的决策单元，可以诊断出导致这一结果的原因是投入方面还是产出方面，以及对今后的改进方向提出科学、合理的目标，从而为决策者提供参考，因此在实际研究中这一方法的运用是十分广泛的。

DEA 方法主要有两种分类，第一种是依据具体研究中规模报酬这一因素是否可变，第二种是依据该研究的目标导向是投入指标还是产出指标。根据第一种方法可分为 CCR 模型和 BCC 模型，分别对应可变与不变。

CCR 模型假设决策单元（DMU）在运营过程中，其规模报酬是不变的，即无论投入规模如何变化，产出的增加比例都与投入的增加比例相同；BCC 模型是 CCR 模型的进一步发展和延续，它在运算出具体技术效率的基础上，将该指标进一步细分为两个方面，分别为纯技术效率和规模效率，两者相乘即为综合的指标。通过 BCC 模型，决策者可以清晰地看到 DMU 在技术和规模两个方面的效率表现，从而制定更加精准的改进策略。依据第二种方法 DEA 可分为投入导向型和产出导向型，两者分别追求最小投入与最大产出。具体到本书，本书研究的是如何实现粮食安全产出指标的最大化问题，因此本书应当运用 BCC 的投入导向模型，其具体描述如下：

$$\mathrm{Max}_{\theta,\lambda}\theta$$

$$\text{s.t. } \theta x_i - \sum_{j=1}^{n} x_j \lambda_j - S^- \geqslant 0$$

$$-y_i + \sum_{j=1}^{n} y_j \lambda_j - S^+ \geqslant 0$$

$$\sum_{j=1}^{n} \lambda_j = 1$$

$$\lambda_j \geqslant 0,\ S^-,\ S^+ \geqslant 0$$

在上式中，i 表示的是决策单元；x 和 y 分别为输入和输出指标；n 为决策单元的总数；k 为输入指标的总数；m 为输出指标的总数；λ_j 是待估常数向量。S^- 的含义是该决策单元在投入方面有所欠缺，即为投入方面的松弛变量；S^+ 含义相似但反映的是输出方面；θ 表示的是本方法算出的技术效率，它是本研究的重点，它的具体含义是该项决策单元与前沿面相差的距离，最小取值为 0，最大取值为 1。越接近零则与前沿面相距越远，反之则越近。只有当 θ 取值为 1、S^- 和 S^+ 的取值都为 0 时，该决策才是 DEA 有效的，是完全处于前沿面上的。只要有一项未得到满足，那么该决策就是离前沿面尚有一定距离的，即 DEA 是无效的。

（2）Malmquist 指数

Malmquist 指数是基于动态视角来考察随着时间的推移生产率变化的情况的指数（田红宇和祝志勇，2018）。具体来说 Malmquist 指数计算的是在当期的生产技术水平之下，当期到下一期内生产率的变化情况，它的具体描述如下：

$$M_0^t(x^{t+1},y^{t+1},x^t,y^t)=\left[\frac{d_0^t(x^t,y^t)}{d_0^t(x^{t+1},y^{t+1})}\cdot\frac{d_0^{t+1}(x^t,y^t)}{d_0^{t+1}(x^{t+1},y^{t+1})}\right]^{\frac{1}{2}}$$

$$=\frac{d_0^{t+1}(x^{t+1},y^{t+1})}{d_0^t(x^t,y^t)}\cdot\left[\frac{d_0^t(x^{t+1},y^{t+1})}{d_0^{t+1}(x^{t+1},y^{t+1})}\cdot\frac{d_0^t(x^t,y^t)}{d_0^{t+1}(x^t,y^t)}\right]^{\frac{1}{2}}$$

$$=\mathrm{Effch}(x^{t+1},y^{t+1},x^t,y^t)\cdot\mathrm{Techch}(x^{t+1},y^{t+1},x^t,y^t)$$

在上式中，M 即为 Malmquist 指数，如前文所述，它度量的是在当期（t 期）的生产技术水平之下，当期（t 期）到下一期（t+1 期）内生产率的变化情况。（x^t，y^t）表示该决策单元在当期的投入产出状况，（x^{t+1}，y^{t+1}）表示的则为下一期的状况。如上式所示，Malmquist 指数被表示为 Effch 和 Techch 两项的乘积，以上两项代表的分别为技术效率变化的情况和技术进步变化的情况，其中前者衡量的是在这两期之间该决策单元与最优解之间相对距离的变化，后者衡量的是两期之间最优解的变化程度。当 Effch>1 时，说明该决策单元与前沿面的相对距离正在缩小。基于此前者可以再次进行分解为两部分的乘积，分别为纯技术效率（Pech）和规模效率（Sech）。当 Pech>1 时，说明在该决策单元出现了技术进步或创新。综上 Malmquist 指数可分解为 Effch 和 Techch 的乘积，再对其进行细分即为 Pech、Sech 和 Techch 的乘积。全要素生产率指数即 MI 指数衡量了全要素生产率（TFP）的变化情况，当该值>1 时，说明全要素生产率在该阶段增长，该值=1 时，说明全要素生产率不变，该值<1 时，说明该指标在该阶段内正处于下降状态。

4.1.3 指标选取与数据说明

（1）投入与产出指标的确定

评价粮食主产区财税政策的有效性，关键在于考量这些财税政策的组合是否有效地改善了该地区的粮食安全程度。具体来说就是看这些财税政策是否有效提升了该地区粮食生产水平，提高了粮农生活质量。基于上述准则选取财税政策为 DEA - Malmquist 模型的投入指标，选取粮食安全水平为产出指标。关于投入指标的确定，如前文所述投入指标应当包括财政政策与税收政策下的价格支持金额、补贴金额、一般服务支持金额、税收优惠、所得税税额、增值税税额、城镇土地使用税税额、印花税税额，共计 8 个指标。然而在各省政府目前公布的财政数据中并没有如此细致的分类，由于数据可得性的问题，本书根据各省财政厅公布的支出决算选取农业支出下的普惠金融发展支出和粮油物资储备支出下的粮油事务支出作为本书模型的投入指标。其中农业农村普惠金融发展支出包括支持农村金融机构、涉农贷款增量奖励、农业保险保费补贴与其他普惠金融发展支出等项目，粮油事务支出包括粮食生产中的行政运行、一般行政管理事务、粮食财务与审计支出、粮食专项业务活动、粮食财务挂账利息补贴、粮食风险基金、其他粮油事务支出等项目。这两个指标较好地从财政政策与税收政策两方面衡量了各省对粮食生产的投入。在产出指标的确定方面，由于各省耕地面积有所差异，直接采用粮食总产量或总储备量等总量指标可能无法准确反映财税政策对于提升单位土地生产效率和改善农民生活质量的实际成效。因此，选取粮食单位面积产量与农村居民人均可支配收入两个指标来衡量各省财政政策的产出（见表4－2）。其中粮食单位面积产量衡量了该省的粮食生产能力，而农村居民人均可支配收入在一定程度上反映了该省粮农的生活质量。以上两个指标的数据来源为国家统计局官网与各省统计年鉴，确保了数据的权威性和准确性。在决策单位方面，为了更好地对照粮食主产区与粮食产销平衡区财税政策的效率，在粮食主产区与粮食产销平衡区分别选择4个财政信息公布较为全面的省份，其中粮食主产区的决策单元有黑龙江省、辽宁省、河北省、湖南省，粮食产销平衡区的决策单元有青海省、云南省、宁夏回族自治区、甘肃省。由于辽宁省、湖南省和宁夏回族自治区缺失2021—2023年的部分数据，为更好地比较以上8个决策单元不同年份财税政策效率的变化，本书选取了2016—2020年共计5年的数据进行研究。

表4－2　　8省（自治区）粮食财税政策投入产出指标体系

类别	指标名称	单位
投入指标	普惠金融发展支出	万元
	粮油事务支出	万元
产出指标	粮食单位面积产量	公斤/公顷
	农村居民人均可支配收入	元

（2）数据说明

研究数据如表4－3所示。投入指标中普惠金融发展支出、粮油事务发展支出来源于各省财政厅公布的决算信息，产出指标中的粮食单位面积产量和农村居民人均可支配收入来源于国家统计局官网与各省统计年鉴。

表 4－3　　　　　　　　　　投入产出数据

	省份	年份	投入指标		产出指标	
			普惠金融发展支出（万元）	粮油事务支出（万元）	粮食单位面积产量（公斤/公顷）	农村居民人均可支配收入（元）
粮食主产区	黑龙江	2016	158157	587336	5132	11832
		2017	145457	472137	5089	12665
		2018	171369	529493	5281	13804
		2019	183242	450419	5233	14982
		2020	232391	513113	5223	16168
		2021	244975	448835	6968	17889
		2022	224371	394839	5407	18557
		2023	448905	161590	5287	19756
	辽宁	2016	169505	202066	6501	12881
		2017	169167	200648	6621	13747
		2018	201724	207161	6293	14656
		2019	189340	236885	6965	16108
		2020	199800	184441	6631	17450
		2021	—	140891	6828	19216
		2022	—	142422	7164	19908
		2023	—	177847	6976	21483
	河北	2016	203195	169361	5570	11919
		2017	248564	159124	5767	12881
		2018	345576	145074	5660	14031
		2019	363509	167791	5780	15373
		2020	381442	156500	5941	16467
		2021	377990	38770	5994	18178
		2022	356124	25580	5950	19364
		2023	420412	14323	5998	20688
	湖南	2016	238958	382797	6038	11930
		2017	314301	273484	6137	12936
		2018	327062	312360	6367	14093
		2019	326915	239835	6444	15395
		2020	396200	358100	5341	16585
		2021	—	—	6508	18295
		2022	—	—	6461	19546
		2023	—	—	6333	20921

续表

	省份	年份	投入指标		产出指标	
			普惠金融发展支出（万元）	粮油事务支出（万元）	粮食单位面积产量（公斤/公顷）	农村居民人均可支配收入（元）
粮食产销平衡区	宁夏	2016	76450	24662	4762	9852
		2017	125624	31134	4747	10738
		2018	81823	46966	5336	11708
		2019	73727	27334	5500	12858
		2020	98448	37242	5602	13889
		2021	—	—	5903	15336
		2022	—	—	6461	19546
		2023	—	—	5429	17772
	青海	2016	27916	46554	3681	8664
		2017	42723	47306	3629	9462
		2018	52929	57771	3664	10393
		2019	61659	75804	3767	11499
		2020	59528	55758	3704	12342
		2021	62460	52476	3574	13604
		2022	92356	65087	3607	14456
		2023	109643	29176	3535	15614
	甘肃	2016	150962	76731	4053	7457
		2017	168859	69504	4055	8076
		2018	145415	88335	4353	8804
		2019	159068	127358	4504	9629
		2020	182373	67148	4557	10344
		2021	227587	80464	4959	11432
		2022	236035	99173	4601	12165
		2023	232933	88117	4686	13131
	云南	2016	192790	105139	4246	9020
		2017	228372	114442	4340	9862
		2018	194683	95604	4457	10768
		2019	214193	106654	4489	11902
		2020	247471	116860	4549	12642
		2021	314991	168827	5057	14197
		2022	229889	127854	4605	15146
		2023	230723	119299	4650	16361

数据来源：国家统计局官网、各省财政厅官网、各省统计年鉴。

具体来看，2020年的数据（见图4-1），普惠金融支出由高到低依次为湖南省、河北省、云南省、黑龙江省、辽宁省、宁夏回族自治区、青海省、甘肃省，粮油事务支出从高到低依次为黑龙江省、湖南省、辽宁省、河北省、云南省、甘肃省、青海省、宁夏回族自治区，粮食单位面积产量从高到低依次为辽宁省、河北省、宁夏回族自治区、湖南省、黑龙江省、甘肃省、云南省、青海省。黑龙江省在这三项指标上均处于中上游，初步反映了黑龙江省对粮食生产的重视程度与较好的粮食生产能力。

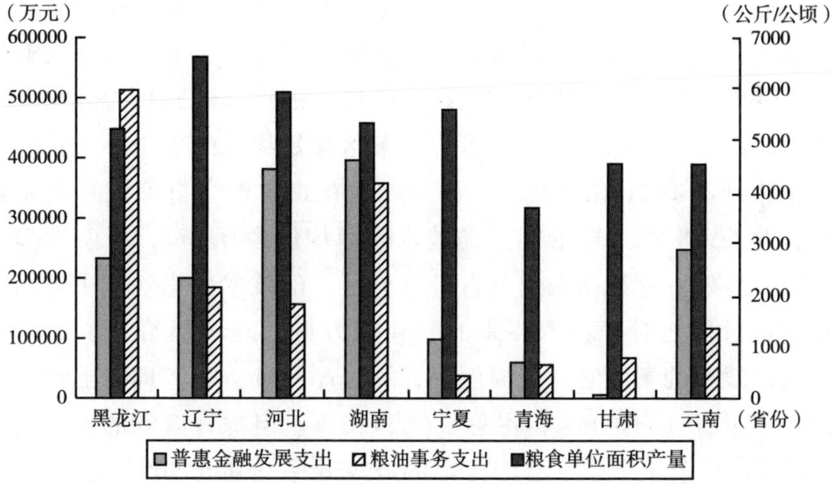

图4-1 2020年8省（自治区）普惠金融发展支出、粮油事务支出与粮食单位面积产量

4.1.4 结果分析

（1）基于DEA模型的粮食财税政策静态评价

基于上述分析，本书选取DEA-Malmquist规模报酬可变的BCC模型，用DEAP 2.1软件分别算出上述8个省（自治区）2016年、2020年的粮食财税政策综合效率、纯技术效率和规模效率，并进行对比，如表4-4所示。

从综合效率的角度看，2016年8省（自治区）的粮食财税政策综合效率均值为0.748，效率水平较高，但距离DEA有效状态，即效率值1.000还有一定的距离。4个主产区省（自治区）均值为0.869，4个产销平衡区省（自治区）均值为0.626，主产区情况明显优于产销平衡区。可能的原因是：粮食主产区作为粮食生产的重要基地，享有更多的政策倾斜、资金投入和技术支持。此外，主产区在长期的粮食生产过程中积累了丰富的经验，形成了较为完善的生产体系和管理机制。2016 年达到 DEA 有效状态省（自治区）有 3 个，分别为黑龙江省、湖南省、云南省，其中黑龙江省和湖南省属于粮食主产区，云南省属于粮食产销平衡区。达到 DEA 有效状态的省（自治区）占总数的 37.5%，其余 62.5% 的省（自治区）均未达到有效状态。在综合指标上的结果最不尽如人意的省（自治区）为青海省，综合效率仅为 0.193。其原因主要是：青海省经济基础相对薄弱，农业投入不足，并且相对恶劣的农业生产环境在一定程度上制约了农业生产的发展，使青海省的粮食财税政策在执行过程中难以达到理想效果。从技术效率的角度来看，除上述 3 个综合效率达有效状态的省份外，青海省与甘肃省也达到了 DEA 有效状态，技术效率有效的省（自治区）占总数的 62.5%，此外，8 省（自治区）的技术效率均值为 0.872，说明大多数省份技术效率良好。这说明大部分省（自治区）的技术要素达到了较高的使用效率，这对各地对于技术要素的管理能力与管理情况给予了充分的肯定。从规模效率的角度看，规模效率有效的省（自治区）即为上述综合效率有效的 3 个省（自治区），占总数的 37.5%。但除青海省的规模效率为 0.193 以外，其余 4 个省（自治区）的规模效率均在 0.900 以上，规模效率较高。说明除青海省外的 7 个省（自治区）现有的生产要素配置情况总体表现良好，各个生产要素之间的配比相对合理，能够实现较高的规模经济效应，可以维持现状。对于青海省而言，其规模效率较低的原因可能是，青海省的经济基础相对薄弱，农业生产规模相对较小，难以形成有效的规模经济效应。从下一个指标，规模收益的角度来看，辽宁省、河北省、宁夏回族自治区 3 个省（自治区）的规模效益递减，这说明随着生产规模的进一步扩大，单位产出的增加量逐渐减少，甚至可能出现负增长。黑龙江省、湖南省、云南省 3 个省的规模效益不变，这意味着当前的生产规模与资源配置状态已经达到了一个相对稳定的平衡点，能够维持一定的产出水平而不发生显著的规模效益变化；青海省和甘肃省的规模效益递增，这说明随着生产规模的扩大，单位产出的增加量也在不断增加，表明它们具有进一步扩大生产规模的潜力和空间。因此，规模效益递减的省（自治区）需要改变其配置结构或适当减少相应投入量，规模效益递增的省（自治区）则有必要进一步扩大生产规模，充分发挥其潜力。

表 4-4　　2016 年、2020 年各省（自治区）财税政策效率值

省份	2016 年				2020 年			
	综合效率	技术效率	规模效率	规模收益	综合效率	技术效率	规模效率	规模效益
黑龙江	1.000	1.000	1.000	不变	1.000	1.000	1.000	不变
辽宁	0.641	0.709	0.904	递减	0.484	0.510	0.950	递减
河北	0.836	0.896	0.933	递减	0.970	0.974	0.996	递增
湖南	1.000	1.000	1.000	不变	1.000	1.000	1.000	不变
宁夏	0.363	0.371	0.978	递减	0.297	0.334	0.888	递增
青海	0.193	1.000	0.193	递增	0.297	0.334	0.888	递增
甘肃	0.947	1.000	0.947	递增	0.205	1.000	0.205	递增
云南	1.000	1.000	1.000	不变	0.819	1.000	0.819	递增
主产区均值	0.869	0.901	0.959	—	0.863	0.871	0.987	—
产销平衡区均值	0.626	0.843	0.780	—	0.405	0.667	0.700	—
总体均值	0.748	0.872	0.869	—	0.624	0.852	0.760	—

2020 年的情况与 2016 年相比有所差异，从综合效率的角度看，2020 年 8 省（自治区）的粮食财税政策综合效率均值仅为 0.642，效率水平一般，距离 DEA 有效状态差距扩大。4 个主产区省（自治区）均值为 0.863，4 个产销平衡区省（自治区）均值为 0.405，主产区情况仍然明显优于产销平衡区，且这种优势进一步扩大。2020 年达到 DEA 有效状态省（自治区）有 2 个，为黑龙江省和湖南省，2 个省均属于粮食主产区。达到 DEA 有效状态的省（自治区）占总数的 25%，其余 75% 的省（自治区）均未达到有效状态。技术效率最低的为青海省与宁夏回族自治区，综合效率都仅为 0.334。从技术效率的角度来看，除上述 2 个综合效率达有效状态的省份外，甘肃省与云南省也达到了 DEA 有效状态，在该项上有效的省（自治区）占总数的 50%。2020 年 8 省（自治区）的技术效率均值为 0.852，说明 8 省（自治区）技术效率平均水平良好，技术要素在使用中的效率较高，能够更加高效地利用现有的技术资源，减少资源浪费，提高生产效率和产品质量。这充分证明了这些地区对生产流程进行精细化管理和持续改进，确保技术资源得以最大化利用。从规模效率的角度看，规模效率有效的省（自治区）即为上述综合效率有效的 2 个省（自治区），占总数的 25%。但除甘肃省的规模效率为 0.205 以外，其余 5 个省（自治区）的规模效率均在 0.800 以上，规模效率较高。这说明除甘肃省外的 7 个省（自治区）现有的要素配比形式已经较为科学，

各个要素在生产过程中能够充分发挥其潜能，形成合力，共同推动生产效率和经济效益的提升，可以保持这一要素配比。对于甘肃省而言，未来需要重点关注如何优化其生产要素的配置结构，提升规模效率。从规模收益的角度来看，2020 年辽宁省规模效益递减，这说明随着生产规模的进一步扩大，该省的农业产出增长未能如预期般显著增加，反而出现了效益递减的现象；黑龙江省、湖南省的规模效益不变，这说明在当前的生产规模下，生产要素的配置和利用已经达到了一个相对均衡和高效的水平，能够维持稳定的产出增长；河北省、宁夏回族自治区、青海省、甘肃省、云南省的规模效益递增，这表明这些地区在扩大生产规模的过程中，展现出较强的规模经济效应。因此，规模效益递减的省（自治区）需要改变其配置结构或适当减少相应投入量，规模效益递增的省（自治区）则应该充分利用自身的资源优势和政策支持，加大投入力度，推动农业生产向规模化、集约化方向发展，进一步扩大生产规模（张碧娟和白存生，2019）。

为了更直观地呈现出上述 8 个省份（自治区）粮食财税政策效率的变化，将表4 -4 中2016 年和2020 年的财税政策综合效率进行对比，以柱状图的方式呈现，如图4 -2 所示。黑龙江省与湖南省在粮食财税政策中表现最好，2016 年与2020 年均达到了 DEA 有效状态。其次为云南省，云南省在2016 年达到了 DEA 有效状态，但在 2020 年财税政策效率有所下滑，降至0.819。此外，河北省与青海省虽然未达到 DEA 有效状态，但两省 2020 年财税政策效率与 2016 年相比均有所上升，分别上升 0.134 和 0.104，说明两省的粮食财税政策效率正向好发展。而辽宁省、宁夏回族自治区、甘肃省、云南省 4 个省（自治区）2020 年的财税政策效率与 2016 相比均有所下滑。其中以甘肃省下滑最为明显，下滑 0.742，其次为云南省下滑 0.181，再次为辽宁省下滑 0.157，最后为宁夏回族自治区下滑 0.066。从总体均值来看，2020 年 8 省（自治区）财税政策综合效率均值为 0.748，而 2016 年 8 省（自治区）均值为 0.624，总体下滑 0.124，说明与 2016 年相比，2020 年 8 省（自治区）粮食财税政策效率总体情况变差。从技术效率角度看，2020 年较 2016 年 8 省（自治区）情况稳中有降。首先 2016 年技术效率达到 DEA 有效的省（自治区）有 5 个，而 2020 年仅有 4 个，其中黑龙江省、湖南省、甘肃省、云南省保持有效状态不变，青海省从有效状态变化为无效状态且下滑严重，从 2016 年的 1.000 降至 2020 年的 0.334。辽宁省与河北省的技术效率也有所下降，分别从 0.709 降至 0.510，以及从 0.334 降至 0.371，分别下降了 0.199 和 0.037。而河北省则从 2016 年的 0.896 上升了 0.078，到 2020 年达到 0.974，是唯一上升的省份。说明与 2016 年相比，2020 年 8 省（自治区）的财税政策技术效率没有得到改善，反而略有下降。从规模效率来看，2016 年 8 省（自治区）的技术效率均值为 0.869，到 2020 年下降为 0.760，下降了 0.109，有较为明显的下滑。8 省（自治区）中，黑龙江省与湖南省始终保持规模效率有效状态，云南省从 2016 年的 1.000 有效状态变为 2020 年的 0.819 无效状态，下降 0.181。8 省均值的下降主要是由甘肃省规模效率的显著下降引起的，其从 2016 年的 0.947 降为 2020 年的 0.205，下降了 0.742。此外，宁夏回族自治区的规模效率也有所下降，从 2016 年的 0.978 降为 2020 年的 0.888。除上述 5 省（自治区）外，其余省份的规模效率均有小幅上升，分别为辽宁省由 0.904 升至 0.950，河北省由 0.933 升至 0.936，青海省由 0.193 升至 0.220。总体来看，除甘肃省外，其余省（自治区）的规模效率变化情况均较为良好。从规模收益看，黑龙江省与湖南省在 2016 年与 2020 年均保持规模收益不变，说明两省资源配置状况始终较为合理，农业生产体系中的各类生产要素（如土地、劳动力、资金、技术等）都得到了相对均衡和高效的配置。辽宁省在两个年份中均为规模收益递减，说明辽宁省的配置结构仍有改进的空间。宁夏回族自治区由 2016 年的规模收益递减转为 2020 年的规模收益递增，这一显著变化充分展示了当地在资源配置和结构调整方面的积极成效。青海省、甘肃省始终保持规模收益递增，云南省由规模收益不变变为规模收益递增，说明这 3 省可以进一步加大投入以扩大产出。

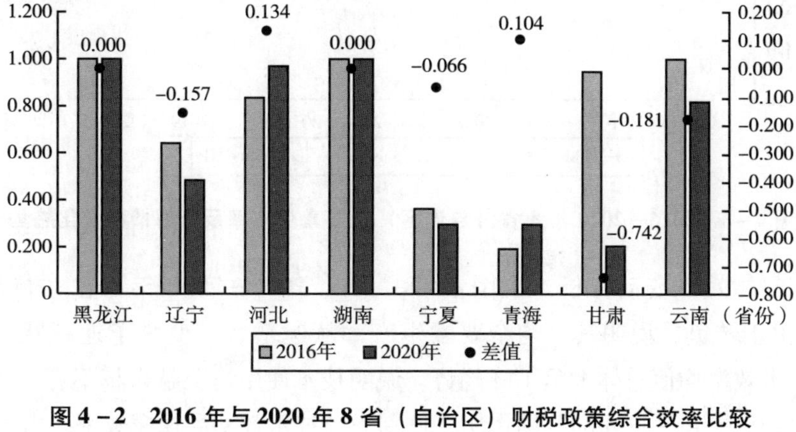

图 4－2　2016 年与 2020 年 8 省（自治区）财税政策综合效率比较

(2) 基于 Malmquist 指数的财税政策效率动态评价

通过对 Malmquist 指数的分析，可以得出在本研究选取的 5 年间各个省（自治区）粮食财税政策效率随时间变化的情况。利用 DEAP2.1 软件分别计算上述 8 个省（自治区）2016—2020 年的粮食财税政策技术效率变化（Effch）、技术进步变化（Techch）、纯技术效率变化（Pech）、规模效率变化（Sech）以及全要素生产率指数（MI）。2016—2020 年本书所研究的 8 个省（自治区）粮食财税政策效率分年全要素生产率及其分解情况如表 4－5 所示。图 4－3 将上述 5 个指标用折线图的方式呈现出来，可以更加一目了然地看出各个指标随时间变化以及不同指标变化趋势的同步程度。

表 4－5　2016—2020 年 8 省（自治区）全要素生产率及分解情况

时间	Effch	Techch	Pech	Sech	MI
2016—2017 年	1.048	1.064	1.014	1.033	1.115
2017—2018 年	0.921	1.044	0.969	0.951	0.962
2018—2019 年	1.032	0.929	0.992	1.040	0.959
2019—2020 年	0.788	1.132	0.982	0.803	0.892
均值	0.941	1.040	0.989	0.952	0.979

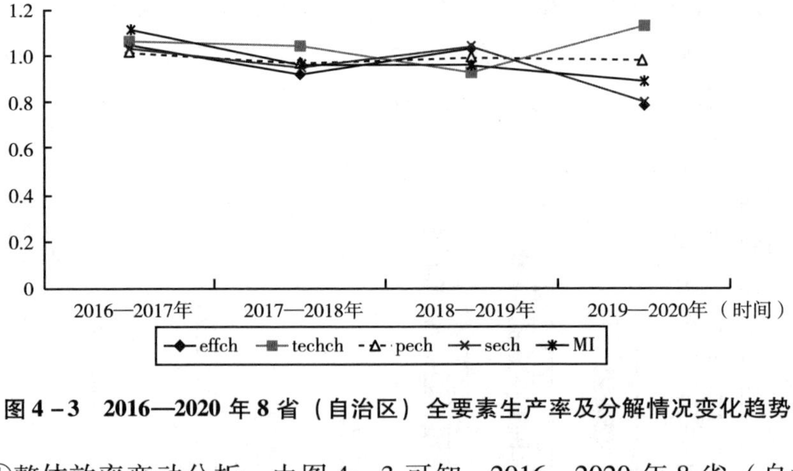

图 4－3　2016—2020 年 8 省（自治区）全要素生产率及分解情况变化趋势

①整体效率变动分析。由图 4－3 可知，2016—2020 年 8 省（自治区）的 MI 由正转负，说明其平均全要素生产率从递增状态变为了递减状态。其中，技术效率均值总体上呈下降趋势，说明技术使用情况越来越不容乐观，技术效率变化受到两方面的共同作用，分别为纯技术效率和规模效率。由图 4－3 可知在 5 年间后者的均值变化不大，因此技术效率的变化主要是由前者的变化

引起的。技术进步均值在从2016年到2019年连续4年下降后，在2019年到2020年出现了较大上升，说明出现了较强的技术进步或创新。

由表4－5可知：2016—2020年上述8个省（自治区）粮食财税政策效率指数均值为0.979，总体呈稳中有降的趋势，且除2016—2017年外，其余时间段MI指数均小于1，说明本书研究的8个省（自治区）粮食财税政策效率出现了逐步下降的趋势。分解来看，5年间技术效率均值下降5.1%，技术进步均值上升4%，纯技术效率下降1.1%，规模效率下降4.8%。说明在2016—2020年这5年间上述8个省（自治区）的财税政策效率总体下降。具体来看，从技术效率与技术进步的层面来看，前者对整体起负向作用，后者对整体起正向作用；从整体效果看前者的作用程度比后者更深。具体分析技术效率的下降发现，影响它的有两个主要方面，即纯技术效率和规模效率，两者都对此负一定的责任。这说明8省（自治区）在技术效率方面都有着较大的进步空间，应当针对纯技术效率和规模效率这两方面做出相应的调整。分年度来看，2016—2017年技术效率指数为1.048，技术进步指数为1.064，体现出了在这一时间段技术进步与技术效率都对粮食财税政策全要素生产率的提升做出了一定的贡献。在2017—2018年技术效率指数为0.921，技术进步指数为1.044，说明在这一时间段虽然技术进步情况较好，但技术效率有所下降，且对总体全要素生产率的下降形成了主要的影响。纯技术效率指数为0.969，规模效率指数为0.951，说明这一时间段内技术效率的下降主要是由纯技术效率的下降引起的。2018—2019年的情况恰恰相反，技术效率指数为1.032，技术进步指数为0.929，虽然技术效率有所提升，但并无法与另一项指标的下降幅度相比。2019—2020年的情况与2017—2018年相似，技术效率指数为0.788，技术进步指数为1.132，总体MI指数为0.892。总体来看，全要素生产率的增长遇到了负面因素的影响。具体到本章中，这主要是由于技术效率的作用。纯技术效率指数为0.982，规模效率指数为0.803，均小于1，说明这一时间段内技术效率的下降是由纯技术效率与规模效率两方面共同引起的，但规模效率的下降对此影响更大。

②各省（自治区）效率变化对比。8省（自治区）2016—2020年的MI指数如表4－6所示。5年间8省（自治区）MI均值为0.979，小于1，说明总体来看5年间8省的两个财税政策效率在下降。技术效率均值0.941，小于1，技术进步均值为1.040，大于1，说明财税政策综合效率的下降主要来

源于技术效率指数的下降，技术效率已经成为制约粮食财税政策效率的关键因素。无论是纯技术效率指数均值还是规模效率指数均值，都小于1，分别为0.989和0.952，因此无论是粮食主产区还是粮食产销平衡区政府都应当在纯技术效率与规模效率两方面做出改进，以提高全要素生产率的增长。具体来看，2016—2020年，黑龙江省、辽宁省、宁夏回族自治区、甘肃省的粮食财政政策MI值均小于1，分别为0.959、0.951、0.983、0.703。说明以上4个省（自治区）在这5年间TFP处于递减阶段，粮食财税政策效率有所下降，其中以甘肃省下降幅度最大。进一步来看，黑龙江省技术效率指数为1.000，技术进步指数为0.959，说明黑龙江省粮食财税政策效率的下降来自技术进步的缺乏。辽宁省技术效率指数为0.932，技术进步指数为1.020，说明辽宁省的综合指数下降来自技术效率的下降，而纯技术效率指数为0.921，规模效率指数为1.013，说明纯技术效率下降是辽宁省技术效率下降的原因。宁夏回族自治区与辽宁省情况相似，综合指数的下降来源于技术效率的下降，而技术效率的下降却是由纯技术效率指数（0.974）和规模效率指数（0.976）两方面共同引起的。甘肃省粮食财税政策MI值下降在8省（自治区）中最为明显，其技术效率指数为0.682，技术进步指数为1.032，说明技术效率的显著下降造成了甘肃省MI值的显著下滑，从而引起了全要素生产率的递减，对此起主要作用的是甘肃省规模效率的下降，其规模效率指数仅为0.682，而纯技术效率指数为1.000。

表4-6　各省（自治区）财税政策Malmquist指数及其分解

省份	技术效率	技术进步	纯技术效率	规模效率	MI
黑龙江	1.000	0.959	1.000	1.000	0.959
辽宁	0.932	1.020	0.921	1.013	0.951
河北	1.038	1.072	1.021	1.016	1.112
湖南	1.000	1.030	1.000	1.000	1.030
宁夏	0.951	1.034	0.974	0.976	0.983
青海	1.033	1.110	1.000	1.033	1.147
甘肃	0.682	1.032	1.000	0.682	0.703
云南	0.951	1.066	1.000	0.951	1.015
主产区均值	0.992	1.020	0.986	1.007	1.013
产销平衡区均值	0.904	1.061	0.994	0.911	0.962
总体均值	0.941	1.040	0.989	0.952	0.979

在8省（自治区）中，河北省、湖南省、青海省、云南省在2016—2020年的MI值指数均大于1，分别为1.112、1.030、1.147、1.015，说明以上4省的全要素生产率处于递增阶段，粮食财税政策效率在5年间得到了提升，其中以青海省的提升最为显著。具体来看，河北省的技术效率指数、技术进步指数、纯技术效率指数、规模效率指数分别为1.038、1.072、1.021、1.016，4个指数均大于1，说明在这5年间河北省纯技术效率与规模效率均有所提升，这引起了技术效率的提升，再加上技术进步的作用，使河北省的综合指数上升。湖南省综合指数为1.030，这主要来源于技术进步，其指数为1.030，而其他3项指数均为1.000，说明这3项并未发生显著变化。青海省是8省（自治区）中MI指数最高的省份，为1.147，其中技术效率指数为1.033，技术进步指数为1.110，两者都做出了贡献，但技术进步的贡献更大。在技术效率的进步中起主要作用的是规模效率，规模效率指数为1.033，纯技术进步效率指数为1.000。云南省的综合指数同样大于1，技术进步对此起到了关键性的作用，技术进步指数为1.066。虽然云南省总体情况向好，但是规模效率的下降（其指数为0.951）造成了云南省技术效率的下降（其指数为0.951）。

对比粮食主产区4省与粮食产销平衡区4省（自治区）来看，粮食主产区MI均值为1.013，大于1，说明粮食主产区粮食财税政策效率总体较好。具体来看，粮食主产区技术效率均值为0.992，略小于1，说明主产区技术效率略有下降，其纯技术效率均值为0.986，规模效率均值为1.007。这一数据说明主产区技术效率的下降的主要原因是纯技术效率的下降，规模效率虽然略有上升，但并不足以弥补这一差距。在粮食产销平衡区4省中，MI均值为0.962，小于1，说明产销平衡区总体情况下降，这同样是由于技术效率的下降引起的，技术效率指数为0.904，小于1，而技术进步指数为1.061，大于1。粮食产销平衡区的纯技术效率均值为0.994，规模效率均值为0.911，均小于1，说明这两方面共同引起了产销平衡区技术效率的下降。总体上，从对比粮食主产区与产销平衡区的指数来看，虽然综合指数均小于1，但无论是在MI指数这一综合指数上还是在各项分解指数上，除纯技术效率指数均值主产区略小于产销平衡区外，在其余指标方面都是主产区比产销平衡区的评价结果更好。这说明粮食主产区不仅在产量上优于产销平衡区，在粮食财税政策效率上同样比粮食产销平衡区更有优势。

从上述结果分析可得，各省（自治区）的粮食财税政策效率并不尽相同，诚然这与各地的自然条件差异息息相关，即使财税政策再为优惠，也可能难以完全抵消自然条件带来的不利影响，导致政策效果大打折扣。部分省（自治区）的结果不尽如人意并不能简单地将之归结为整体情况的反映，这样的结果可能是财政数据可得性的问题，导致我们在分析时样本省（自治区）选择时不够全面，进而影响到分析结果的准确性和可靠性。

4.2 粮食主产区财税政策的问题分析

4.2.1 粮食补贴“多头支出”和“块块分割”

（1）粮食补贴存在“多头支出”问题

粮食补贴“多头支出”，指的是来自中央财政用于支持粮食主产区农业发展的资金在下发到县级财政时存在来源于多个不同部门的现象。即财政对于农业的投入在实际使用中被打散成许多块，由不同的部门分别管理、分别使用，难以统一起来针对某个重点项目发挥强有力的作用。“多头支出”现象的形成，主要源于中央财政的资金分配机制和地方政府的资金管理方式。首先，中央财政下拨经费时，往往遵循部门职能划分的原则，不同类型的农业支持资金由不同部门负责，这种多部门的资金分配方式，虽然在一定程度上可以满足不同领域的需求，但也导致了资金的分散和重复，难以形成合力。其次，地方政府在接收相关资金时，往往按照资金用途将其分配给不同的部门管理。由于不同部门之间存在信息壁垒，上下级政府之间的信息传递不畅，并且缺乏有效的横向协调机制，使各部门在资金使用上各自为政，难以形成统一的行动计划，从而影响资金使用的效率。例如，在调查中发现，来自中央的资金由科技部、农业农村部、水利部等多个部委分别发放，在省级政府接收时也由省财政厅农村处、经贸处、科教文卫处分别接管，再到县级政府时该财政厅的计划股、农业股与经贸股又各自存在自己的资金与计划。粮食补贴“多头管理”的模式实质上是中央财政对于农业投入在实际使用中的一种机制碎片化与资源分散的表现。这种模式不仅使资金被分散到多个部门和领域，难以形成集中投入和规模效应，导致资金使用效率低下，而且不同部门在实施各自的项目时，往往缺乏信息共享和沟通，导致同一地区、同一项目可能会出现多次重复投资的情况，从而影响了农业发展的整体效益。

（2）粮食补贴存在“块块分割”问题

中央财政下拨的资金由不同部门接管，而各部门在共同参与某项项目时又难免在效率上有所损失，这就决定了这些资金在使用时难以集中起来统一规划管理，因为各部门都不愿放弃属于本部门的资金使用权，这就造成了农业补贴“块块分割”的现象。首先，在资金分配与管理的过程中，各部门作为独立的行政单元，自然拥有其特定的职责范围与利益诉求。当这些部门共同参与农业补贴项目时，各自所掌握的资金便成为了部门间博弈的重要筹码。部门领导可能出于政绩考量、部门利益维护或是资源控制的需求，倾向于将资金投入本部门主导的项目中，而非从整体效益最大化的角度出发进行统一规划，这种部门间的利益博弈，无形中为农业补贴的集中使用设置了重重障碍。其次，不同部门在项目管理、资金使用等方面往往遵循着各自的工作流程和规范，缺乏一个统一的平台或机制来促进部门间的信息共享与协同作业，这种“信息孤岛”现象不仅增加了项目管理的难度，也导致了资金使用的碎片化。当某个部门需要其他部门的支持与配合时，往往面临着烦琐的审批流程与漫长的等待时间，从而影响了项目的整体进度与资金使用效率。此外，粮食补贴“块块分割”的现象直接导致了资源配置的低效与浪费。由于资金被分散到多个部门手中，各部门在使用资金时难以做到资源共享和优势互补，使资金使用效率低下。这种分散管理的方式使得各部门难以形成统一的行动计划，导致原本可以用于支持重点农业项目、促进农业产业升级的资金被稀释，一些具有潜力的农业项目可能因资金不足而难以实施，而另一些项目则可能因资金过剩而产生浪费，从而影响了农业发展的整体推进速度。以江西省余江县为例，该县某年承担的上级政府的项目及资金情况为：农业局承担着标准农田建设项目资金 2780 万元和粮油高产创建项目 500 万元左右，发改委承担着新增千亿斤良田间工程项目 1600 万元，国土资源局承担着土地整治项目 7702 万元，水利局承担着标准农田建设项目 1690 万元，农业开发办承担着相应其他项目 5002 万元。上述资金分散的情况造成了农业补贴资金无法集中起来解决重大问题，资金使用效率因此受到限制。

4.2.2 政府间财政收支权力与责任划分不清

财政收支划分是对从中央到地方各级政府之间就财政收入和支出责任进行明确界定和分配的过程，其目的是将各级财政的职能充分发挥出来。这项划分应当根据各级财政的事权来进行。政府间的财政收支权力与责任划分也应当遵循权责对等原则。在拥有权力与履行责任两个方面必须同时进行互相对等。一个主体具有权力是其履行相应职责的基础，如果没有相应的权力，哪怕其主观上想要做好一件事也难免出现力不从心的现象，而如果拥有权力却不必承担由此带来的后果则难免在具体执行时不够认真、仔细，对后果考虑不全面。在粮食主产区，各级政府间对于财政收支的权力与责任存在划分不明的现象。拥有财政收支权力的政府未必对农业生产现状有全面深刻、透彻的了解，在进行决策时也未必会从实际情况出发制订出能为主产区粮食生产的状况带来切实的改变的计划。当他们不必为此承担相应的责任时，这种情况更加容易发生。而不拥有相应的权力却要承担责任的政府虽然很有心力想要为主产区粮食生产发展做出一些切实有效的行动，但由于缺乏这项权力，没有足够资金去做出实际的改变。在理论上拥有权力与责任的政府哪怕不是同一个，也可以互相沟通、互通了解，共同努力达成主产区粮食安全长足发展的目标。但在现实生活中各个政府都会为自身利益考量，不同的政府之间难免存在利益冲突，双方在行动上难免互相掣肘，阻碍了共同目标的实现，从而为该地粮食安全的发展带来不必要的困难。因此，应该对这一状况做出相应的调整，建立保障体系维护各级政府间财政收支的权力与责任上的对等，给各级政府为改善粮食安全状况大展拳脚奠定良好的基础（卫志民和于松浩，2021）。

4.2.3 转移支付向农业部门倾斜的力度不够

转移支付作为国家财政政策的重要组成部分，对于实现资源的合理配置和促进农业发展具有重要作用（Fan & Pardey，1997）。然而，在粮食主产区，转移支付向农业部门倾斜的力度不够，导致了其在政策资源和资金支持上的短缺，限制了农村经济的发展空间。

（1）转移支付资金总量不足

由于农业税的取消，粮食主产区一般在财政收入上存在较大压力，财政支出的大部分都靠转移支付来完成，而这一部分转移支付资金一般不会很多，因此，这些资金大部分都投入速效和高回报率的行业中去了。一是高回报率项目。从目前产粮大县的重点执行项目来看，河南一产粮大县 2020 年第一批县级重点项目包括 171 项，总计划投资额达到了 461.3 亿元。其中大部分都是工业项目，直接与粮食生产相关的项目一个都没有；乡村振兴项目有 15 个，包括辣椒、芦笋、花生、蛋鸭等产业化项目、生态田园综合体项目、风力发电项目、脱贫攻坚和乡村振兴产业带项目、农业特色产业园项目、花花牛项目、高标准农田项目等，总项目经费为 35.5 亿元，不到总计划项目投资额的 10%。二是速效项目。速效指的是能更快地收到效果的项目，一般也被老百姓称之为“形象工程”。比如，某县近年来的工程中有两项比较引人注目：第一项是高产示范区的建设，投入 120 万元，明确用于该项目的建设。选取部分产量较高的地区为示范区，县级领导直接对其负责，并在具体工作中对其监督指导；第二项是惠农短信平台和网络发布平台，定时发布气象信息及灾害预警和抗灾救灾的技术措施。在调研中发现，农民表示这些项目并不实用。而对于亟须改造基础设施的粮食流通领域则很少投入，在对某县一国有粮库的调查中，一位负责人这么说：“国有粮库承担着国家粮食的储存和调销任务，但目前情况是大部分仓库还是 20 世纪 50 年代建造起来的，根本无法完成储粮任务。但是财政不愿意投入，原因就在于投入粮食系统安排不了就业，财政没有收入，投资也看不到回报。”

（2）转移支付资金分配结构不合理

转移支付资金分配结构不合理的问题，是我国财政转移支付体系中亟待解决的重要问题，这不仅影响了农业部门的发展，而且影响了农业生产效率的提高和农村经济结构的优化。首先，项目支出比例失衡。在转移支付的具体项目中，资金主要用于农业基础设施建设、农业科研和技术推广等方面，而忽视了对农业生产、农民培训等领域的投资。一方面，当前转移支付项目在农业生产方面的投入不足，农民在生产过程中面临较高的成本压力，缺乏足够的资金支持来引进先进生产技术，改良种植、养殖方式以及应对自然灾害等挑战，在一定程度上削弱了农业生产的竞争力和可持续发展能力，导致农业生产效率提升缓慢（Matsuyama，1992）。另一方面，农民作为农业生产活动的主体，其素质和专业技能直接影响到农业生产的效益和效率。然而，当前转移支付体系中对于农民培训的投入相对匮乏，导致农民难以掌握先进的农业技术和管理知识，削弱了农民在农业生产实践中的适应能力和创新能力。其次，资金地区间分配不均。在财政转移支付政策制定过程中，政府往往会根据国家战略、区域发展规划等因素来确定资金的分配方向。然而，在实际操作中，由于信息不对称、利益博弈等，政策执行往往难以完全达到预期效果，使资金在某些地区过度集中，而在其他地区则显得捉襟见肘。这种分配不均加剧了地区间的发展差距，使贫困地区更加难以摆脱落后的面貌。贫困地区缺乏必要的资金支持，又导致基础设施建设严重滞后，公共服务资源匮乏，使该地区资金和人才双重流失，严重制约了当地经济的发展和民生的改善。

4.2.4 税收优惠政策覆盖范围有局限性

粮食主产区的税收优惠政策是支持农业发展、保障粮食安全的重要政策工具之一。尽管我国针对粮食主产区的税收已经制定了一些优惠政策，但现有税收优惠政策的覆盖范围仍然存在一些局限性，使一些涉农企业和农户未能充分享受到政策带来的实惠，进而影响了农业生产的积极性和效率。

（1）农产品深加工环节税收优惠较少

在农产品加工方面，我国现有的税收优惠政策仅仅针对初加工方面做出一些规定，而缺乏对更深层次加工的优惠政策。第一，我国现行的税收优惠政策在农产品范围及标准的界定上存在一定的模糊性。相较于世界贸易组织（WTO）对农产品范围的明确界定，我国税收政策中关于农产品范围的界定相对狭窄，使能够享受税收优惠政策的农产品种类大幅减少。这一局限性导致许多具有深加工潜力和高附加值的农产品被排除在税收优惠政策的覆盖范围之外，不仅影响了农产品加工企业从初加工向深加工的转型升级，而且阻碍了农产品产业链条的延伸和农产品附加值的提升。为了更好地适应国际农产品贸易规则，促进农产品加工行业的健康发展，建议对于我国企业投入农业领域实施更为宽泛的税收优惠政策，并增加对农业的财政投入分配（Lubanga，2020）。此外，我国在税收优惠政策中对于“经加工后的农产品”这一概念缺乏明确的界定，部分企业因难以提供充分的证据来证明其加工的农产品符合政策规定的具体要求，导致粮食主产区的部分加工企业无法有效地适用税收优惠政策，从而使税收优惠政策未能充分发挥其应有的作用，不利于农产品加工企业经济效益的提高。第二，在粮食主产区农产品加工环节的税收激励范围相对较窄，主要表现在享有减免税待遇的纳税主体范围有限，在加工上仅对初级加工制定优惠政策未能使后续加工企业享受到优惠，使能适用税收激励的农产品范围大为缩小（陈秧分等，2021）。同时，在农产品加工环节，由于增值税抵扣税率不统一，较高的税率增加了企业的成本负担，不仅影响其扩大生产规模、提高技术水平的意愿，而且影响了农业生产规模的扩大。当前我国税收优惠针对的农产品加工企业中真正享受到税收优惠的企业并不多，这一优惠政策对于调动相关主体的生产积极性没有起到应有的作用，不利于鼓励更多企业投入农业生产活动中。

(2) 农产品销售环节税收优惠较少

我国现有针对粮食主产区的税收优惠政策中，大多针对的是生产与初加工两大环节，针对销售环节则缺乏相应的行之有效的税收优惠政策。第一，目前我国粮食主产区的销售渠道在纳税人范围的界定上存在着一定的模糊性，导致在实际操作中容易出现监管漏洞，不利于激励农产品销售环节的发展。虽然我国已经明确规定了对农民自产自销的农产品实行免税政策，但税务机关对于收购企业所收购的农产品是否真正属于投售人自产自销的范畴，却缺乏一套有效且明确的确认办法，投机分子可能利用这一政策的漏洞，通过虚构自产自销事实、伪造销售凭证等手段，偷税漏税，非法获取额外利润，严重扰乱了市场秩序（Barry et al.，2004），这说明我国目前在相关认证方面仍有欠缺。第二，我国当前农产品销售环节税收激励制度存在着增值税计税依据范围较窄的问题，主要体现在粮食主产区增值税计税依据不明确和扣除范围过窄两个方面，不仅影响了农产品的市场供应，而且影响粮食主产区整个粮食产业的发展。一方面，粮食主产区增值税计税依据的不明确。根据《中华人民共和国增值税暂行条例》及相关实施细则，农产品销售应当按照其销售额来计算并征收增值税。在实际操作中，由于农产品生产、流通环节的复杂性，税务机关在确定销售额时往往难以准确把握，特别是在自产自销和非自产自销之间的界限模糊不清的情况下，容易导致税收征收的不公允。另一方面，粮食主产区增值税扣除范围过窄。在现行增值税制度下，粮食主产区农产品销售环节的扣除项目主要包括购进货物或接受劳务的进项税额。然而，对于农产品加工、包装、运输等环节发生的费用，以及农业生产资料的购入等，企业往往难以获得全额的增值税进项税额抵扣，这一情况给农产品销售企业带来了额外的税收负担，进一步压缩了企业的利润空间。总之，针对粮食主产区农产品销售环节的税收优惠政策范围有待进一步扩宽，否则将对我国粮食的良性流通产生阻碍。

4.2.5 粮食主产区税收激励力度不够大

(1) 粮食主产区农民税收激励力度不够

税收激励作为一种重要的政策调控手段，对减轻农民税收负担和激发农业生产活力具有重要作用。然而，在实际应用中，我国粮食主产区农民所享受到的税收激励力度与预期目标之间存在差距，不仅增加了粮食主产区农民的生产成本，还制约了农业生产效率。首先，从农民生产资料的角度来看，化肥、农药、种子及农机具等农业生产资料，是农业生产的物质基础，也是提升农业生产效率与产量的关键因素，其价格波动直接影响到农民的种植收益。然而，在现行税收政策下，针对这些关键生产资料的税收优惠措施有限，甚至在某些环节还存在税负偏重的情况，农民在购买这些生产资料时往往需要支付较高的费用，导致生产成本增加。高昂的成本不仅减少了农民的净收益，还可能使他们减少对高水平生产资料的使用，从而影响农作物的质量和产量。在农产品价格波动较大的情况下，农民不仅要承受市场风险，还要承担较高的生产成本，这使他们在缴纳相关税费时压力更大。其次，农民技术培训作为提高农民技术水平、提升农业生产效率的重要途径，同样面临着税收激励不足的困境。在知识经济时代，科技对农业的推动作用日益凸显，而农民作为农业生产的主体，其技能水平的高低直接决定了农业发展的质量。然而，相关税收激励政策不完善，削弱了企业和机构提供农民技术培训服务的积极性，导致企业和机构难以提供高质量的培训内容。培训内容与生产实践脱节，使农民难以将所学知识有效应用于生产实践中，这不仅加剧了农民就业难的问题，也限制了农业科技成果的有效转化，阻碍了农业向更高层次的发展。

（2）粮食主产区企业税收激励力度不够

在我国粮食主产区，企业是推动农业现代化、促进农村经济繁荣的重要力量。然而，当前粮食主产区企业在享受税收激励方面却面临着诸多不足，这一现状不仅制约了龙头企业的产业化进程，也影响了中小型企业的健康发展，进而对整个粮食生产链条的稳定性与效益产生了深远影响。首先，针对粮食主产区的龙头企业，税收激励的力度相对较小，限制了其在农业产业化进程中的引领作用。龙头企业作为农业生产和加工领域的核心，不仅是提升农业生产效率、保障粮食安全的关键所在，更是引领整个农业产业链向现代化、规模化、品牌化方向发展的重要驱动力量。然而，在税收政策方面，相关支持措施缺乏深度和广度，特别是在企业的研发、创新和组织建设等方面，无法形成有效的激励。相较于发达国家的农企补贴政策，我国的龙头企业面临着较小的税收优惠，导致其在激烈的市场竞争中处于劣势。此外，粮食主产区的龙头企业在生产和经营过程中，常常遭遇自然灾害和市场波动的冲击。如干旱、洪涝等极端天气会直接导致农作物的减产，而市场价格的剧烈波动则使投入与产出之间的关系变得更加复杂。由于缺乏有效的税收保障措施补偿企业因遭遇恶劣天气或市场波动等不可控因素所带来的经济损失，一些企业被迫缩减生产规模或退出市场，从而影响了整个行业的健康发展。在缺乏足够保障的情况下，龙头企业难以承受风险，进而影响其对农民的带动作用。其次，在粮食主产区，中小型企业数量众多，是农村经济的重要组成部分，但同样面临着税收激励力度不足的困境。中小型企业具有生产规模小、资金储备有限的特点，与大型企业相比，缺乏足够的储备资金和信贷获取能力来分散风险，导致其抵御市场风险的能力较弱。在缺乏有效税收激励的情况下，中小企业往往难以承担高昂的生产成本和税费负担，导致其生产成本较高、市场竞争力较弱。此外，粮食主产区的中小型企业之间的产业链协作机制尚不健全，缺乏有效的沟通和协调机制，导致资源无法有效整合，难以形成合力。由于缺乏有效的税收激励引导，进一步加剧了这种分散化、碎片化的经营状态，使中小型企业难以形成合力、共同应对市场挑战。

（3）粮食主产区基础设施税收激励力度不够

良好的基础设施能够提高资源配置效率，增强农产品的市场竞争力（Susan & Siva，2005）。粮食主产区基础设施建设对于提升农业生产效率、保障粮食安全及支持农村发展至关重要。然而，当前我国税收激励制度对于粮食主产区基础设施建设的关注不足，导致社会资金投资意愿减弱，影响了基础设施建设的质量与进度。首先，从政策层面来看，我国目前关于粮食主产区基础设施建设的税收激励条款较少，且施行的力度不够，导致社会资金对这些项目的投资意愿减弱。依据国家税务部门制定的“三免三减半”的税收优惠政策，其主要惠及范围限定在特定的公共基础设施建设项目上，并未将粮食主产区当前迫切需要的农贸批发、农产品冷藏储运设施、仓储管理等关键基础设施建设项目纳入其中，导致这些领域的施工单位在承担项目建设任务时，无法享受到税收上的优惠待遇，不仅增加了施工企业的运营成本，而且削弱了其进行长期投资的动力。其次，由于给予的税收激励力度较小，税收优惠力度难以弥补高昂的建设和运营成本，因此许多潜在的私人和社会资金面临高成本和低回报的双重压力，现有的税收优惠难以对其形成有效的吸引力，进而影响了社会资金的投资积极性。基础设施建设滞后使得粮食主产区的农业发展无法形成规模经济，农民在市场竞争中处于劣势，无法实现应有的收入提升。基础设施的不完善还导致农产品在流通过程中的损耗增加，降低了粮食的整体质量，影响了消费者的购买选择。

（4）粮食主产区银行信贷税收激励力度不够

银行信贷是支持粮食主产区农业发展的重要金融工具之一，但当前我国税收激励制度对银行信贷税收激励力度不足，这不仅增加了信贷银行的税负，还导致金融机构对粮食主产区农业贷款的支持力度不足，使农民和企业难以及时获得资金支持。首先，根据《财政部　国家税务总局关于全面推开营业税改征增值税试点的通知》（财税〔2016〕36 号）的规定，信贷银行对逾期的农业贷款，且应收未收不超过 90 天的利息应计入当期应纳税所得额。该规定意味着即使贷款利息尚未实际收回，银行也需基于这些应收未收的利息提前垫付增值税税款。对于信贷银行而言，这是一种财务上的“双重负担”：一方面，银行需要承担贷款本金可能无法收回的风险；另一方面，即便利息尚未到账，也需先行缴纳相应的税款。这种“先税后收”的模式，无形中增加了银行的运营成本，减少了其可用于再贷款或投资其他项目的资金量，进而可能影响到农民和企业获取资金支持的机会。其次，粮食主产区的农业发展受自然灾害和市场风险的双重影响。一旦遭遇自然灾害，农作物减产，农民的农业收入会大幅下降，甚至可能陷入亏损状态，导致他们难以按时偿还银行贷款。此外，市场价格波动、农业产品供需关系变化等因素也会增加金融机构对农业贷款的风险评估。在这种情况下，金融机构会减少对农业的信贷支持力度。金融机构可能会倾向于选择风险较低的客户，或是提高农业贷款的门槛，进一步限制了小农户或中小企业的资金获取能力。最后，我国对金融机构发放农业贷款给予的增值税（现已“营改增”）激励力度不够。然而，增值税的税制特点和抵扣机制，部分金融机构在发放农业贷款时可能仍面临一定的税负压力，从而提高贷款利率或减少贷款额度，导致农民和企业在农业生产经营中面临资金紧张的局面。

5　粮食主产区各经济主体行为博弈分析

粮食主产区是我国粮食生产的最主要地区，包括东北、河北、山东、河南等13个粮食主产省份。其中七大主产区粮食产量可高达全国粮食产量的一半以上。2023年全国粮食产量统计数据发布，黑龙江省以年产量7788万吨全国排名第一，吉林第四，辽宁第十二。从数据中可以看到2020年粮食产量排名前7名的省份分别为黑龙江（7788万吨）、河南（6624万吨）、山东（5655万吨）、吉林（4187万吨）、安徽（4151万吨）、内蒙古（3958万吨）、河北（3810万吨）。可以说，黑龙江省是国家粮食安全当之无愧的主力军，建立完善的财税制度，既能提高粮食主产区农民种粮积极性，也能提高中央、地方政府"抓粮"的积极性，同时有效保证了国家粮食安全。近年来，为实现我国粮食安全与宏观经济稳定，中央政府财政支出逐年加大，奖励资金规模向主产区倾斜，通过设立专项奖励资金和优化财税政策等方式，在一定程度上从政府层面增加了对农业基础设施的投入，缓解了粮食主产区地方政府的财政困难，激励地方政府与农民增产粮食，调动了粮食主产区发展粮食生产，以及提高了当地农民的积极性。然而，近年来我国粮食主产区面临诸多挑战，导致其发展受阻。一是在粮食生产方面，农民种粮收益偏低成为主要问题之一。种植粮食的劳动力短缺，导致种粮劳动成本增加；土地规模化经营程度低，压缩农民种植粮食的利润空间；人工、土地成本，叠加农药化肥等农资成本逐渐提升，使得种粮成本上升速度快于粮食价格上涨速度，农民收益下滑，挫伤部分农民种粮积极性（罗屹，2023）。二是农业科技不发达。以沈阳市为例，由于缺少农业创新技术，并且自主创新能力较弱，使具有高附加值的农产品竞争力不高，这也是制约粮食主产区发展的重要因素（钟智利和符莉，2023）。三是在粮食加工环节方面，粮食企业收益低的问题同样严重。农产品加工业虽然快速发展，但由于存在加工不足和加工过度等问题，造成加工环节损失较多，隐性损耗严重。在加工不足方面，以哈尔滨为例，哈尔滨粮食企业的初加工产品多于粮食精加工产品，水稻加工主要分为不同等级的大米，由于精加工技术较为落后，对大米等粮食的产业链延伸不够，对副产物的利用不足，进而食品优产率低，产业链条短，附加值不高（丁瑶，2015）。四是涉农项目资金也存在一定的问题。拨付涉农项目资金时需要经历严格的审批程序，资金拨款时间较长，部分涉农配套资金不能及时、足额到位，导致部分项目工程延迟或未达到工程量要求。五是农村金融保险服务不足。银行、农信社等金融机构为农民提供贷款的门槛较高，并且可用金额较少，农民种植粮食的前、中、后期以及预防自然灾害等问题所需资金较多，无法满足农民的种植经济需求。另外，黑龙江省的农业生产环境较为脆弱，自然灾害类型多且较为复杂，严重影响农民丰收，但该省的涉农保险体系不健全，农民缺乏涉农保险的保障，农民主要靠天吃饭，无法给予农民坚实的后盾（窦薇，2015）。这些问题还在很大程度上制约着粮食主产区的发展，不利于打破“产粮大省”却是“财政穷省”的诅咒。因此，要深入剖析各个经济主体之间的博弈关系，力求完善粮食主产区财税政策，推进粮食主产区高质量发展。

5.1 粮食主产区财政收入系统的构建

5.1.1 粮食主产区财政收入系统的主体构成

粮食主产区的财政收入系统的构建是对粮食主产区财政收入系统的自身属性和内在运作机理的反馈（贾贵浩，2013）。通过对粮食主产区财政收入主体结构中各主体间的相互关系进行分析，发现各主体间存在着利益冲突。粮食主产区财政收入主体包括中央政府、地方政府、粮食企业和农民，这些主体之间既能相互配合，促进粮食主产区粮食产量的提高，但也会因为各自利益而导致粮食主产区萎缩，降低产粮积极性，威胁我国粮食安全。例如，中央政府虽然出台了许多补贴政策，但这些补贴远低于农民种植其他经济作物或发展渔业等收入较高的项目，这也抑制了农民种粮的积极性；虽然中央政府通过对农民进行粮食补贴以及加大对粮食主产区转移支付，但是这些方式的长期实施，会使粮食主产区的经济发展持续背负粮食安全这一包袱（曹宝明等，2022），不利于当地经济的发展，因此地方政府对重农抓粮的积极性不高；由于粮食生产具有弱质性，粮食主产区的经济发展较为缓慢，而对地方官员考核主要以当地经济发展为主，使得地方官员将关注的重点转向发展第二、三产业，从而忽略了农民生产粮食这一重任（魏后凯和贾小玲，2023）；政府补贴能促进粮食企业的流通效率，其影响程度会随着市场化发展阶段的变化而表现出双重门限效应，即当市场化程度越高时，政府补贴对粮食企业流通效率的促进作用越大。原因是政府对粮食企业实施补贴行为属于政治行为，在一定程度上会干扰市场的正常运行，并且低效率的粮食企业更容易发生权力寻租，无法发挥政府补贴的实际效用，严重阻碍粮食流通（朱晴晴，2022）。因此，我们要了解各个主体间的利益冲突，探寻各主体间产生矛盾的根源所在，构建相对应的调节机制，推动粮食主产区更好地发展，增强各主产区间的联动性，确立政府等职能部门的职责。

粮食主产区极大程度上维护着我国的粮食安全，其财政结构较为复杂。从主体构成上看，一方面，中央政府虽然出台许多关于粮食的补贴政策，但是各项补贴远低于农民种植其他经济作物或发展渔业等带来的收入，也抑制了农民种粮的积极性，致使地方政府工作开展进度慢。粮食主产区，尤其是黑龙江省，作为第一产粮大省，已经连续十年全国第一，其中三大粮食作物玉米、水稻、大豆产量均位列全国首位，其粮食产量可以解决近 4 亿人的吃饭问题，对全国粮食安全具有重要意义。东北三省的粮食产量就达到全国的 1/5，但是东三省的人均 GDP 较低，经济增速缓慢。尽管中央政府出台了一系列粮食补贴政策，这些政策在一定程度上调动了农民种粮的积极性，但存在的问题也不容忽视。一方面，粮食补贴政策的效果存在差异，良种补贴与粮食产量的关联度最强，而粮食直接补贴政策的作用效果最差。这表明，补贴政策的设计和实施需要更加精准和高效。东北地区的粮食生产与经济发展之间存在非一致性显著的关系。这意味着，尽管粮食生产为地区提供了物质基础，但并未有效转化为经济发展的动力。另一方面，黑龙江省的经济发展受到粮食生产的制约程度最高，这进一步说明了粮食生产与经济发展之间的矛盾（刘杰等，2021）。此外，我国粮食主产区财政收入落后，地方政府对粮食主产区粮食企业倾向低，农民种粮成本高、收益低，在一定程度上极大地抑制了粮食企业的发展、制约了农民种粮积极性（张明，2021）。粮食主产区为国家粮食安全做出了巨大贡献，但其经济发展水平却相对落后。这种“产粮悖论”现象表明，随着粮食产量的增加，地方政府的财政收入并未得到相应的增加，反而存在减少的趋势问题。主要原因是粮食主产区的农业生产投入未能对其财政收入增加发挥积极作用，导致了产销区利益分配失衡。

同时“产粮悖论”也发生在农民身上。农民种粮的成本不断上升，而收益却在下降。农民种粮收益下降的原因包括人工成本和土地租金成本的上升过快，以及国家取消了玉米的临时收储政策等因素，这些都导致农民粮食生产利润逐年减少，严重降低了农民种粮积极性。

为此，要实现粮食主产区财政系统更为稳定与协作，应根据不同主体合理规划粮食财政政策，稳定财政收入向粮食主产区倾斜，对于中央政府，应继续发挥其在政策制定和垂直管理中的核心作用，通过优化财政补贴政策，加大对粮食主产区的支持力度，以保障主产区的粮食生产和供应。对于地方政府，应在区域内实施有效的粮食供需平衡措施，确保市场的稳定性和农民的利益。对于粮食企业，应鼓励其合理布局，不仅要保证生产供应、储备和流通粮食，根据粮食市场需求，科学供给粮食，稳定粮食价格，保证市场粮食有序供应，还要推动加工生产上的创新与发展，延长粮食产业链和价值链，以提高整体的经济效益和市场竞争力。对于农民，建立和完善农民收益保障机制是关键，一方面可通过提高补贴标准和最低收购价、补贴农资等措施来提高农民种粮积极性，另一方面还可通过金融支持和保险产品来降低农民面临的市场风险。

为了进一步提高农民种粮的积极性，建议采取以下措施：一是完善粮食价格调控机制，确保农民能够获得合理的市场价格，促进农业生产健康发展；二是推广现代农业技术，既能适当解放农村劳动力，又能提高粮食生产的科技含量和效率；三是加强农业基础设施建设，如仓储设施、物流系统、农村道路、农田水利系统等，以减少粮食损失、提高流通效率、降低农民种粮成本、实现农民科学种粮。由此可得，粮食主产区财政收入系统主体构成及其关系如图 5 –1 所示。

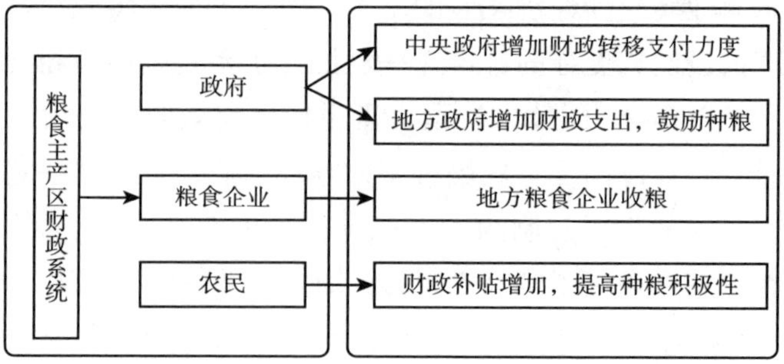

图 5 –1　粮食主产区财政收入系统主体构成及其关系

粮食主产区财政收入系统涉及的主体主要包括中央政府、地方政府、粮食企业、农民，由中央政府、地方政府的纵向垂直管理与粮食企业、农民间横向的互补协作，可直接影响到整个财政系统对资金等的使用和对资源的优化配置。通过对粮食主产区财政系统四个直接相关主体“中央政府—地方政府—粮食企业—农民”间的关系进行剖析，旨在研究主产区财政系统的结构和运行规律。由上述主体所构成的多级粮食供应网络是保障我国粮食安全的基础（见图5－2）。各主体间的利益分配格局与相互之间关联直接决定了粮食主产区的财政系统以及税收系统的功能结构。第一，中央政府与地方政府财政事权已进行划分，持续加强中央政府在推动区域协调发展等方面的财政事权，维护各个粮食主产区协调发展，中央政府的财政事权则由中央政府直接行使。对于地方政府的财政事权，在原则上由地方政府自行行使，中央政府起到监督作用。第二，地方政府将中央财政拨款，分项目进行划拨，对粮食生产及粮食有关企业行业的财政拨款力度，决定了粮食的未来发展，产粮大县的奖励多少也直接决定了粮食大县的种粮积极性。第三，中央政府、地方政府制定的财税政策在粮食生产、加工、运输、储藏、销售等多环节进行限制。第四，政府制定的价格支持政策——最低收购价补贴，作为核心政策工具，重点实施政策包括农机购置补贴、农业支持保护补贴、农业保险保费补贴、玉米大豆生产者补贴、测土配方支持补贴及秸秆补贴等（何蒲明，2019），一系列的惠农政策，会提高农民种粮积极性。若将四者作为统一的整体进行考虑，可以发现政府（包括中央政府、地方政府）是否施行财政政策及财政补贴力度，以及各种政策的实施效果都会影响四者之间的博弈格局。粮食主产区政府的财政事权及财税系统内部存在着非常复杂的利益关系，利益及粮食收益以及粮食后续收益都会直接影响粮食主产区农民的种粮积极性、地方政府的抓粮积极性，间接影响我国粮食安全（罗丹，2013）。因此，各利益主体间的垂直结构、协调统一对粮食主产区未来发展规划起到至关重要的作用，本书通过对粮食主产区财税利益主体结构进行分析，从而科学地统筹其系统功能，提高整个财税系统的稳定性，以高效、持续地保障我国粮食安全。

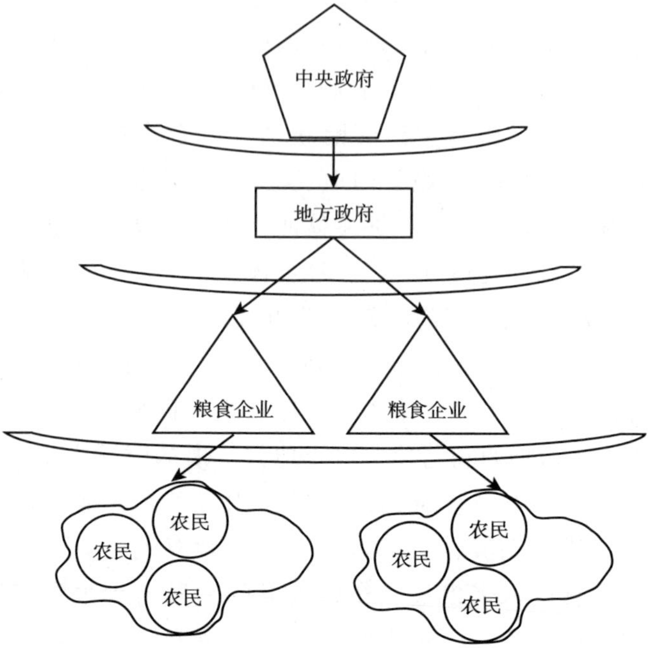

图 5-2 多级主体粮食网络

5.1.2 粮食主产区财政系统的外部环境分析

(1) 农民种粮比较效益低

粮食主产区在粮食生产数量上占有极大优势，但是种粮成本居高不下，种粮比较效益低下，抑制了农民种粮积极性。从粮食主产区主要粮食品种来看，图 5-3、图 5-4、图 5-5 列示了粮食主产区三大粮食作物（粳稻、玉米和大豆）亩均总产值、成本和净利润情况。通过比较可以发现，2009—2018 年粳稻亩均净利润均保持盈利，但存在下降的趋势，其中 2018 年粳稻亩均净利润为 121.74 元，处于历史最低水平，较 2013 年的 166.17 元还低 44.43 元。而玉米和大豆最近几年均出现亏损，其中玉米在 2015 年开始出现亏损，2016 年亏损最为严重，达到了 368.6 元/亩；大豆在 2014 年开始出现亏损，2015—2018 年连续 4 年亏损均较为严重，2016 年亏损达到了 204.24 元/亩。从总产值来看，2009—2016 年粮食主产区粳稻的亩均总产值整体呈增加趋势，但在 2017 年之后出现明显的下降，预计未来下降趋势还会保持；玉米和大豆的亩均总产值总体均呈倒“U”形变化，产值下降明显。从成本来看，三大粮食作物的亩均总成本除个别年份出现小幅度波动外，整体均呈上升态势，其中生产成本占比最高，人工成本和土地成本上升趋势也较为明显，尤其是土地成本，近年来一度高于人工成本，成为制约农民种粮积极性的一大重要因素。另外，相较于玉米和大豆，粳稻的亩均总产值和总成本相对较高，但利润增加的空间有限。

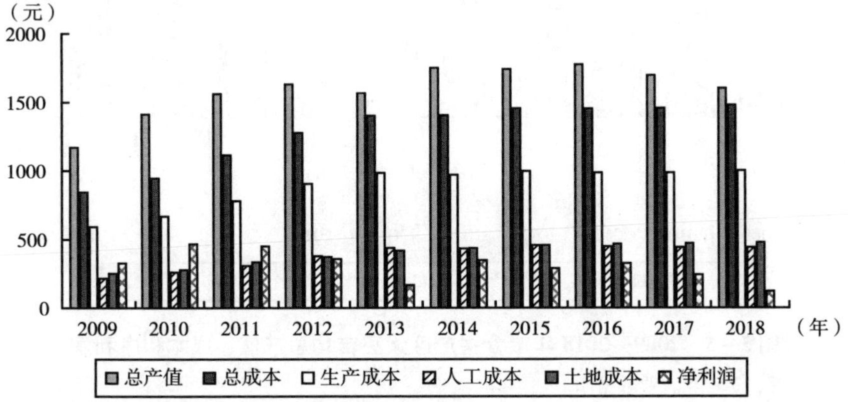

图 5-3 2009—2018 年粮食主产区粳稻亩均总产值、成本和净利润

数据来源：布瑞克农业数据库。

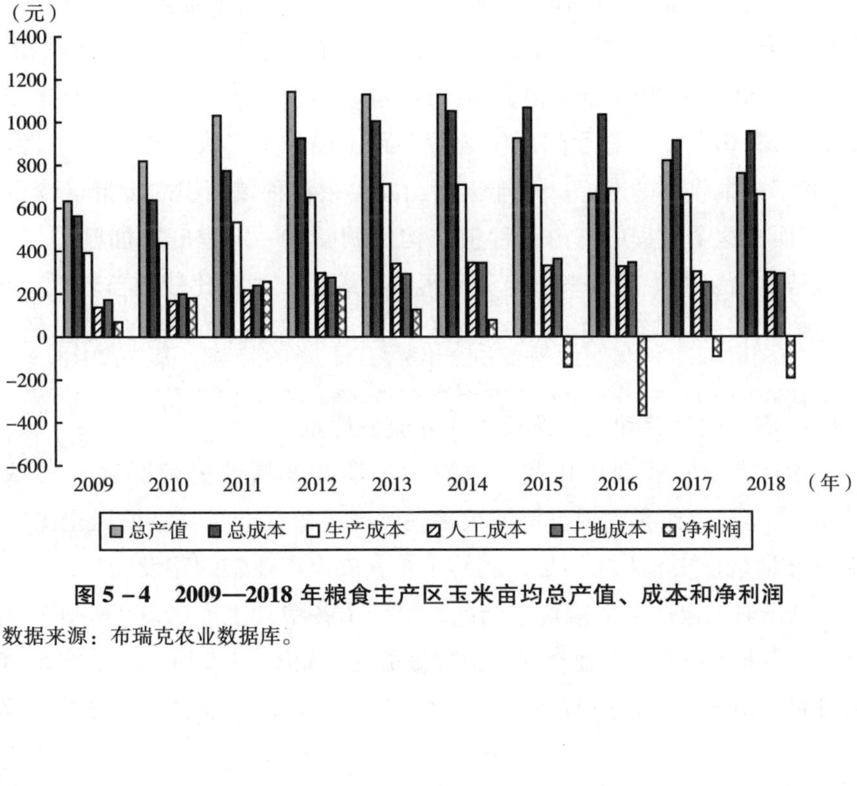

图 5-4 2009—2018 年粮食主产区玉米亩均总产值、成本和净利润

数据来源：布瑞克农业数据库。

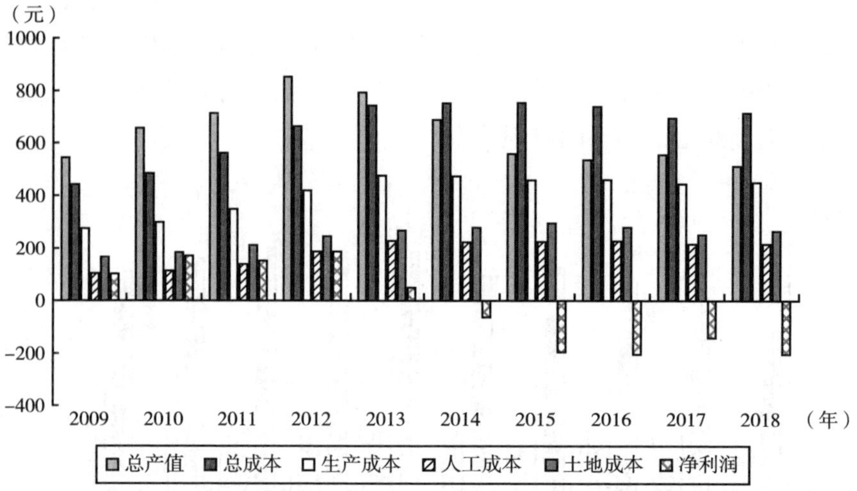

图 5-5　2009—2018 年粮食主产区大豆亩均总产值、成本和净利润

数据来源：布瑞克农业数据库。

反观经济作物，以设施西红柿为例，2011—2018 年粮食主产区设施西红柿总产值整体呈增加趋势，由 12686.23 元/亩增加到 17946.07 元/亩，增长了 41.46%。虽然总成本也在不断增加，由 6817.35 元/亩增加到 9765.45 元/亩，但净利润相对可观，由 2011 年的 5868.86 元/亩增加到 2018 年的 8180.61 元/亩，特别是 2016—2018 年，粮食主产区设施西红柿的亩均净利润逐年提高，年均增长 39.67%。作物之间比较效益差距不断拉大，农户作为“理性经济人”，基于成本收益的考虑，可能会做出减少粮食种植面积的决策（李国祥，2021），而在这个过程中，由于种植结构的调整在一定程度上加剧了“非粮化”趋势，给粮食生产带来一定负面影响。综上，种粮比较效益较低，导致农民种粮积极性下降，进而对粮食主产区经济发展产生较为明显的制约作用。

（2）农业生产劳动及专业技术人才流失严重

人才是推动农业现代化和促进农业高质量发展的关键要素（柯柄生，2016）。黑龙江省作为我国重要的粮食主产区，粮食产量一直位居全国前列，但相关农业专业技术人才不足，制约了粮食安全产业带的建设。

本书选取了包括 7 个粮食主产区，统计了各粮食主产区 2009—2017 年公有经济企事业单位农业专业技术人员数量情况，如图 5-6 所示。从图 5-6 中可以看到，山东省、四川省的农业专业技术人员数量较多，其中山东省最多，每年保持在50000人以上；其次是四川省，农业专业技术人员数量维持在45000人左右。黑龙江省的农业专业技术人员总体呈增加趋势，2017年为42838人，较2009年增加了7528人。其余省份的农业专业技术人员数量在20000—30000人。整体来看，虽然黑龙江省的农业专业技术人员数量呈增加态势，但与山东省、四川省等粮食主产区还有一定差距，且明显低于粮食主销区。这显然与其作为全国粮食第一生产大省和农业大省的地位不相符，而吉林省 、辽宁省的农业专业技术人员数量相对较少。

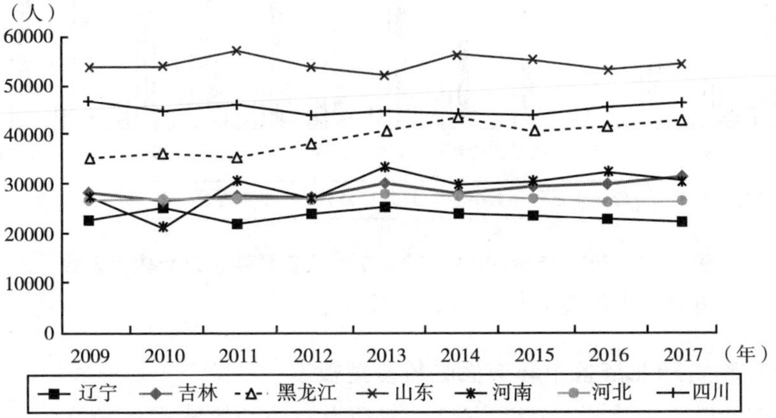

图5－6　2009—2017年主要粮食主产区公有经济企事业单位农业专业技术人员数量

数据来源：2010—2018年《中国科技统计年鉴》。

注：公有经济企事业单位农业专业技术人员数量的最新数据为2017年出版的《中国科技统计年鉴》。

随着经济社会快速发展，提高农村劳动力质量成为推动农业现代化建设、提高粮食生产效率的重要手段。受教育程度则是衡量农村劳动力质量水平高低的关键指标。通过对比2024年全国13个粮食主产区农村劳动力的受教育情况（见图5－7），可以发现，当前农村劳动力受教育程度普遍处于小学和初中水平。从高学历农村劳动力数量来看，东北三省高中学历的农村劳动力数量均在1000人以下，高中和大专及以上的农村劳动力数量较其他粮食主产区数量偏少，而同期除内蒙古外，其余省份均在1500人以上，山东、河南和湖南三省则在3000人以上；东北三省大专及以上的农村劳动力数量则分列后三名。在农民职业教育方面，东北地区农民整体职业教育程度不高，新型职业农民培育仍处于探索阶段，面临着较多的困境，如专项资金不足、培训条件较差、培训体系不健全、考核机制不完善等，且一些具备高学历的青年外流，导致留守在农村的劳动力受教育程度普遍较低，老龄化、妇女化现象严重，思想观念相对滞后，增加了培训的难度。

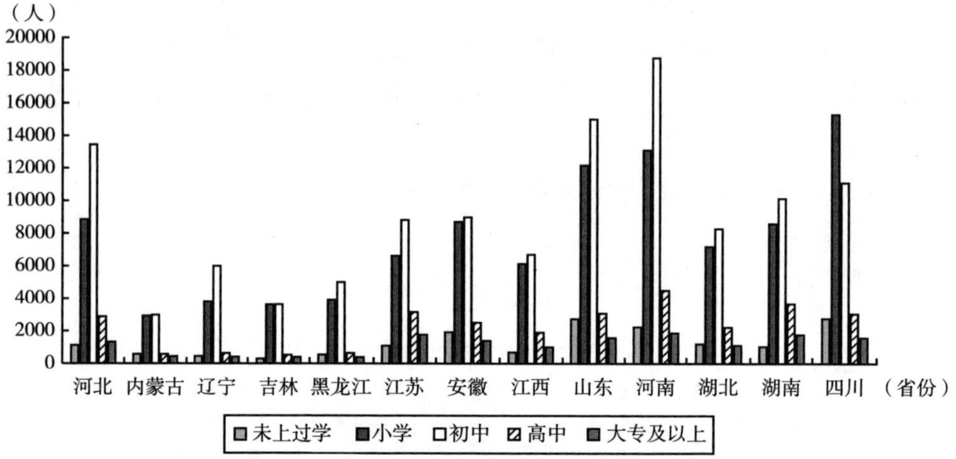

图 5－7　2023 年全国 13 个粮食主产区农村劳动力受教育人数

数据来源：2023 年《中国人口和就业统计年鉴》。

（3）粮食产业链各个环节面临较多短板

从产业链上游来看，生产资料、劳动力、土地流转成本较高，而国家相关补贴对缓解农民种粮成本上升和产粮大县财政困窘作用有所弱化，据财政部数据，2017—2019 年东北三省产粮大县奖励资金下降了 47.74 亿元，并且伴随资源环境约束不断加剧（何可等，2021），导致粮食生产成本居高不下，给粮食生产带来一定挑战，不利于我国的粮食安全。同时，上游粮食生产具有“弱质性”，面临着市场风险和自然风险的双重影响。市场风险主要是指国内市场对粮食供求关系的影响。自然风险是指因气候变化而产生的自然灾害对农作物的影响。另外，在仓储管理方面，随着粮食贸易量的增加，储粮设施不足、管理成本较高等问题突出，对粮食生产造成一定负面影响。从产业链中游来看，粮食产业链条较短，粮食生产多集中于初加工环节，部分粮食加工企业存在产能过剩问题，如几家规模较大的企业水稻加工能力过剩，导致粮食加工企业的加工产能过剩（王晓玲等，2020），造成严重的资源浪费，并且初级加工企业数量较多，同质化竞争严重，又导致加工企业销售利润较低，黑龙江省水稻加工企业的销售利润远低于全国平均水平（黑龙江省粮食局，2019）。精深加工企业数量偏少（颜波等，2019）。在物流运输方面，现代物流储运技术还比较薄弱，专业型运输车辆较少，而传统运输车辆运输导致粮食损耗率较高。例如，吉林省稻米运输多采用传统的包装式运输，比重高达75%，密封式厢式运输不足30%，而备有制冷、保温等保护功能的车辆不到运输车辆总数的10%（丁冬，2020）。从产业链下游来看，粮食品牌建设滞后，一方面，优质品牌数量较少，例如：辽宁省目前共有900余个稻米产品品牌，品牌众多，但是优质稻米产品品牌数量较少，品牌影响力较弱。另一方面，市场存在大量不便监管的伪品牌产品，导致了政府和消费者逆向选择市场的行为，一些优质品牌便陷入“柠檬市场”困境，不仅损害消费者的利益，也削弱了优质品牌的综合效益和品牌声誉。除此之外，粮食产业链衔接不紧密也是影响粮食产业发展的一个重要问题。粮食产业涉及多个行业、多个主体，受限于资金、政策、市场等因素影响，导致粮食产业链各环节之间衔接不紧密问题突出，产业融合深度不够，没有形成系统的产业运作体系；资源未得到充分利用，降低产业链整体的运行效率；受到资金、政策等外部因素的制约以及缺乏有效的协同机制，产业链中运行的各个环节都会受到影响。这些都会严重掣肘粮食产业的高质量发展，无法保障国家的粮食安全。

同时，粮食产业还面临创新发展层级较低的问题，特别是对于新产品的开发和资源综合利用不足。一方面，由于企业研发平台数量较少，创新投入不足，使企业研发能力较差，创新能力薄弱，同时缺乏线上线下相结合的信息汇聚和资源整合平台，创新资源共建共享机制不健全（韩莉和战炤磊，2024）。在粮食产业中，创新不仅是技术上的革新，更是食品加工和服务模式的变革。《关于深化粮食科技体制改革和加快创新体系建设的指导意见》提出“全面推进粮食科技体制改革，促进粮食科技创新与产业发展紧密结合”，而实现粮食流通产业科学发展和推进流通现代化的根本途径之一就是要全面推动粮食科技体制改革，加速粮食科技创新，助力科技与产业发展紧密结合。另一方面，受资金等因素制约，企业多依赖于传统的生产手段和技术，然而随着科学技术的发展，企业传统的生产方式无法满足当前的市场需求，并且对先进手段和技术的掌握和应用不足，加之粮食加工设备升级换代速度较为滞后，从而影响粮食产业的创新升级，产品生产效率较为低下，高价值产品数量较少，副产品开发利用不足，相比国内经济发达粮食主产区，我国粮食产业在新品的开发、资源综合利用和农副产品的开发方面还存在不小差距。

5.2 粮食主产区各主体间博弈行为的理论分析

5.2.1 中央政府与地方政府的利益博弈分析

我国是人民民主专政的社会主义国家，中央政府是权力的中心，负责政策的制定工作；地方各级政府将根据地方实际情况，负责具体执行中央所制定的政策。在政策的执行过程中，中央政府与地方政府两者事实上是一种委托—代理关系（吴玲和刘腾谣，2017）。中央政府作为政策的制定者同时也是政策执行的委托人，地方各级政府作为政策执行中的代理人。在这种委托—代理关系下，中央与地方存在信息的不对称性问题（PU & FU，2018）。中央政府掌握着关乎国家总体发展战略、宏观经济调控等宏观层面的信息，而地方政府掌握的信息多是局限于本地经济和社会发展的具体情况。这种信息的不对称可能导致地方政府在执行中央政府的命令和政策时存在偏差，以及为追求自身利益而未有效实施中央政府的政策和要求。此外，政策执行过程中本就可能出现各种突发状况。当遇到突发或特殊情况时，地方政府可以通过灵活调整政策来应对变化，从而实现更高的政绩评价或更强的地方影响力。但这种灵活性把握不好，就使地方政府很有可能利用自身在本地区管理中的信息垄断地位，在执行中央政府制定的政策时有所偏差，以谋取更大利益。

粮食是国家重要的战略物资，是国家的命脉。粮食安全关乎到社会生活的和谐、政治局势的稳定和经济能否持续健康发展。中央政府为促进粮食的生产，制定了许多推动粮食生产和保障粮食安全的重要措施，同时监督实施了一系列支农惠农政策，对粮食生产者进行补贴，对农业科技推广创新大量投入，进行大型农业基础设施建设，对产粮大县给予奖励，设立粮食主产区的利益补偿机制，有效调动粮食主产区的积极性，促进粮食生产，维护粮食安全（高昕，2016）。然而农业是一个无税产业，能带给地方的财政收入过低，且需占用大量土地，客观上限制了工业服务业的发展，使地方政府对中央财政转移支付依赖度过高，影响地方政府抓粮积极性。由于粮食生产具有外部性和公共物品的属性，加之我国的利益补偿机制尚未成熟，主产区为保障国家粮食安全而使当地利益不断流失（钟钰等，2024），并且当前的干部考核方式主要以地方经济发展水平和财政收入为主，这显然不适合农业型城市的发展需要，地方政府为追求当地经济的发展，也会影响地方政府抓粮积极性，不利于促进粮食生产的发展。中央各项支农惠农政策的投入需要地方政府进行配套建设，这会使地方财政压力大大增加；中央对产粮大县的奖励补贴力度有限，激励作用不明显，无法充分激发基层政府和农民对粮食生产的热情；农业保险信贷等金融服务的不健全，需要政府承担更多责任。

在探讨中央与地方政府的经济行为互动过程中，对于农业方面的探讨，则需要关注地方政府对农业投资的积极性。这种积极性不仅受到种粮资本收益率的影响，还与中央政府的财政政策密切相关。当种粮的资本收益率高于社会平均利润率时，中央政府财政支持种粮、鼓励种粮，地方政府财政投入增加（种粮投入增加）会获得更高的收入以及更高的种粮补贴资金，此时中央政府与地方政府的利益目标一致，地方政府抓粮积极性高，财政收入稳步提高，粮食产量持续上升，有利于保障国家粮食安全。然而，当种粮的资本收益率低于社会平均利润率时，地方政府种粮无法获得最大的利润回报，那么地方政府与中央政府利益目标会产生分歧，因此会与中央政府展开博弈。原则上，地方政府与中央政府是从属关系，应无条件执行上级任务，但这可能会损害粮食主产区政府的经济发展，如果将大部分的人力、财力、物力都投入生产粮食中，种粮势必会影响当地政府的经济政绩，损害当地利益，影响当地经济快速发展。因此，地方政府为保证实现经济效益，一方面，地方政府继续发展农业会损失一部分经济利益，而为追求利益最大化和晋升的政治目标，地方政府不会倾向于用大量资金发展农业；另一方面，地方政府作为政策执行的代理人，又必须落实中央政府的政策，否则会受到惩罚。此时，地方政府可能会出现机会主义倾向。首先，地方政府会象征性地执行中央政府关于粮食生产的政策，在思想上传达中央文件，鼓励粮食种植，但实际上不会投入资金或资源来改善粮食生产的条件或提升粮食生产能力。其次，地方政府可能利用既有的财政资源投入其他领域，尤其是在财政资源有限的情况下，会考虑投入非农行业。最后，地方政府还可能通过不透明的方式分配粮食补贴资金，使真正需要获得支持的粮食生产环节得不到应有的支持，从而损害粮食安全（见表5-1）。

表5-1 中央政府与地方政府的博弈矩阵

		中央政府	
		财政支持种粮	财政不支持种粮
地方政府	财政投入增加	投入增加，收入增加	投入减少，收入减少
	财政投入不增加	投入增加，收入不定	投入减少，收入不定

5.2.2 地方政府与粮食企业的利益博弈

我国国有粮食企业是直接由政府组建的，政府始终是国有粮食企业改革的主导者，为国有粮食企业提供财政支持。地方的国有粮食企业主要包括以下两类：一类是国有粮食购销企业，主要负责国家及地方政府的政策性收粮任务；另一类则是国有粮食附营企业，主要负责粮食、油品加工等。国有粮食企业是自主经营和政策性经营结合在一起的，一方面承担着粮食调控的职能——收储政策粮；另一方面进行正常的收储流通业务，以实现自身利益最大化为经营目标。2001 年至今，我国国有粮食企业实施了产权制度改革——实现政企分开，粮食企业成为自我发展的市场主体，大大提高了粮食企业的市场竞争力和经营效率，政府在这个过程中起主导作用：通过提供财政支持、政策调整和结构调整等方式，推动粮食企业的自主发展；将政策性粮食的财务挂账从企业剥离至县级以上粮食行政管理部门，有助于减轻粮食企业的财务负担并优化资源配置，将高于市场价的订购价收购的粮食大量进行销售；分流安置多余的职工，提高工作效率；推进企业合并改组，优化企业结构和布局；改善企业的经营管理方式，提高市场竞争力。这些改革措施使国有粮食企业甩开了大部分的历史包袱，经营负担大大减轻，也逐步实现了市场化转型。随着市场化进程的加快，国有粮食企业在确保国家粮食安全的基础上，在市场竞争中找到其新的生存和发展的空间。全方位推进粮食生产、储备和流通能力建设，扎实做好粮食安全保障，是把中国人的饭碗牢牢抓在自己手中的必由之路。

尽管改革取得了一定成效，但实际上，主产区国有粮食企业依然存在着很多问题。一是虽然经历多次改革，但企业数量、职工数量仍很多，这些历史原因造成的企业负担依然很重，企业运行效率低下，职工工资普遍很低，甚至出现无法按时发放工资的情况，导致员工工作积极性、主动性不高。二是国有粮食企业仍以政策粮的代储业务为主，经营方式十分单一，效率低下，这种模式限制了国有粮食企业的市场竞争力，且存在粮食难收、储存期限短等问题，进一步限制了国有粮食企业发展。三是国有粮食企业受到粮食流通体制、传统管理体制等多重因素制约，导致其缺乏市场竞争力，其经营模式大多按照“买卖原粮”的传统模式去经营。当国有粮食企业面对市场风险时，往往无力防御和对抗，无法获得良好的经济效益（王琼芳，2017）。

制约国有企业发展的主要原因包括以下几方面：一是地方政府财政支持

力度不足，许多经济发展慢、财政负担大的政府只能采用分步实施、量力而行的改革方式，导致改革效果差且不彻底。二是中储粮、地方粮食企业和地方粮食局的职能划分不清楚，权责界定不清。在地方，中储粮掌握着政策性粮食收购资金供应、粮食调拨和购销计划，很大程度上取代了粮食局的职能；地方粮食企业的收购资金、数量、时间也完全受制于中储粮，难以实现敞开收购。三是地方领导决策力不足，改革粮食企业并不能带来直接的经济收益，且工作繁杂，导致很多领导缺乏改革的魄力。

国有粮食企业应做好政府委托工作，积极收粮，做好政策性用粮的购销工作。从有利的角度来说，一是在粮食企业收储过程中，地方政府对粮食企业进行合理监督并给予一定的财政补贴，粮食企业则需要根据中央政府的文件要求与地方政府的详细部署对粮食的收购标准，粮食的规格、质量、数量，粮食的仓储条件、运输条件、加工条件等进行粮食的收储、加工、销售工作，地方政府与粮食企业间形成了一种对公共服务进行委托收粮的代理关系。地方政府及粮食企业在此委托关系中，粮食企业作为“理性人”以追求自身利益最大化原则进行决策，其决策直接影响到粮食企业对粮食收购的及时性以及数据获取的可靠性。二是地方政府委托国有粮食企业收粮任务，即对国有粮食企业赋予了明确的战略定位，该企业承担着保障粮食供应、稳定市场价格、促进农业发展的重任，为企业明确发展方向，推动资源的优化配置，增强企业的核心竞争力。三是地方政府为保障国有粮食企业顺利完成收粮任务而提出一系列政策支持，包括财政补贴、税收优惠、信贷支持政策等。这些政策能降低企业的运营成本，增强企业抵御市场风险能力，使国有粮食企业能有效完成粮食的购销任务。四是地方政府在委托国有粮食企业收粮任务时还为企业提供产业链延伸的契机。国有粮食企业可借此机会发展粮食深加工、电子商务等业务，通过拓展业务领域，增加企业收入来源，降低经营风险的，提升整体盈利能力。五是国有粮食企业作为地方政府委托的收粮主体，其在市场上具有较高的公信力和影响力，有助于国有企业与农民和加工企业在交易过程中占据有利地位，获得更加优惠的价格和条件。同时还可进一步提升国有粮食企业的品牌知名度，增强消费者对企业品牌的信任，使企业在市场竞争中获得更多的优势与机会。

从不利的角度来说，一是政府的工作人员可能与粮食企业形成串谋，两者形成一定的寻租行为。例如，有的政府人员在粮食企业的粮食收购、销售等环节中，利用其政治权力对其所管理的粮食企业进行受贿、违规收粮，牟取农民利益，或合谋骗取中央财政补贴，为国家造成不可挽回的经济损失，并且严重影响了粮食产业的有序发展，严重损害了国家和人民的利益（见图5－8）。二是粮食企业在经营上受到政府部门的直接干预，企业的经营自主权受到一定限制。这种干预会限制企业的灵活性和自主性，导致企业较难根据市场变化及时调整经营策略。另外，由于企业存在一定的政策性经济亏损，还要依靠政府提供的财政补贴以维持经济运营，这进一步削弱了企业的市场竞争力和自主发展能力。三是粮食企业长期执行托市收购政策可能会加重地方政府的财政负担。由于存在一定的政策性经营亏损，地方政府需要不断提供财政补贴支持粮食企业的运营。随着粮食收购量的增加和储存成本的上升，财政补贴的压力会不断增大，从而影响地方政府的财政可持续性。四是地方政府委托粮食企业收粮的政策执行成本过高。为保障托市收购政策顺利实施，政府需投入大量的人力、财力、物力。此外，为监督政策执行情况，还需要设立专门机构和人员进行监督，使政策执行成本过高。

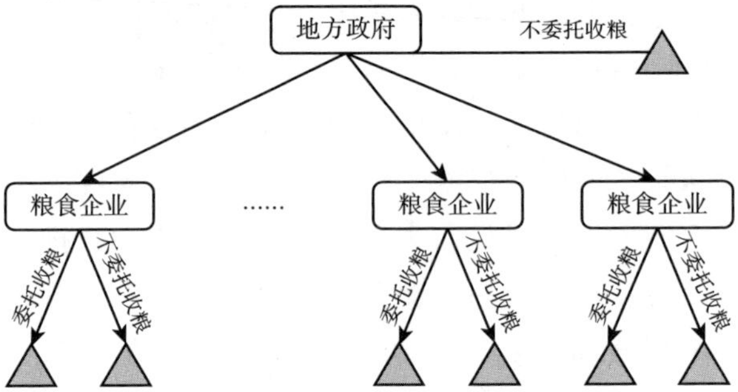

图5－8　地方政府与粮食企业的博弈关系

5.2.3　地方政府与农民的利益博弈分析

粮食安全政策的制定者与执行者由政府来做，但粮食安全政策的具体落实最终由农民来做。农民选择种植粮食作物或种植经济作物或外出务工，是在市场经济条件下，农民作为理性经济人，根据所能获得的经济收益情况来做决定的。第一，近年来，由于农业生产成本的持续攀升，种粮所需种子、化肥、农药等各种生产要素价格提高，土地流转价格抬升，直接推高了粮食生产的总成本。加之农业生产周期长、风险高、售价低，以及全球农产品市场竞争较为激烈，这些都在表明粮食生产的传统优势在逐渐消失。种粮的比较收益较低，农民从种粮中获得的利益小，即在粮食生产比较效益低下的情况下，面对就业和作物两项选择，农民均不乐于选择种植粮食（Su et al.，2019）。第二，农业生产链包括生产、加工、流通、销售等多个环节，但当前许多地区的农业产业链存在断裂、不协调等问题，使得农民在种植粮食后，只能获得初级农产品的收入，后续的加工增值、品牌溢价等收益被产业链中其他环节所获取。这种利益分配不均，进一步压缩农民的经济收益空间，使得部分农民不愿种植粮食。第三，随着农村劳动力市场的开放和城市化步伐的加快，外出务工不仅能获得较高的经济收入，还可通过土地流转机制将闲置的土地转租给其他的种地农民，从而获得务工和流转土地的双重收益。这份双重收益进一步增强了农民外出务工的意愿，减少了农民种植粮食的积极性。第四，政府为促进农民种植粮食实施了一系列强农惠农政策，包括种粮补贴、农业保险、土地流转政策等，但这些政策的实际效果并不明显。一方面，政策设计并未充分考虑地区差异、农民实际需求等问题，导致政策在执行过程存在一定偏差；另一方面，政策执行中存在监管不力、资金到位不及时等问题，导致施行的政策未展现良好效果，因此，农民种植粮食的热情并不高涨。第五，农业技术的进步有利于提高粮食产量、降低生产成本，然而，在农业技术推广方面，体系并未完善，并且农民文化水平有限，获取新技术、新品种较为困难，限制农业技术对提高农民经济收益作用的发挥。第六，尽管政府为鼓励村民生产粮食而发放种粮补贴，但补贴的金额相对较低，未能有效弥补农民上升的种粮成本以提高生产投入，同时也未能形成足够的激励效应以促使农民扩大粮食生产规模。补贴政策的局限性，导致农民的种粮积极性不高，种粮意愿不强（Du，2020）。

当种粮的收益率高于社会平均利润率时，这一经济激励机制促使地方政府积极出台政策措施以鼓励粮食生产，通过财政补贴、技术扶持等手段可使农民种粮获得更高的收益。此时，地方政府与农民的利益一致，形成正向的利益协同效应，共同促进粮食生产。但在当前的市场经济形势下，种粮收益率很难达到较高水平。Davis 和 Zong（2002）对农民的收入与中国粮食价格两者之间的关系进行研究，发现中国粮食市场化改革对于非农人口的粮食消费产生正向影响，同时市场化改革会导致粮食产能过剩，对种粮农民来说是不利的。因此，当种粮收益率滑落至社会平均利润率之下时，农民在经济理性驱动下会不倾向于种粮而转向非农方向，此时，地方政府与农民开始进行博弈。如果政府选择鼓励种粮，给予补贴，弥补种粮收益率低于社会平均利润率所带来的经济缺口，使农民的经济效益得到有效保障，那么这些正向的经济激励可以引导农民调整种植结构，有利于推动农民积极响应政策号召，加大粮食生产的投入力度，主动扩大粮食生产面积，农民增加额外的资金去购置新设备，或改良品种，从而推动农业现代化的发展，促进粮食产量的稳定增长和农业生产效率的整体提升。这种正向反馈机制既能助力保障国家粮食安全，还有助于优化农业资源配置，推动农业可持续发展。相反，如果政府选择不补贴或者补贴力度不够，面对较低的种粮经济效益，基于理性经济人的角度，农民往往会减少或放弃粮食作物的种植。然而，由于土地资源的稀缺性和农业生产的社会属性，农民在放弃传统粮食种植的同时，并不会让土地完全闲置荒芜，而是采取"隐性撂荒"的策略，即农民们虽然继续耕种土地，但在生产要素投入上却采取消极方式，例如，对耕地和农作物降低化肥、农药等关键生产要素的使用量，降低种子质量，采取粗放型的耕作方式等。这些生产行为会直接削弱耕地的可利用程度，降低农作物产出水平，不利于提升农业生产效率。从长期来看，"隐性撂荒"现象会削弱农业生产的基础，损害土壤质量和耕地生态系统，进而对国家粮食安全和农业可持续发展构成严重威胁（见表5－2）。

表5－2　　地方政府与农民的博弈矩阵

		地方政府	
		财政投入增加，鼓励种粮	财政投入不增加，不鼓励种粮
农民	种粮	投入增加，收入增加	投入减少，收入减少
	不种粮	投入增加，收入不定	投入减少，收入不定

5.2.4　粮食企业与农民的利益博弈

粮食企业在现代粮食流通领域是非常重要、不可或缺的一个主体，也是粮食流通的主体和核心力量，更是促进农业经济发展、保障国家粮食安全和推动农业现代化的重要支撑。首先，粮食企业在促进粮食流通效率提升方面发挥着积极作用。粮食企业通过利用现代化的物流体系和信息技术手段，优化粮食流通环节，降低流通成本，提高流通效率。同时通过建设和完善粮食仓储设施、运输网络和交易平台，实现粮食的快速、安全、高效流通。其次，粮食企业在应对粮食市场风险和突发事件时发挥着不可替代的作用。面对自然灾害、市场波动等不确定因素，粮食企业能够迅速响应，并采取有效措施，保障粮食市场的稳定供应。一是粮食企业应积极参与国家粮食储备体系建设。Wright（2012）认为，世界各国，特别是对粮食需求量较大的国家，它们应该建立各自的储备粮体系，以应对生物燃料、自然灾害、极端天气等情况造成的粮食价格剧烈波动，为国家粮食安全夯实坚实的物质基础以及提供有力的应急保障。二是粮食企业是粮食供需平衡的重要调节器。粮食企业在国内外复杂多变的粮食市场的供需格局下，灵活调整粮食的收购、储存和销售策略，在市场上合理投放粮食，稳定粮食市场，避免价格大幅波动，最大限度地减少农民利益的损失，从宏观层面维护国家粮食安全。最后，粮食企业在推动农业现代化进程中发挥着重要作用。随着科技日新月异的发展和市场的逐步开放，粮食企业通过引入先进的粮食加工技术、高效的仓储保鲜技术和新设备等提升粮食附加值，助力粮食产业的转型升级；在管理模式创新方面，采用现代化企业的管理理念，优化生产流程和组织架构。

优秀的粮食企业可以促进粮食流通的繁荣，保障粮食储备，为精深加工企业提供充足且高质量的粮源，也促进农民收入的增加（辛岭等，2016）。第一，优秀的粮食企业通过高效的运营策略和先进的管理模式，拓宽市场渠道、创新交易方式，促进优化粮食流通效率，提高粮食流通的透明度，增强粮食市场的竞争力与活力，保障粮食及时供应，为消费者提供多样化、高品质的粮食产品选择。第二，优秀的粮食企业在保障粮食储备方面，通过积极响应国家粮食储备政策、科学储备规划以及合理的库存管理，确保粮食储备的数量充足、品质优良、结构合理。首先，企业会根据不同地区的粮食生产能力、消费需求和粮食作物生长周期进行差异化储备。其次，根据市场动态和粮食保质期等因素，对库存粮食进行合理周转，实现结构合理，避免粮食积压或短缺。最后，粮食企业在应对突发事件时，能够迅速“出警”以保障粮食供应，为稳定粮食市场、保障国家粮食安全提供有力支撑。第三，优秀的粮食企业能够为精深加工企业提供充足和高质量的粮源。经过严格的质量控制体系和先进的生产技术，能够保持粮食的新鲜度，以及能够保障粮食企业供应的粮食是高品质和安全放心的，这有助于提升加工产品的附加值和增强市场竞争力。第四，优秀的粮食企业能够促进农民收入的增加。国有粮食企业通过订单农业、产业化经营等方式与农户建立紧密的利益联结机制，为农户提供稳定的市场销售渠道和价格保障，从而减少农民对粮食销路问题的担忧，降低农户的市场风险与交易成本，推动农村经济的高质量发展。

优秀的粮食企业能够在推动农业现代化进程、促进农民增收致富方面发挥不可替代的作用。但若管理或监督不好，就会导致粮食在加工、储存和运输各个环节中出现问题，进而影响到粮食储备、企业加工和农民增收。具体可分为四个方面。首先，在粮食的收购与储存阶段，缺乏规范的操作流程和严格的质量控制，可能导致粮食在入库时发生水分控制不当、杂质含量超标、品质参差不齐等问题，进而加速粮食的腐化变质，降低粮食的营养价值与食用安全性，最终影响国家粮食储备的稳定性与安全性。其次，在加工环节，管理或监督的松懈会使企业在选择加工技术时缺乏约束性，从而增加企业采用低效或不合规的加工技术的发生率，导致粮食加工转化率低下，无法充分发挥粮食原料的价值，使得资源浪费严重，同时不合规的加工技术会产生过多的副产物和污染物，对土壤、水资源等环境要素造成额外负担。再次，加工过程中的卫生条件不达标会导致产品被微生物或含有有害物质等成分污染，危害消费者身体健康。最后，储存与运输作为连接生产与消费的"桥梁"，同样要加强对该环节的监督。不当的储存条件如温度、湿度控制不当，会导致粮食霉变、冻害，加速粮食损耗，损害人体健康；虫害防治不力会导致粮食直接损失，以及造成粮食虫体、代谢物污染，降低库存粮食的可用性和经济价值。在运输方面，若缺乏有效监管，粮食运输过程中可能造成食物破损、污染及盗窃等问题的发生，进一步加剧粮食损失，影响市场的稳定供应。总之，上述诸多问题将会直接或间接地影响到粮食储备的安全水平，限制粮食应急供应能力，影响社会稳定发展，威胁国家粮食安全。因此，强化对粮食企业的管理与监督迫在眉睫。构建完善的管理体系与监督机制，能够保障国家实现粮食安全，促进农业可持续发展，确保国有粮食企业高效、合规运营，实现农民增收，提高农民生活水平，推动农村经济健康发展。

农民向粮食企业出售粮食，在此过程中对农民既有有利的一面，又存在不利方面。从有利的方面来说，一是缩短了供应链条。直接在产地售粮节省了农民的运输成本、储藏成本和时间成本，也减少中间环节的物流成本、仓储费用以及时间延误，从而提高农产品的流通效率。这种"短链"模式有助于保持粮食的新鲜度和品质，满足市场对高质量农产品的需求。二是确保农民收入稳定。农民是粮食的生产者，他的收入很大程度依赖于粮食的销售。然而，市场具有不确定性，价格会产生一定的波动。当农民与粮食企业建立稳定的购销关系时，能够为农民提供一个相对可靠的销售渠道，减少因市场波动带来的销售风险，并且粮食企业具有更强的市场预测能力和抗风险能力，能够通过自身的调节机制，在一定程度上保障农民的收入稳定性。三是促进农业知识的传播与应用。在交易过程中，粮食企业能够凭借自身的专业技术团队或长期积累的种植经验向农民提供种植技术、农产品质量管理、市场趋势分析等方面的指导，促进农业知识的传播与应用，优化农民种植流程，提高粮食产量和质量，从而提升农民的农业生产能力和市场适应能力。但也存在一些不利方面，一是我国的粮食市场存在严重的信息不对称的情况。在粮食产业链前端的大部分农民，他们文化水平较低，且对农业信息的获取和了解不足，难以充分知晓粮食市场的行情，大多依赖传统经验销售粮食，而粮食企业相关收购人员，则常常会利用农民急于变现的心理，有意降低收购价格，压榨农民（廖进球，2018），在交易中损伤农民的利益，挫伤农民生产积极性。二是农民收益不高。由于对粮食质量的界定可能缺乏统一标准，并且缺乏必要的供应链保障，好粮卖不上好价的情况，农民的预期收益受到影响，限制了农民收入的提高，扩大了城乡之间的收入差距。粮食企业收购人员培养也存在很多不足。其人员较为分散，成分也较为复杂，很多人在秋收时兼职做这行，文化素质水平良莠不齐，对国家政策和专业知识了解不足，易受资金限制，难以保证收购的优质优价和无损保存。三是农民对粮食企业依赖风险增加。当农民过度依赖单一或少数的粮食企业销售渠道时，一旦企业经营困难或市场变化导致需求下降，农民的销售渠道会受到严重影响，导致农民经济利益受损（见表5－3）。

表5－3　粮食企业与农民的博弈矩阵

		粮食企业	
		收粮投入增加	收粮投入不增加
农民	售粮	投入增加，收入增加	投入减少，收入减少
	不售粮	投入增加，收入不定	投入减少，收入不定

5.3 政府、粮食企业、农民间协调机制研究

5.3.1 政府与粮食企业间的协调机制研究

（1）政府与粮食企业间委托代理模型

①模型假设。根据我国粮食主产区财政收入系统建设过程中，粮食主产区地方政府与粮食企业的现实情况，构建粮食购销间政府、企业的收购委托

代理关系，并基于此作出以下假设：

假设1：地方政府与所委托的粮食企业都是中性风险，且两者均符合理性人假设，以追求利益最大化为根本目的。

假设2：地方政府的财政收益 RG 主要来自中央政府对粮食主产区的财政拨款以及为保障当地粮食供应及收储所需付出的成本（包括：有形、无形成本）。

假设3：粮食企业（除国有粮食企业承担国家粮食收储、购销免增税外）若存在投机行为，则政府会对其进行相应处罚，其中罚款也属于政府收益的一部分。

假设4：粮食主产区粮食产业集合为 C（C≥2），A 代表粮食主产区粮食企业可选择的组合（其努力水平 αc 的集合），$\alpha c=\{\alpha c1, \alpha c2, \alpha c3, \alpha c4\cdots\}$，$\alpha c\in A$，$\alpha c\in[0, 1]$，$\overline{\alpha}=(\overline{\alpha}_{c1}, \overline{\alpha}_{c2}, \overline{\alpha}_{c3}, \overline{\alpha}_{c4}\cdots)$，αc 表示粮食企业粮食收购的努力水平，αc = 0 表示粮食企业没有任何收粮积极性；αc = 1 表示粮食企业完全按照地方政府要求的收粮规定进行收粮，粮食企业收粮积极性高。

假设5：在粮食企业 C 选择努力水平 αc 后，选取 μ 为外生随机变量，μ 实现，αc 与 μ 决定了粮食企业的收购能力及其收益，两者分别为 $X_c(\alpha_c, \mu)=\alpha_c+\mu$、$\pi_c(\alpha_c, \mu)$，$\pi_c$是 μ 的增函数（其中粮食企业收粮积极性越高，其收益越高，但其积极性随边际产出而递减）。

假设6：由于政府与粮食企业间信息的不对称性，在粮食企业收粮、地方政府提供粮食供给的过程中政府引入竞争机制，地方政府无法检测到粮食企业的收粮量以及其收粮能力$Q_c(X_c)=\gamma_c+\tau(X_c-\overline{X})$，其中$\gamma_c$为粮食企业的收粮系数，τ 为粮食企业的激励系数。

假设7：由于粮食产业具有弱质性，各粮食企业必须按照中央政府下达的目标以及地方政府年要求标准来保证供应。因此假设在一个周期 T 内，其储粮成本、收粮成本分别为，$\phi_c[\gamma_c x_c+\tau(X_c-\overline{X})]$和 $q_c n_c[\gamma_c X_c+\tau(X_c-\overline{X})]$。

假设8：粮食企业 C 在其收粮周期 T 内可能存在投机行为，其收益为ω_c元，其占粮食供应总量的比例为ϑ_c $[\vartheta_c\in(0, 1)]$，其投机行为被处罚概率为 ρ，地方政府对粮食企业惩罚系数为 α，那么罚款金额 $\varepsilon\vartheta_c Q_c\omega_c$，粮食企业 C 的期望投机收益为 $(1-\rho)\vartheta_c Q_c\omega_c-\rho\varepsilon\vartheta_c Q_c\omega_c$，期望收益为 $\pi_c(\alpha_c, \mu)=\tau(X_c-\overline{X})+\vartheta_c[\gamma_c X_c+\tau(X_c-\overline{X})][(1-\rho)\omega_c-\rho\varepsilon\omega_c]$。

②模型构建。地方政府的工作目标是完成中央政府的收粮目标，其收粮的工作目标是尽可能地调动粮食企业积极性，鼓励其多收粮，满足中央的调粮任务，有效维护和保障我国粮食安全（普冀喆，2019）。由于地方政府的风险偏好属于中性，因此，期望效用 = 期望收益。可得收粮委托—代理模型目标函数、模型如下：

$$E[-\mu(\alpha_c)] = R_g + \sum_{c\in C}\varepsilon\vartheta_c[\gamma_c\alpha_c + \tau(\alpha_c - \overline{\alpha})]\omega_c - \sum_{c\in C}\beta_c[\gamma_c x_c + \tau(\alpha_c - \overline{\alpha})] \quad (5-1)$$

$$\pi_c(\alpha_c,\mu) = r_c\gamma_c\alpha_c + r_c\tau(\alpha_c - \overline{\alpha}) + \vartheta_c[\gamma_c\alpha_c + \tau(\alpha_c - \overline{\alpha})][(1-\rho)\omega_c - \rho\varepsilon\omega_c] \quad (5-2)$$

$$\pi_c(\alpha_c,\mu) \geqslant \overline{\mu}[r_c\tau(\alpha_c - \overline{\alpha})(1-\rho-\rho\varepsilon)] \quad (5-3)$$

③模型求解。对模型进行求解，求出公式（5-3）中α_c的一阶导数：

$$\alpha_c = r_c + \vartheta_c\omega_c(1-\rho-\rho\varepsilon) \quad (5-4)$$

将式（5-4）代入式（5-2）得：

$$P = \frac{\vartheta_c + r_c + \dfrac{\overline{u}}{\gamma_c\alpha_c + \tau(\alpha_c - \overline{\alpha})}}{\vartheta_c\omega_c(1-\varepsilon)} \quad (5-5)$$

④均衡解分析。通过提高中央政府转移支付力度、完善地方政府补贴标准、严格把控粮食企业，减少其投机行为，确立适当的惩罚机制。由 $\varepsilon = \dfrac{\sum_{c\in C} r_c}{\sum_{c\in C}\vartheta_c\omega_c}$ 可知，在地方政府对粮食企业的惩罚机制中，系数与设立的补贴标准、粮食企业的投机收益相关。由结果可知，若政府对粮食企业的补贴力度不变，其惩罚随投机收益变高而减少，因此若要杜绝投机行为，提高粮食企业收粮积极性，则地方政府必须提高其惩罚力度；若政府对粮食企业的补贴力度过大，其惩罚可适当减少，由此可以激励粮食企业收粮积极性。

地方政府对粮食企业的补贴力度越大，粮食企业的收粮积极性越高，其放弃投机收益意愿越强，投机行为越小。由$a_c = r_c + \vartheta_c\omega_c(1-\rho-\rho\varepsilon)$可知，粮食企业的收购水平与地方政府的补贴程度及其投机收益成正比，与其收购成本成反比。而且粮食企业的投机行为会对粮食主产区的粮食产量及我国粮食安全产生威胁，为国家造成巨大损失。因此，地方政府可从三个方面提升粮食企业收粮积极性，以保障我国粮食安全。一要加大对粮食企业的监管力度。组织开展政策性粮食库存检查和粮食购销专项监督检查，依托省“互联网+监管”平台和全国粮食企业信用监管平台，综合运用粮食管理信息化平台，推行实施“互联网+信用+监督”，探索“监督检查+内部审计”监管方式，线上线下结合，提升粮食购销监管力度，确保粮食质量安全与供应链稳定（王生辉，2024）。同时，建立健全粮食企业信用评价体系，对粮食企业的违规行为实施严格惩罚，激励企业合规经营。二要因地制宜地调整政府对粮食主产区粮食企业的财政支持力度。政府根据各主产区的自然资源条件、经济发展水平、粮食生产能力及市场需求状况等因素，制定差异化的财政补贴、税收减免、信贷优惠等政策措施。尤其要加大对粮食收储、加工、物流等关键环节的扶持力度，降低企业运营成本，提高其市场竞争力。三要努力提高粮食主产区企业的收粮积极性、提升粮食企业管理，引导粮食企业建立健全现代企业制度，加强内部管理，提高运营效率。通过组织培训、引入管理咨询等方式，帮助企业提升经营管理能力、市场分析能力及风险防控能力。

要设置合理的地方政府监测机制。强化政府作用，为防止国有粮食企业出现挪用公款、贪污腐败等违法违规行为，应加强对粮食企业的财政监管力度，合理设置政府财政监管力度。但由于地方政府的分管人员及财力有限，想要对粮食企业实现严格的监管制度所需成本太高；如果利用社会资源对粮食企业进行监管，因其监督效果有限，又会增加了粮食企业的投机行为。由

$$P=\frac{\vartheta_c+r_c+\dfrac{\bar{\mu}}{\gamma_c a_c+\tau(\alpha_c-\bar{\alpha})}}{\vartheta_c\omega_c(1-\varepsilon)}$$

可知，地方政府建设的财政监管制度越完善，则对粮食企业的控制性越强。地方政府对财政的监管概率与其收购意愿、惩罚力度成反比，与粮食企业的投机收益成正比，因此地方政府对粮食企业财政控制力度应该有所加强，避免其投机行为的发生。

（2）政府与粮食企业的财政监管—奖励机制构建

在粮食企业收粮中，地方政府可增强对粮食企业的财政补贴力度，建立严格的财政监管—奖励机制，加大财政补贴力度，提高粮食产业的粮食收购、储存、加工能力。应该加强地方政府对粮食企业的监管，建立有效的惩罚措施，避免粮食企业出现投机行为。同时，完善财政监管—奖励机制，可有效提升粮食企业整体效率，提高粮食企业在全产业链条上的积极性，进而推动粮食产业的可持续发展，保障国家粮食安全。

①根据粮食主产区的实际情况，建立最严格的财政监管机制。粮食主产区普遍存在“粮食生产与经济发展悖论”，即粮食产量的增加并未能同步带动该区域经济的发展，反而加剧了经济滞后和人才流失等问题。粮食主产区承担保障国家粮食安全的重任，粮食年产量在全国占比78.9%，然而，经济发展受到种粮成本低和机会成本高的制约，地方财政收入明显低于粮食主销区，粮食高产地区反而成为“经济贫困区”（郭雅媛和张青，2023）。地方政府的资金、管理人员都有很大的限制，其监管制度、理念、方式方法相对落后，使地方政府对粮食企业的财政监管力度较小、监管手段单一、监管范围有限。具体而言，部分地方政府过度依赖传统的监管工具，如现场检查与纸质报告审核等，忽视大数据、云计算等现代信息技术在提升监管效能方面的潜力；同时，其监管范围仅限于粮食企业的某些特定环节或业务领域，而未能实现对粮食生产、收购、储存、加工及销售全链条的全方位监管。因此，为优化粮食主产区地方政府对粮食企业的财政监管，需采取一系列有效措施，以弥补当前监管不力的问题，并构建更为稳健的监管环境。具体包括以下几个方面：一是强化政府监管力度与惩罚机制。监管措施包括明确界定监管范围、细化监管标准、优化监管流程，以及引入更为严格的惩罚机制。首先，地方政府应明确划分粮食企业运营过程中涉及的财政补贴、税收优惠等方面的应被监管的内容。其次，地方政府应对粮食收购环节中的质量监测标准、价格确定依据、储存条件、加工环节的质量控制等方面制定详尽、可量化的标准。另外，可通过整合监管部门职能、利用信息化平台构建监管平台等方式优化监管流程。最后，通过高额罚款、吊销资格，甚至对企业的违法行为施以刑事责任等惩罚措施有效震慑粮食企业自觉遵守法律法规，促使企业权衡违规收益与成本，降低其获得不当利益的动机，维护市场秩序。二是促进粮食企业健康发展。在强化监管的同时，地方政府还应关注粮食企业的可持续发展问题。通过提供税收减免、财政补贴、低息贷款等优惠政策，适度提高粮食企业的净收益，降低其运营成本，从而增强其投机成本，以此减弱其投机动机，使其创造更多的市场竞争力与合规经营的内生动力。三是最大限度地调动全社会对粮食企业的监督的积极性。为构建全方位、多层次的监管体系，地方政府还应注重提升农民及社会各界对粮食企业收粮、储粮重要性的认识。通过宣传教育、公众讲座、媒体报道等多种形式，普及粮食安全知识，增强公众的监管意识与责任感。同时，建立便捷的举报和投诉渠道，鼓励公众积极参与对粮食企业的监督活动，形成政府主导、社会共

治的良好局面。此举不仅能够有效弥补地方政府在监管资源方面不足的问题，还能对潜在的违规行为形成强大的社会舆论压力，发挥良好的警示作用。四是搭建粮食行政主管部门与国有粮食企业信息和资源共享的“互联网+监督”平台，政府部门根据“事前、事中、事后”原则对国有粮食企业的财务使用情况、企业收入分配、经营效益等多方面进行同步同轨同向监管，确保企业能够以财务管理为核心开展经营活动，以此督促企业廉洁经营（张宁和张正军，2016）。

②根据不同粮食主产区的经济发展水平，建立科学、合理的政府补贴机制。要重视对粮食企业的财政激励，发挥粮食企业在政府和农民间的“枢纽”作用。与此同时，强化粮食加工企业，完成第一、二、三产业融合发展。一是合理设置补贴机制，对符合条件且在政府规定时间内收购三大主粮的粮食企业给予政策性补贴，保障粮食企业的基本经济收益，充分调动粮食企业收粮积极性。该补贴可用于粮食企业自行收购、地方政府的政策性竞价收购等，使后者补贴力度显著高于前者，完善粮食供给侧改革，并有序降低粮食库存（杜志雄，2020；刘泽莹，2020）。二是在粮食主产区的发展战略规划中，地方政府应秉持差异化与动态调整的原则，根据区域内不同地区的经济发展水平、资源禀赋及粮食生产的比较优势，精准识别并优先发展具有显著潜力和战略意义的区域。例如，作为产粮大省的黑龙江省、吉林省，其经济发展与粮食产业的繁荣紧密相连。地方政府在此类产粮大省中应实施更为积极的财政补贴政策，提供高额度的财政补贴和专项项目资金支撑，银行贷款的财政贴息政策以及税收减免或优惠等多元化措施，促进产粮大省对其粮食的生产贡献；鼓励其进行技术创新、设备升级及产业链延伸，增强其市场竞争力，降低粮食企业的运营成本，促进该区域经济结构优化与产业升级，从而实现粮食产业的转型升级与可持续发展。三是在实施过程中，地方政府需建立健全成本核算与绩效评估机制，及时调整财政支持的力度与方向，密切关注粮食企业的生产成本、经营盈亏、仓储损耗等关键指标。这种动态调整机制能够确保政策的有效性与针对性，避免资源的无效配置与浪费，同时为粮食企业提供了明确的市场信号与预期，激励其不断优化内部管理、提升生产效率，以更好地适应市场变化与政策导向。四是地方政府应积极营造良好的政商环境，加强与粮食企业的沟通与合作，建立互信共赢的合作伙伴关系。通过政策宣讲、信息交流、合作平台搭建等方式，促进粮食企业充分了解政策意图与操作流程，提高其政策的获得感与满意度。同时，为

让粮食企业有利可寻，应鼓励粮食企业积极参与地方政府的粮食储备计划，通过签订长期合作协议、共享市场信息等方式，确保粮食储备的安全与稳定，满足地方政府对粮食安全的战略需求。

③根据粮食企业的设备、技术程度及收粮积极性，建立灵活的奖励机制。粮食主产区的粮食产量高、财政赤字大，粮食企业的安全责任问题与其产生成本不对等，中央、地方政府补贴资金及地方财政在粮食方面配套支出资金有限，面对这些问题，政府应建立灵活的奖励机制，部分财政资金富裕的政府可施行补贴规模“帕累托改善”，建立灵活多样的奖励机制。

首先，中央政府应根据粮食主产区上年度粮食产量、产品质量分配补贴金额，既可以对粮食补贴差异过大的情况进行限制，解决地区发展不平衡问题，又可以提升粮食主产区粮食企业积极性。一是中央政府应构建一个与粮食主产区上年度粮食产量及产品质量紧密挂钩的奖励机制，并对未实现应有生产成果的粮食企业撤销补贴。通过设立明确的产量与质量标准作为奖励基准，对于粮食企业超出基准的生产成果给予额外奖励，以此激励其提高生产效率和产品质量，激励落后的粮食企业向获取额外补贴的企业学习。二是中央政府应充分考虑地区之间的差异，避免补贴分配过于集中或分散导致的资源错配。一方面，可通过设定合理的补贴差异限制，确保高产优质地区获得应有的激励，并防止补贴差距过大加剧地区间的发展不平衡；另一方面，还可建立补贴资金的跨区域调剂机制，促进资源在粮食主产区之间的合理流动，实现资源的优化配置。三是中央政府应建立科学的政策评估体系，对奖励机制的实施效果进行定期评估与反馈。通过全面收集和深入分析相关数据，评估奖励机制在促进粮食生产、提升产品质量、解决地区发展不平衡以及激发企业积极性等方面的成效与不足。中央政府可根据评估结果，及时调整奖励机制的具体措施和参数设置，以确保其始终适应粮食产业发展的实际需求和政策目标的动态变化。

其次，对于地方财政较为充足的主产区，施行补贴规模“帕累托改善”，建立灵活多样的奖励机制。一是在保管技术方面，应积极发挥政府财政补贴的支持作用，完善粮食企业的保管技术，如引进智能温控系统、高效虫害防治技术等，以提升粮食储存的安全性与效率，进而强化国有粮食企业的管理效能，为粮食产业的稳定发展奠定基础。二是在改善基础设施方面，地方政府应充分利用财政资源，推动粮食企业基础设施的现代化与升级。其中基础设施包括仓库的扩建与改造、物流设施的完善以及信息化平台的搭建等。通过改善粮食企业的基础设施条件，可以有效降低粮食企业的运输成本、储存损耗及信息沟通成本，从而提升其整体竞争力。三是利用科学技术降低其生产成本、损耗成本。一方面，地方政府应鼓励并支持粮食企业加大科技投入，引入精准农业技术、物联网监测系统等智能化、自动化生产设备与技术，以提高企业生产效率、可持续发展能力、经济效益以及农业资源利用率，减少资源消耗并降低损耗率。另一方面，为进一步激发粮食企业的科技创新活力，政府通过设立科技研发基金，以解决粮食企业在科技研发中遇到的资金“瓶颈”问题；政府还可通过提供税收减免等优惠政策，减轻粮食企业的经济负担，促使企业将更多的资金投入科技创新中，从而推动粮食企业不断探索和应用新技术，提升企业核心竞争力，从多角度、多方面、多举措解决粮食企业资金问题；同时提高粮食企业自身收益，利用政策优惠、补贴倾斜、奖励机制等减少企业亏损，增加企业盈利，有效激励粮食主产区粮食企业按照地方政府要求保质保量地完成粮食收购工作。

5.3.2 地方政府与农民间的协调机制研究

（1）政府与农民间博弈模型

①模型假设。粮食主产区的稳步发展可以有效保障我国粮食安全。粮食主产区协调发展，可以推进粮食主产区共同富裕，保障农民增收。由于粮食生产的外部性，粮食主产区投入成本过高，而粮食主销区获益，因此粮食主产区的农民生产粮食却使自身利益受损，粮农收益远不及种经济作物、发展渔业，这在极大程度上抑制了农民的种粮积极性，同时严重影响了粮食主产区发展。随着国家的城镇化发展，粮食主销区用粮需求增大。基于此，建立地方政府与农民之间的博弈模型，根据主产区实际情况作出以下假设：

假设1：地方政府与农民为粮食主产区两类补偿主体，且两者均符合理性人假设，以追求利益最大化为根本目的。

假设2：地方政府与农民两个主体间，农民存在两种策略行为，农民的策略A_1，为种粮、不种粮。“种粮”是指在原有的利益补偿机制的基础上，农户会根据其家庭现实情况、作物收益及外出务工的经营活动的收益来选择适合自己的策略。这里选用“不种粮”代表农户其他行为策略的集合。

假设3：地方政府与农民两个主体间，地方政府存在两种策略行为，地方政府的策略A_2，为鼓励种粮、不鼓励种粮。“鼓励种粮”是指在原有的利益补偿机制的基础上，地方政府为促进粮食生产，在中央财政支持下与粮食主销区的利益补偿下，对农户进行种粮补贴，使农户收益高于从事或经营其他活动的收益；“不鼓励种粮”是指地方政府沿用现行的粮食主产区利益补偿机制，对种粮农户进行补偿。

假设4：农户根据自身情况选择种粮或不种粮，π_1指在原有的利益补偿机制下粮农决定种粮（水稻、玉米、大豆等）所获取的总收益；π_2指粮农不种粮而选择在外从事经营性活动所带来的总收入。粮食主产区地方政府会根据中央财政转移支付力度选择鼓励种粮或不鼓励种粮，C_1指在中央财政未向地方倾斜时，地方政府对粮农进行补偿的成本；C_2指中央财政向粮食主产区倾斜，地方政府形成了完善的利益补偿机制时，地方政府对粮农进行补偿的成本，其中$C_2 > C_1$。

假设5：地方政府会通过中央财政加大转移支付力度或粮食主销区的利益补偿来提高粮食主产区的财政支持。其中 G 指中央政府加大转移支付力度，将财政补偿向粮食主产区倾斜，中央政府根据粮食主产区的粮食数量、质量进行的奖励补偿；S 指粮食主销区由于自身向主产区索取所进行的利益补偿。

假设6：地方政府将地方财政进行分割，使其财政收入向鼓励粮农种粮倾斜。D 指地方政府通过完善利益补偿机制，进行动态补偿，对粮农收入的增加补偿。

假设7：农户会因其种粮后收入没有达到其期望，因此后来会选择外出从事经营性活动而增加收益。Q 指粮农收益低，没有达到期望值，外出务工，致使种粮农户减少，区域内粮食产量减少，中央会根据粮食主产区贡献改进地方政府的补偿政策，导致地方政府利益减少，产生负效应的政策性惩罚。

②模型构建。在不考虑地方政府和粮食主产区农民的行动顺序的情况下，得出两者的博弈矩阵（见表5-4）。在此前提假设下，对两者博弈后收益进行分析：

首先，若$\pi_1 > \pi_2$，粮食主产区农民可能会考虑其在周边社会因素、家庭因素、种粮收益都占优的条件下，选择种粮；若粮食主产区地方政府在原有的利益补偿机制的基础上进行补偿，其支付成本为C_1；若地方政府为促进粮食生产，完善粮食利益补偿机制，财政补贴对农民进行倾斜，其支付成本为 $S+G-C_2$（其中：$C_2>C_1$），在改进的补偿机制中，中央政府的利益补偿为 $S+G<C_2-C_1$，不能满足地方政府的补偿支出，则地方政府的最优策略为不鼓励农民种粮；若 $S+G>C_2-C_1$，则地方政府在中央政府的补偿下平衡其支付成本，其最优策略为鼓励农民种粮。

其次，若$\pi_1+D<\pi_2$，农民在权衡自身利益与各种社会因素的情况下，会选择“不种粮”。若粮食主产区地方政府在原有的利益补偿机制的基础上进行补偿，其支付成本为C_1；若地方政府为促进粮食生产，完善粮食利益补偿机制，财政补贴对农民进行倾斜，其支付成本为 $S-C_2-P$；若 $S-P>C_2-C_1$时，则农民在地方政府的补偿下增加收益，其最优策略为鼓励农民种粮；若 S 未能补偿粮食主产区地方政府与农民的支出成本，导致粮食产量下降，中央政府对粮食主产区进行惩罚，其利益补偿削减，则地方政府最优策略为不鼓励农民种粮。

表 5－4　　地方政府与农民的博弈矩阵

		地方政府	
		财政投入增加，鼓励种粮	财政投入不增加，不鼓励种粮
农民	种粮	π_1+D，$S+G-C_2$	π_1，$-C_1$
	不种粮	π_2，$S-C_2-P$	π_2，$-C_1$

由此可见，粮食主产区地方政府由于获得中央政府财政支持或完善相关机制所获补偿，是否可以补充地方政府因采取新的利益补偿机制而额外产生的支付成本，决定了其是否鼓励种粮。若 $S+G<C_2-C_1$，粮食主产区农民会依据其意愿获得收益而选择种粮或不种粮，而地方政府则会采取相对稳健的策略。其中，若 $\pi_1<\pi_2$，均衡策略为（财政投入不增加，不鼓励种粮，不种粮），此时无论是对粮食主产区地方政府还是农民均选择有利于自我的结果，但在长远来看该策略会严重威胁我国粮食安全，因此出于国家层面不选择该决策；若 $\pi_1>\pi_2$，均衡策略为（财政投入不增加，不鼓励种粮，种粮），此时地方政府完善了利益补偿机制对农民的选择并没有什么影响，因此农民会根据其自身想法选择种粮。若 $S+G>C_2-C_1$，粮食主产区地方政府会加大粮食补贴力度，完善粮食主产区利益补偿机制，其中，若 $\pi_1+D<\pi_2$，表示没有纯均衡策略；若 $\pi_1+D>\pi_2$，表示此时（财政投入增加，鼓励种粮，种粮）为纯纳什均衡策略。

因此，地方政府与农民之间存在一个混合策略纳什均衡，并建立双矩阵博弈模型：

假设1：粮食主产区地方政府完善当地利益补偿机制，增加财政支出鼓励种粮的概率P1为a，$a \in [0, 1]$，其不增加财政支出不鼓励种粮的概率P2为（1-a）。

假设2：农民考虑其收益选择种粮的概率P3为b，$b \in [0, 1]$，其选择不种粮的概率P4为（1-b）。在此假设下博弈模型如表5-5所示。

表5-5　　地方政府与农民的博弈矩阵（混合策略）

		地方政府	
		财政投入增加，鼓励种粮（a）	财政投入不增加，不鼓励种粮（1-a）
农民	种粮（b）	$\pi_1 + D$，$S + G - C_2$	π_1，$-C_1$
	不种粮（1-b）	π_2，$S - C_2 - P$	π_2，$-C_1$

设置模型如下：

地方政府所期望支付成本为：

$$\begin{aligned} E_G &= a[b(S+G-C_2)+(1-b)(S-C_2-P)] \\ &\quad +(1-a)[-C_1 b+(-C_1)(1-b)] \\ &= (G+P)ab+(S+C_1-C_2-P)a-C_1 \end{aligned} \tag{5-6}$$

农民期望收益为：

$$\begin{aligned} E_F &= a[b(\pi_1+D)+(1-b)\pi_2]+(1-a)[\pi_1 b+(1-b)\pi_2] \\ &= D_{ab}+(\pi_1-\pi_2)b+\pi_2 \end{aligned} \tag{5-7}$$

③模型求解。为找出以更少的支付成本产生更高的社会效益，对模型进行求解，求出公式（5-6）中E_G的一阶导数：

$$\vartheta E/\vartheta a = b(G+P)+(S+C_1-C_2-P)=0 \tag{5-8}$$

农民获益的概率为：

$$a' = (\pi_2-\pi_1)/D \tag{5-9}$$

地方政府增加财政支出，鼓励种粮的最优效率：

$$b' = (C_2+P-C_1-S)/(G+P) \tag{5-10}$$

④均衡解分析。粮食主产区地方政府与种粮农民的混合策略纳什均衡为（b′，a′）。对于粮食主产区农民来说，当地方政府由于财政支出增加从而完善粮食补偿机制的概率$a > a'$时，农民的最优策略为“种粮”；若$a = a'$，农

民则有 $a'=(\pi_2-\pi_1)/D$ 概率选择策略“种粮”；当 $a<a'$时，农民选择“不种粮”。对粮食主产区地方政府来说，当粮食主产区农民因考虑社会收益而种粮的概率 $b>b'$时，政府的最优策略为“财政投入增加，鼓励种粮”；若农民种粮概率 $b=b'$，政府则有 $b'=(C_2+P-C_1-S)/(G+P)$ 的概率增加财政支出完善粮食补偿机制；若当 $b<b'$，政府的最优策略为保持现有利益补偿机制“财政投入不增加，不鼓励种粮”。因此可以发现，在地方政府—农户的博弈分析下，会受到政府财政支出、农民种粮收益、政府补贴政策、中央政府转移支付力度等条件的影响。

由于政府和农民间信息的不对称性，且政府与农民均为理性人。我国各个粮食主产区的地方政府及农民的选择不同策略会受到许多因素的影响，因此两者并不是完全的有限理性，实际情况下，两者会不断重复博弈，且在博弈之中产生学习效应。如何更加准确地研究两者的博弈策略，需要对其进行演化博弈。

首先，当 $b=(C_2+P-C_1-S)/(G+P)$，若 $a=0$，表示粮食主产区的农民策略为“种粮”，当其占比为 $(C_2+P-C_1-S)/(G+P)$ 时，地方政府选择策略“财政投入不增加，不鼓励种粮”或“财政投入增加，鼓励种粮”，其策略选择无差异，即地方政府无论何种决策对农民的补偿利益相等。当 $b\neq(C_2+P-C_1-S)/(G+P)$ 时，$a=0$ 或 $a=1$，均可得 $a=0$，因此 $a=0$ 或 $a=1$ 是地方政府如何选择策略的均衡状态，并基于此对农民种粮概率 b 进行分析，若 $b>(C_2+P-C_1-S)/(G+P)$，$a>0$，地方政府的投入 < 平均投入，因此在此时中央政府介入进行规划，将粮食主产区利益补偿机制进行完善，先进行完善的粮食主产区可以得到很好的经济收益，接下来，其他粮食主产区为获取更高的收益效仿该做法，进行增加财政投入鼓励种粮，则 $a=1$ 为动态博弈情况下的稳定策略。但长远来看，该决策行为过于保守，会减缓国家总体部署的实施进度，进而延缓战略实施。$a=0$ 或 $a=1$ 是 $b=(C_2+P-C_1-S)/(G+P)$ 的演化策略分界点，中央政府对粮食主产区的奖励性财政补贴以及主销区对粮食主产区的补偿，对粮食主产区地方政府决策具有一定影响。若两者补偿越大，则主产区投入成本将会减少，粮食主产区地方政府更愿意完善利益补偿机制，将财政补贴向种粮农民倾斜，从而达到鼓励农民种粮的目的；反之，若两者补偿部分不足以补偿主产区成本，则粮食主产区地方政府更倾向于采取现有的补贴政策。

其次，当 $a=(\pi_2-\pi_1)/D$，$b=0$，表示粮食主产区的地方政府策略为

"财政支出增加，鼓励种粮"，当其占比为（$\pi_2 - \pi_1$）/D 时，农户选择策略"种粮"或"不种粮"，其策略选择无差异，即农民选择种粮和不种粮其利润是相等的。当 $a \neq (\pi_2 - \pi_1)/D$ 时，$b=0$ 或 $b=1$，是农民如何选择策略的均衡状态，并基于此对地方政府增加财政投入鼓励种粮概率 a 进行分析，若 $a > (\pi_2 - \pi_1)/D$，$b > 0$，农民种粮收益 > 集体种粮的平均收益，此时是国家维护粮食安全，保障农民收入，提高粮食主产区农民收入的最优策略，$b=1$ 为动态博弈情况下的稳定策略，若粮食主产区地方政府利益补偿机制进行完善，即补偿超过（$\pi_2 - \pi_1$）/D，粮食主产区农民发现种粮所带来的收益较高，地方政府完善后的利益补偿机制向农民倾斜，因此农民会将其决策行为逐渐选择为"种粮"，同时不会因周围农民选择不种粮而改变自己的最优策略；若 $a < (\pi_2 - \pi_1)/D$，$b < 0$，农民种粮收益 < 集体种粮的平均收益，农民因其种粮收益低于从事其他社会活动所带来的收益，而选择"不种粮"，$b=0$ 为动态博弈情况下的稳定策略。由此可见，$b=0$ 或 $b=1$ 是 $a=(\pi_2 - \pi_1)/D$ 的演化策略分界点，粮食主产区农民种粮收益越高，农民种粮积极性越高，粮食主产区地方政府的财政补贴可相对减少，与此同时可以较好地完成粮食主产区维护国家粮食安全的作用。

（2）政府与农民间的补偿机制构建

①根据农民的实际情况，完善建立粮食动态利益补偿机制。要加快建立完整的利益补偿政策体系，以强化主产区粮食生产的可持续发展能力，并加大中央财政支持力度，逐步缩小产销区发展不均衡问题。赵和楠和侯石安（2021）通过对河南省进行得分匹配—双重差分法分析并进行验证后发现，产粮大县实施的奖励政策能够对县域粮食生产起到显著的促进作用，虽然短期效果不显著，但长期实施后促进作用会不断增强，因此要进一步完善产粮大县奖励政策，提高奖励标准，扩大产粮大县利益补偿规模。在国家财政允许的范围内，为确保农业生产的稳定与农民经济利益的持续增长，根据农民的实际经济状况、生产成本变动、种植结构差异以及市场环境变化等情况，对农民的补偿利益标准应能保证农民的种粮收益不低于种植经济作物或务工所取得的收益（焦晋鹏，2014），在此基础上系统性地加大粮食补贴力度，以提高种粮农民收入，激励其保持并扩大粮食生产的积极性；要加强粮食补贴资金的管理和监督，开通第三方监管通道，设置意见箱，重视社情民意反馈，还可利用媒体监督的方式，监督并保证补贴资金及时、按量发放到农民手中，让真正需要补贴的农民获得补偿，从而增强农民对政府的信任（郑任

青，2024）；要提高粮食补贴对象的针对性，这是确保政策效果的关键环节，要严格按照“谁种粮、补贴谁”的原则，保障从事粮食生产的农民切切实实获得补贴；要进一步加大粮食补贴政策宣传力度，有助于提升种粮农民生产的积极性。随着农业科技的快速发展，农机装备更新换代速度加快，应按照高标准建设、高质量管理、高效率运行的要求，搞好农机作业合作社建设，积极引进新型、高效、环保的大型农机装备，替代老旧、低效的农机设备；针对传统农机管理体制中存在的弊端与不足，应创新农机管理体制，通过加强与科研机构、高校等单位的合作与交流等方式，引入先进的管理理念与技术手段，助力农机作业合作社经营实力的增强；积极扩大场县跨区作业规模，最大程度保证农民利益，消除农民种粮顾虑；要培养一支属于当地的农机使用经验的“土专家”队伍，对当地的农机大户、农业合作社带头人等主体进行技能培训，发挥实用型人才功能，促进农机装备产业升级和农业现代化发展（韩晓，2024）；通过及时收集并发布灾害预警信息、制订应急预案、调配救援物资等措施，做好灾害补贴减轻自然灾害对农民种粮积极性的抑制；吸引主销区涉农与企业深度参与粮食主产区的粮食工程建设，与本地小农户、相关合作企业的种粮主体组建跨区域农业产业化联合体，为当地农户提供种植、收购、存储、营销等方面的经验，以此强化主产区的粮食韧性和“造血”能力（王越，2024）。

②粮食主产区提供惠农支农政策，提升种粮收益。维护种粮农民的利益应成为政府粮食政策目标的核心，是实现国家粮食安全的根本前提和重要保证（周洲和石奇，2017）。以支农政策为例，国内外学者研究发现财政支农政策对农业发展以及农民增收都起到了正向作用。国外学者 Ramakumar（2012）根据 1950—2000 年印度的农业相关数据，研究发现财政支农能够对扶贫产生有利影响。为推动现代农业发展，应充分发挥财政支农的促进作用，增加对农业资产的投资，提高财政的增长率。国内学者吴振鹏和胡艳（2013）对 1991—2010 年中国相关经济变量、利润整合理论和格兰杰因果检验方法进行分析和研究，证实了财政支农与农民收入呈正向关系。因此粮食主产区应继续推动惠农和支农政策的执行和实施，以提升种粮收益。一是要积极鼓励小农户参加农民合作社，解决个体农户与市场接轨难的问题，在享受到农资集中购买等方面的价格优惠的同时拓宽销售渠道，并通过标准化的管理，提升粮食产量和品质，以此提高种植效益。二是持续推进化肥减量增效，施用有机肥替代化肥，建立环境友好型农村环境。积极开展病虫害统防

统治、绿色防控，鼓励农户使用绿色技术，测土配方肥、生物或物理等病虫害防控手段，并采用先进的农业生产技术进行粮食生产，提高生产效率，以达到降低投入成本，实现增产增收的目的。三是专业合作社和农机站要积极提供技术和信息专业服务，大力开展农机技术推广服务。Pickson（2023）等研究发现，保障国家粮食安全的关键在于农业技术推广、农业项目研究和灌溉基础设施等三个方面。在农业技术推广方面应精准指导种植大户进行农田机械化作业生产，抑制农用物资价格的上涨水平，查处农用物资“乱定价”行为，杜绝农用物资“乱涨价”现象，帮助农民减少雇工和种植成本。四是稳步推进土地适度规模经营，保障土地规范、有序流转，充分发挥规模经济效益。土地流转有利于粮食产量的提高和农户收入水平的提高，农户通过市场化转入种植粮食的土地，扩大土地经营规模，能够促进粮食增产。通过建立土地流转价格指导机制，防止土地流转双方拉大市场价格，政府可根据当地经济发展情况制定土地流转的基准价格，正确处理政府与市场的关系，形成以市场为主导的农用土地流转价格机制（王倩，2019）。五是通过推广高产、优质、抗逆性强的作物品种，以及推广先进的种植技术和管理模式，提高粮食单产和品质，从而增加种粮收益。六是为降低农户生产成本，提高农民种粮收益，一方面应为粮食主产区的农户提供包括农资供应、农机作业、病虫害防治、农产品销售等全方位的服务；另一方面继续支持农业社会化服务，可通过适度规模经营方式，使农村供销社、合作社等社会化服务组织能够发展壮大。七是强化农业保险为农户提供风险保障。Farrin（2016）等研究发现，农民参保意愿与收入呈负相关关系，也就是农民的收入越低，为抵抗农业风险，参保的意愿越大。因此可通过扩大保险覆盖面和保障范围，以减轻自然灾害和市场波动对农户种粮收益的不利影响，为种粮农户起到兜底作用。八是稳定产粮大省和产量大县的奖励资金，将粮食净调出量、亩产增收和种植面积等指标视为后续奖励分配的关注重点。根据粮食的调入和调出量制定不同的奖励标准，全面促进补贴资金的使用效能（孙中叶等，2024）。

③根据粮食主产区农民选择种粮比例，提高补贴标准。要重点提高规模农户的种粮补贴标准，增加对种粮大户、家庭农场等新型经营主体的专项补贴力度，鼓励农民规模种粮，提高种粮积极性。加强政府粮食宏观调控力度，适度提高稻谷小麦最低收购价（金婷等，2018），务必提高农民口粮生产的积极性。对种粮农户、种粮大户、家庭农场等的粮食补贴，仅依靠财政

投入是远远不够的，还需要社会资本的广泛参与，鼓励社会多方力量进入农业生产领域，不仅减轻政府负担，还能增加农民的种粮补贴（李晓毅，2024）；要坚持以我为主，立足国内，适度进口原则，在中国与世界的互动中把握我国粮食安全发展的新态势（王旖旎和吴玲，2024），要统筹利用好“两个市场、两种资源”，逐步完善国家宏观调控下的粮食价格形成机制，深入研究和把握国际粮食市场的运行规律，减小国际粮价波动对国内市场带来的冲击，打造属于我国粮食安全的中国方案。强化市场机制的调节作用，健全和完善粮食市场体系和价格体系，充分发挥市场机制功能在价格形成、供需调节中的决定性作用；要完善粮食生产风险监测和预警机制，结合风险规律和区域特征优化粮食主产区制定的风险预案，可借助大数据平台对主产区产出粮食全过程进行科学的风险评估、预警和监测，明确其潜在影响范围、程度及持续时间，为预警决策提供坚实依据，力求将风险消除在源头，以此降低不确定性因素给粮食生产带来的负面影响，充分保障粮食稳定供应（崔宁波和董晋，2021）。另外，还要加大市场监管力度，维持粮食市场的正常秩序，保障粮价平稳运行。

5.3.3 政府、粮食企业、农民三者间协调机制研究

由“地方政府一粮食企业一农民”构成的粮食主产区财税系统协调机制具有多级主体多样性、多主体协调复杂性、各主体部门联动性等特点，表明了各主体之间以及其整个系统内部特征、外部环境间存在着复杂的关联。针对我国粮食主产区的财税系统存在的主产区、主销区利益机制不完善、政府监管不到位、激励机制缺失、农民种粮积极性低、种粮比较收益低等一系列问题，本书通过研究粮食主产区财税系统各主体间相互链状博弈局势，以地方政府和粮食企业与农民的种粮行为作为切入点，找出粮食主产区财税系统存在的问题，建立科学、完善的粮食主产区利益补偿机制和协调机制。

（1）政府、粮食企业、农民三方博弈模型

①模型假设。根据上文分析，多主体间的博弈包括三方面博弈，我们做出以下假设：

假设1：地方政府和粮食企业间的博弈。

假设2：粮食企业与农民间的博弈。

假设3：地方政府与农民间的博弈。

假设4：粮食主产区地方政府的博弈行为（财政投入增加，鼓励种粮；财政投入不增加，不鼓励种粮），其增加投入鼓励种粮的概率为 $b' = (C_2 + P - C_1 - S)/(G + P)$，并且只要政府增加财政投入，就可以发现粮食企业收粮积极性和农民的种粮积极性增强。而农民的种粮获利概率为 $\alpha' = (\pi_2 - \pi_1)/D$，粮食企业和农民的策略集合为（从事粮食生产，不从事粮食生产）。

假设5：在粮食种植、生产、加工等过程中，粮食企业极大程度上完全按照地方政府的要求进行生产、加工、储藏，并积极按照粮食主产区地方政府要求调配运输粮食，粮食主销区则完全按照地方政府的要求销售粮食。粮食企业存在掺杂掺假、以次充好、弄虚作假、用旧代新、低价收购粮农粮食等“投机”行为。

②模型构建。粮食主产区地方政府根据粮食企业的储粮量以及中央政府标准发放财政补贴 $S_E = s_E Q_E$，粮食企业则要负责收粮及企业运转的盈亏 PL_E，其中包括收粮成本、信贷利息、用工成本、企业管理成本等必要支出成本 C_E。粮食企业收益为 $S_E + PL_E - C_E$。假设粮食企业投机收益为 ϑR_E，投机被发现所罚款金额为 $\alpha_1 R_E$，其收益为 $S_E + PL_E - C_E + \vartheta R_E$ 或 $S_E + PL_E - C_E + \vartheta R_E - \alpha R_E$。政府收益为 S_G，增加财政投入成本 C_G，对粮食企业进行罚款收益为 $\alpha_1 R_E + \alpha_2 R_E$，因此政府收益为 $S_G - C_G + \alpha_1 R_E + \alpha_2 R_E$（财政增加）；$S_G - C_G$（财政不增加）。粮食主产区政府对种粮农民补贴 $S_F = s_F Q_F$，农民收益为 PL_F，种粮成本为 C_F，地方政府完善利益补偿机制，增加财政支出，农民收益为 $S_F + PL_F - C_F + (1-\alpha)R_F$。因此，地方政府、粮食企业、农民期望收益如式（5-11）、式（5-12）、式（5-13）所示。

$$E_G = p_G[p(S_G - C_G + \alpha_1 R_E + \alpha_2 R_E) + (1-p)(S_G - C_G)] + (1-p)(S_G - C_G) \tag{5-11}$$

$$E_E = p_E[p_G(S_E + PL_E - C_E + \vartheta R_E)] + (1-p_G)(S_E + PL_E - C_E + \vartheta R_E - \alpha R_E) + (1-p_E)(S_E + PL_E - C_E) \tag{5-12}$$

$$E_F = p_F[p_G(S_F + PL_F - C_F + \vartheta R_F)] + (1-p_G)[(S_F + PL_F - C_F + (1-\alpha)R_F] + (1-p_G)(S_F + PL_F - C_F) \tag{5-13}$$

③模型求解。对式（5-11）中的 p_G 求导：

$$E_G^* = -C_G + p\alpha_1 R_E + p\alpha_2 R_E = 0 \tag{5-14}$$

解得：

$$p = \frac{C_G}{(\alpha_1 + \alpha_2) R_E}$$

对式（5－12）中的 p_E 求导：

$$E_E^* = p_G \vartheta R_E + (1 - p_G)\alpha R_E = 0 \tag{5-15}$$

解得：

$$p = \frac{\alpha}{\vartheta + \alpha}$$

对式（5－13）中的 p_F 求导：

$$E_F^* = -p_G \vartheta R_F + (1 - p_G)(1 - \alpha)R_F = 0 \tag{5-16}$$

解得：

$$p = \frac{(1 - \alpha)}{\vartheta + (1 - \alpha)}$$

④均衡解分析。通过对粮食主产区各利益主体博弈链模型进行分析，得到其均衡解为：

地方政府对粮食企业的最佳财政补偿概率为 $p = \frac{C_G}{(\alpha_1 + \alpha_2)R_E}$，粮食企业对农民的最佳收购概率为 $p = \frac{\alpha}{\vartheta + \alpha}$，地方政府对农民的最佳财政补偿概率为 $p = \frac{(1 - \alpha)}{\vartheta + (1 - \alpha)}$。粮食主产区地方政府可通过调整粮食利益机制、合理进行监管、完善激励机制、提高种粮比较收益，提升农民种粮积极性来实现对粮食主产区财税系统的良好控制，以较低成本、较少的财政投入鼓励粮食产业、鼓励农民种粮。

（2）政府、粮食企业、农民间的财税补偿机制建设

①重视粮食主产区财税系统发展，当好国家“压舱石”。重视粮食主产区财税系统建设，包括农业支持保护补贴政策。建立该政策的初衷是保护耕地和水资源，提倡粮食规模经营。首先，扩大粮食主产区农业支持保护补贴的范围和覆盖面，传统的粮食补贴往往关注的是粮食产量，但种植粮食的根基是耕地资源。Paul（2017）也阐明了提高农业生产力关键是土地。因此不应仅限于粮食补贴，耕地资源对我国实现粮食安全同样重要。要促进“粮补”“地补”有机结合。基于此，建立完善的、可操作性强的粮食主产区财税政策体系及补偿行为指南，将补贴的项目与主产区农民收益保护、农业生态环境治理挂钩，引导农民转变生产方式，减少农业对环境的负面影响，实现农业生产的绿色转型，由此可实现变“黄箱”为“绿箱”。同时，有效实施“藏粮于地”战略，将“地补”纳入考虑范围。Guanghui 等（2017）研

究发现粮食生产的主要因素之一是土壤肥力情况，因此，应对耕地保护、地力提升、水土保持等土地管理行为给予直接或间接的补贴支持，保证主产区粮食生产能力和农民收益。其次，支持粮食适度规模经营，农民对于农业支持保护补贴应采用现金补贴或非现金直接补贴的方式（刘振滨，2016），其中包括财政贷款贴息、风险补贴、重大技术推广与服务补助、种粮补贴等，以确保粮食主产区地方政府的财政补贴资金用于农民种粮、粮食企业的生产经营，避免中央政府补贴的现金出现“漏洞”或补贴款项不直接补贴到企业或农民手中。最后，加大政府对奖励政策的宣传和引导，利用包括电视、广播、网络、社交媒体等传统媒体与新媒体相结合的方式，广泛传播粮食安全的重要性及国家奖励政策的具体内容。通过案例分析、专家访谈、政策解读等形式，增强信息的吸引力和说服力，增强农民、粮食企业对了解和当好国家“压舱石”重要性的了解，提高其主观种粮意识，提升其对国家粮食安全战略的理解与认同，激发农民的自豪感和使命感。依据区域特点、资源禀赋、经济基础及农业发展现状，设立示范县、乡（镇）的补贴试点，通过组织现场观摩、经验交流等活动，将成功经验向周边地区乃至全国范围进行传播与推广，发挥带动作用，有序引导农民、粮食企业的生产行为。有效提高农民种粮积极性，使粮食主产区稳定当好国家粮食安全的“压舱石”。

②明确各主体的责任和地位，将农民利益放在首位。种粮农民的积极性在于种粮后能获取利润，只有确保种粮有利可图才能发挥农民的种粮积极性。但由于农民收入较低以及不稳定已成为事实，因此要加快建立完整的利益补偿政策体系，以稳固和促进主产区粮食生产的可持续发展，并加大中央财政支持力度，逐步缩小产销区发展差距，明确各级主体的责任。要进一步完善产粮大县奖励政策，提高奖励标准。从种粮成本出发，种粮过程中的成本包括种子、种苗、农药、化肥、租赁机械和工人薪酬等费用，农业农村部在农资综合补贴、农作物良种补贴和种粮农民直接补贴的基础上，应细化补贴方案，采取因地制宜、因户而定的阶梯型补贴政策；在国家财政允许的范围内，进一步加大粮食补贴力度，提高种粮农民收入；要加强对粮食补贴资金的管理和监督，保证补贴资金及时、按量发放到农民手中；要提高粮食补贴对象的针对性，严格按照“谁种粮、补贴谁”的原则，保障种粮农民切切实实获得补贴；要进一步加大粮食补贴政策宣传力度。同时，要重点提高规模农户的种粮补贴标准，增加对种粮大户、家庭农场等新型经营主体的专项

补贴力度，鼓励农民规模种粮，提高种粮积极性。加强政府粮食宏观调控力度，要逐步完善国家宏观调控下的粮食价格形成机制，减缓因国际粮价波动对国内市场带来的冲击。强化市场机制的调节作用，要完善粮食生产风险监测和预警机制，降低不确定性因素对粮食生产带来的负面影响，充分保障粮食稳定供应。加强市场监管力度，运用合理的监测手段，维持粮食市场的正常秩序，保障粮价平稳运行。

③构建粮食主产区粮食安全协同体系，推动区域共同发展。粮食主产区作为一个有机整体，在资源区位方面优势突出，因此亟须建立区域内的粮食安全协同体系，共同推动粮食主产区粮食安全产业带建设。一是从宏观战略层面，将东北三省粮食主产区的提升置于国家粮食安全战略的核心地位，通过顶层设计、统筹谋划对东北三省粮食主产区进行科学布局，明确其在保障国家粮食安全中的战略地位。要结合各地区实际情况，分类施策，合理安排粮食生产、加工、流通、储备等各个环节。鉴于东北三省内部各地区在自然条件、经济基础、技术水平等方面存在差异，深入开展区域内粮食安全产业带建设方面的交流合作，充分发挥各地区具有的比较优势，有助于提升区域整体竞争力，形成优势互补、资源共享、合作共赢的协同发展局面。另外，为促进东北三省经济协同发展，我国粮食主产区还可形成以粮食生产为基础，一二三产业融合发展的产业体系，将农业产业链和价值链进行延伸，从而促进农业经济的发展（马晓蕾等，2022）。二是要建立高效的协同发展体系。在统筹谋划的基础上，加快推动区域内资源要素双向自由流动，构建包括人才、物流、技术、信息等要素在内的流动体系，实现资源要素共用共享。例如，推动区域内人才交流，建设各类联合工作站、区域智库等，构建人才信息库与供需匹配系统，实现人才资源的精准对接与高效利用，逐步实现区域人才一体化发展。依托包括物联网、区块链等先进的物流信息技术，构建覆盖全区域的粮食物流网络，实现粮食从生产、加工、消费各环节的无缝衔接。通过系统规划与资源整合，实现快捷、高效、低成本的物流运输通道，确保粮食流通的顺畅。崔婧熙和张鹏（2024）以东北三省县域为研究单元，研究发现东北三省农产品加工业发展水平呈“西高东低”到“西低东高”的时空演化特征，农业高质量发展呈“南高北低”到“西高东低”演化特征。因此应充分发挥各地的农业机械化、规模化优势，东北三省协同推进农产品初加工和精深加工，拓展农业产业链，有效促进东北三省农民增收和农业增效（孙久文和程芸倩，2024）；建立统一的技术标准和认证体系，

深化技术协作，实现互惠共赢；通过建立相关的信息共享平台，整合政府、企业、科研机构等多方信息资源，实现信息的及时发布、更新与共享，促进资源实现合理配置，减少各地区信息搜寻成本，提高信息资源利用效率。三是构建系统的区域配套政策体系和风险监测、预警机制，保障粮食安全产业带建设。建立区域协同发展的产业转移、人口迁移等配套政策体系，运用多种政策组合工具，提升政策合力，保障政策效果，并通过成立专门的负责机构，统筹政策落实情况（辛翔飞，2016）。农业生产具有“弱质性”，粮食生产过程中面临着自然风险和市场风险的双重影响，通过构建区域内的风险监测和预警机制，积极应对旱涝极端天气、病虫害威胁，为政府决策与产业主体应对提供有力支持，并提前完善应急预案与应对措施，确保在风险发生时能够迅速启动应急预案，最大程度降低风险影响。

④建立灵活的财税补偿机制，健全农业保险补贴政策。由于粮食生产需要面临自然、市场两种风险，粮食生产具有“弱质性”，因此面对风险时不同主体首先最关心的就是对其利益受损的部分如何进行补偿。农业保险不仅能保障各主体利益不受损失，而且能对农业生产起到正向促进作用，即推动农民加大生产力度和扩大种植面积，从而实现粮食增产（张伟等，2019）。对农业保险保费补贴而言，中央政府应秉持差异化补贴原则，应针对不同粮食主产区的期年的粮食产量、农业人口、自然情况、农村劳动力人口数量以及农户的经济状况，进行差异化补贴，要设定合理的补贴份额，确保补贴资源的有效配置，激励粮食生产，推进区域间的公平性与可持续发展。同时，中央政府及粮食主产区地方政府财政应持续加大对粮食主产区以及产粮大县的主粮农业保险保费补贴力度，设置有效、合理的补贴标准，特别是针对主粮作物的农业保险保费补贴，需制定并持续优化补贴标准，确保改善粮食主产区农民的种粮负担；要重点关注对农业发展银行等承保机构的政策、资金补贴扶持，用中央政府财政补贴注资保费、税收优惠、灾害包赔等多种形式引导农民主动进行农业参保，扩大粮食主产区农业保险范围、降低农民作物（粮食作物）的理赔门槛、增大保险的理赔额度、实施保险方式的创新、简化粮食理赔过程，减轻农民遭遇的极端气候等所带来的风险损失；完善农业保险政策，根据农民具体风险需求，提供不同的风险保障，即为不同地区的农民提供多层级、差异化的风险保障，以满足不同农民应对风险的要求（吕萱娇，2024）。要实施有针对性的粮食主产区的保险补贴，旨在构建多层次、全方位的粮食生产风险防控体系，其中包括粮食价格风险补贴、企业生产补

贴、农民收入风险补贴等。要加大对玉米、大豆的生产者补贴力度，落实玉米、大豆的生产者补贴，增加“粮改饲”补助，有效推进粮食主产区“调结构、去库存”（郑适，2016）。尤其要对黑龙江省大豆、玉米优势产区重点实施补偿政策，提高大豆、玉米生产者补贴。同时配合实施“粮改豆”（保护性耕作、粮豆轮作）的补贴，完善补贴政策，根据农民种植的实际情况对种植玉米、大豆等作物的粮农进行补贴。

⑤健全粮食主产区利益补偿机制，构建产销合作长效机制。粮食主产区是我国粮食生产和商品粮供给的核心地区，但其经济发展下滑严重，对建设国家粮食安全产业带来一定制约。因此，健全粮食主产区利益补偿机制（张义博，2020），应从全局出发，一方面，要实现以中央政府对粮食主产区进行财政转移支付为核心的纵向利益补偿，早期经典作家 Krugman（1991）基于“谁受益，谁补偿”的原则提出用财政转移支付的手段来平衡粮食产销区之间的利益；另一方面，实现粮食主产区和粮食主销区省与省之间的横向利益补偿，实现对农业生产的责任共担，从而对粮食主产区的利益补偿形成“纵横结合”形式，促进粮食主产区稳定、可持续地生产粮食，进一步减小粮食产销区之间的经济发展差距。纵向利益补偿方面，在保障国家粮食安全与促进农业可持续发展的背景下，加大中央对粮食主产区财政转移支持力度，重点加大对产粮大县的奖励支持力度，向粮食安全贡献突出以及商品粮调出量大的县进行奖励和支持方面的倾斜，以缓解地方财政窘迫困境，提高地方政府重农抓粮积极性，并加大对公共服务薄弱的产粮大县的资金和服务投入力度，增强产粮大县农民的获得感和幸福感，以此提升农民种植粮食的积极性（刘慧，2024）。在对产粮大县进行转移支付的基础上，进一步加大对农村基础设施建设，推动农村高标准农田建设，对农村的道路、电网和灌溉等进行改造升级，为农民种植粮食减少生产成本。健全对主产区的政策支持体系，将各种优惠政策，包括税收、贷款、补贴等向主产区倾斜，增强粮食主产区产粮积极性。构建完善的粮食主产区的政策体系，围绕政府和市场构建多元投融资体系，对目前国家现行支持主产区政策进行调整与整合，组合使用财政政策、金融政策、产业政策、社会政策等工具，加强各政策措施之间的配套与衔接，为粮食主产区提供长足动力（胡凌啸等，2024）。要进一步健全和完善粮食生产补贴政策，对于提升粮食主产区粮食生产的规模化水平具有重要意义。适度提高农民补贴标准，充分调动农民种粮积极性，提升农民抵御自然灾害和市场波动能力，并促进补贴向专业种粮大户、家庭农

场、农民合作社等新型农业经营主体倾斜，发挥其引领和带动作用，能够在粮食生产中起到引领和示范作用，带动周边农户共同提升粮食生产水平，实现小农户与现代农业发展的有机衔接；适度提高粮食适度规模经营补贴，提高粮食主产区粮食生产的规模化水平，有助于降低生产成本、提高生产效率、增强市场竞争力。在农业基础设施方面，以其他国家为例，Kirby（2017）等研究发现，巴基斯坦有47%的人没有完全解决粮食安全问题，其中重要的原因是水稻等粮食生产有赖于建设良好的灌溉基础设施，因此应加大对粮食主产区农田水利等基础设施的资金投入力度，保障粮食产能稳定。另外，为推动农业可持续发展，保障粮食持续稳定增产和提高粮食品质，需要建立相应的耕地生态效益补偿机制，促使农业生产者在追求粮食产量的同时，注重耕地资源的合理配置和可持续利用以及对生态环境的保护，实现粮食生产与生态安全的协调发展。

横向利益补偿方面，面对粮食生产与消费的地域不平衡性，要积极构建粮食主产区与粮食主销区之间的合作长效机制，要因地制宜探索产销合作新模式，如订单农业、产销联盟、股份合作等，以深化粮食产业链条上下游的紧密连接，深化粮食主产区与主销区的协同融合，例如，在产销联盟方面，为缓解粮食主产区的储粮压力，可在主销区建立“储+销”基地，减少主产区粮食因滞销而造成的损耗，同时粮食主销区为主产区提供农业智能装备等方面的资金支持，提高主产区粮食生产效率；要积极打造粮食主产区与主销区之间的对接平台，借助大数据等手段，实现信息共享，对接主销区需求，不断做好地区之间的交易服务工作，提高交易效率；要建立粮食主产区与主销区之间的常态化协调沟通机制，不断深化交流合作，实现优势互补。从总体来看，现存的对粮食主产区进行利益补偿的法律法规和政策文件相对薄弱，因此，为保证对粮食主产区的利益补偿落实到底，应对主销区对主产区投资的粮源基地、粮食储存与流通和粮食加工等基础设施作出明确规定（郑兆峰和宋洪远，2023）。在区域分工贸易基础上建立产销协作关系，签订粮食购销合同的产销区通过订单农业的方式构建粮食购销关系，既能保证主产区的稳定的粮食销售渠道，又能保证主销区粮食供给安全，从而实现产销区粮食供需方面的双赢。

⑥“双循环”背景下充分利用国内国际两个市场、两种资源。2020年，习近平总书记在中央财经委员会第七次会议上提出，要扩大内需，畅通国内大循环，构建以国内大循环为主，国内国际双循环相互促进的新发展格局。

此外，也有国外学者 Mooney（2022）提出，要实现粮食安全就需要进行国际贸易。因此，粮食主产区应推动建设国家粮食安全产业带，积极主动融入新发展格局，充分利用国内国际两个市场、两种资源寻求突破。适度进口并不意味着国内粮食生产作业的放松，更要牢牢坚守“谷物基本自足，口粮绝对安全”的粮食安全底线原则，时刻将粮食安全工作的主动权把握在自己手中。因此要坚持粮食生产、推动粮食企业发展和完善粮食生产链，实现国内国际两个市场、两种资源的合作共赢。一是在粮食生产方面。粮食主产区作为全国主要的玉米和大豆产区，要积极落实“一稳一增”。第一，稳大豆。继续坚定不移地实施大豆振兴计划，并将其视为国家粮食安全战略层次的重要举措，在稳定粮食主产区的大豆种植面积基础上，进行优化种植结构、升级种植技术和管理水平，以提高大豆单产和品质升级。大力强化对大豆育种科研工作的支持，致力于培育高产、优质、抗逆性强的新品种；积极推广土壤养分管理、病虫害绿色防控等精准农业技术，通过精准操作与管理，以提升资源利用效率；加强对农民的技术培训与指导，提升农户的种植技能，促进大豆生产朝着标准化与规模化的方向发展。第二，增玉米。粮食主产区应充分挖掘并发挥自身的资源禀赋优势，在确保耕地资源可持续利用的前提下，通过科学、合理规划土地利用布局，有目的、有计划地扩大玉米种植面积；积极引进国外先进技术和管理经验，如高效栽培模式、智能化农机装备、精准灌溉施肥技术等，进一步拓宽资源引进渠道，引进优异种质资源，改良本地品种，促进玉米增产，从根本上提升粮食主产区粮食综合生产能力。二是在粮食企业发展方面。积极引进国内优质企业到东北建厂投资，重点吸引国内优质粮食加工、物流及上下游关联企业入驻，特别是鼓励在东北地区建设现代化、高效益的粮食加工厂。通过发展飞地经济、共建园区的形式，促进区域经济的协同发展，确保更多增值收益留在本地，为地方经济注入强劲动力；加大跨区域的交流合作，深入了解北京、浙江、上海、广东等经济发达地区市场情况，为本地粮食企业提供市场导向明确的战略规划与产品定位，制定出台相关政策，激励粮食主产区粮食企业逐步做大做强；加强与国外企业的交流合作，粮食主产区应积极响应国家“一带一路”倡议，把“引进来”和“走出去”更好地结合起来，在“引进来”方面，积极引进国外先进的生产技术、管理经验与资金，促进本地粮食产业的转型升级；在“走出去”方面，鼓励本地粮食企业拓展海外市场，通过建立海外生产基地、开展国际贸易等方式，提升国际市场份额与品牌影响力。这种双向互动的交流合作模式，使粮食主产区在全球粮食产业链中占据更有利的位置，逐步提高粮食主产区粮食产业发展水平。三是在完善粮食产业链条方面。加快粮食产业转型升级，补齐产业发展短板，以增强产业链稳定性。要畅通贸易、技术、资金等循环畅通，完善产业链协同机制，借鉴学习国外产业发展的先进模式，积极引进国外先进粮食生产和加工设备和技术，充分利用好国内和国外两个市场、两种资源，践行更加积极主动的开放战略。在国内市场上，将政策引导与市场机制有机结合，优化粮食主产区的营商环境，精简行政审批流程，减少企业办理业务的时间和精力的消耗；降低企业运营成本，包括降低税负、减少不必要的行政收费；强化知识产权保护，鼓励企业进行技术创新和产品研发，吸引更多社会资本注入粮食产业，激发市场活力。在国际市场上，强化与国际粮食市场的对接与合作，拓宽粮食进出口渠道，满足国内市场对不同粮食的需求以及提升我国粮食产业的国际竞争力与影响力。此外，还要持续优化粮食主产区营商环境，为粮食产业健康平稳发展提供坚实保障。

⑦采用多元举措提升农民种粮收益。继续完善对粮食主产区的财政转移支付制度，使更多农业资金流向主产区和产粮大县。在粮食生产功能区和农产品生产区中推进粮食加工区的发展，因为粮食加工位于第三产业融合发展的中心位置，连接着第一、第二产业。应加快粮食加工行业的发展，淘汰落后产能，重视粮食的初加工环节、精加工和综合加工环节，使粮食能够就近、就地转化，推动当地粮食产业链获取更多收益，将税收留在主产区和产粮大县，促进农民增收、农业增效。为使农民的种粮收入更加多元化，要以市场为导向进行改革，在促进粮食生产力提升的基础上提供有针对性的支持。逐步减少政府对粮食定价、采购的干预，使粮食销购逐渐向市场方向发展，从而形成竞争机制倒逼粮食产业向更为优质方向发展，有助于缓解政府财政支出压力；授人以渔才是增加农民收入的长久之计，应将提高粮食生产力的关注点从收入保障向支持生产力提高的方向发展，通过培训计划、传授新型农业技术、推广服务、制订未来发展计划等方式向农民提供更有针对性的支持；通过地方政府或当地创新创业协会帮助农民寻找有丰富创业实践经验的新乡贤，打造城乡结合体，成立新型农民组织合作社，将地、人、产业等结合，形成“共享农庄”的合作模式，助力农民从网上获取更多农业知识，提前掌握来年的粮食种植和出售技术，提升农民群众的议价能力。

6　制约粮食主产区发展的财税政策约束分析

为了更好地了解粮食主产区地方政府“抓粮”行为的现状以及粮食企业发展中存在的困难，我们对粮食主产区发改委、财政局、农业局和粮食局的部分同志以及部分县市领导、部分农户展开了调查，了解到粮食主产区政府财政政策的实施情况。下文剖析粮食主产区的利益取向如何，利益取向又是如何影响粮食主产区的财政政策的实施的，并针对粮食主产区的经济发展现状，从完善财税政策角度，分别对政府部门、粮食企业和农户提出建议。

6.1　粮食主产区财税政策对地区经济发展的制约

通过调查，粮食主产区的地方政府对于“抓粮”还是秉承一种积极的态度的。调研中一位发改委的干部这么说道，“国家给你（粮食主产区）这么高的荣誉和支持，就是让你好好种粮。粮食主产区，不好好种粮食，那叫什么粮食主产区!”这种说法也反映了大部分粮食主产区基层干部对粮食事业的热爱。但是，从近些年来粮食主产区发展的现状来看，粮食主产区普遍存在经济发展速度较慢、财政收入较低、农民收入增长缓慢的问题。因此，也有一部分干部认为，粮食主产区为了国家粮食安全做出了这么多的贡献，但是依然无法摆脱“经济弱省、财政穷省”的帽子，这反映国家政策出现了偏差。一位财政局的干部说道，“我们实际上不想要农业大省的帽子！这个帽子一旦戴上，土地、资金都被禁锢了。虽然有财政奖励政策，但是国家给的补偿金额不够。如果让我有 1 万亩地的自由支配权，招商引资，建立一个工业园区，那么每年带来的税收可能就能有几个亿!”

两种不同的态度反映出了粮食主产区在“抓粮”中不同的声音和态度。

这种看似矛盾的态度导致了粮食主产区在实际“抓粮”行为中出现了一些偏差，以及粮食主产区在财政上的困难。

6.1.1 资金投向更关注高回报率项目而非粮食生产项目

粮食主产区尤其是东北地区大部分财政收入都较低，财政支出的大部分都靠转移支付来完成（刘杰，2021），而这一部分转移支付资金一般不会很多，因此，这部分资金大部分都被投入速效和高回报率的行业中去了。一是高回报率项目。随着社会经济的发展，地方政府支出压力与日俱增，财政运行愈发困难，财政支出结构明显不合理，对于经济建设、经营性项目等方面的财政支出较多，而农村道路、基础设施建设、农业发展等方面的财政支出多依靠上级财政资金的投入，不利于农村粮食增产（赵德昭，2017）。从目前粮食主产区的重点执行项目来看，资金往往流向那些预期回报率较高的项目，如黑龙江一产粮大县县级领导分包重点项目中大部分都是工业项目，很少有直接与粮食生产相关的项目；其中，涉农项目包括农副产品批发市场项目、生态农业项目、食品食用菌加工项目、特色优质水果种植加工项目、农林休闲产业园项目、肉牛养殖项目等，虽然涉农项目短期内可能难以达到工业项目的高回报率，但对于促进农业产业升级、提高农产品附加值、增强农业产业链韧性、实现农村第一、第二、第三产业融合发展具有重要意义。其总项目经费为 28.8 亿元，不到总计划项目投资额的 10%。二是速效项目。速效指的是能更快地收到效果的项目，一般也被老百姓称为“形象工程”。比如，某地区近年来的工程中有两项比较引人注目：第一项是高产示范区的建设，投入近百万元专项资金，创建了万亩高产示范区，由市、县委副书记、副县长等主要领导直接负责、督导；第二项是惠农网络发布平台，定时发布气象信息及灾害预警和抗灾救灾的技术措施。对农民调查的结论是：所谓的“高产示范区”，主要是为了应付上级检查和投资参观，而所谓的“惠农网络发布平台”，更是形象工程，如今在农村种地的粮农大部分都是 50 岁甚至是 60 岁以上的农民，对网络平台的使用效果不佳。

Lin（1992）认为粮食流通对促进粮食生产发展、促进贸易、繁荣市场、支持工业发展具有重要作用。然而地方政府对于亟须改造基础设施的粮食流通领域则很少投入。在对黑龙江省方正县一国有粮库的调查中，一位负责人这么说道，“国有粮库承担着国家粮食的储存和调销任务，但目前情况是大部分仓容还是 20 世纪 50 年代建造起来的，根本无法完成储粮任务。而财政不愿意投入，原因就在于若投入粮食系统，则安排不了就业，财政没有收入，投资也看不到回报。”

6.1.2 多部门的财政资金管理使资金分配较为分散

从资金分配角度来看，农业专用资金使用分散，各部门都希望能够整合资金，但各部门又不愿意放弃当前的利益，而农业基础设施建设等都需要投入大量的资金。粮食主产区在财政资金投入管理上存在着如下特点：一是地方财力紧张，投入极为有限。引用黑龙江省财政厅一位处长的话来说，就是“据测算，黑龙江省每生产一斤粮食，不包括农民人工及其他直接投入的成本，仅仅政策投入就需要3块多钱，而这3块多钱里，一方面，国家投入大约占有2/3，其他1/3由地方政府来承担，但是这些钱，主产区政府承担不起；另一方面，国家财政投入分散使用，打捆使用较少，发挥效用较低。另外，金融贷款上抵押担保贷款的条款过死，致使从事农业产业的企业和业主贷款困难，投入不足严重影响了粮食产业化发展”。

有人将这种资金投入管理称之为“多头资金管理”。一是资金的投入存在多头现象，从上面下来的资金来自多个部门，如科技部、农业部、水利部等多部委有各种经费投入。各部门基于自身职责与重点任务进行资金划拨，导致项目间资金分配不均、重复建设或遗漏关键领域等问题。此外，不同部门间的资金管理制度、标准与程序存在差异，增加了资金整合与统一管理的难度，影响了资金使用的整体效能。二是地方政府对应接收使用经费的部门也是多头，例如，省财政厅农村处、经贸处、科教文卫处各自负责特定领域的资金管理工作，形成了部门间的职责划分与资源壁垒，到了县级政府分别对应财政厅的计划股、农业股和经贸股都各有自己管的一摊。调研中发现，各粮食主产区均反映存在资金分散的问题，难以形成规模效应以应对关键性、系统性的农业发展挑战，很多人将这种资金分配方式称为“撒胡椒面”式的投入。而各部门出于部门利益考虑，不愿意放弃当前的资金使用权。

6.1.3 主产区财政资金投入使用效率低下

“抓粮”的前提是要有钱。从对粮食主产区的调查来看，资金使用中存在的问题还不少。

（1）基础设施建设资金使用方面

由于每年各部门都有资金投入，但总量较小，因此，虽然是多部门资金投入却难以形成合力，重复建设现象严重，而基础设施并没有得到相应的改善。以土地整治为例，作为农业基础设施建设的重要组成部分，其本应涵盖土地平整、土壤改良、灌溉排水系统优化等多个维度，以全面提升土地质量与生产能力。然而多次的小额资金投入，最后只是象征性地对土地表面进行了平整，并没有进行土壤改良等深入操作。这种“浅尝辄止”式的投入方式，难以从根本上解决土地质量低下的问题，限制了农业生产的可持续发展。调研中，有人反映说，“‘吃饭财政’只能搞‘救急’工程，难改基础薄弱现状。财力有限，以前就是搞些‘救急’工程，比如哪里的桥塌了，不修不行了，就想法子修修。从20世纪80年代起，镇里就没有过什么农业基础建设的大项目，基本上是零打碎敲、小修小补”。

(2) 农技推广资金使用方面

主要问题在于农业新技术、新品种推广难度很大。首先，农民群众的接受能力差。随着农村青年及有文化素养的劳动力大量流向城市，剩余在农村从事农业生产的劳动力群体普遍存在文化水平低、知识接受能力差的问题。Chinn（2017）通过农业统计数据进行实证分析发现，劳动力外流会导致农村发展环境更为恶化，破坏农业发展秩序和经济平衡。农村年轻劳动力的流失直接削弱了农技推广的受众基础，使新技术、新品种难以在农村推广。因此，如何提升农村劳动力的科技素养与接受能力，成为农技推广工作中亟待解决的问题。其次，财政支持机制的不足进一步制约了农技推广的深入。财政机制改革后，仅能保证农业推广战线的基本工资，推广试验经费少，没有农业新技术、新品种推广试验示范经费，这种资金配置的不平衡会导致农技推广工作停留在理论层面，而缺乏必要的实践验证与示范引领，从而降低农民对新技术的采纳意愿与信任度。最后，市场经济体制还未深入农村、农民。相较于城市，农民商品意识依然较为薄弱，农民对于农业新技术、新品种、市场信息等的关心运用程度不高，这种市场意识的缺失不仅限制了农民对新技术潜在价值的认知，也在一定程度上影响了农业产业化的发展。

由于多方面的原因，各项资金的使用效果都不明显、使用效率低下，加之对于资金使用的验收往往只从财务上进行限制，也就是只考察资金是否用在了应用的地方，而对于使用的具体效果则缺乏相应的监督机制。

6.2 粮食主产区财税政策对地区经济发展约束的原因分析

在“高产穷省”“财政困难”问题上，之所以出现粮食主产区财政不均衡、粮食产业利益低下、农民种粮收益较低的现象，一个最为主要的原因在于中央政府和地方政府的利益取向的不同，也就是两者有着共同但次序有别的发展目标（吕新业等，2017）。对于中央政府和地方政府来说，经济发展和粮食安全都是主要的政策目标。但是，次序是不一样的。从政策目标设定的宏观层面来看，中央政府是国家整体利益的代表，其政策导向往往侧重于国家的长期战略安全与基本民生保障，国家粮食安全是第一重要的大事，因此要求粮食主产区地方政府把粮食生产作为第一要务。但对作为区域经济社会发展的直接管理者和推动者的地方政府来说，影响地区发展和个人发展、未来升迁的主要因素却是经济水平，粮食产量只是次要因素。同时粮食企业与农户个体作为粮食生产链上的微观主体，其行为决策同样受到自身利益的驱动。粮食企业追求利润最大化，会优先考虑那些能够带来更高经济回报的领域；农户个体作为粮食生产的直接参与者，其种植决策也主要基于家庭经济利益最大化的考虑。就如一位市级政府官员所说，“粮食问题有四个不同的利益主体，‘中央要（粮食）安全、地方要财政、企业和农民要收益’”。多主体不同的利益取向必将导致不同的行为结果。

6.2.1 中央政府与地方政府利益取向不同

中央政府代表着国家的整体利益，总体目标是维护国家安全、保持社会稳定、保障人民生活。我国人口众多的基本国情，要求国家保证粮食安全。中央政府为保证人民生活健康发展的前提就是要实现粮食安全。在粮食生产方面，中央政府不直接参与其中，而是采取行政命令、制度安排、法律政策等手段约束相关主体保障和生产粮食，如确定 13 个粮食主产区。地方政府要执行上级政策、命令和指示，同时也代表着当地利益。促进当地经济发展、提高当地人民生活水平是实现地方政府利益最大化的利益诉求。由于生产粮食无法使当地经济得到有效和快速提升，地方政府为追求当地经济发展，并且要弥补区域间的发展差距，会采取各种手段将资源分配给收益较高的产业和领域，而中央政府要求地方政府实现粮食安全与供应，这就造成了两者不同的利益取向的局面。从中央政府、地方政府角度分析影响粮食主产区经济发展的财税政策的现实因素比较多，主要包括以下几个方面。

(1) 粮食作为一个无税产业，带给地方的财政收入太低

“在现行的财政体制下，抓农业不如抓工业见效快，抓农业不如抓服务业税收高。”一位县长的话说出了粮食主产区干部的心声。众所周知，自2004年全国逐步取消农业税以来，粮食便成为一个“无税产业”，粮食生产不能给地方带来财政收入。尤其是近年来在经济下行的背景下，粮食主产区特别是东北地区，财政增收日益困难（姜长云，2021）。与此同时，粮食主产区多是属于限制开发区域，由于土地、产业政策的限制，使主产区城镇化和工业化的发展受到限制，粮食主产区社会经济发展动力不足，进而加剧了区域发展不均衡、粮食增长态势缓慢、水土资源错配等方面的风险（鲁莎莎等，2011）。“粮食主产区”的头衔往往又禁锢了一个地方经济的自由发展，造成地方财政收入水平普遍低下。从被调查县市经济发展和财政收入等情况来看，第一产业均占有非常重要的比例，远远高于全国平均水平。但从经济发展和财政收入水平来看，调研地还有着很大的差距。粮食主产区的人均生产总值远远低于全国平均水平。从财政收入和支出来看，粮食主产区普遍存在着入不敷出的现象，并且缺口巨大，需要依靠国家转移支付来解决。

农业效益太过低下，直接导致了粮食主产区的“抓粮”积极性不高。某财政局的一位工作人员这样说，“实际上，产粮大省并不想做粮食产业，反而更希望要到发展的自主权，如果给我10000亩地的自主支配权，我可以建立一个工业园区，一年的财政收入可以达到几亿元，而全市的粮食主产区奖励资金只有几千万元，地方政府吃亏很多。与此同时，主销区则吃着我们产的粮食，发展着它们的工业和第三产业，经济发展和财政收入水平都远远好于我们”！

（2）中央政府的各项支农惠农建设投入项目，仍要求地方政府进行配套

中央投入资金的地方财政配套问题，也是长期以来影响粮食主产区发展的重要问题之一。国家曾多次下达文件要求降低或者取消粮食主产区的财政配套。早在2010年，财政部就印发了《农业综合开发资金若干投入比例的规定》（财发〔2010〕46号），调整了粮食主产省区的农业综合开发地方财政配套政策。要求取消粮食主产区的财政配套任务。2019年“中央一号文件”又提出，发挥粮食主产区优势，完善粮食主产区利益补偿机制，健全产粮大县奖补偿。但是实际情况是，直到今天，大部分粮食主产区仍然需要承担部分地方财政配套的任务。调查数据显示，黑龙江省绥化市近5年农业项目配套资金为该区每年的财政收入的1/2，地方政府的财政配套压力很大。

（3）粮食主产区奖励力度太小，大部分资金用于解决历史欠账和补充地方人员经费支出

粮食主产区奖励政策的出台，对于粮食主产区曾起到很好的激励作用。据统计，从2005年到2014年，全国粮食主产区奖励资金由最初的55亿元增加到351亿元，年均增幅20%，10年累计拨付奖励资金1589.2亿元，很大程度上缓解了粮食主产区的财政紧张状况。随着国家经济的发展，粮食主产区奖励资金对于地区财政支出的作用越来越差，激励作用也就越来越小。从被调查地区可知，黑龙江省某县，其粮食主产区奖励资金只占到财政支出水平的0.76%，而其第一产业比重则高达56.5%。从人均占有的奖励资金来看，农民种粮所获收益，远不如外出打工一天的收入高，这也是农民种粮积极性低，以及粮食主产区财政不足，导致人才流失的重要原因。而另据一项调查数字，粮食主产区和其他粮食主销区、经济强省发展的差距正在变得越来越大。目前，粮食主产区的人均财政支出水平不及全国平均水平的1/3。如果拿粮食主产区奖励资金与全国平均财政支出水平相对比，更是微不足道。粮食主产区的财政情况较为糟糕。国家每年投入的粮食主产区奖励资金大部分都用来填历史负担的“窟窿”，已无余力进一步提高粮食生产条件，加大粮食生产。

（4）现行土地制度和干部考核方式使得“保粮食”与“促发展”存在矛盾，不利于调动“抓粮”积极性

从目前粮食主产区的土地制度和干部考核方式来看，粮食主产区粮食生产和经济发展之间存在矛盾，“保粮食”客观上也使得粮食主产区失去了很多发展机遇。

一方面，我国对基本良田实施极为严格的保护制度，而粮食主产区由于耕地比例较高，肩负着保护耕地和基本农田的重任，土地用途转换受限，可用于建设的土地较少，限制了区域经济的多元化发展路径。基本农田实行了严格的耕地保护制度，没有多余的土地来发展工业和第三产业。但是，由于“无工不强，无商不富”，没有工业和商业发展的支撑，农业生产没钱投入、农民增收得不到保障，使得粮食主产区经济发展越来越慢；与此同时，由于没有其他发展机遇，粮食主产区只能进一步加大粮食生产。由此，粮食主产区陷入了“越抓（粮食）越穷、越穷越抓”的怪圈。以黑龙江省为例，近年来有许多大企业计划投资上亿元的大项目，由于土地限制，这些项目都泡了汤。另一方面，当前以GDP和财政收入为主的干部考核方式，即这种

"唯 GDP 论"或以财政收入导向的考核方式，本质上是一种结果导向的绩效评估模式，而这种单一的评估标准忽略了不同地区之间资源禀赋、产业结构及功能定位差异，不利于粮食主产区粮食生产的发展。当前按照经济数据进行排名的考核方式，从指标设置上来看，往往有利于工业型、资源型的地区发展，而农业生产的附加值较低，粮食主产区很吃亏。一位被调查的农业局干部这样说，"这些年我们一直在抓粮食生产、抓中低产田改造、抓基础设施建设，'晴天一身土、雨天一身泥'，结果年终一考核，反而落了后。心里不是个劲"。地方抓粮的积极性受到很大的挫伤。

（5）农业社会化服务体系不健全，特别是金融保险对于粮食生产起不到应有的作用，使得地方政府承担的社会责任进一步加大

我国长期以来的"大政府"传统使农民习惯碰到任何事情都依赖政府解决，再加上在一些具体事务上确实"有利可图"，使一些原本应该由市场解决的社会化服务职能一直由政府担任。在粮食主产区粮食生产中，金融保险等社会化服务功能就比较落后，严重制约了农业的发展，具体体现在：

首先，信贷支持缺位。发展规模经营、扶持新型经营主体是我国农业发展的一个方向。在合作社、种粮大户转包的耕地中，大多是排灌条件差、耕种难度大的田土，前期需投入大额资金用于修渠筑路和土地整理，生产期还需购买种子、化肥、农药等生产资料，筹资压力很大。但是筹资过程中由于农业生产易受到自然灾害的影响、投资回报周期较长，且具有不确定性以及缺乏有效的抵押和担保能力，农民贷不来钱，只能靠民间借贷来获取。

其次，农业保险有问题。农业保险能够为农民规避风险、提供资金补贴等优点，保障我国粮食安全。然而现阶段的农业保险存在一定问题：一方面是保障水平太低，另一方面是保障制度不健全。某农业局局长说，"现在农业保险保额太低，每亩小麦玉米补偿标准太低，而将一亩地租出去，租金都远远比这些高。另外，农业保险赔付中，农户和保险公司的信息存在极大的不对称，而保险赔付条件又极为苛刻，以规避潜在的赔付风险，这就造成了农民不愿意投保"。

6.2.2 地方财政水平落后制约地方国有粮食企业改革

综观粮食主产区国有粮食企业的生存现状，可以发现在主产区，国有粮食企业生存艰难是一个极为普遍的现象。共性的现象背后最为重要的原因在于地方国有粮食企业改革不彻底，没有从根本上改制成一个政企分离、自主经营、自负盈亏的市场主体。而制约其改革和发展的主要因素包括以下几点。

（1）地方经济发展和财政收入水平落后

从全国来看，各地区进行国有粮食企业改革的程度有很大的差别。在粮食主销省和产销平衡省中一些经济发展快、地方财力好的地方，政策落实得好一些，改革也就相对彻底。而粮食主产省份在推进粮食企业改革过程中，由于承担着保障国家粮食安全的重任，农业较为突出，工业和服务业发展较为低迷，在改革中无法提供充足的资金，因此大部分都采取了量力而行、分步实施的办法，政策落实情况不好，出现的问题也就相对较多。

从粮食主产区实际情况来看，不同的经济发展水平与财政收入能力对国有粮食企业改革的影响很大。地方经济发展较快、财政收入水平较高的潜江市国有粮食企业改革得比较彻底，当前经济发展得也比较好。而经济发展比较慢、财政负担比较重的省份，国有粮食企业改革不彻底。改革过程中未能充分激发国有粮食企业应有的市场活力，没有反映出"工业反哺农业"的作用。在政策制定过程中，各地方政府要统筹安排财政资金，"以工补农"是一个重要的方式和渠道。

（2）当前粮食流通体制不顺畅

经过了三轮粮食流通体制的改革，国有粮食企业的定位、作用发生了根本变化。传统上国有粮食企业作为"计划主渠道"，承担着粮食购销的垄断性职责，确保粮食市场的稳定供应与宏观调控。然而，随着市场化改革的不断深入，国有粮食企业逐渐从"计划主渠道"向"市场主渠道"过渡，但由于市场化程度的加深，在粮食购销市场中逐渐担负不起"市场主渠道"的责任。调查发现，当前地方国有粮食企业的一个主要症结在于体制的不顺畅，而这种不顺畅主要反映在与中储粮的关系上。

在粮食流通体制改革过程中，国有粮食企业的角色定位和职责功能发生了变化。没有中储粮之前，国有粮食企业承担了政策粮的收购、流通工作，是当之无愧的主渠道。在中储粮成立之后，中储粮、粮食局和地方国有粮食企业的关系就发生了微妙的变化。从政策设计上来看，三者之间的关系是这样的：中储粮直属库主要负责政策性粮食的收储和监管，对收购粮食的数量、质量、存储安全负责；地方粮食局主要负责粮食市场价格监测，对政策执行情况、资金使用情况、安全生产、储粮安全等进行行政监管；地方国有粮食企业负责政策粮的收储和保管。这就造成了如下问题：一是谁来管粮？

中储粮还是粮食局？二是谁来收粮？是直属库还是地方粮食企业？而从当前的实践来看，中储粮似乎既担任了收粮，又担任了管粮的工作。

由于这种职能划分的不清晰，造成了体制的不顺畅，三者之间的矛盾越来越大，主要体现在：一是中储粮管理体制与粮食局行政管理职能重复交叉，使得粮食行政管理部门无法真正履行管理全社会粮食流通的职能，加之《粮食流通管理条例》虽赋予粮食行政管理部门的职权，但实际的可操作性较低。地方粮食局实际处于既无法执法监管，又无法彻底实行政企分开的尴尬境地。而中储粮企业完全掌握政策性粮食收购资金供应、粮食调拨和购销计划，从很大程度上取代了地方粮食行政管理部门原有的职能，由此出现了两套人马管粮食现象，不仅增加了政府管理成本，而且制约了企业的生存发展。二是地方国有粮企难以实现敞开收购。地方国有粮企作为粮食收购体系的重要组成部分，在收购资金、收储数量、收储时限上完全受制于中储粮企业。中储粮企业在收购中占有绝对优势，为实现其自身利益最大化，它们采取减少地方库点审批、实施资金控制等手段打压地方粮企，加剧地方国有粮企生存压力，阻碍其有效履行粮食收购与储备的社会责任，致使星罗棋布在各乡镇的国有粮企难以真正高效吸纳周边农户的粮食，出现了“开磅不收购、托市但无市”的怪现象。

为了打破中储粮一家独大，既是“运动员”又是“裁判员”的格局，对中储粮进行分权，明确由国家粮食局、农发行、中储粮三家共同确定收购库点、共同验收、共同监管。但从实际执行效果上来看，并不明显。例如，分权方式之一：金融监管分权具有局限性。由农发行进行临储收储资金的金融监管，不由中储粮统贷统还，改为由收储企业分别向农业发展银行贷款，中储粮将不再总揽临储收储资金的使用。但从各县（市）的调查情况来看，由于国有资产不能抵押等诸多因素，大部分的地方国有粮食企业依然没有“从中储粮贷款”的资格，从而未能有效提升资金流动性和市场参与度。分权方式之二：收储库点确定机制形式化严重。收储库点由国家粮食局、农发行、中储粮三方确定。但从某县的调查情况来看，实际上收储库点依然由中储粮来定，最后只是将结果“通知”给地方粮食局和农发行，未能真正实现权力的分散与制衡，使收储库点成为“摆设”。分权方式之三：行政监管执行力不足。由粮食部门对各收购主体进行行政监管。粮食部门主要的监管方式之一就是收储资格证的发放，而从各地调查情况来看，许多没有获得证书的企业依然从事着粮食收储经营，表明未能有效促进资金流动性和市场参与度的提升，而地方粮食局缺乏执法权，导致监管效果大打折扣。

（3）地方政府的重视程度与主要领导的决策力不够

粮食主销区一些国有粮食企业改革的经验表明，地方政府的重视程度和主要领导的决策力是改革成功的一个关键要素。而从实际调查情况来看，地方政府对国有粮食企业改革的重视程度不够。许多调查对象反映说，“政府对粮食生产较重视，但对流通的支持政策相对较小”，进而制约企业改革的成效。因此，许多企业在进行改制的时候会面临缺乏相关政策依据的问题，改制的形式、内容及各项补偿标准难以确定，改革资金也无法得到保障。另外一个关键要素是地方主要领导的决策力。在当前的政绩考核标准中，经济发展和稳定是两大主要指标。而对于国有粮食企业的改革则像是一个“火药桶”，一碰之后随时都有爆炸的可能，而且改革之后并不能对地方经济发展和财政收入带来显著的变化。因此，许多地方领导选择了将改革任务留给下任领导，这种“踢皮球”现象会延误国有粮食企业的改革最佳时机，同时也削弱了企业对改革的信心。事实上，对于改制的资金短缺问题，许多地方粮食企业负责人表示，只要领导足够有魄力，许多地方的国有资产可以通过置换、拍卖的方式换取大量的资金用来进行改制。但是，这一改革高度依赖地方领导的决策魄力和对国有资产流失风险的容忍度。若领导缺乏魄力和担当，往往因担心承担国有资产流失的责任而畏首畏尾，则最终会导致改革资金无法到位，改革进程受阻。

（4）资金、人才、技术等的短缺限制了企业多种经营的发展

目前地方国有粮食企业仍以政策粮的代储作为主营业务，甚至是唯一业务。这不是因为地方国有粮食企业负责人没有好的经营设想，而更多的是因为资金、人才、技术等的短缺。

首先看资金。一是改革所需资金。虽然国务院历次出台的改革方案和文件上都提到了如何筹措资金进行改革，但是主产区国有粮食企业改革在资金上依然有很大的缺口。而且，随着时间的流逝，改革的难度越来越大，主要体现在所需资金数量越来越多。原因有两个：第一，目前工资、生活费用标准提高较快，改革成本不断上升，导致资金缺口不断增大，以及改革过程中涉及人员安置、资产处置等方面的费用，也对资金需求提出了更高要求；第二，改革资金筹措困难，资金主要来自对国有粮食企业闲置资产的处置，但是由于处置过程中面临拍卖设计、地理位置不佳等，造成困难较多，严重影响了资金的回收效率。二是经营资金。在政策性经营方面，受托市收购贷款政策的影响，地方国有粮食企业一般不具有托市粮食的收购贷款资格，收购资金的供应和托市粮的存储期限基本由上一级中储粮企业掌控。由于收购资金申贷和发放手续繁杂，进一步加剧资金供应与收购的不同步性。国有粮食企业没有经营自主权，在收购时间和收购数量上受收购资金的制约越来越大，致使国有粮企因此失去最佳收购季节和时机，掌握粮源少、收储效益低的问题凸显。在贸易粮经营方面，由于粮食经营资金需求量大、利润微薄、市场竞争激烈和银行信贷门槛过高，政策性收购以外的收购贷款更是难以争取。这种资金短缺的状况，仅靠粮食职工自筹资金难以解决，导致其在市场竞争中处于不利地位。县域国有粮企陷入了“政策粮有钱不好收，贸易粮无钱不能收”的尴尬境地，企业经营发展已近生存的边缘。

其次看人才。人才是企业创新发展的核心驱动力。由于待遇低下、没有前途，很多年轻职工都选择了下岗再就业，留在企业的职工的平均年龄为50岁，企业也已经好多年没有补充新鲜“血液”进来。原有职工普遍学历层次低，对新技术掌握能力和意愿都不强，很难促进企业的技术革新。多元化经营要求企业具备跨领域、复合型的人才队伍，包括市场营销、金融投资、信息技术等多个方面的专业人才。例如，在信息化建设方面，国有粮食企业中具备信息化技术的人才资源不足，无法满足国有粮食企业信息化建设的要求，制约了国有粮食企业向信息化、数字化方向的发展（蓝艺，2024）。然而，一是由于人才引进与培养机制的不足，许多地方国有粮食企业在引进大量人才方面较为困难，只能对企业内部人员进行培训，而部分员工接受能力有限，使企业在人才资源方面往往难以满足多元化经营的需求，从而限制了其业务拓展的广度和深度。二是国有粮食企业在后备人才培训方面存在培养不系统、培训不具有针对性和实用性以及培训过程浮于表面、流于形式等问题，导致国有粮食企业后备人才不能满足企业未来多元化经营的需要，使国有粮食企业无法实现高质量发展（赵南林，2022）。

最后看技术。技术创新是推动企业转型升级，也是实现可持续发展的关键力量。Reardon（2015）认为，国家对于农业的投入与农业企业的发展程度联系密切，他提出农业投入与模式创新能够推动农业产业化发展进程，并且还要通过技术创新来优化农业产业结构。然而作为传统国有企业，地方粮食企业大部分都只有储备粮食一项经营方式，而且从各地的调查情况来看，粮仓大部分都建造于20世纪七八十年代，甚至一些地方建造于20世纪

50 年代的仓库仍在使用，新型技术并没有得到很大的应用。一方面，由于资金与人才资源的限制，企业难以承担新型技术的研发和引用成本；另一方面，企业内部缺乏鼓励创新的文化氛围与激励机制，导致员工在技术创新方面的积极性不高。在快速变化的市场环境中，技术更新换代的速度日益加快，而地方国有粮食企业在技术追踪与应用方面存在一定的滞后性，进一步限制了国有粮食企业多元化经营的发展。

7 国外促进粮食生产地区发展的财税政策经验及启示

7.1 发达国家促进粮食地区发展的财税政策经验

7.1.1 美国：以农业保险和农业直接补贴为主的财税政策

身为发达国家的美国有很强的经济实力，可以对粮食生产方面进行大量的资金支持（A et al.，2013）。虽然农业对国民经济贡献率不断减弱，美国农产品出口额在1980年时占出口总额的16.99%，2018年下滑至9.24%，2019年农业就业人数占总就业人数比重的1.36%，农业增加值占美国GDP的0.91%，但是美国长期以来一直对本国的农业有着较高的财政支持，以确保国家粮食安全和粮食出口大国的地位（魏玉君和叶中华，2019）。多年来，美国多次对财税政策进行改革，以适应不断更新的国际规则和本国的国情农情，这些政策变革将为我国制定粮食财税政策提供重要的启示。

（1）从价格支持政策到直接补贴政策

美国前期以农产品价格支持、收入补贴和农业保险为主的财税政策，后期主要是以农业保险和农业直接补偿为主的财税政策（高道明和田志宏，2018）。早在20世纪初期，第一次世界大战爆发之前，美国的农业发展就已经进入“快车道”，农业领域的机械化水平的提高使劳动成本降低，生物化学技术的有效利用使粮食亩产增高，国内粮食剩余而使粮食出口增加，农场主收入增加。在1928—1932年的大萧条期间，粮食的生产产量未受太大影响，但是价格却下降了63%，因价格下跌而导致农户收入下降，粮食生产陷入低迷。1933年，罗斯福执政时颁布的《农业调整法》是支持农业生产的第一部法案，也是美国第一次实施对粮食的价格支持政策，无所索赔贷款制度可以让农民贷到足够资金来进行粮食生产。待粮食收获时，如果现价所售的全部粮食不足以偿付贷款，农户可以选择用粮食来抵押贷款；如果市场价格高，农户可以选择售出粮食，归还贷款。政府第一次对粮食产品市场进行政治干预，后来几年里因粮食库存积压严重，联邦政府又开始实行目标价格制度，根据目标价格对农民施行差价补贴，对于过剩的粮食，政府予以储存补贴和耕地休耕补贴。同时粮食进行出口补贴，以低价的方式提升粮食国际竞争力，同时进行贸易保护，设置关税壁垒。这些政策的实施解决了美国农业出现的危机。1980 年后，许多依赖粮食进口的国家因农业技术进步而能满足自给或者转变为粮食出口国，国际粮价大跌，美国国内农民收入恶化，1982—1987 年，美国给农户的直接支付在农户的农业收入中占 1/3 以上，直接补贴也由 1950 年的 2.83 亿美元，上升到 1987 年的 167.5 亿美元。后来随着农民收入的改善和非农收入的增加，农民对补贴的依赖度也下降了，加入 WTO 后有些财税政策属于“蓝箱”和“黄箱”，面对国内的呼声和国外的压力，美国政府开始对农业政策进行改革，《1996 年联邦农业完善改革法》中规定取消收入支持，逐渐降低农业补贴的力度。美国联邦政府对农业政策有效调整，特定农产品的“黄箱”支持率低于 WTO 的微量允许要求，在保护本国农产品的同时不违反 WTO 的规则。20 世纪 90 年代末，美国国内出现粮食价格下滑、农民收入下降的趋势，联邦政府开始从扩大财政对农业领域的支持力度，开展多种类型的农业补贴政策，选用与价格支持政策有同样功效的市场贷款项补贴，后续实行了反周期补贴。1933 年至今，美国陆续出台多部支农法案，最近的农业法案是 2018 年美国政府出台的《农业提升法》。美国以《农业法案》为基础形成法律体系（见图 7 - 1），并根据最新的农业发展趋势和 WTO 的新规定，每五年为一周期进行调整，对具体的支持项目和补贴政策进行更新和细化。在最新的《2018 农业法案》中，美国将对有机农业的科研和推广投资提升至每年 3000 万美元。美国有一套完善科技研发和推广的机制。美国有专门立法来保障农业技术推广——《农业试验站法》和《农业推广法》，所以美国的科技转化率极高，农业科技推广率已超过 80%。美国采取双向科技推广模式，有自上而下，也有自下而上，所有的科研成果都是基于市场需要或者农业需要而研发的，大大提高了科研转化率。

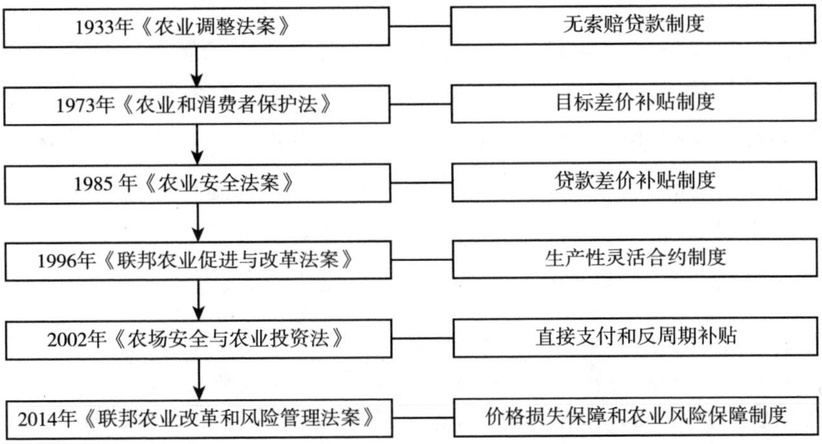

图 7－1 美国各时期主要粮食财税政策

（2）农业保险补贴政策

在 1996 年之前，美国的保险产品主要是产量保险。1996 年，美国被迫取消从 1933 年一直沿用至 1995 年的粮食价格支持方面的政策，为了克服粮食价格波动给农户收入造成的不良影响，确保农户在粮食产量和农业收入方面都得到保障，美国开始推行收入保险。在 1996 年时，农业收入保险保费只占总农业保险保费的 7.9%，到了 2017 年就高达 79.7%。收入保险相比于产量保险，能够有效稳定农民收入，织密农户收入的安全网，同时防范化解传统自然灾害风险和市场粮食价格变动带来的风险。从产量保险到农业收入保险，美国政府一直实施保险补贴机制，对农户进行保险费用补贴，对私人保险公司进行经营管理费用补贴和事后再保险。尤其是到了 2014 年之后，美国取消了对农业的直接补贴、反周期支付和平均作物收入选择补贴，再次加大了对农业保险的保费补贴。有统计资料显示，2018 年农作物保险占政府补贴保费总额的 62%，剩余 38% 由农户负担。价格损失保障（PLC）和农业风险保障（ARC）也是从 2014 年开始施行。法律为农业保险提供长效机制。1938 年美国颁布的《联邦农作物保险法》，设立联邦农作物保险公司（FCIC），1980 年对该法案进行了修订，允许保险公司参与，并对私营的保险公司进行补贴和再保险，1994 年的《联邦农业保险改革法》中规定农户必须参与农业灾难保障制度（CAT），政府提供全额保费。经过多年的修订和补充，目前美国的农业保险法律已经是一个完善的法律体系，使农业保险参与者都可以依法来维护自身的权利，促进农业保险的稳定性和可持续性

(Smith & Glauber, 2012)。美国的营销援助贷款和贷款差价支持涵盖所有粮食作物，农户以将来的作物产出作为抵押品向政府申请贷款。如果在将来粮食价格低于贷款率，生产者可以选择不偿还贷款，作为抵押物的粮食归政府；如果农户执意要回抵押物，政府则会给予农户市场价格与贷款率的差额补贴。此外，为满足不同农业经营主体对各种风险回避的需求，美国还有非保险农作物灾害援助计划、紧急农业贷款，针对各种灾害补偿计划，与农业保险计划相互补充，共同分散农户面对的农业风险。

7.1.2 日本：培育青年农民与多元化的补贴政策

在粮食生产方面，日本与我国有着几乎相同的自然禀赋，即人多地少，人均耕地面积小，地块细碎（安琪等，2017）。由于日本特殊地理位置，自然灾害频发，生态环境脆弱，日本更加重视农业的可持续性发展，走上绿色产粮的发展道路。虽然两国粮食总产量受到土地资源的约束，但日本比我国在粮食安全方面表现突出，在《2020 年全球粮食安全指标报告》中，日本粮食安全指标在全球排名第 9 位，而我国位居全球第 39 位。2017 年，虽然日本粮食热量的自给率仅为 38%，大部分食物需要依赖进口，但是大米热量自给率仍然维持在 95% 以上，这得益于日本政府长期以来对大米的财税政策支持。日本是典型的小农经济，由于受自然条件限制，农业发展的前景并不乐观，所以口粮安全被放在优先发展的地位。日本人喜食大米，日本政府所实行的财税政策将提高稻米的产量作为重点，后因消费者需求多元化和国家人口减少的缘故，财税政策目标转移至提升稻米的品质。已经实现农业现代化的日本在保证粮食生产的政策、技术和法律上均已成熟。同时，日本在保障主要粮食生产面积，解决抛荒弃耕和劳动力老龄化方面积累了很多经验，值得我国学习。

（1）培育青年农民政策

长期以来，日本面临着农业劳动力老龄化严重，后续劳动力接续不上的问题，在过去的半个世纪，日本一直致力于解决这个问题。从 1955 年开始，日本进入经济快速发展时期，由于农业劳动力转向非农就业，农村“空心化”、农业劳动力老龄化日益严重。随着日本工业的蓬勃发展，农业领域相比之下显得日益落后。尽管日本政府长期以来对农业实施了多方面的支援和保护措施，但农业与工业之间的收益差距显著，导致大量农村青年劳动力持续流出，涌向城市寻求非农就业机会。这一趋势延续至今。根据最新数据，

2023年日本农业就业人口中，65岁及以上的劳动者占比已高达72.1%，而骨干农业从事者的比例也维持在较高水平，约为70.5%。这一现状加剧了农村地区的弃耕抛荒问题，使得原本就脆弱的农业基础面临更为严峻的挑战。为应对这一困境，日本政府需进一步探索有效措施，以激发农业活力，吸引年轻一代投身农业事业。

日本多次对新务农人员进行金融援助，清除阻碍农地流转的各种障碍，政府多次修订《农地法》，允许非农法人进入农业领域，从事农业生产。在1990年之后，日本政府着手培育了一系列新型农业经营实体，涵盖法律认定的家族农户、村落集体经营以及农业生产企业等不同形式的经营主体。为了实现从小农户到骨干型农户的转变，日本从1993年开始施行认定农业者制度，经过审核，认定成功，就可成为认定农业者，可享受政府的税收优惠和资金扶持。2004年日本开始设立《新务农人员促进法》，2007年"青年务农计划"开始施行，新务农人员享有长期无息贷款政策，各都道府县政府对其改善生活条件和生产条件予以一定的补贴以及其他各种政策优惠，吸引不少青年劳动力从事农业生产；从2007年起，农村的青年劳动力呈增长趋势。吸引人力资源流入乡村，政府投入大量财政拨款，对中小型农业机械进行高额补贴，改善农村的基础教育等社会化服务体系，提升农村生产生活的硬件和软件设备，进行乡村文明建设。2013年，日本政府出台《农林水产业·创造地域活力计划》，逐步降低大米直接补贴，建设有效的土地流转中介服务组织，给予适度经营规模的农户补贴，减轻规模农户的生产压力。为满足不断变化的消费需求，提高自给率，减少进口依赖，对于豆类、麦类和饲料用粮予以支持，给予生产者补贴金。创立了直接支付补贴体系，旨在建设农业与农村多功能性，健全生产领域的社会化服务，也为农业规模化经营提供了便利，农协可以为粮食生产的产前、产中、产后提供各项生产服务，这些措施部分缓解了粮食生产危机，推进日本粮食产业化、规模化发展。在未来，中国或将面临同样的问题，日本政府的一些做法能给我们一些启示。

（2）多元化的直接补贴政策

第二次世界大战后，日本的粮食生产也因为战争受到重创，农业萧条，粮食供不应求。为了鼓励粮食生产，日本进行开垦荒地和农地改革（见图7-2），以耕者有其田为目标，使许多佃农转变为自耕农，土地私有化极大地调动了农民产粮积极性。1960年，日本施行《农业基本法》，对农田水利设施与农村基础设施方面进行投资建设，为以后日本的农业发展奠定了基础。日本开始对农业进行补贴，分为直接补贴和间接补贴。直接补贴是针对基础设施建设和土地改良而使用，间接补贴是一些有关农户的贷款补贴。价格支持政策是根据生产成本和农民工资报酬来制定的粮食最低售价。在政策实施十年后，日本稻米的自给率从102%提升至106%。后来因国民食品消费结构调整，对大米的需求量变少，同时增加了对小麦制品和饲料量的需求。稻米出现供给过剩，库存积压导致财政浪费。日本政府开始鼓励休耕，缩减稻米种植面积，鼓励种植优质稻米代替普通稻米。1978年新修订的《粮食管理法》规定了“双重米价”，提高了生产方的售价，降低了消费方的卖价，对农民进行价格扶持，在调动粮农种粮积极性和确保粮农收益方面确实有很大的贡献。配合使用的政策有粮食进口限制政策。日本农业缺乏竞争优势，所以对进口粮食，特别是大米，采用高关税，限制进口。后来因为违反了WTO的规定，在1994年的乌拉圭回合谈判中迫于国际压力，开始部分开放大米市场，改革价格支持政策，逐步过渡为直接补贴政策。在1994年乌拉圭回合谈判前，日本国内和国外两个市场，国内粮价远高于国外粮价。逐步开放之后，国内粮农利益受损，为了把对农民的伤害降到最低，政府开始向“绿箱”政策过渡，对农民进行直接补贴，比如基础设施建设，对山区耕地农民进行直接援助。日本对有限的土地资源很珍视，一直以来都对耕地改良投入大量人力和物力，用以兴修水利、平整土地和疏通道路等，并专门制定立法——《土地改良法》来指导和保障土地改良的长期有效实施。日本山区和半山区的耕地面积占了全国耕地面积的40%，稳定山区和半山区的粮食种植面积，有利于稳定粮食生产，保证国家粮食自给率。山区和半山区耕地稀碎化、土质差、污染严重，随着农业劳动力的流失越来越严重，山区和半山区弃耕抛荒的面积也越来越大。为了降低山地和半山的耕地弃耕率，2000年日本开始对山区和半山区农户进行直接补贴，当时补贴的标准是耕作成本和农地类型，后来补贴机制日益完善。在2011年之前，山区和半山区的农业直接补贴占直接补贴总额的98%，后来日本发展生态农业，对农业生产环境方面的补贴力度不断加大。经过多年的发展，又新增了环境友好型农业直接补贴政策和农业多功能直接补贴。环境友好型农业直接补贴政策是为了支持有机农业和绿肥作物生产而制定；农业多功能直接补贴政策是为了支持小规模村落对农地资源的保护，最终形成了成熟完善的农业直接补贴体系。随着后两项补贴——农业多功能补贴和环境友好型补贴的落实和进一步发展，到了2019年，山区和半山区的农业直接补贴额占比下降为35.1%，农业多功能补贴占直接补贴61.9%，环境友好型补贴占直接补贴的3%。这三项补贴政策确实减缓了日本农地面积消失的速度。根据日本农林水产省的统计资料，2000—2005年山区和半山区农地面积增加了1.15万公顷，2015—2020年山区和半山区的农地面积增加了1.74万公顷。无机化肥和农药的减量，有机肥的广泛使用，使农田的地力也有了很大的改善。粮食的品质提高，增加了粮食的竞争力，农民获得销售溢价，提升了农民的利润空间。一些条件脆弱的山区和半山区，农田基础设施也得到了很好的养护和修缮。

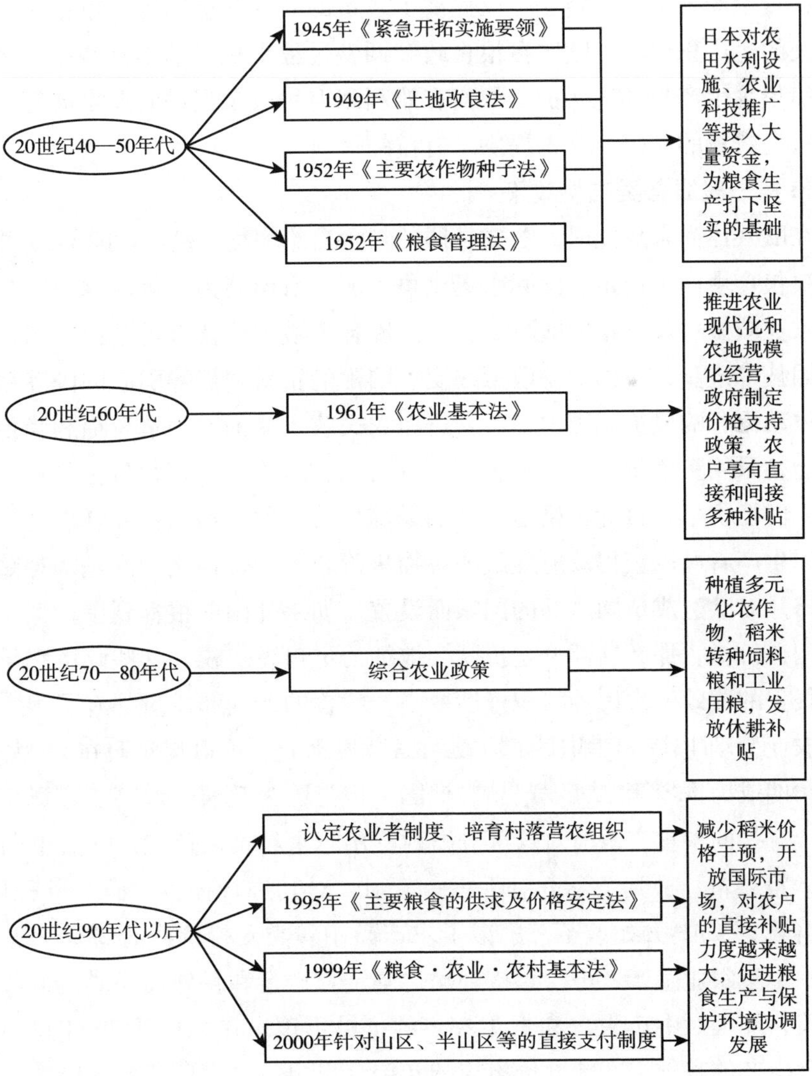

图7-2　日本各时期促粮食发展的主要财税政策

7.1.3 欧盟：重视价格支持和环境保护的共同农业政策

欧盟的28个成员国均为发达国家，其粮食发展的财税政策旨在稳定国内粮食价格并促进粮食增产。自1962年欧共体共同农业政策实施以来，欧盟根据外部环境的变迁和农业发展的实际情况，不断调整其粮食政策（Altamore et al.，2024）。从最初的满足粮食自给，到后来的粮食绿色生产，欧盟的政策导向日益明确。同时，其补贴方式也从间接的价格支持转变为直接补贴给粮食生产者，这一转变不仅提高了政策的效率和透明度，也更好地激发了农民的生产积极性。欧盟在粮食政策调整过程中积累的丰富经验，包括如何平衡粮食生产与环境保护、如何有效利用财税政策促进农业发展等，都为我国粮食政策的制定和完善提供了有益的借鉴。

（1）一般服务类支持政策

在欧共体尚未成立时，各成员国的粮食自给率均不高。1962年欧共体为了解决粮食生产不稳定、国际市场竞争力弱、自给能力弱等问题而实行欧盟共同农业政策（CAP）（见图7－3），政府开始对粮食市场进行干预。为了平复因技术进步，各国贸易政策改变、国际的贸易摩擦等引起的国际粮价的剧烈波动而影响成员国国内粮价，进而农民收入受损或消费者福利受损的问题，起初采用粮食价格支持政策，设置有三种价格，分别是目标价格、干预价格、门槛价格。目标价格是粮食的最高价；干预价格是在粮食供过于求补贴时，生产者可以获得政府发放的谷物售价与干预价格之间的差额补贴；门槛价格是对欧盟成员国之外的国家而设置，如果外国的粮食到岸价低于所设置的门槛价格，那么这部分差价就会被征为进口差价税。这些政策在早期收到了很大的成效，农民种粮积极性变高，粮食的产量和质量都有了很大的提升，农业劳动生产率和农民人均收入也增长迅速。这也使欧盟在20世纪90年代中期成为世界第二大农产品出口国。但是因为政府要以高于市场价格购买生产过剩的粮食，政府对这部分财政支出越来越难以负担，欧盟也因“黄箱”政策超量，遭到了竞争对手——美国，对其进行控诉。面对种种压力，1992年欧盟CAP开始改革，削减了农产品中谷类支持价格的29%，开始尝试对中小型农业生产者进行直接补贴，制定与产量和耕地面积脱钩的收入支持政策，加大对中小农户和青年农户的补贴力度。在之后的20年里，在保证粮食生产的基础上，粮食价格支持和粮食出口补贴力度不断被削减，出口补贴在2011年削减为0，目前在谷物类仅对小麦、硬麦和大麦保持一定比例的价格支持，但支持价格小于市场价格，几乎不会对市场起到扭曲市场价格的作用（Bartolini and Viaggi，2013）。农业财政拨款从2003年开始转移向农业环境保护、食品安全等领域。价格支持与直接补贴的比值也不断降低，农业财政政策实现了市场导向型，优化了农业资源配置效率。由于在20世纪后半叶，农村和城市发展差距逐渐拉大，青壮年劳动力流失速度加快，城乡地区收入不平等现象也日益严重，偏远地区的农村更甚。《2000年议程》形成“两个支柱”，第一支柱是直接补贴和市场支持政策，第二支柱是为了发展农村地区经济而设立的农村发展政策，第二支柱的预算应占到总预算额的30%，用于提升农村的教育、服务化体系和自然环境等。为实现粮食供给的可持续性，CPA规定其中环保支出至少占第二支柱的30%。在欧盟成员国的农村地区，大部分留在村庄的农民受教育水平有限，年龄偏大，对环境保护的感知能力弱，对新技术和新知识的接受能力差，对他们进行教育和培训十分必要。第二支柱中加入了农民培训项目，实行环保行为与补贴挂钩的补贴政策，提高了农民的素质，实现了环境友好型粮食生产。因为欧盟成员国众多，每个成员的国情不一样，农业发展状况也有一定差异，为提升CPA政策的有效性，欧盟允许各成员国在CPA总体预算中，有15%的份额可以灵活地在第一支柱与第二支柱之间进行分配。

（2）环境友好型补贴政策

1970—1978年，农业劳动生产率年增幅在4%—5%。但是在20世纪70—80年代时，因为种粮面积过大，粮食生产过剩，国际上谷物的价格普遍下降，导致财政压力过大，农业预算支出占总支出的70%以上。同时因化肥农药的滥用而造成的环境污染，为以后的粮食生产的可持续性埋下隐患。以牺牲环境为大代价的农业增产并未持续太久，很快农业环境保护变成了欧盟的当务之急。人们的环保意识增强和食品安全问题日益凸显，欧盟的农业政策改革侧重于环境保护，实现农业绿色生产转型（Hristov et al.，2020）。2013年直接补贴又分为了两类——强制补贴和自愿补贴。强制补贴包括新基础补贴、绿色补贴和青年农民补贴。自愿补贴包括自然条件恶劣区补贴、小农场补贴等。绿色补贴约占强制性补贴的30%。直接支付类型的补贴约占CPA总预算的72.66%，市场价格支持占总预算额的5.48%，第二支柱占CPA预算额的21.59%，直接补贴在农民收入中的占比增大了45%。青年农民素质在一定程度上决定了将来的农业发展方向，各成员的直接支付额中，CPA规定青年农民补贴至少占直接支付总额的

2%，在农村发展政策中也专门设置项目对青年农民进行资金支持（Fabian et al.，2011）。为了增加年轻人对土地的可获得性，成员国修改土地继承制度，让年轻人有机会加入农业生产。科技创新是解决绿色生产的有效途径，欧盟通过“欧洲地平线”和“农村发展项目”这两个渠道来倾注科研创新资金。经过将近60年的政策改革，欧盟共同农业政策已日臻完善，实现了粮食安全、稳定了农村的就业水平和修复了农村生态环境，实现了经济、社会和生态三大发展目标。

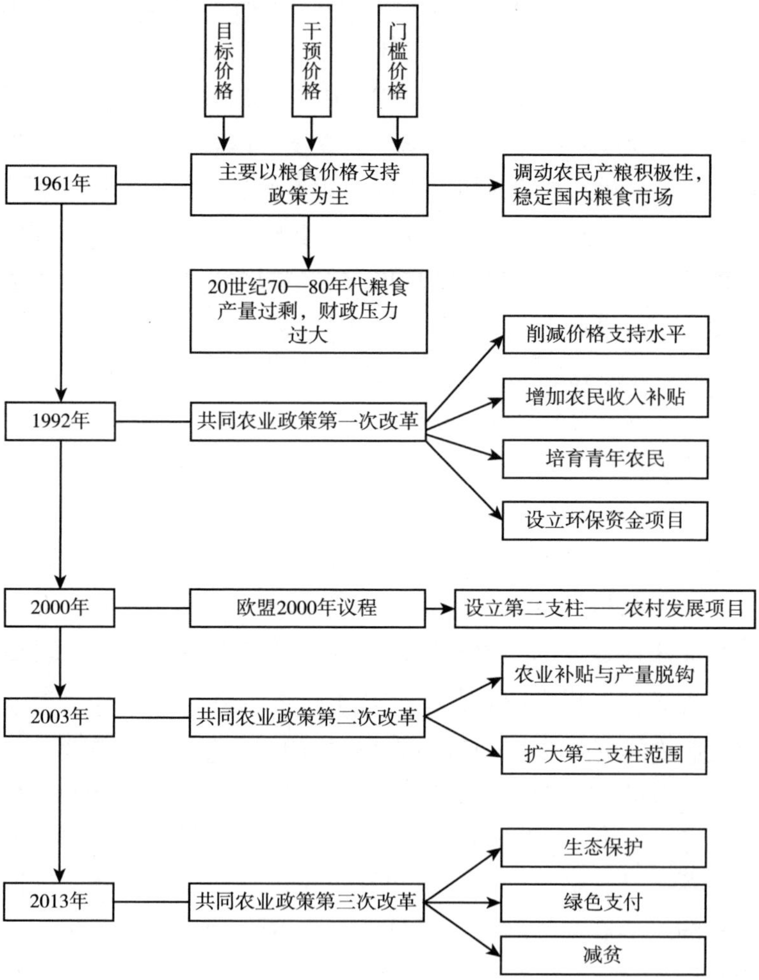

图7-3　欧盟各时期促粮食生产的主要财税政策

7.2 新兴经济体促进粮食地区发展的财税政策经验

7.2.1 印度：定价收购与直接补贴财税政策

在地理位置上，印度毗邻中国，虽然两国在政治制度和主要国情方面不同，但同为世界上人口众多的发展中国家，都有相同的发展起点，新中国成立于1949年，印度独立于1950年。多年来，两个国家都面临着解决因国家人口众多而出现的“吃饭问题”。印度在经历了两次“绿色革命”中逐渐完善了对农业的财政支持政策，促进了粮食增产和农民增收。从1950年到2015年，印度水稻总产量从2058万吨增长到10432万吨，小麦总产量也由646万吨增长到9350万吨。印度也从之前的粮食进口国，摇身一变，如今已经成为粮食出口大国，在世界粮食出口国中排名第七位（Abass et al.，2018）。不仅如此，印度重视农业的发展，从刚开始的对农业的掠夺转向了对农业发展的扶持，印度的一些经验和教训可供我们国家在今后制定粮食财税政策时学习。

（1）定价收购政策（MSP）

印度自独立以来，时至今日农业劳动力还占国家劳动人口的70%，农业仍是国家发展的重中之重。早在1970年，印度就通过组建国家农业委员会来保证粮食安全，推进农业农村现代化的发展（Berman et al.，2016）。同我国一样，印度也采取粮食价格支持政策，政府根据农业价格委员会（CACP）提供的最低支持价格（MSP）的建议来制定粮食支持价格政策（见图7-4）。在市场价格低于政府的最低支持价格的年份，印度食品公司（FCI）按照政府规定的价格从农民手中收购其所生产的粮食，可以避免粮食市场价格不稳给农民收入造成的负向影响，同时可以保证国内粮食的供给充裕。印度食品公司收到的粮食通过公共分配系统流向消费者，消费者按照中央发行价格购买粮食，如果中央发行价格低于印度食品公司购买、运输、储存等的费用，差价由印度政府补给印度食品公司。政府在最低收购价格的确定方面，确保农民的生存得到基本保障（陈亭，2017）。政府会根据粮食生产的成本和一定比例的利润，制定最低收购政策，使农民的粮食生产不发生亏损。为了调整农业财税政策，使其适应不断变化的WTO规定，1980年以后，印度政府对粮食生产必需品——种子、化肥农药和灌溉进行补贴，以减少农民的生产成本。

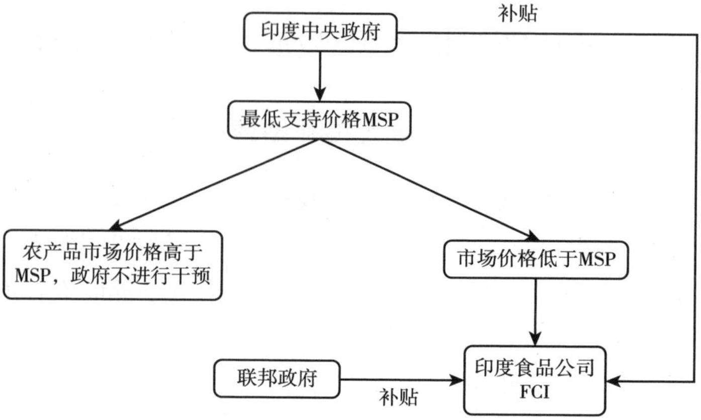

图 7－4 印度粮食补贴制度运行机制

（2）直接补贴类的财税政策

为了实现粮食生产的现代化，发挥科学技术对农业生产力的巨大贡献，印度在 1978 年开始了第一次“绿色革命”，倾注资金助力农业优先发展（Fan et al.，2010），兴办的农业研究所和农业类大学遍布全国各地，建立世界上最大的国家农业研究系统——印度农业研究理事会（ICAR）。完善农田的水利设施，解决干旱地区的灌溉问题；对农村道路、桥梁、电力和水利等基础设施进行建设投资的力度不断加大，在 2015 年时农村基础设施的建设占财政支出的 6%。农业基础设施促进了农业生产，提高了农民产粮的效率，为粮食增长奠定了物质基础。近年来农业科技在粮食高产、稳产方面做出了巨大的贡献。印度政府对于先进的农业技术，进行先试点再推广的方式，加大农业技术方面的财政投入，不仅对农业科研投入大量资金和人才，同时重视农业技术的推广和应用，提高农业的科技转化率，设立小型农业组织（KVKS）向农民开展各种技术推广活动，旨在提高粮食产量，解决全国人民的温饱问题。进入 21 世纪，印度人口激增，加上 20 世纪化肥和农药的过量使用，导致耕地质量下降和数量减少，国民的基本温饱难以维持，印度粮食短缺问题再一次威胁国家政局稳定。为解决粮食单产难提高这一难题，2004 年，印度政府提出第二次“绿色革命”，出台了《生物多样性保护法》《农民权利保护法》《化肥减控法》等法律措施，同时政府加大了对农业科技研发的支持，培养农业科研人才，克服种子和化肥在粮食生产方面的限制，科研方向也倾向于农业技术的创新和利用，建立一套可行的农技推广体系，自此粮食安全问题再度得到解决。对粮食增产、增收贡献最大的是印度的国家农业保险计划。自1999年起，印度政府就开始制订国家农业保险计划（NAIS），以减缓极端天气或者其他自然灾害造成的作物减产。起初只涵盖粮食作物，后来也开始包含油料作物和园艺作物。保险的种类在变多，如2007年保险公司建立天气作物保险计划（WBCIS）。保险覆盖农作物的范围在变大，如在2009年左右启动CPIS计划，这是一项针对椰子的农业保险计划。印度从1985年开始在全国范围内推广农作物保险，对小农户进行保费补贴，占全部保费的50%，补贴资金由印度的中央政府和联邦政府各承担一半。起初农业保险仅由印度农业保险公司（AIC）经营，后来随着保险的覆盖面越来越广，政府开始批准私立保险公司进入农业保险领域，印度专门的《保险法》在1938年颁布，保险监管局（IRDAI）于1999年成立并履行监管职能。2016—2017年，印度保险增长率超过280%，中央政府投入16亿美元用于农业保险的保费补贴。

7.2.2 巴西：重视科研投入和以信贷支持为主的财税政策

在1950年之前，巴西农业生产技术落后，现代化的农业生产技术尚未被广泛使用，比如大型机械、化肥、农药等使用率不高，导致粮食生产效率低下，粮食生产尚不能满足本国自给自足，绝大多数粮食依赖进口。20世纪后半叶以来，巴西农业进入高速发展时期，目前是世界上的农产品出口大国之一，有着“21世纪的世界粮仓”的美誉。巴西有着优越的自然条件和丰富的土地资源，国土面积在世界排名第五，气候条件适合多数农作物的生长，为本国发展农业提供了良好的物质基础。20世纪初，巴西农产品出口结构单一，以咖啡为主。为促进农业发展，巴西政府采取了进口替代性策略，实施了一系列有利于农业现代化的财税政策。特别是通过大力推广转基因玉米和转基因大豆的种植，巴西谷物产量实现了显著增长，粮食出口为国家带来了大量外汇收入，为经济发展注入了新活力。作为同为农业大国和发展中国家的中国，可以从巴西的经验中得到启示，通过借鉴巴西在粮食生产财政政策上的成功做法，进一步推动粮食生产的现代化，为国家的经济发展提供更加坚实的支撑。

（1）最低价格保障政策（PGPM）

PGPM（巴西政府的农产品价格保证政策）自1966年起，便成为一项关键的政策工具，主要聚焦于大米、小麦、玉米及大豆等大宗粮食作物的补贴。该政策的实施流程精细且周密：国家食品供应公司会依据国内外粮食的当前价格及未来价格趋势，精心制定各类农产品的最低价格，并上报至国家农业部与国家货币委员会进行审议，最终由总统亲自审批。这些最低价格会在农民种植前的两个月对外公布，以确保农民有足够的时间做出种植决策。粮食收获后，国家食品供应公司会直接从农户手中收购粮食，或者通过期货合约的方式进行收购，从而确保农民能够获得稳定的收入。这一政策的初衷在于激励农户增加粮食生产，而实际效果也十分显著：生产者在获得补贴后，生产积极性大幅提高，生产效率也随之提升。此外，该政策还推动了耕地面积的扩大。从1960年至1980年，巴西的耕地面积从2500万公顷增加至4700万公顷，实现了近1倍的增长。而到了2014年，这一数字更是达到了5630万公顷。可以说，PGPM政策在促进巴西粮食生产、提高农业生产效率以及扩大耕地面积等方面，都发挥了举足轻重的作用。

（2）农业科研投入方面的政策

在美国最新公布的数据中，巴西农业的全要素增长率排在第12位，有172个国家参与排名。1975—2000年，巴西全要素生产率为3.5%，2000年以后，巴西农业的全要素生产率更是以年均4%的速度增长。巴西农产品出口带来了大量外汇，农业成为巴西经济增长的“火车头”。联邦政府和州政府对农业科研倾注大量财政补给，在26个州中设立了16个农业科研管理机构，巴西联邦政府的15%的财政开支和州政府2%的开支都用于农业科研机构的运作。巴西国家农业研究公司（EMBRAPA）是巴西最大的热带农业研究机构之一，具有公共性质，自1973年成立以来，一直由政府进行拨款建设，每年的经费有95%都来源于政府的拨款，EMBRAPA引进培育农业科研人才，主要从事热带农作物的研发以及解决农作物在热带的适应性等问题，目前已经为巴西农业领域研发出9000多种实用的农业技术，在增强农作物产量，保证国家粮食生产方面贡献力极大。在巴西很少有私人企业从事基础性的农业科研，绝大多数农业科研活动都由政府资助。

（3）信贷支持政策（SNCR）

在政策施行初期，农村地区尚还贫穷落后，农民负担不起购买现代化的机械、优良种子、农药和化肥等生产要素的费用，因此农业信贷能发挥积极作用。与其他国不同的是，巴西政府自1995年起就开始施行两种主要政策即对农产品保护价格政策（PGPM）和对农民的直接补助政策，以市场为导向，通过促进信贷支持和农业保险来实现农业现代化，提高本国农产品在国际市场上的竞争优势，同时减轻了因价格支持政策而带来的财政压力。巴西的农业保险水平在发展中国家处于领先地位，同样信贷支持政策也独树一帜，巴西建设完善的全国信贷支持体系（SNCR），是目前主要的支持农业发展的系统。巴西信贷支农体系中的项目分为三大类：成本、市场和工业化信贷，投资信贷以及家庭农业支持计划。成本、市场和工业化信贷可为农业工业化生产和合作社的运营提供资金，投资信贷可为农业生产者购买耐用性服务，家庭农业支持计划可以为收入低的家庭开展农业和非农活动进行资金支持。虽然每种贷款还款日期和贷款年利率各不相同，但是均远低于市场利率（见表 7-1）。例如，在 2018 年度，巴西市场贷款利率为 46.92%，成本信贷利率为 8.50%，投资信贷利率为 10.50%，家庭农业支持计划信贷利率仅为 5.5%，这是印度农业发展部（MDA）设法确保小农户可以有机会获得贷款，对家庭农业支持计划实施特惠的信贷利率。

表 7-1　　2005—2018 年巴西各类农业信贷历年利率

年度	市场利率（%）	成本信贷（%）	投资信贷（%）	家庭农业支持（%）
2005—2006	55.38	9.50	13.95	7.25
2006—2007	50.81	9.50	9.75	7.25
2007—2008	43.72	6.75	8.50	6.25
2008—2009	47.25	6.75	11.25	5.50
2009—2010	44.65	6.75	9.50	5.50
2010—2011	39.99	6.75	9.50	4.50
2011—2012	43.88	6.75	9.50	4.50
2012—2013	36.64	5.50	7.70	4.00
2013—2014	27.39	5.50	6.50	4.00
2014—2015	32.01	6.50	7.50	4.00
2015—2016	43.96	8.75	10.50	5.50
2016—2017	52.10	12.75	12.00	5.50
2017—2018	46.92	8.50	10.50	5.50

数据来源：世界银行数据库、巴西《农业和畜牧计划》和《家庭农业支持计划贷款上限和利率历史》。

经过近 20 年的努力，家庭农业支持项目申请金额由 2001 年度的 2168.0 百万雷亚尔，增长到 2018 年度的 20286.6 百万雷亚尔，年增长率为 13.23%。国家为农民提供的低息贷款，减少了农民的生产成本，相当于间接性对农业生产者进行补贴。随着国家对农业信贷的补贴力度变大，极大地减缓了因农产品支持价格取消而带来的种粮积极性减弱的问题，更加持久地推动了巴西农业向着 WTO 的标准健康发展，使农产品产量连年创下新高。随着信贷规模越来越大，国家财政支持出现了压力，巴西政府动用私人融资工具，调动社会资本进行融资，保证资金能够源源不断流入农业生产领域，保证农业活动顺利开展，实现农业农村的优先发展，确保粮食增产和农民增收。

7.2.3 俄罗斯：支持与保护共存的财税政策

俄罗斯，这片广袤的土地，以其丰富的土地资源和肥沃的黑土闻名于世。据 FAO 研究预测，俄罗斯在未来将成为满足全球粮食需求的四大潜力国之一。2030—2050 年温室效应将导致全球气温上升，俄罗斯境内的大量冻土有望转化为肥沃农田，气候条件也将更加适宜多种农作物的生长。预计至 2050 年，俄罗斯的粮食单产将比当前水平提高 20%，粮食生产能力将得到显著提升。回溯历史，尽管俄罗斯一直是农业大国，但在苏联时期，其粮食生产却长期落后于美国等竞争对手。然而，苏联解体后，进入 21 世纪，俄罗斯成功解决了粮食问题，农业迅速崛起，成为推动经济增长的重要引擎。这一转变的背后，是俄罗斯对农业的持续改革和有效实施农业财税政策的结果。俄罗斯的农业复兴之路，为我们提供了宝贵的启示。通过分析俄罗斯各个时期的粮食政策，我们可以发现，连续且有效的农业财税政策实施是俄罗斯农业崛起的关键因素之一。这为我国制定科学的粮食财税政策提供了重要的参考和借鉴。我国应深入研究俄罗斯的粮食政策，结合我国实际情况，制定出更加科学、合理、连续的粮食财税政策，以推动我国农业的持续健康发展，确保国家粮食安全和农业经济的稳定增长。

(1) 粮食价格支持政策

1990 年至今农业人口数都很稳定，约占全国总人口的 1/4。但是在 20 世纪之前，俄罗斯因为计划经济的影响和国家政治动荡的原因，农民种粮的积极性不高，粮食生产尚未完全实现自给自足，1990 年，其粮食自给率为 89.9%。在苏联时期，国家粮食供给水平极其低下，在大部分时间需要依靠进口才能维持国民对粮食的基本需求。到了 20 世纪 90 年代末，苏联解体，俄罗斯进入经济转轨时期，粮食市场全面开放，粮食农业生产者享有的直接补贴和间接补贴骤然减少（因为在苏联时期，政府在农业补贴方面的投入约占 GDP 的 10%），这就导致了粮食生产成本上升和农民的收入大幅度下降。

在这期间粮食价格上涨速度远远低于农机、化肥和种子等生产要素的价格上涨速度，昂贵的粮食生产要素成本使粮农无利可图，产量积极性大打折扣，耕地面积和粮食产量都是连年下降。所以激进的农业改革使本国的农业生产没有走向光明，反而陷入黑暗。在这十年间，粮食种植面积连年递减，粮食生产量急剧下滑，其间还被迫向国际上的发达国家申请粮食援助。

进入21世纪，俄罗斯政府总结之前农业改革失败的教训，2000年开始施行一系列农业援助措施，稳定种粮面积，提高农民种粮积极性，投入财政资金和加大各种政策支持，使粮食产量也有了巨大的提高。从2001年的8520万吨，首次实现自给自足，到2014年时突破了1亿吨，再到2020年1.3303亿吨。谷物类自给率在2013年上升到128.9%，不仅解决了国家的粮食自给自足问题，还使俄罗斯成为粮食出口大国，粮食出口量连年递增，其中小麦出口量已经位居世界第一。粮食出口额也由2000年的1.28亿美元增长到2018年的105.3亿美元。

（2）税收减免政策

2001年，俄罗斯政府颁布实施了《联邦税法典》，该法典针对农业企业和个体农户推出了显著的税收减免政策，将农业生产者的税费大幅降低至原税费的1/4。这一举措极大地减轻了生产者的经济负担，使他们能够将节省下来的资金重新投入粮食生产中，从而促进了粮食产量的增长。同时，普京总统提出愿景，希望通过收购和合并小农场及小农庄，推动俄罗斯农业向西方先进国家的生产模式转型。这一战略旨在发展大型农业企业，实现粮食生产的集约化和现代化。为此，政府积极引入先进的生产技术，并配备专门的大型粮食生产机械，以提升粮食生产的全要素生产率。为了保障农业生产者的稳定收入来源，俄罗斯政府在2001年后加强了对粮食市场的干预。根据农业部的建议，政府对特定几类粮食实施了价格干预政策，设定了粮食价格的上限和下限。这一政策确保了粮食按照评判等级进行分价格收购，当粮食价格跌至下限时，政府开始收购，以防止市场粮价进一步下跌；而当价格达到上限时，政府则向市场投放库存粮食，以稳定市场价格。这一系列政策措施不仅有效保障了农业生产者的利益，还成功抑制了因粮价波动而可能引发的国内通货膨胀，为俄罗斯的粮食生产和市场稳定提供了有力支持。通过这些举措，俄罗斯政府展现了其对农业发展的高度重视和坚定承诺。

（3）农产品进口限制

俄罗斯政府对部分农产品施行进口限制，设置关税壁垒，运用关税配合政策，以进口替代型为导向，减少对外国进口粮食的依赖性以刺激本国粮食的生产（Dedyukhina et al.，2024）。由于俄罗斯的后备土地资源丰富，减少进口后，国内粮食价格增长，刺激了粮食种植者的积极性，增加种植面积，提高粮食产量，实现了由粮食进口国到粮食出口国的转变。例如，从2003年起，俄罗斯开始对大米进口进行限制，稻米的播种面积在2005年时仅有14.4万公顷，由于大米价格上升，到了2011年，稻米的种植扩大到21.1万公顷。增加预算投入也为粮食增产做出了巨大贡献，从2000年起，俄罗斯各级政府都加大了对农业的预算投资，从2000年的784亿卢布，上升到了2018年的4318亿卢布。2005年时农业预算投资占全国总预算投资的2.7%，到2018年上升到了3.2%。俄罗斯为农业发展提供足够的资金支持，农业生产的基础设施和生产条件都在改善，进一步刺激粮食增产增收（见表7－2）。各级政府都加大了对农业的财政投入，特别是在农业和农村的发展方面。

表7－2　　2000—2020年俄罗斯粮食产量

年份	粮食产量（亿吨）	年份	粮食产量（亿吨）
2000	0.656	2011	0.942
2001	0.852	2012	0.709
2002	0.866	2013	0.924
2003	0.672	2014	1.053
2004	0.781	2015	1.048
2005	0.782	2016	1.207
2006	0.782	2017	1.355
2007	0.815	2018	1.133
2008	1.082	2019	1.210
2009	0.852	2020	1.275
2010	0.610		

数据来源：俄罗斯联邦统计局。

7.3　国外促进粮食地区发展的财税政策经验对我国粮食主产区的启示

粮食是人生存之基础，也是一个国家社会稳定的保障，所以在制定粮食财税政策时要以国家粮食安全为底线。从上文我们可以梳理出各国粮食方面的财税政策的逻辑：发达国家，如美国、日本和欧盟的财税政策都以提高农民收入和提升粮食的市场竞争力为目的，而发展中国家却是以财政支持政策为手段来解决粮食安全挑战问题（Joshi et al.，2022），如印度、巴西和俄罗斯是以粮食安全为出发点的。大部分国家都是在经历了过去施行多年的间接补贴（Seck，2017）后，现今以直接补贴为主。鉴于我国地大物博，疆域辽阔，各个地区的地理条件千差万别，资源禀赋各具特色，种粮模式多种多样，经济发展状况也呈现出不均衡的状态，因此，在政策制定与执行过程中，必须坚决贯彻简政放权的原则，避免"一刀切""一锅煮"的粗放式管理方式。我们应根据不同地区的实际情况，因地制宜，精准施策，确保政策能够真正贴合当地农民的需求和实际情况。同时，要增强政策实施的灵活性，允许地方根据自身条件进行适当调整和创新，以更好地促进农业生产的持续健康发展，实现乡村振兴和农业现代化的宏伟目标。

7.3.1 利用多元化的政策手段进行支持

（1）加大对农业科技产业的支持

"藏粮于技"，农业科技是关键，我国需要加大对农业科研的创新投入。目前我国还需突破种质资源"卡脖子"这个瓶颈。我国虽是农作物资源大国，在世界排名第二，但是种质资源的有效利用率偏低。目前良种对我国粮食增产的贡献率是45%，而发达国家良种对粮食增产的贡献率已达65%，种子如同手机的芯片，关系着我国未来的粮食发展。我国每年需要从国外进口约7万吨种子。2019年农作物种子进口额为4.35亿美元，其中蔬菜类种子占进口额的一半以上。虽然目前来看主要粮食作物种子自给率很高，但是我们国内要实现"育繁推一体化"还面临着许多问题。我国种业企业数量多、规模小、技术弱。在现有的5000多家企业中，拥有"育繁推一体化"企业不足100家。在研发支出方面，2016年我国农作物种业企业总体投入为40亿元人民币，而美国仅孟山都公司在2016年的研发支出就为15.8亿美元。在发达国家，育种多以市场为导向，新品种一旦研发成功后就会被推广利用。而在中国，科研机构和农业大学的育种科学研究多以任务为导向，培育的新品种无法迎合市场需要。

我国科研成果丰厚，但是科研转化率很低，科研与真实农业需求错位。以市场为导向的新品种培育，可以满足国民对粮食质和量上的需求。例如，我国的玉米和大豆单产都与美国差距巨大，甚至与巴西差距也很大。2018年美国的玉米亩产比我国多384公斤，大豆亩产比我国多112公斤。同期巴西的大豆亩产比我国多107公斤。农业科技具有明显的外溢性，我国要加大对育种技术的科技研发支持，为种业科技自立自强提供资金和政策支持，制定农业领域科技创新补贴政策，培育一批具有核心竞争力的种业企业，这有利于进一步提升粮食产量和质量（Zhou，2017），要提升科技在粮食生产领域的贡献力。

（2）对农村进行投资和建设

农村是粮食生产的根据地。如果农村一直发展滞后于城市，粮食生产必定难以腾飞。目前我国偏远地区的农民所拥有的知识和技能都跟不上时代发展步伐，落后的生产方式会抑制粮食的增产和生产成本的下降。加大一般服务类的政策支持，加大对农村的投资力度，尤其是在具有外部性农业科学技术和具有公共产品属性的农业基础设施等方面，可提升粮食的综合竞争力的物质基础（Rahman & Mamun，2017）。要改善农村的基础设施、教育、医疗和基层农技推广，针对农业经营主体老龄化问题，应积极吸引青年进入或回归农业生产，通过提供多方面补助及技能培训，培养青年农民成为未来粮食生产的主力军。借鉴美国、欧盟和日本的成功经验，我们应向这些关键领域倾斜政策，特别是加大对欠发达农村地区的建设力度和农民培育的财政支持。要着力补齐基础设施和现代化服务体系的短板，提升农村的整体发展水平。同时，加强对农民的在职培训，提高他们的专业技能和综合素质，使农业直接补贴与乡村振兴机制有效衔接，形成政策合力。通过这些综合措施，我们可以为农村注入新的活力，推动农业可持续发展，确保国家粮食安全和乡村振兴战略的顺利实施。

美国、欧盟各成员国、俄罗斯和巴西，有着天然的优势，地广人稀，粮食生产规模化程度高。中国、日本和印度都是“大国小农”的生产模式，推进粮食生产适度规模经营，培育新型农业生产主体，对稳定粮食播种面积有着极其重要的影响。日本强调对规模经营的农户予以更多的激励生产的补贴措施；印度也加大了对农业合作组织以及其他农业企业的扶持力度；我们国家虽然对规模经营的农户给予资助，但都是以现金进行直接补贴，容易导致经营主体盲目扩大种植面积，且无法确保补贴用于农业生产经营方面。我们国家可以借鉴日本，采取贷款贴息、先进技术支持和生产设施的减免优惠等，刺激农户进行粮食生产的政策；加大财政转移支付的力度，特别是农田水利设施的投资力度，因为有效的灌溉是确保粮食能够顺利生产的关键。

（3）强化财政对农业保险的补贴力度

由于农业生产面临着多重风险，所以农业保险在世界范围内都被广泛采用。农业保险凭借财政的拨款得以维持和发展。目前，我国农业保险还面临着“保费高、索赔难、覆盖率低”的问题，没有形成系统的保险运作体系（Ding & Sun，2020）。从各国实践来看，发展中国家倾向于为农户提供保险补贴，而发达国家凭借其雄厚的财力，不仅为农户提供高额保费补贴，还对保险公司实施再保险补贴。财政补贴的力度与农户参保率呈正相关，印度农业保险的成功案例便是明证。相较于发达国家，我国农业保险覆盖率仍有较大提升空间。最新数据显示，截至 2023 年，美国粮食作物如玉米、大豆、小麦的保险覆盖率已稳定在 95% 以上，而我国 2022 年粮食作物的保险覆盖率虽有所提升，但仅为 40%。这一差距凸显了我国农业保险发展的潜力与挑战。美国联邦政府建立了一套完善的风险分散机制（见图 7－5），包括专门的再保险公司，以协助私人保险公司分担风险。相比之下，我国政府主要承担对农户的保险费补贴和对保险公司的赔付监督工作。为进一步提升农业保险效能，我国政府应进一步明确和细化赔付标准，并考虑地区差异实施差异化补贴政策，以更好地适应不同地区农业生产的实际需求。

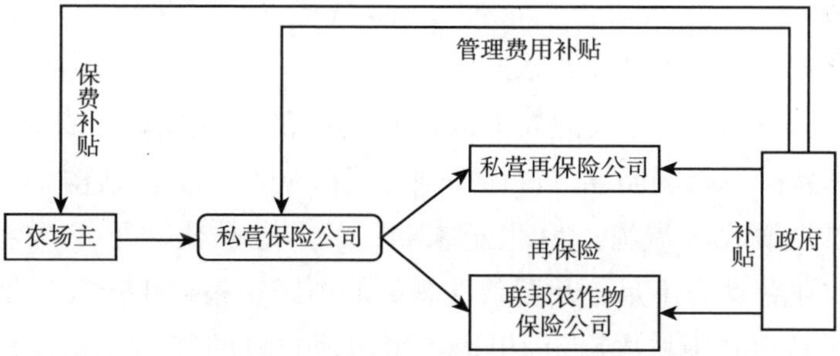

图 7－5 美国农业保险体系

在农业生产风险管理方面，目前我国只对保险品种和地区的差异进行不同补贴，还应根据种植规模和经营主体的差异进行补贴。扩大完全成本保险和收入保险范围，对主要粮食作物进行全覆盖，在条件不具备的地区，先施行产量保险，然后再向收入保险过渡。对主粮进行强制性参与保险，强制补贴。在对农民进行保险补贴，确保粮农收益的同时，建立管理费用和再保险补贴制度，加大对保险公司进行再保险补贴的力度并予以管理费用补贴，降低保险公司的经营风险。美国颁布《联邦农作物保险法》，旨在避免道德风险，保障保险制度的落实。我国应完善粮食作物农业保险的法律法规，形成系统的法律体系，提高执行力度，为我国粮食作物农业保险体系的运转构建有力的制度保障，确保政策的可持续性。应建立全国性的耕地和粮食产量、价格的农业保险数据平台，为粮食作物的农业保险的定价和赔付提供可靠的信息来源。近年来天气变化给农业生产带来了巨大的挑战，不仅是极端天气的发生频率增加，而且农业生产还面临着蝗灾、外来物种入侵等风险，这些都是我们未来将面临的挑战（朱晶等，2021）。巨型灾难险可帮助农户抵御其所面临的风险，美国联邦政府在防范各种风险方面做得很完善，有农业巨灾保险计划，我们国家可以参考借鉴。

7.3.2 通过立法强制手段保证粮食政策的顺利实施

确保粮食生产并非易事，要有科学、完备的法律作为保障，要有基本法，辅之专项立法，建立粮食生产保障体系，保证各项财税政策依法实行（Hazell & Varangis，2020）。无论是发达国家，还是发展中国家，都在依据不断变化的国情而制定出一套行之有效的法律保障体系来保证粮食财税政策的顺利施行。例如，早期日本设立《农地法》和《土地改良法》，保证农地有效利用。

日本促进粮食生产和振兴农村的法律体系建设始于1961年的《农业基本法》，是为了解决第二次世界大战后日本经济一直低迷，农村日益萎靡，粮食自给率持续下降的问题。法律中规定了改变农业生产结构、促进地权流转和促进农民增收等措施。20世纪末期，日本老龄化加重，“空心村”出现，后备农业劳动力不足，甚至条件恶劣的山区，粮食生产几乎停滞，为此日本颁布《特定农山村法》，为山地和半山地农村的基础设施和农民进行直接补贴，稳定粮食供给。1999年，日本因需要经济转型，治疗泡沫经济造成的经济衰退，废除《农业基本法》，颁布《食物・农业・农村基本法》作为农业基本法，协调粮食生产与农业发展和乡村振兴良性互动，同时为粮食的生产、流通、储备等领域设置专门立法进行补充，生产方面有《稳定主要粮食供需和价格法》，在流通方面有《食品流通简化与交易合理化法》，在消费方面有《粮食安全基本法》，在农业自然灾害防范方面有《农业保险法》，建立了规范、协调的粮食生产法制保障体系，意在培育新型农业生产主体，发挥农村的多功能性，确保粮食供给，促进农业的可持续发展，对农村进行建设投资。后续日本又颁布了加快生态农业发展的《有机农业推进法》。

2010年颁布《六次产业化法、产地消法》，旨在推进农业、工业和服务业三产业融合，对农产品的生产方面也制定了发展策略，并规定了各个生产经营主体的权利和义务，以及各项财税优惠支持。这些法律共同构成了粮食生产法律体系。由于日本的主食是稻米，所以日本颁布了有关稻米的专门立法。

当前，我国已构建起以《农业法》《粮食流通管理条例》《中央储备粮食管理条例》等一系列法律法规为基础的粮食安全保障体系，旨在全方位维护国家粮食安全。然而，面对粮食生产领域的复杂性和多样性，现有法律体系仍显不足。具体而言，立法层次相对较低，尚未形成一个系统完备、层次分明的法律框架。《农业法》虽涉及粮食生产，但其内容较为笼统，多为原则性指导，缺乏具体的实施细则。同时，其他相关法律法规虽有所涉及，却显得零散且边缘化，未能充分凸显粮食生产的核心地位。更为关键的是，这些法律法规之间存在不协调甚至冲突之处，执法标准不一，责任主体模糊，给实际操作带来了诸多困扰。《粮食流通管理条例》与《中央储备粮食管理条例》作为行政法规，其法律效力有限，难以与粮食生产的极端重要性相匹配。鉴于粮食安全是国家安全的基石，亟须一部专门立法——《中华人民共和国粮食安全保障法》来统领全局，为粮食生产提供坚实的法律保障。事实上，早在2012年，国家发展改革委、国家粮食局就已着手起草《粮食法(征求意见稿)》，但由于种种原因，该法至今尚未正式出台。

为了健全粮食法律体系，使粮食补贴程序化、制度化，建立支持粮食生产的长效机制，我们必须通过法律法规的形式来规范这一过程。这包括制定明确的财政预算目标，确保粮食生产获得稳定的财政支持；明确各级行政机构的责任范围，确保政策执行高效、准确；及时对政策执行效果进行评估，根据反馈结果进行调整优化；对补贴的各环节和各级机构进行有效监督，防止补贴款的滥用，提高资金利用率。通过这些措施，我们可以确保对粮食发展的财政投入能够长期有效，真正惠及广大农民和粮食生产。此外，配套的法律法规对于政策落实具有刚性保障作用。它们能够解决政策落实过程中的违规操作、贪污腐败等问题，避免政策流于形式。财税政策与相应的法律体系相互配合，是确保政策连续性的关键。只有有法可依，才能避免政策的随意变动，从而最大限度地发挥财税政策的激励作用。

《中华人民共和国粮食安全保障法》自2024年6月1日开始施行，这是我国粮食安全保障领域首部宏观层面的系统性法律，对于坚持国家粮食安全战略，健全完善粮食安全保障工作制度，强化风险防范与应急管理，全方位夯实粮食安全根基，具有十分重大而深远的意义。将推动粮食生产向更高质量、更高效率、更可持续的方向发展。

7.3.3 利用直接补贴代替价格补贴

美国、日本及欧盟早期均采用价格支持政策以促进粮食生产，但这一策略随后引发了粮食过剩和财政压力增大的问题。为此，这些国家和地区逐步减少了对价格的支持，转而实施以提高农民收入为核心的直接补贴政策。直接补贴作为一种对农业生产和市场扭曲影响较小的支农措施，符合 WTO 规定的“绿箱”政策标准，代表了全球农业保护政策的发展趋势。通过直接补贴，既能有效保障农民的经济利益，又能减少对市场机制的干扰，是实现农业可持续发展和保障粮食安全的重要途径。这一政策的转变，为全球其他国家提供了有益的借鉴，指引了农业政策调整的方向。

在当前我国的发展阶段，粮食收储政策无疑是一种行之有效的政策工具，它在激励粮食生产和增加农民收入方面发挥了积极作用。粮食收储制度及其调控政策的核心，在于利用政府的粮食收购与储存机制来达到稳定粮食价格的目的。从这一制度对粮价稳定的深远影响来看，无论是考察其研究历程，还是评估其对发展中国家的关键性，其粮食价格稳定策略的重要性都毋庸置疑（Adam et al. ，2012）。除了政策本身的设计之外，发展中国家在实施政策改革时，其对粮食市场效率提升的滞后效应往往导致市场调控效果不佳；同时，还存在诸多财政与行政管理方面的限制，这些因素共同阻碍了国家粮食储备机构有效发挥其预定功能（Pierre et al. ，2018）。粮食最低价格收购政策的弊端也日益显现。随着粮食生产成本的持续上升，我国最低粮食收购价也被迫不断提高，导致国内粮价超出国外粮食到岸税后价。这种状况不仅扭曲了价格形成机制，削弱了市场主体的活力，还造成了库存积压和高昂的库存费用，进而导致大量财政资金的浪费，间接加重了财政负担。展望未来，随着我国经济实力的不断增强和制度的日益完善，粮食生产政策的调整势在必行。粮食收储价格政策可能导致社会福利损失和市场失灵，因此，粮食的直接补贴政策应成为未来的优选方案。直接补贴政策有利于粮食生产结构的调整，能够提升粮食的整体竞争力和促进农业的可持续发展。通过直接补贴，我们可以弥补因粮食价格下降而给农户带来的福利损失，从而保障农民的生产积极性。因此，我国政府应逐步减少对粮食市场的直接干预，转而采用更为市场化和效率化的直接补贴政策。这样既能保障农民的利益，又能激发市场的活力，推动粮食产业的健康发展。同时，政府还应加强粮食市场的监管和调控，确保粮食市场的稳定和国家的粮食安全。2004 年，我国开始施行了粮食直接补贴、良种补贴、农机购置补贴和农资综合补贴等农业直接补贴政策（Xu & Liao，2014）。由于粮食直接补贴、良种补贴和农资综合补贴属于“黄箱”政策，2016 年我国将粮食直接补贴、良种补贴和农资综合补贴合并为“耕地地力保护补贴”，将玉米、大豆和水稻的目标价格政策改革为玉米、大豆和水稻生产者补贴，这几种补贴都与生产面积挂钩。

自 2004 年开始实行直接补贴政策，时至今日，农业直接补贴的财政拨款连年增加，粮食价格支持与直接补贴的比率不断降低（Tuo，2016）。在一定程度上，粮食补贴政策对提升粮食产量、稳定市场价格起到了积极作用。然而，补贴标准设定较低且补贴对象界定模糊，如耕地保护补贴主要依据土地面积而非耕地质量进行发放，这导致补贴政策逐渐从原本的“专惠制”转变为“普惠制”。这种转变未能有效改善农民的福利状况，使政策效率降低，对农民种粮的激励效果也随之减弱。近年来，随着种粮成本的持续上升，农民每亩粮田的净收益不断下降。据国家统计局及农业农村部发布的数据，2022 年国内三大主粮（稻谷、小麦、玉米）的每亩净收益相较于 2018 年进一步下滑，甚至出现了净亏损的情况。具体而言，由于粮食价格下跌以及补贴力度不足，农民种粮的积极性受到严重影响。在许多地区，农民种粮的决策更多地依赖于粮食市场价格，而低价粮食和微弱的补贴力度使农民种粮的激励变得微乎其微。这种局面导致了一些不良后果，如抛荒弃耕、管理粗放等现象的出现。为了提高粮食补贴政策的效率和激励性，我们国家下一步应以补贴的精准指向性为改进方向。通过精确识别补贴对象、提高补贴标准、优化补贴发放方式等措施，确保补贴资金能够真正惠及需要帮助的农民，从而激发他们的种粮积极性，提高粮食生产效益。

总之，面对当前种粮成本上升、农民净收益下降的现状，我们国家必须加大对粮食补贴政策的改革力度，以精准指向性为改进方向，确保补贴政策能够真正发挥激励作用，促进粮食生产的稳定发展。

培育新型经营主体与推动适度规模经营，是中日两国农业发展的共同追求。日本在这方面已构建起一套相对完备的激励体系，为我国提供了宝贵的借鉴经验。为了达成粮食供给的结构性转型，我国需进一步激活市场机制，让市场在资源配置中发挥决定性作用。具体而言，应逐步降低粮食的最低收购价格，促进国内粮价与国际市场的接轨，并在此过程中不断完善目标价格制度。以市场需求为引领，我们应致力于满足生产者对于高品质粮食的需求。通过加快粮食生产结构的调整步伐，确保粮食生产的变革能够紧跟甚至超越消费者需求的变化速度，从而有效解决我国粮食结构性短缺的问题。提升粮食竞争力，关键在于降低成本与改善品质。当前，“国粮入库，进口粮入市”的现象凸显了我国粮食在市场上的劣势。为了扭转这一局面，我们可以根据粮食品种和品质的不同，实施差异化的补贴政策。对于品质更优的粮食，应给予更大的补贴力度，以激励农民生产高品质粮食。通过借鉴日本的激励制度、发挥市场机制作用、调整粮食生产结构以及实施差异化的补贴政策，我国可以逐步推动粮食产业的转型升级。这些举措将有助于提升我国粮食的竞争力，满足消费者对高品质粮食的需求，进而实现粮食产业的可持续发展。

我国在直接补贴政策方面，对于自然生态环境的保护力度尚显不足，这在一定程度上制约了农业生产的可持续发展。相较于国际上的先进做法，我国有必要进行借鉴与改进。在美国，耕地休耕保护计划等政策的实施，将补贴与环保紧密挂钩。受补贴的农民必须严格遵守相关政策规定，采取环保措施，保护生态环境。同时，政府还会对农民的环保实践进行验收审定，确保补贴资金的有效使用和环保目标的实现。欧盟也高度重视环保问题，在直接补贴政策中加强了对环保的支持力度。通过一系列激励措施，鼓励农民采用环保型的农业生产方式，降低农药化肥的使用量，减少对环境的污染。日本在山区和半山区的直接补贴政策中，同样注重农业的多功能与环保目标的结合。政府通过补贴政策，引导农民以粮食绿色生产为目标，改变现有的高投入、高污染的生产模式，确保土地资源的可持续利用。为了保障粮食生产的潜力和供给能力，我国必须改变现有的粮食生产方式，减少农药化肥的使用量，防止资源耗竭和环境污染。同时，在直接补贴政策中，应加大对生态环境保护的力度，将补贴与环保目标相挂钩，确保土地地力不退化，保持肥沃状态。只有这样，才能保证粮食生产潜力不退化，粮食供给能力得到维持，甚至提升。

藏粮于地，耕地作为粮食生长的根本与核心，构成了最基础的自然资源和不可或缺的生产要素。为了充分发掘耕地的潜力，我们必须致力于提升其质量，并维护耕地生态系统的健康环境。这要求我们实施最为严格的制度和法治措施来保护耕地，同时推动与耕地相关的生产方式、生活方式、思维方式以及价值观念进行全面且深刻的变革。这一系列举措的目的，在于更有效地保障耕地的基础生产能力，进而确保粮食、蔬菜及饮用水的供应安全，这是关乎国家粮食安全大局、关乎满足人民群众基本食物需求和身体健康的重大问题，是“国之大者”，不容忽视（韩扬，2022）。我国早在2016年就开始进行耕地轮作休耕制试点。我们要利用好国际粮食市场，适度进口，养护耕地资源，建立好补偿机制。我们要对秸秆资源化利用技术、绿色肥料和绿色农药防治技术等，开展多种直接补贴政策，例如，不扭曲市场价格和促使农民绿色生产的环境保护补贴；制定农业生产环保标准，引导农民进行绿色清洁产粮，达到标准的农户，对其环保行为予以补贴或者政策优惠；加大科研创新对农业绿色生产的贡献力。发展环境友好型农业，农业补贴与保护环境、食品安全挂钩，实现人与生态环境的和谐共生，这也正是粮食生产领域践行“两山论”的途径，有利于我国进行生态文明建设。总之，在耕地保护补贴方面，应确保耕地地力保护补贴与农业支持保护补贴的微量高效，以最小的投入获得最大的生态与经济效益。

增加小农户对正规信贷的可获得性。我国目前存在粮食生产方面上“量”的追求和粮食需求方面“质”的提升之间的错配，长期以来，粗放的产粮方式，土地的污染导致我国部分粮食中农药、重金属残留超标，粮食品质不符合国际标准，危害环境，危害人体健康。建立粮食质量安全体系，我国应该从重视产量到重视质量的转变。我国的土地资源有限，从目前看，以农业技术来提升粮食亩产的潜力已经快到极限。近年来，我国粮食生产增长缓慢。目前我国在粮食安全认证制度、粮食质量安全检测方面没有具体、可落实的法律条文，可以像日本稻米信息溯源查询系统一样，建立现代化的粮食物流体系，从粮食“质”上做文章，提高粮食的品质，创造优质的粮食品牌，做到“优质优价”。用国际粮标准倒逼我国粮食生产转型升级，建立粮食的质量安全体系，在粮食生产的各环节进行标准化运作，使国内粮食质量赶超国外发达国家的粮食质量，提高粮食的国际竞争力。

8　促进粮食主产区发展的财税政策总体设计

为了促进粮食主产区的长期、稳定发展，推动财税政策改革是至关重要的。在确定财税改革的方向、原则和要点的基础上，本书创新性地提出以下改革思路：促进多元财政的协同配合，以形成合力支持粮食产业发展；优化财政补贴结构，确保补贴资金能够精准、高效地惠及粮食生产者；完善粮食税收政策，通过合理的税收调节机制激励粮食生产；加强财政资金的管理和监督，确保资金使用的规范性和有效性。这些改革措施的实施，旨在实现多重实践目标，保障国家粮食安全，促进共同富裕，以及推动粮食产业的高质量发展和可持续发展（见图8－1）。

8.1　促进粮食主产区的财税政策的设计原则

8.1.1　改革的方向

粮食主产区的长期发展是我国粮食相关财税政策改革的核心议题。为有效促进粮食主产区财税政策改革，我们必须明确以下几个核心要点。首先，加大资金投入力度是改革的关键一环，旨在通过财政的强力支持，为粮食主产区新型财税体系的构建奠定坚实基础。这不仅体现了国家对粮食安全的战略重视，也是推动粮食主产区持续发展的重要保障。其次，促进区域协调发展是改革的重要目标。我们需要加快粮食产销区利益协调机制的建设，确保粮食生产、加工、销售等各环节的利益得到有效平衡，从而实现粮食产业的良性循环和区域经济的协同发展。最后，强化精准施策是改革的重要手段。面对粮食主产区的不同实际情况，我们必须促进财政政策的差异设计，确保政策能够精准对接各地需求，有效激发粮食主产区的内在发展动力。

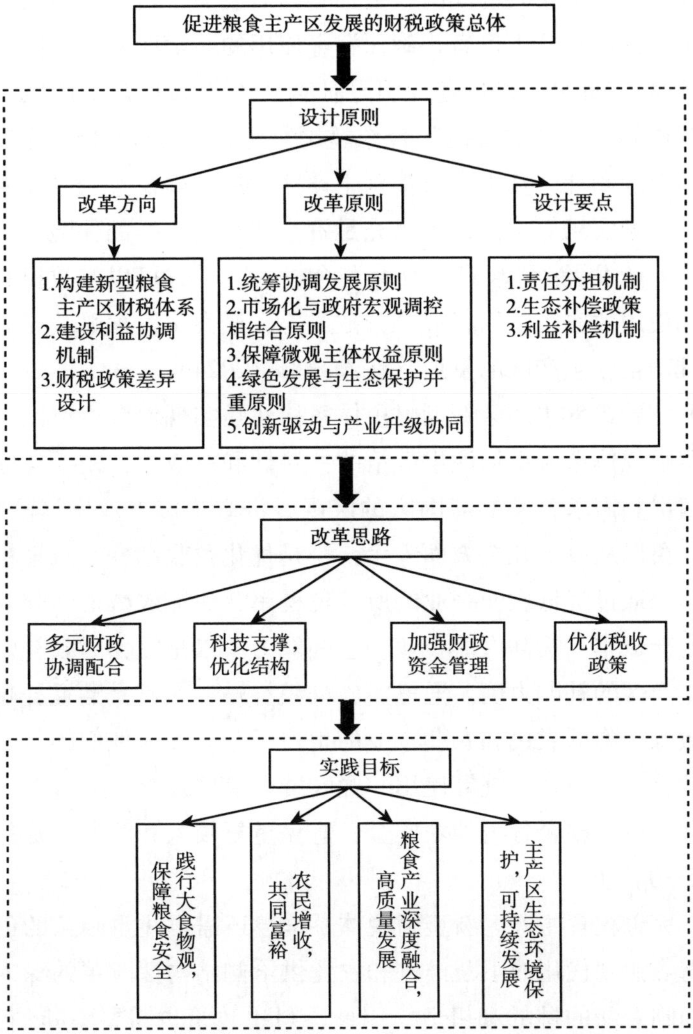

图8-1 促进粮食主产区发展的财税政策总体设计图

（1）加大资金投入力度，完善粮食主产区新型财税体系构建

资金是粮食生产和粮食主产区发展的重要保障，在新发展阶段，为促进粮食产业高质量发展，必须以加大资金投入为前提，进而推进新型财税政策体系的构建。首先，加大资金投入力度要求政府从财政预算中划出专项资金，专项用于支持粮食主产区的基础设施建设、农业科技研发、农田水利改造等各方面。通过增加财政投入，不仅可以改善粮食生产条件，提高农业生产效率，还能够激发农民和农业企业的生产积极性，为粮食增产增收奠定坚实基础。在增加资金投入的同时，要加强财政资金下沉，将财政资金精准落实到粮食主产区内每位生产者，确保资金使用的科学性和有效性（王曙光和张泽群，2024）。此外，政府还应引导社会资本投入粮食主产区，形成多元化的投融资格局，以“政银担”合作模式为基础，探索多种合作模式并存的形式来撬动金融和社会资本支持粮食主产区发展，聚焦主产区龙头企业、农村合作社、大型农场等主体，提供充足资金、种类多样的保险，以促进粮食和粮食全产业链发展。“政府 + 社会资金投入”模式可以有效提高财政投入的精准度和使用效率，从而释放、分散风险，最大化发挥财政支农政策的效能，共同推动粮食主产区的发展（张靖卓等，2024）。

其次，完善粮食主产区新型财税体系构建是实现粮食主产区持续发展的关键。新型财税体系应更加注重政策的针对性和有效性，既要考虑粮食主产区的实际情况和需求，又要与国家的宏观经济政策和农业发展战略相衔接。具体来说，可以从以下几个方面入手：一是优化税收结构，减轻粮食主产区的税收负担。通过降低农业企业的所得税税率、免征或减征部分农业税等措施，降低生产成本，提高农业企业的盈利能力。二是完善财政补贴政策，加大对粮食主产区的补贴力度。通过实施种粮补贴、农机具购置补贴、农业保险补贴等政策，降低农民和农业企业的生产风险，保障他们的基本收益。三是加强财政资金的整合和统筹使用，提高资金使用效率。通过建立统一的财政资金管理平台，整合各类涉农资金，避免重复投入和浪费，确保每一分钱都用在“刀刃”上。

最后，完善粮食主产区新型财税体系构建还需要注重政策的创新性和灵活性。随着农业现代化的不断推进和农业供给侧结构性改革的深入实施，粮食主产区面临着新的挑战和机遇。因此，财税政策也需要不断创新和完善，以适应新形势下的农业发展需求。例如，可以探索建立粮食生产风险基金、农业信贷担保体系等新型金融工具，为粮食主产区提供更加多元化的金融服务；可以推广农业保险、期货等风险管理工具，帮助农民和农业企业有效应对自然灾害和市场波动等风险。粮食主产区实行保险政策，可以实现农民保险和农作物保险全覆盖，从而确保农民利益（Glauber，2007）。

（2）促进区域协调发展，加快粮食产销区利益协调机制建设

粮食产销区作为国家粮食安全战略的重要组成部分，其协调发展对于保障国家粮食供应、稳定粮食市场价格以及促进农民增收具有至关重要的意义。然而，由于地域、资源、经济等多方面的差异，粮食产销区之间往往存在着利益分配不均、产销衔接不畅等问题，严重制约了粮食产业的健康发展。因此，粮食主产区财税政策改革亟须解决粮食主产区与主销区发展不均衡问题，推动主销区协同发展。

首先，要深刻认识到促进区域协调发展的重要性。粮食产销区之间的协调发展，不仅关系到粮食产业的整体效益和竞争力，更关乎国家粮食安全和农民切身利益。通过加强产销区之间的合作与交流，可以实现资源共享、优势互补，推动粮食产业向更高水平、更宽领域发展。同时，协调发展还有助于缩小区域发展差距，促进经济社会全面进步。

其次，为促进粮食主销区协同发展，必须加快利益协调机制建设，从政策机制上给予其发展保障。一是要建立健全产销区合作机制。通过签订产销合作协议、建立定期会商制度等方式，加强产销区之间的沟通与协作，确保粮食产销信息的及时传递和共享。这有助于产销区双方更好地把握市场动态，合理安排生产和销售计划，避免盲目生产和恶性竞争。二是要推动粮食产销区利益共享。通过建立合理的利益分配机制，确保产销区双方都能从粮食产销合作中获益。例如，可以探索实行粮食产销价格联动政策，当粮食市场价格波动较大时，通过产销区之间的价格协商和调整，保障农民和粮食生产企业的合理收益。同时，还可以鼓励产销区之间开展深加工合作，提高粮食附加值，实现共赢发展。三是要加大粮食主产区基础设施建设的资金投入。基础设施是粮食产销合作的重要支撑。通过加大对粮食产销区基础设施建设的投入力度，改善粮食生产、储存、运输等条件，提高粮食流通效率和质量安全水平。这有助于降低粮食产销成本，提高粮食产业的竞争力。根据主产区和主销区为国家粮食生产、产量提高所做的贡献和付出的成本，确定财政支持基础设施建设的力度，加大对粮食主产区的财政支持，促进主产区经济社会快速发展，确保主产区政府和种粮农民的利益得到合理补偿。中央与地方财政的资金分配应优先考虑并重点投向产粮大县的核心区域，同时，开发性金融应着重支持这些核心区的基础设施建设，包括水利设施和道路等（蒋和平，2022），以便调动产粮大县内生发展动力，推动千亿斤粮食产能提升任务的实现。四是要创新粮食产销区利益协调机制。在传统的利益协调机制基础上，结合现代信息技术和金融手段，探索建立更加高效、便捷的利益协调机制。例如，可以利用大数据、云计算等技术手段，建立粮食产销信息平台，实现产销信息的实时共享和智能匹配；同时，还可以引入金融衍生品等金融工具，为粮食产销合作提供风险管理和资金支持。

（3）强化精准施策，促进粮食主产区财政政策的差异化设计

全国粮食各主产区由于自然条件、资源禀赋、农业生产结构等差异，承担的粮食生产成本、获得的收益、抵抗的风险以及经济发展水平各不同，对财政政策的需求和承受能力也存在差异。传统的“一刀切”财政政策已难以适应粮食主产区的实际需求，必须强化不同区域粮食财税政策实施的重点，提高政策的指向性、精准度和实效性。具体而言，就是要根据各地区的实际情况，制定符合当地需求的财政政策措施，以实现粮食生产的稳定发展、农民收入的提高和农村经济的繁荣。通过差异化财政政策，激发粮食主产区的生产潜力，提升粮食产业的竞争力，为国家粮食安全提供有力保障。

首先，根据自然条件、资源禀赋的差异，优化农业基础设施建设投入，出台具有针对性的服务支持政策。对于自然条件较好的地区，可以重点支持农田水利、道路交通等基础设施建设，如东北地区土地肥沃、面积广阔，可以加大农业基础设施建设、新型机械推广与应用等方面的财政支持，从而提高农业生产效率，实现农业机械化生产；对于自然条件较差的地区，如华北地区生态环境较差：地下水超采，重金属污染等，应将财政重点放在生态保护上，创新生态补偿财政政策内容，加快地下水超采区治理、重金属污染耕地修复（陈明星和张淞杰，2023），从而提高耕地质量，为粮食提质增效提供坚实的物质基础。

其次，根据粮食产业链条上各企业发展规模的差异，实施粮食企业发展的分类补贴。在粮食产业链条中，龙头企业扮演着至关重要的角色，它们有效引领并促进了农民合作社与家庭农场的发展壮大。因此，为了进一步发挥这一引领作用，应当加大对粮食加工龙头企业的扶持力度。与此同时，对于中小企业而言，我们不仅可以采取兼并、联合及合作等多种方式，以实现其资源的优化配置和组织化程度的提升，还应当积极鼓励并引导这些中小企业向多元化、差异化的方向探索发展，致力于打造出具有高附加值及强大市场竞争力的产品，从而推动整个粮食产业的持续健康发展（张明等，2021）。在完善财税政策的顶层设计的基础上，根据各粮食主产区实际发展情况，对财政支持与补贴的标准、资金发放金额、发放依据以及资金来源进行差异化设计，真正做到精准施策，促进各地区协调发展，保障国家粮食安全。

8.1.2 改革的原则

党的二十大报告强调，要确保国家粮食安全，深入实施乡村振兴战略，坚持把中国人的饭碗牢牢端在自己手中。在此基础上，2024 年“中央一号文件”也明确指出，要加强粮食主产区利益补偿机制建设，通过创新财税政策，保障粮食生产的稳定性和持续性。党的二十届三中全会进一步提出深化财税体制改革，优化财政资源配置，以支持农业强国建设和以粮食生产为核心。在新时代背景下，地方政府应积极响应“中央一号文件”及党的二十届三中全会精神，培养创新意识，深化粮食生产体制和相关机制的改革，推动财税政策的“推陈出新”。通过完善粮食主产区的财税政策体系，贯彻公平、公正、积极有效的原则，有效调动地方政府和农民的积极性。同时，要努力实现国家粮食持续增产、农民连年增收、区域财力不断增强的目标，并确保这三个目标协调发展，为国家粮食安全提供坚实保障。为确保粮食主产区财税政策的有效运转，改革过程中必须坚持以下原则：一是坚持粮食产销区统筹协调发展原则；二是坚持市场化运行与政府宏观调控相结合原则；三是坚持保障粮食生产微观主体权益原则；四是坚持绿色发展与生态保护并重原则；五是坚持创新驱动与产业升级协同原则。

（1）坚持粮食产销区统筹协调发展原则

在农业生产活动中，粮食主产区往往承担着保障国家粮食安全的重要使命，在这一过程中不可避免地会面临一定的经济利益损失。这些损失不仅体现在粮食主产区政府为支持农业发展、确保粮食增产和农民增收而投入的大量补贴与奖励资金上，还体现在因选择发展农业生产而放弃其他可能带来更高经济收益的产业所产生的机会成本上。与粮食主销区相比，粮食主产区在经济发展定位、角色扮演以及实际经济发展水平上都存在显著差异，这种差异在很大程度上影响了两个区域农民的收入水平和生活质量。

以最新的数据为例，根据国家统计局发布的官方数据，2022 年黑龙江省农村居民人均可支配收入为 18445 元，而同年广东省农村居民人均可支配收入为 23647 元，两省间的收入差距扩大至超过 5000 元。这一差距自 20 世纪 90 年代末以来持续扩大，从 1997 年的 930 元增长至 2007 年的 1492.1 元，再到 2022 年的超过 5000 元，显示出粮食主产区和主销区之间农民收入差距的鸿沟日益加深。此外，黑龙江省农村居民人均工资性收入在 2022 年为 4218 元，仅占人均可支配收入的 22.9%，同比增长虽有所加快，但仍远低于全国平均水平，且农村劳动力转移人数持续保持在较高水平，反映出粮食主产区在促进农民增收、实现农村劳动力有效转移方面面临的挑战。同时，从宏观经济层面来看，根据各地区 GDP 统计数据，2022 年黑龙江省 GDP 总量在全国排名中依然靠后，虽然具体排名可能因年份变化而有所波动，但其在改革开放前的领先地位与当前的相对落后形成了鲜明对比，这进一步凸显了粮食主产区在经济发展上面临的困境。

面对粮食主产区和主销区之间日益扩大的经济发展差距，坚持粮食产销区统筹协调发展原则显得尤为重要。这不仅是为了促进粮食产业的持续健康发展，更是为了实现区域经济的均衡发展和社会的和谐稳定。为此，我们需要采取一系列有效措施：首先，应加大中央政府对粮食主产区的财政转移支付力度，确保粮食主产区有足够的资金用于农业基础设施建设、科技创新和农民补贴，以减轻其经济负担，提高粮食生产效益。其次，建立健全粮食产销区合作机制，鼓励粮食主销区与主产区开展多种形式的产销对接，如订单农业、产销一体化等，以促进粮食产业的上下游协同发展，实现优势互补、利益共享。再次，加强粮食主产区的产业转型升级，推动农业现代化进程，提高粮食生产的科技含量和附加值，同时积极发展农产品加工业和乡村旅游等关联产业，拓宽农民增收渠道。最后，应完善粮食主产区的社会保障体系，提高农民的生活水平和幸福感，为粮食产业的稳定发展提供坚实的社会基础。

综上所述，坚持粮食产销区统筹协调发展原则，通过加大财政支持、建立合作机制、推动产业转型升级和完善社会保障体系等措施，可以有效缩小粮食主产区和主销区的经济发展差距，促进我国经济平稳高质发展，确保国家粮食安全和农业现代化的顺利实现。

（2）坚持市场化运行与政府宏观调控相结合原则

粮食，作为人类社会生存与发展的基础资源，既承载着维护社会稳定与安全的公共物品属性，又不可避免地带有商品的属性。在探讨粮食安全问题时，我们必须将其置于市场化的背景下进行审视，同时，也不能忽视政府在其中的宏观调控作用。坚持市场化运行与政府宏观调控相结合的原则，是解决粮食产业发展问题、保障粮食安全的关键所在。

市场化运行，意味着我们要尊重市场规律，让市场在资源配置中发挥决定性作用。在粮食产业中，这体现为通过价格机制、供求机制等市场手段，引导粮食生产者根据市场需求调整种植结构、提高生产效率。市场的自由化运行方式能够激发粮食生产者的积极性，促进粮食产业的创新发展。同时，市场化还有助于形成合理的粮食价格体系，保障农民收益，促进粮食生产的可持续发展。

然而，市场并非万能，其自身存在的盲目性、滞后性等缺陷，可能导致粮食生产的波动和资源的浪费。因此，政府的宏观调控显得尤为重要。政府应通过制定和实施合理的财税政策，对粮食产业进行引导和扶持。例如，通过加大财政转移支付力度，构建多渠道、多形式的粮食主产区财税政策体系，为粮食生产提供资金保障和政策支持。这些政策不仅应关注粮食生产的直接成本，还应考虑生态保护、技术创新、产业升级等方面的需求，以实现粮食主产区经济发展的良性循环。

在坚持市场化运行与政府宏观调控相结合的原则下，我们需要不断探索和完善粮食产业的政策体系。一是深化粮食流通体制改革，打破地域封锁和行政干预，促进粮食市场的统一和开放。通过建立健全粮食市场体系，推动粮食产销的顺畅衔接，提高粮食市场的运行效率。二是加强政府对粮食市场的监管和调控，防止市场出现过度波动和投机行为。政府应建立健全粮食储备制度，确保在紧急情况下能够迅速调动粮食资源，保障粮食供应的稳定。三是政府应通过财税政策引导粮食产业的转型升级。鼓励和支持粮食加工企业加大技术创新和产业升级力度，提高粮食产品的附加值和市场竞争力。同时，推动粮食产业链上下游企业的协同发展，形成产业链条完整、功能齐全的粮食产业集群，提高粮食产业的整体效益和抗风险能力。四是在改革过程中，我们应注重政府调控与市场运作的有机结合。政府应加强与市场的沟通与协作，及时了解和掌握市场信息，为政策制定提供科学依据。同时，要建立健全政策评估和调整机制，根据市场变化和政策效果及时调整政策方向和力度，确保政策的针对性和有效性。

综上所述，坚持市场化运行与政府宏观调控相结合的原则，是推动粮食产业健康发展、保障粮食安全的重要途径。通过深化市场化改革、加强政府宏观调控、完善政策体系、促进产业升级等措施，我们可以实现粮食主产区经济发展的良性循环，为国家的粮食安全和农业现代化贡献力量。在未来的发展中，我们应继续探索和创新，不断完善市场化与政府宏观调控相结合的机制，为粮食产业的持续繁荣和国家的长治久安奠定坚实基础。

（3）坚持保障粮食生产微观主体权益原则

在探讨粮食主产区财税政策改革的深度与广度时，我们不得不将重点聚焦于那些最直接参与粮食生产过程的微观主体——农民。尽管本研究的核心在于如何发挥政府在政策改革中的宏观引领作用，诸如增大对粮食主产区的财政投入、构建全面且高效的财税政策体系等，但不可忽视的是，农民作为这一系列政策最终的执行者与受益者，他们的意愿、积极性以及生产能力，直接关乎粮食主产区粮食产出的数量与质量，进而影响国家的粮食安全战略。

农民，作为粮食生产的基石，其权益保障是激发其生产积极性的关键。在推进财税政策改革的过程中，必须充分考虑农民的利益诉求，确保政策设计能够真正惠及农民，调动起他们参与粮食生产的热情。这要求我们在制定政策时，不仅要关注宏观层面的经济效应，更要细致入微地考虑到农民的实际需求，如提高种粮补贴、优化农业保险制度、减轻农民税负等，让农民在粮食生产中获得实实在在的收益，从而增强其对粮食生产的投入与信心。

然而，仅仅依靠经济激励是不够的，提升农民的综合素质与技能同样至关重要。当前，我国农民群体普遍存在着受教育程度不高、技术水平有限的问题，这在一定程度上限制了现代农业技术的推广与应用，影响了粮食生产效率的提升。为此，首先，财税政策改革应包含对农民教育与培训的支持，通过设立专项基金、提供财政补贴等方式，鼓励农民参加各类农业技能培训、职业教育及继续教育项目，特别是针对新型农民的培养，使他们能够掌握先进的农业科学知识、现代化的种植技术和管理理念，从而适应现代农业发展的需要，提高粮食生产的科技含量和效益。其次，为了促进农民向更高层级过渡，还需构建完善的农业社会化服务体系。这包括但不限于提供市场信息、技术咨询、金融服务、法律援助等，帮助农民解决在生产过程中遇到的各种难题，降低其经营风险，增强其市场竞争力。政府应通过财税政策引导社会资本投入农业服务领域，形成多元化的服务供给格局，满足农民多样化的服务需求。再次，应重视农民的组织化建设，鼓励和支持农民成立或加入专业合作社、家庭农场等新型农业经营主体，通过规模化、集约化经营，提高粮食生产的效率和规模效益。财税政策可以在这些新型主体的注册登记、税收优惠、项目支持等方面给予倾斜，促进其健康发展，使之成为带动农民增收、推动农业现代化的重要力量。最后，保障农民权益还意味着要建立健全农民利益表达与保护机制，确保农民在政策制定与执行过程中的参与权、知情权与监督权。通过定期召开农民座谈会、建立农民意见反馈系统等方式，及时了解农民的需求与意见，使政策更加贴近农民实际，增强政策的针对性和有效性。

总之，坚持保障粮食生产微观主体——农民的权益，不仅是提升粮食生产水平、保障国家粮食安全的内在要求，也是推动农业现代化、实现乡村振兴的必由之路。通过财税政策的精准施策与持续创新，我们可以为农民创造更加有利的生产环境，激发其生产潜能，促进粮食主产区的可持续发展，为国家的粮食安全与农业繁荣贡献力量。

（4）坚持绿色发展与生态保护并重原则

在促进粮食主产区财税政策改革的进程中，坚持绿色发展与生态保护并重原则不仅是响应国家生态文明建设号召的必然要求，也是实现粮食产业可持续发展的关键路径。粮食生产作为农业活动的重要组成部分，其生产方式与资源利用模式直接影响着生态环境的质量与稳定性。因此，财税政策的制定与实施必须充分考虑生态环境因素，确保粮食生产在促进经济增长的同时，不对自然环境造成不可逆的损害。首先，绿色财税政策的构建是实现这一目标的重要手段。通过设立绿色税种，如环境保护税、资源税等，对污染排放和资源过度消耗行为进行经济惩罚，从而引导粮食生产者采用环保型生产技术和方法，减少化肥、农药等化学物质的使用，降低农业生产对环境的负面影响。同时，对于采取绿色生产方式的农民给予税收优惠或补贴，激励其持续走向绿色生产道路。其次，加强生态补偿机制的建设是保护粮食主产区生态环境的有效措施。通过建立生态补偿基金，对因保护生态环境而牺牲部分经济利益的农民或地区进行经济补偿，既体现了公平原则，又激发了农民参与生态保护的积极性。此外，应加大对生态农业技术研发和推广的支持力度，提高农民对绿色生产技术的认知和应用能力，促进粮食生产与生态环境保护的和谐共生。最后，加强生态环境监管与评估体系建设，确保绿色财税政策的有效执行。建立健全生态环境监测网络，定期发布生态环境状况报告，为政策调整提供科学依据。同时，加大对生态环境违法行为的查处力度，形成有效的威慑机制，确保粮食主产区的生态环境得到切实保护。

综上所述，坚持绿色发展与生态保护并重原则，通过构建绿色财税政策体系、加强生态补偿机制建设以及强化生态环境监管与评估，不仅能够促进粮食主产区生态环境的持续改善，还能够推动粮食产业的绿色发展，实现经济效益与生态效益的双赢。

（5）坚持创新驱动与产业升级协同原则

在粮食主产区财税政策改革的背景下，坚持创新驱动与产业升级协同原则是推动粮食产业高质量发展的核心动力。面对日益激烈的市场竞争和不断变化的消费者需求，粮食产业必须依靠科技创新和产业升级来提升自身的竞争力和市场地位。

首先，创新驱动是粮食产业转型升级的关键。通过加大科研投入，支持粮食生产技术的研发和创新，推动粮食生产向智能化、精准化、高效化方向发展。利用现代信息技术、生物技术、工程技术等先进手段，改造传统粮食生产方式，提高粮食生产的科技含量和附加值。同时，加强科技成果转化和推广应用，确保科技创新成果能够迅速转化为现实生产力，推动粮食产业的快速发展。其次，产业升级是粮食产业持续发展的必然选择。通过优化产业结构，推动粮食产业向高端化、品牌化、集群化方向发展。鼓励和支持粮食加工企业加大技术改造和升级力度，提高产品质量和档次，打造具有国际竞争力的粮食品牌。同时，加强粮食产业链上下游企业的协同合作，形成产业链条完整、功能齐全的粮食产业集群，提高粮食产业的整体竞争力和市场占有率。最后，财税政策在推动创新驱动与产业升级协同发展中发挥着重要作用。通过制定优惠的税收政策，鼓励企业加大科研投入和技术创新力度，支持企业引进先进技术和设备，提高生产效率和产品质量。同时，加大对粮食产业转型升级项目的财政支持力度，提供资金保障和政策扶持，推动粮食产业实现跨越式发展。

综上所述，坚持创新驱动与产业升级协同的原则，是推动粮食主产区粮食产业持续健康发展的关键。我们应加强科技创新，不断提升粮食生产的技术水平，同时积极推动产业升级，优化产业结构，提高粮食产业的附加值和市场竞争力。在此过程中，财税政策应发挥积极的引导作用，通过提供财政支持和税收优惠，激励企业加大研发投入，促进技术创新和产业升级。通过这些综合措施，我们能够促进粮食主产区粮食产业的蓬勃发展，提高其在市场中的地位，为实现粮食安全和农业现代化奠定坚实基础。这不仅有助于提升我国粮食产业的国际竞争力，也是保障国家粮食安全、维护社会稳定的重要举措。

8.1.3 财税政策的设计要点

为解决粮食主产区补贴发放过程中的“多头支出”“块块分割”问题，以及政府间财政收支权责不明确、税收优惠覆盖范围有限等难题，必须精心设计财税政策，确保其科学性和合理性。通过优化财税政策，要充分发挥其在粮食生产中的激励与引导作用，为粮食主产区实现千亿斤粮食产能提升任务提供有力支持。同时，要注重推动粮食产业的全链条发展，从生产、加工到销售各环节，形成协同发展的良好局面。科学、合理的财税政策，不仅能够有效调动地方政府和农民的积极性，还能促进粮食产业的转型升级，提高粮食生产的效率和效益。因此，必须加快财税政策的改革与创新，为粮食主产区的持续发展和国家粮食安全的保障提供坚实支撑。

（1）科学界定各级政府职责，构建粮食主产区责任分担机制

深入贯彻落实习近平总书记提出的“党政同责”要求，始终把稳定粮食生产、确保粮食安全作为至关重要的政治任务；切实肩负起这一工作责任，确保每一项任务都能得到有效执行。同时，要注重“顶层设计”与“分层对接”之间的平衡，避免出现政策执行过程中出现的“上热下冷”现象，以确保政策的连贯性和有效性（毛佳和朱述斌，2021），科学界定中央政府、省级政府 、粮食主产区地方政府的权力与责任。中央政府主要负责制定宏观政策、进行战略规划和提供资金支持，以确保全国粮食安全的大局稳定。省级政府则需结合本地区实际情况，制定具体的政策措施，协调区域内的粮食生产和流通。粮食主产区地方政府直接面向主产区内的种粮大户、粮食企业以及农民等基层，负责落实各项具体政策，做好土地管理、农业基础设施建设和为农民提供服务等工作。明确各级政府的职责，有助于避免责任不清、推诿扯皮的现象，确保每一个环节都有明确的责任主体。

在明确各级政府职责的基础上，构建粮食主产区责任分担机制。一是强化粮食主产区的粮食生产责任，确保粮食播种面积不下降、产量不降低、质量有提升，从而实现千亿斤粮食产能提升。二是积极探索建立粮食产销区横向利益补偿机制。由中央统筹规划，以各省（区、市）的粮食调入、调出情况为主要依据，综合考虑地区自然资源禀赋、粮食生产稳定性、生态发展规划等现实情况差异，科学、合理确定确补偿主体、补偿标准、考核目标、奖惩措施等，同时加强绩效管理，强化硬约束作用。三是建立粮食产业发展共同体。鼓励主产区和产销区共建 粮食生产基地、仓储设施、加工园区和营销网络，从简单的粮食产销关系转变为产业链合作关系，逐步形成多元化、规模化、现代化的粮食产销合作新格局，共享粮食产业发展效益（胡凌啸等，2024）。

与此同时，建立健全粮食主产区责任考核监督机制，将粮食生产、储备、流通等指标纳入各级政府的绩效考核体系。加强对各级政府履行粮食安全责任情况的监督检查，对工作不力、失职渎职的行为要严肃问责。同时，要充分发挥社会监督和舆论监督的作用，确保粮食主产区责任分担机制的有效落实。

（2）以绿色生产为导向，建立粮食主产区生态补偿政策

绿色是高质量发展的底色，坚持走生态优先、绿色发展之路，是立足新发展阶段、贯彻新发展理念、构建新发展格局的必然要求。粮食生产与生态保护一起抓，不仅守住了稳产增收的底线，也推进了绿色发展，提高了粮食产业的韧性和成色。面对资源环境约束日趋收紧的现实，通过耕地用养结合、投入品减量化、绿色技术推广化等途径，向粮食绿色主产要质量、要效益。加快粮食主产区生态补偿政策的建立，为粮食绿色生产提供更多的资金、政策、技术要素支持。

首先，推动粮食主产区财税支持保护政策设计的“绿色转型”。以绿色生产、提质增效为引领，扩大并提高农民绿色生产、先进技术采用等的补贴范围和标准。完善粮食多层次保险产品体系，以“险补结合”应对粮食生产的自然与市场风险（张哲晰等，2024）。

其次，完善耕地地力保护补贴政策，建立一套统一且规范的耕地质量评价标准体系，并据此定期开展全面、细致的耕地质量普查工作。在这一过程中，需坚持以结果为导向的原则，确保地力保护补贴的计算与发放紧密关联耕地保护责任的落实情况。具体实施策略包括：一是做好精细化、实质化补贴发放的基础工作，组织专业人员对每一户提交的地力补贴申请信息进行严格审核，对确权确地的实际测量面积、承包中涉及的非承包地面积以及应扣除的面积等信息进行逐一核实，并进行公示，以防止补贴资金被滥用，确保政策目标的顺利实现。二是积极探索实施差异化的地力补贴政策，根据耕地质量等级的不同，将补贴划分为多个档次。对于耕地质量持续优化或保持在优良等级的地块，给予高水平的补贴；而对于耕地质量持续恶化的地块，则适用较低档次的补贴，甚至考虑取消补贴，以此激励耕地质量的保护与提升（陈颖和李继志，2021）。三是加大对粮食主产区农业科技研发推广费用、生态环境保护费用和农民技能培训费用的报销力度，减少主产区粮食绿色生产的成本，激发种粮积极性，从而实现稳产保供的目标。

最后，政府可以依据碳汇交易的计量结果，在粮食主要生产区域创立农作物碳汇交易平台。参考新安江、黄河流域跨省流域生态补偿的成功经验，设计一套适用于粮食主产区与主销区之间的生态补偿机制。具体而言，粮食调入省份应根据其区域内粮食产量与消费量的差距所导致的碳排放交易量，来确定主销区应支付的补偿标准，并将此补偿金上缴给中央作为国家粮食安全补偿基金。随后，中央再将这笔资金转拨给粮食调出省份，以适当补偿粮食主产区对生态环境及粮食安全的贡献（孙中叶等，2024）。

（3）促进主产区内生性发展，创新粮食主产区利益补偿机制

以“外生性”为主导的反哺农业补偿策略，在一定程度上有助于保持粮食产量的增长并促进农民收入的增加。然而，这种策略却难以逆转农业生产要素因农业产业收益下滑而外流的态势。当前，以直接资金补贴和粮食收购价格保护为代表的“外生性”补偿方式，主要聚焦于农民个体。相比之下，针对粮食主产区产业发展及强化区域协调发展“内生”动力的相关政策却显得严重不足，这一领域的政策缺失亟须得到关注与解决（赵慧敏，2021）。创新利益补偿机制，从政策上激发粮食主产区内生发展动力，从而提升粮食产量和质量，促进农民增收，缩小城乡差距，为粮食主产区的长远发展奠定坚实的基础。

首先，需优化粮食主产区利益补偿政策。建议将省级财政整合的涉农资金纳入主产区利益补偿体系，并设立专项补偿基金。同时，制定严格的财政支农资金管理规范，确保资金有效利用。在此基础上，构建“资金＋产业”的补偿机制，加大对粮食生产及农业现代化相关产业的投入，引导主产区产业结构优化升级，促进第一、第二、第三产业融合发展。此外，应加速粮食主产区的城镇化进程，既通过直接补贴保障农民收益，又增强其自我发展能力。这一系列举措，旨在全面提升粮食主产区的综合实力，为粮食产业的持续健康发展奠定坚实基础。

其次，完善粮食主产区利益补偿运行机制。改革粮食风险基金，加快构建一个以基本收益保障为核心的粮食补贴体系，该体系应涵盖粮食的流通与储备补贴，旨在积极扶持种粮大户、产粮大县以及粮食主产省份的发展。同时，建立农地发展权交易系统，通过设计如“折抵指标”“复垦指标”“待置换用地指标”等载体，利用“折抵指标的有偿调剂”“易地有偿补充耕地”以及“基本农田的易地有偿代保”等多种途径，实现跨区域的农地发展权交易，从而严格确保耕地的数量与质量。建立一套融合耕地保护、区域粮食供应保障以及体现粮食主产区利益补偿的政绩考核评价体系、问责奖惩机制和成本分析机制，以强化考核监督结果的刚性执行，发挥其激励与约束作用，进而有效降低利益补偿的经济成本。

最后，强化法律与执法体系，进一步完善与补充现有法律法规。积极推动利益补偿政策措施的法治化进程，确保利益补偿的投入责任明确、支出决策科学合理、支出过程公开透明。加快制定并颁布《粮食法》《农业投入法》《农业信贷法》等一系列关键性法律法规，以引导当前的补偿性政策更好地符合主体功能区的战略需求，使国家支持和保护农业及粮食生产的政策措施更加法治化，从而规范并促进粮食生产、收购、销售、储备、进出口等粮食产业各环节的健康发展。同时，还需加强利益补偿的法制宣传，为政策的实施营造良好的外部环境。要深化利益补偿的政策理念，充分利用多种形式和载体，提高利益补偿的公开透明度，并加大对粮食主产区利益补偿政策的宣传力度，以确保政策的有效传达与实施（陈明星等，2022）。

8.2 促进粮食主产区的财税政策的改革思路

8.2.1 促进多元财政协同配合，发挥财政组合效应

保障国家粮食安全是一项复杂而全面的系统工程，我国财政支粮制度的设计与政策实践特别强调了多元财政措施的灵活调整与相互协同，以发挥政策组合的综合效应。具体而言，财政支粮政策涵盖了多个方面，包括价格支持、与产量或质量挂钩的直接补贴、一般服务支持、税收减免以及财政资金的监督管理等。这些政策通过各自独特的传导机制，共同作用于粮食安全的保障。在作用领域上，财政支粮政策全面覆盖了粮食的生产、流通以及消费等各个环节，从而构建起一个稳固的粮食产业“安全网”，确保粮食产业的稳定发展。在选择支持主体上，政策坚持普惠与重点相结合的原则，既保障了小农群体的种粮利益，确保其基本生活需求，又特别重视对种粮大户及新型粮食经营主体的激励，通过重点扶持来提升他们的生产积极性和效率（赵和楠，2019）。通过多元财政政策的协同配合，可以实现政策之间的优势互补，增强政策的针对性和有效性，从而更好地服务于经济社会发展目标。

首先，加强财政政策与货币政策的协同配合。财政政策和货币政策作为宏观经济调控的两大支柱，其协同配合对于稳定经济增长具有重要意义。通过加强财政与货币政策的协同配合，可以实现财政政策在扩大支出、优化结构方面的优势与货币政策在调节流动性、稳定市场方面的优势相结合，形成政策合力，共同促进粮食主产区经济增长。

其次，促进财政政策与产业政策的协同配合。产业政策是引导产业结构调整和升级的重要手段。财政政策可以通过税收优惠、财政补贴等方式支持重点产业发展；而产业政策则可以通过制定产业规划、引导社会资本投入等方式推动产业结构优化升级。通过加强财政政策与产业政策的协同配合，可

以实现政策目标的一致性和政策效果的叠加效应，共同推动粮食产业向高质量发展迈进。

再次，强化财政政策与社会政策的协同配合。社会政策作为保障民生、促进社会公平正义的重要手段，与财政政策相辅相成。财政政策通过增加公共支出、优化社会保障体系，有效提升民众福祉；而社会政策则通过提供公共服务、促进就业，增强社会稳定性和凝聚力。两者协同配合，既能推动经济发展，又能确保社会稳定，实现经济与社会的良性互动。这种协同不仅促进了社会的整体和谐，也为国家的长远发展奠定了坚实基础，共同助力社会的持续进步与繁荣。

最后，强化区域间财政政策的协同配合。鼓励主销区企业深入主产区，投资建设加工园区及优质商品粮基地。此举不仅能够有效解决主产区粮食销售难的问题，拓宽其销售渠道，同时也能为主销区提供稳定、可靠的粮源保障，实现"双赢"。通过财政政策的协同，我们可以促进区域间的优势互补，优化资源配置，推动粮食产业的均衡发展。这不仅有助于提升粮食产业的整体竞争力，更对保障国家粮食安全、维护社会稳定具有深远意义。因此，我们必须高度重视区域间财政政策的协同配合，推动其不断深化与发展。

8.2.2 强化科技支撑，优化财政补贴结构

强化科技支撑，必须明确科技在财政政策中的重要地位。科技是推动经济增长、提升国家竞争力的核心要素，是保障国家粮食安全，促进粮食主产区发展的关键支撑。因此，财政政策应加大对科技创新的支持力度，为科技研发、成果转化和产业化提供充足的资金保障。这不仅可以促进科技产业的快速发展，还可以带动粮食产业链的升级和转型。

首先，增加财政对科技创新的投入。政府应设立专项科技资金，用于支持重大科技项目、科研机构和企业的研发活动，提高科研成果转化率，实现粮食主产区先进技术的广泛应用，促进粮食产业智能化、信息化发展。同时，还可以通过税收优惠、财政补贴等方式，鼓励涉农企业增加研发投入，提高自主创新能力。这样不仅可以激发企业的创新活力，还可以促进科技成果的转化和应用。

其次，优化财政支出结构。在保持财政总支出稳定增长的同时，要调整和优化财政支出结构，确保科技支出在财政支出中的比重逐年上升，以推动粮食产业结构的优化和升级。

再次，加强财政政策与科技政策的协同配合。财政政策与科技政策应相互衔接、相互补充，形成政策合力。政府应建立健全科技政策与财政政策的协调机制，确保两者在目标、任务和措施上的一致性。同时，还要加强政策执行和监督，确保政策的有效实施和落地。

最后，我们应依托现代信息技术，构建一个高效且科学的粮食信息服务体系，以便提升粮食财政政策的执行效率。完善的粮食信息服务系统，不仅能够有效识别财政补贴的受益对象并监控补贴的实际效果，还能对粮食价格的未来走势进行深入分析与预测，进而为补贴标准与规模的合理设定提供坚实的科学依据和指导（张明等，2021）。

8.2.3 优化粮食税收政策，促进粮食产业现代化发展

粮食产业是国家经济的基石，对国计民生、社会稳定及国家安全均有深远意义。在全球化与现代化的双重驱动下，粮食产业正迎来转型升级的关键时期，既面临挑战，也蕴藏机遇。在此背景下，优化粮食税收政策成为推动粮食产业现代化的重要一环，其重要性愈发凸显。合理的税收政策不仅能有效激励粮食生产，提升产业效率，还能促进资源合理配置，保障粮食安全。因此，我们必须抓紧时机，深入研究粮食税收政策，结合实际情况，制定科学、合理的政策措施，为粮食产业的稳健发展注入新的活力，确保其在现代化进程中稳步前行，为国家的长治久安奠定坚实基础。

首先，优化粮食税收政策是激活粮食生产者活力、提升其生产积极性的有效途径。面对生产成本不断攀升、市场价格波动频繁等现实困境，合理的税收优惠政策如同及时雨，能够为粮食生产者提供实质性的经济支持。例如，对粮食生产者的自产农产品实施增值税免征政策，不仅直接减轻了其税负，还间接降低了生产成本，增强了其市场竞争力。同时，对符合条件的粮食购销企业给予税收减免，有助于构建更加公平、高效的粮食流通体系，激励粮食生产者扩大生产规模，提升粮食产量与质量，从而为国家粮食安全奠定坚实基础。其次，优化粮食税收政策是引导社会资本流入、加速产业升级和技术创新的重要杠杆。政府通过设立粮食产业发展专项基金、提供税收抵免等激励措施，可以有效吸引社会资本向粮食产业倾斜，特别是向那些采用高新技术、实施绿色生产的粮食企业流动。这不仅促进了粮食生产方式的转变，提高了生产效率和产品质量，还推动了粮食产业链条的延伸和附加值的提升，为粮食产业向现代化、高端化转型注入

了强劲动力。最后，优化粮食税收政策在保障国家粮食安全、维护社会稳定方面发挥着不可替代的作用。粮食作为战略物资，其供应稳定是国家安全和社会稳定的基石。通过科学、合理的税收政策，政府可以灵活调控粮食市场，平抑价格波动，确保粮食供应充足、价格合理，避免因粮食短缺或价格暴涨引发的社会动荡。同时，加大对粮食储备企业的税收支持，增强其储备能力和应急响应速度，是应对自然灾害、疫情等突发事件，保障国家粮食安全的重要手段。

为了更有效地优化粮食税收政策，促进粮食产业现代化发展，还需从以下几个方面着手：一是加强税收政策的宣传与解读工作，确保政策信息准确无误地传达给每一位粮食生产者和相关企业，帮助他们充分理解政策内容，及时、准确地享受政策带来的实惠；二是建立健全税收征管机制，加大税收监管力度，确保税收优惠政策不被滥用或误用，维护税收公平与效率；三是积极参与国际交流与合作，学习借鉴国际先进经验，结合我国实际，不断完善粮食税收政策体系，提升政策的针对性和有效性；四是注重政策的连续性和稳定性，避免频繁调整给粮食生产者和企业带来不必要的困扰和损失，为粮食产业的持续健康发展提供稳定的政策环境。

8.2.4 加强财政资金管理，提高资金使用效率

加强财政资金管理，提高资金使用效率，对于粮食主产区而言，是提升农业生产能力、保障粮食安全、促进农民增收及推动区域经济持续健康发展的关键举措。

首先，为了全面提升粮食主产区的财政预算管理效能，必须深入实施全面预算绩效管理。在巩固一般性预算项目支出绩效管理成果的基础上，应逐步扩大绩效管理范围，向预算部门整体支出、财政收入及支出政策延伸，形成更为全面、系统的绩效管理框架。在转移支付制度持续探索的基础上，进一步将绩效管理拓展至各级政府财政运行层面，确保绩效管理的广度和深度。具体而言，应从政府预算绩效管理、部门预算绩效管理、政策及项目预算绩效管理三个维度出发，构建全方位、多层次的绩效管理格局。还要实现预算编制、执行、监督等各个环节与绩效管理的紧密衔接，确保财政资金在整个使用过程中都受到绩效管理的严格约束和监督，从而提升财政资金的使用效率，促进粮食主产区财政预算管理的科学化、规范化水平，为粮食产业的持续健康发展提供有力保障（李燕和彭超，2018）。

其次，建立事前与支付责任相匹配的制度，并进一步完善粮食主产区财政资金的监管机制，以制促管，不断提升粮食主产区的财政资金监管水平。同时，主产区政府根据本地粮食生产和粮食产业发展情况去制定有效的惠农补贴政策，并且要实时追踪并深入了解惠农补贴政策的落实状况，并将惠农补贴政策的落实状况纳入政府年度考核，以显示政府对于惠农补贴落实的重视；要制定严格的奖惩制度，以规范主产区政府行为，加大财政监督力度。建立事前与支付责任紧密匹配的制度，确保资金使用的合理性与有效性。此外，还应加强财政部门相关工作人员技能培训，提升管理人员的专业素养和管理能力，使其能主动参与财务绩效监督和管理，从而落实相关管理人员的财务监督管理责任（高芳华，2024）。

最后，推进财政资金管理信息化建设，是提升资金使用效率的关键举措。现代信息技术赋能资金管理，可实现其精细化、动态化与实时化，显著提高管理效率和准确性。此外，它还能有效遏制资金浪费和滥用，确保资金用在“刀刃”上。信息化建设在促进部门间信息共享与协同工作方面亦发挥着重要作用。通过搭建统一的信息化平台，各部门能实时交流资金使用情况，及时发现并解决潜在问题，显著降低信息传递成本和障碍。对于粮食主产区而言，加大财政资金管理信息化建设的投入尤为重要，通过提升信息化水平，可确保资金使用的透明度和可追溯性，为粮食产业的持续健康发展提供坚实保障。信息化建设不仅有助于优化资金配置，提高使用效率，还能增强资金监管能力，防范潜在风险。因此，粮食主产区应积极响应信息化建设号召，加大投入力度，推动财政资金管理向更高效、更透明、更可持续的方向发展，为粮食产业的繁荣发展贡献力量。

8.3 促进粮食主产区的财税政策的实践目标

在构建粮食主产区财税政策的实践框架时，需深刻把握并凸显几个核心实践目标：一是践行大食物观以引领粮食生产的现代化转型，把保障国家粮食安全作为基石稳固农业发展的根本；二是把促进农民增收与实现共同富裕作为政策惠民的直接体现；三是把促进粮食产业深度融合与实现农业高质量发展作为产业升级的关键路径；四是把保护主产区生态环境与实现可持续发展作为长远战略的必然选择。这四大实践目标相辅相成，构成了粮食主产区财税政策优化的全方位考量。通过精准施策，旨在激发粮食主产区的内在潜力，不仅能确保粮食安全的底线，更能推动农业经济的转型升级与生态环境的和谐共生，最终实现粮食主产区的全面可持续发展，为国家的粮食安全与农业现代化提供坚实支撑。

8.3.1 践行大食物观，保障粮食安全

“民以食为天，国以粮为安。”粮食安全从来不是一个简单的吃饭问题，而是关系国家发展、社会稳定、人民安居乐业的根本性问题（黄家慧和郭安宁，2023）。党的二十大报告明确提出，“全方位夯实粮食安全根基，树立大食物观、大农业观”。2024 年“中央一号文件”再次提出，“扎实推进新一轮千亿斤粮食产能提升行动。树立大农业观、大食物观，多渠道拓展食物来源，保障食物安全”。大食物观理念拓展了传统粮食安全的内涵，从确保粮食产量稳步提高转变为确保“米袋子”“油瓶子”“肉盘子”“奶罐子”“果篮子”的安全，把中国人的饭碗牢牢端在自己手中。

为确保国家粮食安全，践行大食物观，必须加强顶层设计，完善财税政策，从而助力粮食主产区继续稳定发挥粮食生产核心功能以及保障国家粮食安全功能。2024 年“中央一号文件”明确指出：“适当提高小麦最低收购价，合理确定稻谷最低收购价。继续实施耕地地力保护补贴和玉米大豆生产者补贴、稻谷补贴政策。完善农资保供稳价应对机制，鼓励地方探索建立与农资价格上涨幅度挂钩的动态补贴办法。扩大完全成本保险和种植收入保险政策实施范围，实现三大主粮全国覆盖、大豆有序扩面。鼓励地方发展特色农产品保险。推进农业保险精准投保理赔，做到应赔尽赔。完善巨灾保险制度。加大产粮大县支持力度。探索建立粮食产销区省际横向利益补偿机制，深化多渠道产销协作。扩大油菜面积，支持发展油茶等特色油料。加大糖料蔗种苗和机收补贴力度。”在“中央一号文件”的指导下，粮食主产区积极探索财税支农新机制，加大扶持力度，扩大扶持范围，提高扶持效率，从而激发主产区内生性发展，调动种植积极性，逐步扩大种植面积，实现粮食产量与质量双提升。

耕地地力保护补贴、高标准农田建设支持政策以及基础设施建设支持政策等财政政策的继续实施和完善，进一步提高了农民应对风险的能力。此外，通过对比高标准农田建设前后的数据，发现粮食主产区的耕地质量明显改善，水资源利用率有所提高，灌溉效率也有很大程度的提高。基于耕地质量和有效灌溉率的提高，粮食单产量也在一定程度上有所提升，其中，高标

准农田建设项目区的粮食单产提升效果更加显著，对比建设前粮食每亩产量平均提升 10%—20%（李超男，2024）。通过财政补贴，加速了高标准农田建设项目的实施，实现了粮食产量增长，增加了粮农收入，给粮食主产区带来了更多保障，助力主产区经济发展。以黑龙江为例，前期由于财政政策不完善，主要粮食主产区发展能力受限，后在财税政策的改革完善下，对整个县、乡、村进行财政补贴和资金支持，并逐步推进，使原来小规模经营、家庭零星经营、分散碎片的耕地整理成了集中连片的农田，后又继续追加财政支持，进一步提升耕地质量，建设高标准农田，为实现机械化、规模化生产奠定了坚实的物质基础。

此外，财税政策在促进粮食主产区基础设施建设方面也发挥着重要作用。通过给予仓储、物流和加工等环节税收优惠或财政补贴，可以有效推动这些基础设施的完善，进而提升粮食产后服务能力，减少产后损失，确保粮食的有效供给。同时，为了稳定市场预期并保障农民种粮收益，可以设立粮食风险基金，并实施最低收购价政策。这些措施能够为农民提供一定的收入保障，降低他们面临的市场风险，从而激发农民的种粮积极性。财税政策通过促进基础设施建设和提供市场保障措施，为粮食主产区的持续发展提供了有力支持，确保了粮食生产的稳定和国家粮食安全。

8.3.2 促进农民增收，实现共同富裕

共同富裕是社会主义的本质要求。我国在《国民经济和社会发展第十四个五年规划和 2035 年远景目标纲要》中提出，“到 2035 年要让人民生活更加美好，人的全面发展、全体人民共同富裕取得更为明显的实质性进展”。这个共同富裕是惠及全体国民，涵盖国民经济所有产业的富裕。而农民增收是实现共同富裕的关键环节。在粮食主产区，农民增收不仅关系到农民生活水平的提高，也关系到农村经济的繁荣和社会稳定。因此，财税政策应致力于促进农民增收，实现共同富裕。

财税政策有助于弥补粮食主产区粮农及粮食企业融资难、融资慢等“短板”，并通过促进农民增收和提升主产区资金要素配置水平，推动农民农村实现共同富裕。完善的财政补贴方案，可以提高资金使用的精准性，将资金真正用于有需求的农民。针对收入较高农民的帮扶，政府部门应采用尽快退出机制；对于部分收入较低的农民，政府部门应尽快将其纳入检测系统，做到应纳尽纳、应帮尽帮，将新阶段、新形势下低收入农民作为重点补贴对

象。在此过程中，政府部门需完善低收入农民常态化帮扶机制，以更高标准为准绳，制定对低收入农民的补贴政策，逐步完善低收入农民检测与帮扶系统，实现精准赋能农民农村共同富裕（乔春华，2024）。

深化粮食价格形成机制改革，创新“生产成本+基本收益”的目标价格政策（胡迪等，2019），既能降低主产区农民粮食生产的成本又能保障农民基本收益。适当提高粮食最低收购价，实施“市场化收购+补贴”新机制，当粮食供给趋于紧张状态时，要采取各种支持措施，给予农民粮食生产补贴，提高粮食供给水平。当粮食库存较多、供给充裕状态时，要弱化价格政策的影响作用，从而保证农民粮食生产的收益（蒋和平等，2018）。

进一步优化粮食生产者的补贴政策，构建一套精确的补贴机制，确保补贴资金能够直接增加生产者的收入，从而提升政策执行的效率与精确度。在制定补贴标准时，应秉持统筹规划与考虑地区差异性的原则，使补贴既能发挥调节生产的作用，又能有效配置生产资源，进而提升粮食的生产效率与整体产能。同时，建立一个综合性的“保险+补贴”生产支持体系。依托粮食完全成本保险来构建生产风险防御机制，利用主要农资补贴政策来建立成本上升风险的缓冲机制，并通过种植收入保险来设立粮食价格波动风险的规避机制。通过这些措施增强粮食主产区农民应对各种风险的能力，确保他们的“钱袋子”安全（李光泗，2023）。

财政政策与产业政策要协同，创新资金来源渠道，引导社会资本投入，从而顺应产业政策的战略要求，促进粮食主产区产业发展。支持粮食主产区发展具有地域特色的优势农产品，如特色水果、优质蔬菜、中药材等，提高农产品的市场竞争力和附加值，增加农民收入。主产区在财政与产业政策的支持下，发展特色高效农业，并延长产业链，推进农产品深加工、精加工，从而创造出更多的工作岗位，带动农村闲置劳动力灵活就业，拓宽农民增收渠道，从而促进乡村振兴，实现共同富裕。

促进粮食主产区财税政策，不仅保障了农民的合法权益，增加了农民收入，还促进了农村经济发展，维护了社会稳定与和谐。最后，促进农民农村共同富裕，改善农村基础设施，提升农民的生活品质，让农民感受到政府的关心和支持，增强他们的归属感和社会责任感，从而促进社会稳定与和谐发展（王保进，2024）。

8.3.3 促进粮食产业深度融合，实现农业高质量发展

促进粮食产业深度融合，是实现农业高质量发展的重要途径。财税政策

在推动粮食产业深度融合方面可以发挥重要作用。国内外学者针对财政支持对农业影响的研究成果较为丰富，从总体效应来看，财政支农支出可以明显促进农业的发展（Stefan & Latruffe，2013），有效提高农业经营收入（Nakajima，2014）。

我国自2003年以来，逐步实施了农业税减免直至取消、粮食直补、农机补贴等惠农政策，财政支农力度逐年加大，2019年财政支农支出绝对额已达22420.11亿元，占农业GDP的比重约为31.82%。持续加大财政对农业发展的支持力度，尤其加大粮食主产区生产基本要素的财政支持，包括农业基础设施、劳动者技能培训、土地流转、农业信贷等方面，有力推动了主产区粮食产业向纵深方向发展，实现粮食领域第一、第二、第三产业有机融合，为农业高质量发展保驾护航（张维刚和欧阳建勇，2021）。设计科学、合理的财税政策，使其符合粮食主产区实际发展需求，不仅能够提高财政资金的使用效率，通过对粮食产业深度融合项目的筛选和评估，使资金投入真正具有发展潜力和带动效应的项目上，还能够创新财税支持方式，如粮食产业发展基金、风险补偿基金等，为粮食产业提供更为灵活多样的资金支持。同时，加强粮食主产区之间的合作与交流，构建区域协调发展机制，可以推动粮食产业资源共享、优势互补。通过组织跨区域粮食产业博览会、技术交流会等活动，促进粮食主产区之间的信息共享和技术传播，推动粮食产业整体水平的提升。

然而，我国粮食主产区的农业高质量发展水平区域分布不均衡，且地区间联系不够紧密，各粮食主产区孤立发展，目前发展较好的主要集中在东南沿海的江苏和中部地区（张发明等，2021）。为缩小不同粮食主产区高质量发展的差距，需充分发挥财税政策的优势，推动粮食主产区协调发展。强化财税扶持，加大产粮大县奖补、粮食产业经济发展支持力度，落实企业研发费用税前加计扣除、增值税优惠等税收政策。建立统筹整合投入机制，综合采取直接投资、投资补助、资本金注入、财政贴息、以奖代补、先建后补等多种方式，充分发挥财政资金的引导作用和放大效应（陈明星，2023）。加快完善利益联结机制，开拓多功能主产区粮食市场，培育粮食产业高质量发展新动能。紧跟消费需求的变化步伐，积极实施农业的供给侧改革。充分发挥“产粮大户”的引领作用，并充分利用各地区的独特资源禀赋优势。不断挖掘和开发农业的多功能性，以及积极培育农业新业态，为农业经济的持续发展注入新的活力与增长点，从而全面激发主产区的综合经济发展潜力（郝爱民和刘育廷，2022）。在财税政策扶持下，在利益联结机制保障下，聚焦主产区粮食产业全链条高质量发展，促进农业与旅游、教育、康养等产业深度融合和产村、产镇融合，从而形成“粮食+”多业态发展态势，实现产业链供应链横向拓展、纵向延长，增加农产品附加值，提高粮食主产区市场竞争力，进而实现粮食产业转型升级（陈明星，2023）。

8.3.4 保护主产区生态环境，实现可持续发展

以往，我国农业发展大多以牺牲生态环境为代价。历史的经验告诉我们，不能再走发达国家的老路，绿色生态农业则是一个很好的途径。农业绿色转型发展既兼顾经济、社会效益又追求生态效益，保证农业可持续发展。秉承“绿水青山就是金山银山”的核心理念，致力于山水林田湖草沙的综合保护与系统性治理，确保在全方位、全地域、全过程的层面上强化生态环境保护。生态环境的保护是可持续发展不可或缺的基石。为了达成可持续发展目标，必须遵守以节约优先、保护优先及自然恢复为主导的原则，将自然与生态环境的保护视为保护眼睛般重要，毫不动摇地遵循生产发展、生活富足、生态优良的文明发展路径，以期实现中华民族的持久繁荣与发展。然而，在粮食主产区，由于长期高强度的农业生产活动，面临着水土流失、土壤污染、生物多样性减少等生态环境问题。因此，财税政策应致力于保护主产区生态环境，实现可持续发展。

通过财政补贴、税收优惠等手段，鼓励粮食主产区采用生态友好型农业生产方式。主产区各级政府应关注农业领域科技绿色化发展，结合农业科技创新内容，积极采取措施促进农业绿色技术的运用，如支持有机肥替代化肥、生物防治替代化学农药等绿色农业技术的推广应用；对采取生态种植、轮作休耕等措施的农户给予补贴和奖励，从而促进粮食主产区绿色生态生产方式的推广与应用。

加大对生态环境保护基础设施建设的投入。农业基础设施建设与农业粮食生产能力相联系（周家明和刘祖云，2014），加大对主产区的财政支持力度，提高对生态环境保护的基础设施资金投入（彭锁，2022），如支持粮食主产区建设农田水利设施、水土保持工程等，从而改善粮食主产区生产条件，提高农业生产的水资源利用效率和土壤保持能力，进而提高农业生产率（Chaudhuri & Yabuuchi，2010），促进农业可持续发展。要支持粮食主产区开展农村生活污水处理、垃圾无害化处理等工作，以便改善农村人居环境，

打造宜居宜业和美乡村。同时，财政还要加大对人才培育工作的支持。人才资源在推进粮食主产区经济发展、粮食增产保质和生态环境保护等方面发挥着关键作用；要加大人才补贴，提高人才待遇，将人才留在适合的岗位，发挥其效能。还要打造生态农业适用型人才队伍，积极推广宣传各类先进农业技术，增强农业可持续发展的内生动力，定期开展农业技术培训课程，学习绿色生态农业发展与治理等相关知识，让农户真正掌握专业技术，成为农业领域人才（李文学和马婧杰，2024）。

此外，财税政策在推动粮食主产区生态补偿机制建设上具有不可替代的作用。要进一步强化这一机制，设立专门的生态补偿基金，通过财政拨款、社会捐赠等多种渠道筹集资金，对在生态环境保护中作出显著贡献的地区和个人给予相应的经济补偿与激励。这不仅能够调动广大农民参与生态保护的积极性，还能促进生态保护与粮食生产的和谐共生。与此同时，财税政策还应加大对生态环境破坏行为的惩罚力度，通过提高罚款标准、加大执法力度等措施，有效遏制破坏生态环境的行为，从而形成全社会共同保护生态环境的良好氛围。通过这一系列财税政策的实施，可以更好地保护粮食主产区的生态环境，确保粮食生产的可持续性。这不仅有助于提升粮食主产区的生态价值，还能为国家的粮食安全和农业可持续发展作出积极贡献。因此，在未来的财税政策改革中，我们应更加注重对粮食主产区生态环境的保护，通过科学、合理的财税措施，推动粮食主产区实现经济、社会与生态的全面发展。

综上所述，促进粮食主产区财税政策的实践目标，旨在通过全方位、多层次的政策优化与创新，践行大食物观，筑牢国家粮食安全防线，同时促进农民增收，迈向共同富裕的康庄大道。在此过程中，推动粮食产业深度融合，加速农业高质量发展的步伐，是实现这一目标的关键路径。而保护主产区生态环境，确保可持续发展，则是粮食主产区长远发展的基石。这一系列实践目标相互关联、相互促进，共同构成了粮食主产区财税政策优化的宏伟蓝图。展望未来，我们应继续深化财税政策改革，精准对接粮食主产区的实际需求，充分发挥财税政策的引导与激励作用，为粮食主产区的全面发展注入强劲动力，从而确保国家粮食安全，推动农业现代化进程，实现经济、社会与生态的和谐共生。

9 促进粮食主产区发展的财税政策的优化方向

9.1 财政投入结构的优化

9.1.1 财政支出的结构性调整

财政支出的结构性调整是实现粮食主产区可持续发展的重要环节，财政投资与支持能够保障国家粮食安全问题（Rosegrant et al.，2001）。耕地的质量和数量是决定粮食生产的确定性因素（Soane & Ouwerkerk，2013），随着全球人口的不断增长和经济的快速发展，粮食安全问题愈发凸显。当前我国财政支农支出还存在支出结构不合理、支出比重较低、使用绩效低下等问题（刘涵，2008；李树培和魏下海，2009），同时财政支农支出效应有一定的滞后性，但存在着长期的均衡增长关系（彭克强和鹿新华，2010），地区综合效率差距较大（司翼等，2017）。为了应对日益增长的粮食需求，提升粮食生产能力、优化农业结构、增强粮食主产区的竞争力，财政支出的合理配置显得尤为重要。

（1）加强农业基础设施建设

农业基础设施是保障粮食生产的重要支撑。公共基础设施的投资有效降低了农业的生产总成本，提高了农业生产效率（Mamatzakism，2003）。农村的基础设施建设，包括灌溉系统、交通运输网络和储存设施等，直接关系到农业的生产效率与发展水平。首先，水资源利用的效率在粮食生产中发挥着重要的作用，也奠定了粮食生产中水资源的决定性作用（Knox et al.，2012）。良好的灌溉系统能够有效提升水资源的利用效率，特别是处于在干旱或半干旱的粮食主产区，改进的灌溉技术，如滴灌和喷灌，可以显著降低用水量，增加作物产量。法国政府在对农田水利设施工程的财政补贴数额达到项目工程款的60%以上，极大地激励了农田水利设施的建设（Jahan et al.，2005）。

此外，现代化的灌溉设施不仅可以提高水的利用率，还能减少因水资源短缺而导致的产量下降。其次，交通运输网络的完善是粮食流通的基础。现代农业生产往往集中在特定区域，而消费市场则分布广泛。通过加强农村公路、铁路及水路的建设，可以降低运输成本，提高粮食的流通效率。例如，建设高标准的农村公路，能够使农民更快捷地将产品运输到市场，同时减少因运输延误而造成的损失。最后，储存设施的建设同样不可忽视。有效的储存设施可以减少粮食在收获后的损失，提高粮食的保存率。对于一些易腐烂的农产品，建设冷链储存设施尤为重要，能够有效延长产品的保质期，满足市场需求，提高农民的收入。

（2）加大对科技研发的投入

农业科技的进步是提升粮食生产效率的关键。技术进步在粮食生产中具有主导性的作用（Fan P.，1997）。当前，许多粮食主产区面临着资源短缺、土壤退化和气候变化等多重挑战，只有通过科技创新才能找到突破口。因此，财政资金应向农业科技研发倾斜，加大对新技术、新材料的研究投入。在种植技术方面，精准农业的兴起为农民提供了更为科学的管理方案。运用无人机、传感器等先进设备，农民可以实时监测土壤水分、养分含量及作物生长情况，从而制订更为合理的施肥、灌溉方案。这种科技手段不仅提高了资源的利用效率，还能有效降低生产成本，提高作物的产量和质量。此外，在种子研发方面，投入财政资金进行转基因技术及抗病虫害种子的研发，能够使农作物在面对病虫害和气候变化时，更加适应环境，提高产量和抵御风险的能力。例如，研发出抗旱、抗病虫害的优质种子，不仅能提升粮食的产量，还能提高农民的收入，稳固粮食生产的基础。

（3）加强农业技术推广

财政支出的结构性调整不仅体现在对基础设施和科技研发的投入上，更应包括对农业技术推广的重视。农业是国民经济的基础，推动农业现代化和可持续发展离不开新技术和新种植模式的推广。然而，许多新技术、新品种的推广效果不佳，往往是因为农民对新技术的了解不足，导致其在实际生产中难以有效应用。为此，财政资金可以用于建立健全的农业技术推广体系，通过系统的培训和示范，显著提高农民的技术水平和应用能力。

此外，现代信息技术的应用也为农业技术推广提供了新的契机。信息和通信技术能最大限度地降低交易成本，增加透明度和支持企业发展，提高农业生产力（Thadaboina，2009）。政府可以利用互联网和移动通信技术，搭建一个农民、科研机构和市场之间的桥梁。通过建立在线技术服务平台，农民可以随时随地获得及时的市场信息和技术支持。这种信息化的服务体系不仅能提高农民对新技术的认识，还能帮助他们在生产中做出更为科学的决策，有效降低生产风险。政府还应加强与高校和科研机构的合作，鼓励其参与到农业技术推广中。通过建立产学研合作机制，科研机构可以将最新的研究成果及时转化为可操作的生产技术，为农民提供切实可行的技术指导。这种合作不仅能够提升农民的生产能力，也能推动农业整体水平的提升，促进农村经济的发展。

（4）推动绿色农业发展

财政支持对改善农业环境质量、促进乡村振兴和可持续发展具有长期的积极作用（Jenny，2006）。财政支出的结构性调整应与可持续发展目标相结合，推动绿色农业的发展。财政资金应重点支持生态农业和循环农业项目。生态农业强调生态系统的完整性和农业生产的可再生性，旨在通过采用环保的生产方式，维护土壤肥力、水资源和生物多样性。政府可以通过设立专项资金，鼓励农民采用有机肥、天然防治和轮作等环保措施，减少化肥和农药的使用。这不仅能提高农产品的质量和安全性，也能提升其市场竞争力。通过资金扶持和技术指导，帮助农民转型为生态农业生产者，形成一个良性循环。农业财政支持是支撑农业绿色发展的必要手段，对绿色生产力具有积极影响（Wei L. et al.，2023）。政府还应鼓励农民积极参与生态补偿机制。对于采取环保措施的农户，可以给予相应的财政补贴或奖励，以提高他们的积极性。例如，农民在实施有机种植、保护水土资源等方面所付出的努力，应该得到财政上的支持和认可。通过这种方式，既能鼓励更多农户参与绿色农业，也能提高他们的收入水平，增强其可持续发展的动力。此外，推动农业与生态环境的协调发展是绿色农业的重要目标。粮食播种面积的扩大和粮食增产得益于财政政策（Niu X. et al.，2022），从长远来看，农业的可持续发展不仅依赖于提高粮食产量，更需要在生产过程中考虑生态环境承载能力。政府应在政策层面上强调生态保护与粮食生产之间的平衡，确保在追求粮食产量的同时，采取的措施不会对生态环境造成过度的压力。这可以通过制定相关的农业标准，推动生态友好型农业实践，确保农业生产在环境友好的前提下获得增长。

9.1.2 农业支持补贴的优化

农业支持补贴是国家对农业发展的重要支持政策之一，尤其是在面临市场价格波动、自然灾害和环境变化等不确定因素时，补贴能够为农民提供经济保障。农业补贴政策还能够显著提高地区的农业产出率以及扩大农业生产范围积极性（Arega & Alene，2007）。农业支持补贴旨在通过合理配置资源，激励农民的生产积极性，提高农产品的质量和产量，从而促进粮食主产区的可持续发展。随着市场需求的多样化和农业生产环境的变化，农业支持补贴的设计和实施亟须进行深入的调整和优化，以更好地满足现代农业发展的需要。

（1）根据市场需求和作物特点优化补贴

在现代农业发展中，补贴政策的设计与实施至关重要。农业补贴能够降低农户的农业生产风险，同时对农业生产具有一定的激励效应（Sckokai & Moro，2006）。为了实现资源的合理配置，政府必须深入分析不同作物的种植特点及其市场需求。这不仅有助于推动农业的可持续发展，也能提升农民的经济收益和生活水平。

首先，对于高价值农作物，如水果和蔬菜，市场需求量大且价格波动相对较小。这些作物的种植不仅可以带来可观的经济收益，还能满足日益增长的消费者需求，因此，政府应适度增加对这些作物的补贴力度。通过设定更高的补贴标准，能够有效激励农民扩大种植面积，改进种植技术，进而提高作物的产量和质量。比如，政府可以支持农民使用优质种子、先进的灌溉技术及病虫害防治措施，帮助他们实现更高的生产效率。这样不仅满足了市场需求，还有助于提升国家农业的整体竞争力。其次，传统粮食作物，如小麦和玉米，也应获得稳定的支持，但补贴的形式可以更加灵活。考虑到这些作物通常面临较大的市场价格波动和生产成本压力，政府可以根据作物的种植面积、市场价格和生产成本等因素，设定一个动态调整的补贴机制。这样的机制不仅能够保证农民在种植这些作物时的经济效益，还能有效应对市场变化带来的风险。例如，若某一季节小麦的市场价格波动较大，政府可以相应调整补贴水平，确保农民的种植收益不受重大影响。最后，政府还应加强信息化建设，通过现代科技手段实时监测市场动态。这包括对作物价格、市场需求和气候条件等多方面数据的分析和整合。通过建立信息共享平台，农民可以即时获取市场信息，了解作物的种植情况和价格走势，从而做出更为科学的种植决策。同时，政府也能够根据这些实时数据，及时调整补贴策略，确保政策的有效性和针对性。

（2）强化补贴政策的透明度和公正性

财政支农支出明显促进农业的发展（刘宏杰，2008；时悦和赵铁丰，

2009；Stefan & Latruffe，2013），有效提高了农业经营收入（王延杰，2002；Coleman et al.，2002；王德祥和李建军，2009；Nakajima & Migration，2014），与其他要素相比，财政支农支出的平均贡献率占重要地位（魏朗，2007；Anderson et al.，2014）。为了确保补贴资金能够真正惠及需要的农户，必须加强补贴政策的透明度和公正性。首先，补贴政策的制定过程应广泛征求意见，听取农民和农业专家的建议，确保政策内容与实际需求相符。其次，在政策公布后，需设立专门的监督机构，负责对补贴资金的分配和使用进行监管，确保资金流向透明，避免腐败和资源浪费。最后，应建立健全农民信息档案，准确记录每个农户的种植情况和补贴申请情况，防止重复申报和虚假申请。同时，利用现代信息技术，如区块链技术，确保补贴资金的流转过程可追溯，增加资金使用的透明度和安全性。通过这些措施，可以有效提高补贴政策的公信力，增强农民参与的积极性。

市场需求和农业生产环境的变化往往是复杂且快速的，因此，固定的补贴政策难以满足实际需求。政府应设立动态调整机制，根据市场行情、气候变化及其他经济因素，及时调整补贴标准和方式。例如，当市场价格出现大幅波动时，政府可以迅速调整补贴策略，通过增加补贴来稳定市场，保护农民的收益。同时，制定一些临时的补贴措施，以应对突发性的自然灾害或疫情，帮助农民渡过难关。这种灵活的补贴政策，不仅能有效应对市场变化，还能增强农民对政策的信任感，提高他们的生产积极性。

（3）加强政策宣传与培训

农业补贴政策能够影响农户承担风险的态度，更多的农业补贴能够激励农户投入更多资金到农业生产中（Ant & Mou，2002）。为了确保农业补贴政策的有效实施，政府必须高度重视对相关政策的宣传和培训工作。这不仅能帮助农民充分理解和利用这些政策，还能提高其参与度，从而促进农业的整体发展。农民教育在农业发展过程中起着关键作用，农民教育在现代农业发挥的作用要远大于传统农业中所发挥的作用（Koundouri et al.，2009）。政府应组织多种形式的农业培训班和宣传活动。通过面对面的交流，专家和技术人员可以向农民详细解读补贴政策的具体内容，包括补贴的种类、申请程序、所需材料和相关要求等。这种直接的互动和沟通，有助于消除农民对政策的疑惑，使他们能够更加清楚地理解如何申请补贴以及补贴对他们生产经营的实际影响。同时，借助于政策解读会议，农民能够与政策制定者进行深入交流，反馈他们在实施过程中的困难与需求，从而为政策的完善提供参考。

现代信息技术的发展为政策宣传与培训带来了全新的机遇。政府可以建立一个政策信息平台，集中发布各种农业补贴政策和相关资讯。在这个平台上，农民可以方便、快捷地获取到最新的政策动态、申请流程和注意事项。平台还可以提供在线咨询服务，农民在遇到问题时可以随时进行咨询，获取专业的解答。这样的在线服务不仅提高了信息的获取效率，还让农民在申请过程中感受到更大的便利。政府还可以利用社交媒体、手机应用和短视频等多种渠道进行政策宣传。通过生动形象的宣传，能够吸引更多农民的关注，使他们主动了解并参与到补贴政策的申请中来。例如，通过制作简单、易懂的宣传视频，展示申请流程和成功案例，不仅能提升政策的知晓度，还能激励更多农民参与到补贴政策的实践中。此外，为了增强农民的自我管理能力和政策应用能力，政府应积极推广农业合作社和农民组织的建设。通过这些组织，农民可以相互学习和支持，分享政策应用的经验和技巧。在合作社的帮助下，农民能够更加高效地完成申请流程，利用集体的力量提升他们的议价能力和市场竞争力。

（4）建立评估与反馈机制

为了确保农业支持补贴政策的有效性和针对性，建立一个全面的评估与反馈机制显得尤为重要。这一机制不仅能够帮助政府及时了解政策实施的现状及效果，还能为政策的调整与完善提供科学依据，促进农业的可持续发展。

首先，政府应定期对补贴政策的实施效果进行系统评估。评估内容包括资金使用效率、补贴对农业生产的实际影响、农民收入的变化等几个方面。通过对这些数据的收集和分析，政府可以了解补贴政策的具体成效，识别出哪些方面的政策实施效果良好，哪些方面存在不足。比如，若发现某一类型的补贴未能有效提高农作物产量，可以考虑对补贴标准或申请流程进行调整，以更好地满足农民的实际需求。其次，评估工作应采用科学的方法和工具，结合定量和定性分析，确保评估结果的客观性和公正性。可以通过建立指标体系，设定关键绩效指标（KPI），如补贴资金的投入产出比、农民的生产积极性变化等，为政策评估提供量化依据。此外，政府还可以引入第三方机构进行独立评估，增强评估结果的权威性和透明度。再次，建立农民反馈机制也是不可或缺的环节。通过鼓励农民积极参与政策的评估与建议，政府能够获得来自基层的真实声音。这可以通过多种形式实现，例如，问卷调查、座谈会、线上反馈平台等。农民在反馈中可以表达他们对补贴政策的感受、遇到的问题及对政策的建议。这些反馈不仅能帮助政府了解农民的需求，也能促进政策的持续改进。在反馈机制的设计上，政府应确保参与的便利性和多样性。比如，在问卷调查中，既可以提供纸质问卷，也可以利用手机应用和互联网进行在线调查，确保不同地区和年龄段的农民都能方便表达意见。通过举办座谈会或社区讨论会，政府可以与农民面对面交流，深入了解他们的真实想法和需求。建立有效的评估与反馈机制，还需重视信息的透明和公开。政府应定期向公众发布评估结果和政策调整的说明，让农民了解政策的实施效果及调整原因。这种透明度不仅增强了政策的公信力，也能提升农民对政府工作的信任感。最后，评估与反馈机制的建立应与政策的动态调整相结合。通过定期评估和及时反馈，政府可以根据农民的需求和市场变化，灵活调整补贴政策，确保其始终与实际情况相符，真正发挥政策的导向和支持作用。

9.2 税收优惠政策的优化

9.2.1 优惠政策的评估与调整

税收优惠政策是促进农业发展的重要手段，通过采取税收减免及税额抵免等激励方式，能够减轻粮食产业带给企业和农民的税收负担，同时也降低农产品生产的税务成本及管理成本（Vision，2001）。为了确保政策的有效性，政府应定期对现行的税收优惠政策进行全面评估，以分析其对农业发展的实际影响，找出政策的优缺点，并针对发现的问题进行调整，使政策更具针对性。

（1）评估经济指标变化

税收优惠政策的评估应从政策实施前后的经济指标变化入手，分析其对农业生产、农民收入和地方经济的影响。通过收集和分析相关数据，如农业产值、农民收入、投入产出比等，政府可以对比实施前后的变化，判断政策的实际效果。例如，在某个地区实施了减免税收政策，政府可以通过调查和统计，评估该政策是否有效提升了农民的生产积极性，是否促进了当地农业的发展。这种量化的评估方式能够为后续政策的调整提供数据支持，帮助政策制定者清晰了解政策的收益与成本。

在进行经济指标评估时，数据的准确性和可靠性至关重要。政府可以与专业机构合作，利用先进的数据分析工具对农业经济数据进行深度挖掘，确保评估结果的科学性。此外，针对不同地区的经济发展情况，政府应设定合理的基准线，以便更好地进行横向和纵向比较。这种科学的评估方式不仅能揭示政策的实际效果，还能有效指导后续的决策。

（2）考虑区域差异性

评估过程中应注意不同区域的差异性。我国幅员辽阔，各地区的农业发展状况、资源禀赋和市场需求各不相同，不同的自然因素导致粮食生产存在差异（Johnson，1987）。因此，税收优惠政策的适宜性也应因地制宜，对面积较大、产量较高的优质耕地区域采取税收减免、递延征税等税收激励方式，能够达到保护粮食产业带优质耕地的目的（Samapundo et al.，2005）。例如，在经济发达、农业基础扎实的地区，可能更需要针对高附加值农产品的支持政策，而在经济相对落后的地区，则可能更需要基础设施建设和生产资料的补贴。在评估时，政府可以通过实地调研、专家访谈等方式，深入了解不同地区的需求与问题，从而提出针对性更强的政策建议，使税收优惠政策能真正地为地方农业的发展提供助力，促进区域经济的全面、协调发展。此外，各地区的政策实施效果也需要动态监测。政府应建立区域数据库，定期更新各地的农业发展状况和政策执行情况，通过比较分析揭示出存在的问题。例如，某些地区的农业发展可能因市场需求的变化或自然灾害的影响而受到冲击，这时，政府可以及时调整税收优惠政策以响应这些变化，确保政策的适用性。

（3）评估作物适宜性

政策的评估还应考虑对不同作物的适宜性。在农业生产中，不同作物的生长周期、市场价格和生产成本各异，因此，税收优惠政策在不同作物上的效果也可能相差甚远。例如，某些高价值作物如水果和蔬菜，因其市场需求旺盛，可能更需要针对性的税收减免；而传统粮食作物可能需要更为稳定的支持政策。政府在进行评估时，应将不同作物的市场表现与政策效果进行比较，找出哪些作物受益于现行的税收优惠政策，哪些作物未能得到应有的支持。这一过程不仅有助于发现政策实施中的不足之处，也能为后续政策的优化提供依据。为此，政府可以考虑设立特定的农业产品分类标准，在评估时分别分析不同作物类目的效果。例如，可以通过市场调研、农民访谈等方式，了解各类作物在税收优惠政策实施前后的生产和销售情况，形成系统的分析报告。这种分类评估不仅能帮助政府了解政策的实际效果，还能为农民提供更清晰的政策导向，帮助他们做出更明智的种植决策。

（4）建立有效的反馈机制

政策调整的方向应基于有效的反馈机制。政府在实施税收优惠政策时，应建立健全的反馈机制，鼓励农民和农业生产者积极参与政策的评估和反馈。通过问卷调查、座谈会、网络平台等多种形式，收集政策实施中的实际问题和农民的意见、建议，确保政策的调整能够真正反映基层的声音。例如，农民在享受税收优惠时可能会遇到申请流程繁琐、信息不对称等问题，政府可以根据反馈进行相应的简化和改进，提升政策的可操作性和便利性。这种互动机制不仅能增强政策的灵活性，还能提高农民对政策的认同感，进而激发他们的生产积极性。

在建立反馈机制时，政府可以引入现代信息技术，通过建立在线反馈平台，实现即时沟通与反馈。农民可以通过手机应用或微信平台，随时提交自己的意见和建议，而政府则应该定期对这些反馈进行分析，及时作出相应的调整。此外，政府还可以定期组织农民代表与政策制定者进行面对面的交流，进一步促进政策的改进和执行效果的提升。

（5）加强部门间的协同合作

评估与调整过程中应加强部门间的协同合作。税收优惠政策的实施涉及多个政府部门，各部门之间应建立有效的沟通机制，形成合力，共同推进政策的评估与调整。在信息共享和数据整合的基础上，各部门可以互通有无，综合分析政策实施的效果，避免因信息不对称导致的决策失误。例如，财政部门可以提供政策执行的财务数据，农业部门可以提供生产与市场反馈，税务部门则可以提供税收减免的数据，通过多方协作，形成综合性的评估报告，为政策的优化提供更全面的依据。为此，各部门可以定期召开联席会议，讨论税收优惠政策的实施情况和改进建议。此外，政府还可以设立跨部门的工作小组，专门负责税收优惠政策的评估和调整，确保各项工作能够高效推进。这样的合作不仅能够提升政策的执行力，还能增强各部门之间的协同效应，为农业发展提供更加有力的支持。

9.2.2 改进现行优惠政策

为了促进农业的可持续发展，政府必须根据各地区的发展水平和需求，设计多元化的税收优惠政策，以适应不同类型农业主体的需要。

（1）提升政策的灵活性与适应性

税收优惠政策的灵活性和适应性是确保其有效性和可持续性的关键。政府应建立动态调整机制，定期审查和修订现行政策，以适应不断变化的市场情况。

为了实现政策的灵活性，政府可以采用基于大数据和人工智能的分析工具，实时监测农业市场的动态。这种数据驱动的方法能够提供更为精准的政策调整依据。例如，通过分析不同地区的农作物生产数据、气候变化情况和市场价格波动，政府可以快速识别哪些地区或作物最需要税收支持，从而优化资源配置。在适应性方面，我国各地区农业发展状况、资源禀赋和市场需求存在显著差异，税收优惠政策应根据不同地区的特点进行差异化设计。政府可以通过区域经济分析和农业生产调研，了解各地在农业生产中面临的具体困难和挑战，从而制定出切合实际的政策。例如，对于一些经济相对落后的地区，政府可以加大对基础设施建设、农业技术推广和生产资料的税收优惠，以鼓励投资和发展。而在经济发达的地区，政策可以更加侧重于高技术农业和现代农业的支持，鼓励企业进行技术创新和产业升级。这种差异化政策不仅能够更有效地促进区域经济的协调发展，还能够提升农业整体竞争力。通过建立长效机制，政府可以确保政策的灵活性与适应性，为不同产业和地区的可持续发展提供更为有力的支持。

（2）支持新兴农业企业和农业经营主体发展

新兴农业企业和农业经营主体在推动农业转型升级、提升生产效率和创新能力方面起着重要作用。政府向粮食产业带提供农业贷款的金融机构实行税收激励，一定程度上能够缓解农民融资难的问题，有利于调动粮食产业带农民发展粮食生产的积极性（Elias，1985）。政府应针对这些新兴主体，提供更多的税收减免政策，以鼓励它们在现代农业领域的发展。通过这种方式，政府不仅能够促进新兴主体的成长，还能提升整个农业产业的竞争力。

首先，政府可以设立专项基金，针对符合条件的新兴农业企业和农业经营主体提供税收减免。这些企业通常在技术研发、市场开拓和品牌推广等方面具有较大的潜力，因此，给予他们适当的税收支持将会激励他们进行更多投资。例如，可以根据企业的研发投入、市场开拓情况和社会贡献等因素，设计相应的税收减免政策，以鼓励其加大对农业技术和市场的投入。其次，政府还可以通过组织培训和咨询服务，帮助新兴农业企业和合作社提高管理水平，增强市场竞争力。针对这些企业的特点，政府可以提供定制化的培训课程，涵盖现代农业生产技术、市场营销策略和企业管理等方面的内容。通过这种方式，政府能够帮助这些企业更好地应对市场挑战，增强其综合竞争力。最后，政府在支持新兴农业企业和合作社的过程中，应注意评估政策的实施效果，及时调整不适应的政策内容。例如，定期组织评估会议，邀请企业代表、农业专家和政策制定者进行深入交流，了解政策实施中的实际问题和建议。这种反馈机制将为政策的优化提供宝贵的参考依据。

(3) 简化税收申报流程

简化税收申报流程是改进现行优惠政策的重要方面。复杂的申报流程往往会导致农民和农业企业在享受税收优惠时面临障碍，从而降低政策的有效性。

为了提升政策的可操作性，政府应重视税收申报流程的优化。首先，政府可以通过数字化手段，建设便捷的在线申报系统。通过这种系统，农民和农业企业可以轻松完成税收申报，实时获取政策信息和申报指导，减少繁琐的文书工作。例如，开发一款专门的手机应用程序，允许农民通过手机进行税收申报，随时查看申报状态和政策变化，这将大大提升申报的便利性。其次，政府应定期开展宣传和培训活动，让农民充分了解税收优惠政策的具体内容和申报流程。通过组织地方讲座、发放宣传手册和开展在线培训，政府能够帮助农民更好地理解政策，从而提高政策的覆盖面和实施效果。再次，政府还可以在农村地区设置咨询服务点，提供面对面的咨询服务，确保农民能够及时获取所需信息。最后，政府还应建立反馈机制，收集农民和农业企业在申报过程中的意见和建议，进一步优化申报流程。通过定期的问卷调查和座谈会，了解农民的真实需求和遇到的问题，政府可以及时调整申报流程，使其更加高效和便捷。

(4) 减轻不必要的税收负担

减轻不必要的税收负担是改进现行税收优惠政策的重要方向。过高的税收负担不仅会抑制农民生产积极性，还可能导致农民和农业企业的生存压力加大。英国政府在减轻农业税收负担方面，对国产大米供应市场设特殊销售税，从而能够减轻农产品销售渠道的税收负担（Nielson，1992）。政府应全面梳理现行的税收政策，找出其中不合理的部分，并进行必要的调整。具体来说，政府可以优化现行的农业税收标准，采取更加灵活的优惠措施，确保农民和农业企业的负担在合理范围内。例如，针对不同类型的农业生产者，可以设定不同的税收标准，以体现对小规模农户和新兴农业企业的扶持。同时，政府应考虑降低一些不必要的附加税费，以减轻农业生产者的负担。此外，在制定新的税收政策时，政府应充分考虑行业反馈，确保新政策不会增加农民的负担。定期组织行业代表与政策制定者的对话，了解行业发展中的真实需求，对于政策的合理性和可行性进行充分评估，将有助于确保政策的有效实施。

9.3 补贴与激励政策设计

9.3.1 农业生产补贴设计

农业生产补贴的设计应从保障粮食安全和促进可持续发展两个方面出发。这不仅关系到农民的收入和生活水平，也是国家粮食安全和生态环境保护的重要保障。

（1）保障粮食安全

保障粮食安全是国家的基本任务之一，而农业生产补贴则是实现这一目标的重要手段。政府应根据粮食生产的实际成本、市场价格和区域差异，制定科学、合理的补贴标准，以确保农民能够获得稳定的收益。例如，考虑到不同粮食主产区的土壤条件、气候特点和农作物品种，补贴标准应有所不同，避免“一刀切”的现象。

在制定补贴标准时，政府可以参考各类农业经济数据和市场调查结果，进行全面的成本分析。可以通过田间试验和数据收集，了解不同作物的生产成本、市场价格波动及其对农民收入的影响。在此基础上，设计出符合实际的补贴标准，使其既能保障农民的基本收入，又能激励他们进行合理的生产决策。

稳定的收益不仅能提高农民的生产积极性，还能吸引更多的人投身农业，确保粮食生产的可持续性。为此，政府可以设置最低补贴保障线，确保农民在市场价格低迷时，依然能通过补贴获得一定的收入。在遭遇自然灾害或市场价格暴跌时，政府可以迅速启动应急补贴机制，及时向受影响的农民发放补贴，以帮助他们渡过难关。此外，政府还可以结合实际情况，灵活调整补贴金额。在粮食价格高企时，适当降低补贴标准，鼓励农民扩大生产；而在粮食价格低迷时，则适当提高补贴，以减少农民的损失。这种灵活的补贴政策不仅能够保障农民的收益，还能维护市场的稳定，促进粮食安全。

（2）促进农业可持续发展

可持续农业发展是实现粮食安全的长期战略之一，而农业生产补贴在其中发挥着至关重要的作用。政府应通过补贴政策，鼓励农民采用先进的农业生产技术，推动农业的现代化转型。政府可以设定针对性补贴，鼓励农民使用节水灌溉、生态种植、精准农业等先进技术。对于采用节水灌溉技术的农户，政府可以提供额外的资金补贴，以鼓励他们安装先进的灌溉设备。这不仅能够提高水资源的利用效率，还能降低生产成本，增强作物的抗逆性。此外，政府还可以开展相关的技术培训，帮助农民掌握这些新技术的使用方法，以提高其生产效益和环境友好性。

通过补贴政策，政府还应积极推动绿色发展理念的落实。例如，对采取生态种植技术的农户，可以给予一定比例的补贴，以鼓励他们减少化肥和农药的使用，保护土壤和水源。这种奖励机制不仅能提高农民的生态意识，还能促进整个农业生态系统的平衡与和谐。此外，政府可以通过补贴政策支持农民参与有机农业的生产。对于认证的有机农产品，给予更高的补贴，以鼓励农民转型为有机农业生产者。在市场日益重视食品安全和健康的背景下，有机农业将具备更大的市场潜力与竞争优势，从而为农民带来更高的经济收益。

（3）建立多元化的补贴体系

在设计农业生产补贴时，政府应建立多元化的补贴体系，综合考虑不同地区的农业特点和作物类型。不同区域的土壤、气候、种植习惯及市场需求各不相同，因此，制定差异化的补贴政策将更能符合当地实际，激励农民积极参与生产。对于粮食主产区，可以相对提高粮食作物的补贴标准，以确保这些地区的粮食生产能力，在经济较好的粮食主产区，可以引导农民发展高附加值的特色农产品，并给予相应的补贴支持。

为实现农业生产的可持续发展，政府还应鼓励农民合作社和农业联合体的发展。通过补贴政策支持农民组建合作社，能够提高其市场竞争力和议价能力。此外，合作社能够更好地组织资源，推动新技术的应用与推广，从而实现规模效益。政府可以为农民合作社提供启动资金、技术支持及培训机会，让他们在初期阶段顺利开展工作。同时，政府也可以设立专项补贴，鼓励合作社发展集体经济，实现共同富裕。

9.3.2 产业激励政策设计

产业激励政策的设计需注重推动农业与相关产业的融合，形成完整的产业链。通过合理的激励措施，政府可以有效提升农业的综合竞争力，促进农民增收和农村经济发展。

（1）推动农业与相关产业的融合

农业产业链的完整性对于提升农业竞争力至关重要。为激励粮食产业带动农产品加工业发展，减轻农民的税收负担，国外对农产品加工行业的税制进行改革，将增值税税率由30%的高税率下调至15%的低税率，同时将享受免税的主体范围从对开发荒地从事农业生产行业扩大到农产品加工行业（Abel，1980）。政府应通过制定相关政策，推动农业与加工、物流、销售等相关产业的融合，以形成从生产到消费的完整链条。一方面，政府可以设立专项资金，支持农产品加工企业的发展，特别是对地方特色农产品的加工扶持。通过鼓励加工企业引入先进技术和设备，提高加工效率和产品质量，从而增强市场竞争力。另一方面，政府还应鼓励农民与加工企业之间的合作，通过行业协会、商会等平台，搭建合作交流的“桥梁”。通过推动产学研结合，鼓励科研机构、高校与农业企业的合作，开发新的加工技术和产品，实现农业与相关产业的协同发展。例如，政府可以组织技术培训和交流活动，促进技术和经验的共享，提升整个产业链的技术水平。

在推动农业与相关产业融合的过程中，加强市场信息服务是至关重要的。政府应建立完善的市场信息系统，提供准确的市场数据和趋势分析，帮助农民和企业做出科学的生产和经营决策。通过信息化手段，如手机应用、网络平台等，及时向农民发布市场动态、价格信息和政策解读，增强农民的市场敏感性和应变能力。同时，政府可以与行业协会、商会等机构合作，开展市场调研和分析，为农民和企业提供市场需求预测和趋势分析，帮助他们把握市场机会，降低生产风险。这种信息服务的建立不仅提升了产业链的透明度，也为农业生产与市场需求的有效对接创造了条件。

（2）提升农产品附加值

农产品的附加值直接影响农民的收入水平和农业经济的整体效益。政府应通过制定产业激励政策，鼓励农产品的深加工，提升其附加值。例如，政府可以为农产品加工企业提供税收减免、贷款优惠等支持，降低企业的运营成本，增强其市场竞争力。在此过程中，政府应重点关注地方特色农产品的开发与品牌建设。通过支持地方企业参与展会、博览会等活动，提升地方特色农产品的知名度和市场认可度。同时，政府可以通过建立农产品质量标准体系，促进品牌农业的发展，增强农产品的市场竞争力，从而实现更高的附加值。

随着互联网的发展，电商平台为农产品销售提供了新的渠道。政府应加大对农产品电商的支持力度，通过专项资金和政策引导，鼓励农民和合作社参与电商平台的建设与运营。可以设立农产品电商专项扶持基金，支持农户和合作社建立自己的电商平台，拓展销售渠道。政府还应提供培训和技术支持，帮助农民掌握电商运营的基本技能，提高其在电商市场中的竞争力。通过推动农产品与电商的结合，能够有效提升农产品的市场流通效率，增加农民的收益。

（3）促进农民与加工企业的合作

促进农民与加工企业的合作是实现产业链有效运作的重要途径。政府可以鼓励发展合同农业，通过明确的合同约定，保障农民的收益。合同农业不仅能够减轻农民的市场风险，也能提高农产品的质量和稳定性。在合同农业中，政府可以扮演促成者的角色，通过政策引导、信息服务等方式，帮助农民与加工企业建立长期稳定的合作关系。例如，可以设立农民与企业对接的专项活动，让双方在合作中形成信任关系，促进更多的合同农业项目落地。

合同农业虽然能够带来收益保障，但也存在一定的风险。政府应建立风险共担机制，帮助农民规避市场风险。在合同农业中，可设置最低保障价格，确保农民在市场波动时仍能获得稳定的收益。同时，鼓励加工企业为农民提供生产资料和技术支持，形成合力，共同应对市场变化。此外，政府还可以引导农民和加工企业建立互助合作关系，形成利益共同体，促进双方的共同发展。在这种合作模式下，农民不仅能够获得稳定的收益，还能通过技术交流和经验分享，提高自身的生产水平。

（4）推动农业产业化经营

农业的可持续、集约化可以提高农业部门生产能力，从而持续地满足农产品和服务日益增长的需求（Mouratiadou I et al.，2021）。农业合作社是实现产业化经营的重要载体，政府应通过多种措施支持农业合作社的发展。可以设立专项资金，帮助农业合作社进行基础设施建设和技术改造，提高其生产能力和市场竞争力。同时，政府应鼓励农民加入合作社，实现资源的共享与集约化经营。为了提升合作社的管理水平，政府可以提供培训和技术支持，帮助合作社建立现代化的管理体系。通过标准化生产、品牌化营销等方式，增强合作社的市场竞争力，实现规模效益。

推动农业产业化经营不仅是鼓励农民参与生产，更要引导产业链向上游延伸。政府可以通过政策激励，鼓励农民和合作社投资农业生产资料的生产与供应，如种子、肥料、农机等，以实现产业链的完整和自主。通过向上游延伸，农民不仅可以获得更多的利润，还能有效降低生产成本，提高整体经济效益。此外，政府还可以推动农业科技的研发与应用，提升农民在产业链中的话语权，增强其参与产业化经营的能力。

10 促进粮食主产区发展的财税政策建议

10.1 促进粮食主产区发展的财税政策构架

10.1.1 促进粮食主产区发展的财税政策的构成要素

促进粮食主产区发展的财税政策构成要素主要包括三部分，即政策的目标、主体和工具。这三部分要素的质量直接影响政策作用的强度和范围。要素的质量受多种因素影响。从政策目标方面来看，数量的合理规划和目标的阶段性调整是必不可少的；在政策主体部分，行为规范和协作水平等因素值得考量；在政策工具中，包括值的选取、灵活性以及机能是否完善等需要斟酌。

（1）财税政策目标要素

财税政策目标可以被理解为一个值，即财税政策期望得到的值。首先，该值被政策施行的范围和力度所影响，若目标没有在财税政策范围之内，则其功能不能得到有效利用，目标也就不能实现。其次，目标值不仅具有时间连续性，还具有空间一致性。促进粮食主产区发展的财税政策在微观和宏观上的划分，以及在调节结构与调节总量上的划分，则是要具体分析财税政策的作用空间。由于财税政策目标有连续性特征，因此其中短期政策在导向上应与基本财政政策保持一致。最后，财税政策目标会被客观环境与现实条件所影响，并且与人的倾向和政府做出的决定关系紧密。财税政策目标作为促进粮食主产区发展的财税政策构成要素之一，其确定过程并非简单和随意的，选择的方法要科学，做出的决策须民主，应根据当地实际发展情况来制定。

（2）财税政策主体要素

财税政策主体要素，即财税政策的制定者和执行者。财税政策主体的行为，对其主要功能的发挥和效果的好坏都有很大的影响。根据我国现行的财税体制，当地政府的作为与倾向对政策的制定和执行产生了决定影响。因此，想要构建促进粮食主产区发展的财税政策体系，要建立监督机制，为财税政策主体行为制定规范，并加强政策制定者和执行者之间的配合，使财税政策的功能得到充分发挥，起到最好的实施效果，真正实现促进粮食主产区发展的目标。

（3）财税政策工具要素

财税政策工具是由财税政策主体进行主导的。为实现财税目标的各类方式，财税政策主体需利用财税政策工具，达到既定的财税政策目标。财税政策工具包括税收、公债、公共支出、政府投资、财政补贴等。

①税收。税收是国家层面的政策工具，对国家发展很重要，是公共财政的最重要来源。相比其他分配方式，税收具有三个特征，即强制性、无偿性和固定性。这三个特征是不可分割的，强制性保证了税收的来源，无偿性反映出税收的本质属性，而固定性是上述两个特征所必然要求的。税收比率是税收的重要部分，确定了税收比率之后，税负的分配问题就成为亟须解决的重要问题。财税政策不应给主产区粮企带来沉重的经济负担，而应带动其持续健康发展。因此必须正视不同种类的税负分配问题，并在不同方面使用最适合的方法去解决税负分配问题。

②公债。公债是国家财政收入中特殊的存在，是一种调节经济发展的方式。公债的发行是为满足公共需要的，每个人都能持有公债，公众可自愿认购，自己决定认购的数量，因而收入转移问题一般在纳税人与持有人间产生。公债在经济发展层面具有重大意义，发行公债可有效贴补财政赤字，弥补财政不足，迅速筹到发展资金。公债对投资和产业的结构具有优化调节效果，还可实现对市场经济的调节，使社会的供求达到平衡状态。

③公共支出。公共支出包括两部分，即购买性支出和转移性支出。购买性支出包括购买商品和购买劳务两个方面，是一种政府的直接消费支出。转移性支出是把收入进行重新分配，将货币收入进行转移，这时民间的消费不会因此而改变。财税补贴在国家层面意义重大，不只是因为其数额较大，还因为它是经济市场运转的重要影响部分。补贴数额也未必是越多越好，过大的补贴数额会加重财政负担，造成消极影响。像公共支出这种“双刃剑”政策工具，必须在运用过程中充分考虑其两个方面的作用。

④政府投资。政府投资是政府职能中的重要组成部分，指用预先准备的

资金投资建设固定资产。政府投资有三个特征，分别为自然垄断特征、外部效应特征和高产业关联度特征。在有代表性的基础性产业、基础性公共设施以及高新科技产业方面，政府投资能力与倾向对经济和产业结构的调整及发展起着重要作用。

10.1.2 促进粮食主产区发展的财税政策的体系构建

目前，我国已经形成涵盖基础设施、种粮补贴、价格支持等全方位的粮食生产财政支持体系，有效降低了农业生产所受的实际约束和农户信贷约束（Yi et al.，2015），在调动农民种粮积极性、扩大粮食种植规模、提升粮食综合生产能力等方面发挥了重要作用（陈飞等，2010）。随着我国经济发展进入新常态，财政涉农资金总规模不再维持高速增长态势，现有政策对种粮主体的激励仍显不足（赵惠敏，2010），普惠式的农业补贴政策的边际效应开始递减，对粮食生产的激励作用逐步减弱（黄少安等，2019），出现了对农民生产积极性调动不足、与 WTO 贸易规则不协调、激励效力减弱等不适应粮食产业发展趋势的问题（胡继连等，2014），因此财政支农机制变革势在必行。国家财政在农业现代化建设中应承担农业农村体制机制创新、城乡非均衡发展战略实施的利益补偿成本等内容，是改革成本的最终兜底者，并应为改革提供有利的政策环境（江山和王义民，2022）。随着政府在农业领域投入力度的不断加大，不仅可以有效促进农业和农村经济良好发展，还可以发挥政策的有效引领作用，促进社会资本在农业领域的关注和投入（Konstantinos，2018）。粮食主产区的主要任务，顾名思义，是为我国进行粮食生产。我国的粮食安全与主产区的任务完成情况联系紧密，粮食主产区的各类粮食生产能力是维护粮食安全的重中之重。如图 10－1 所示，近些年我国粮食产量不断提高，2023 年全年粮食产量 69541 万吨，较 2022 年增加 888 万吨，增产 1.3%，2024 全年粮食产量 70650 万吨，较 2023 年增加 1109 万吨，增产 1.6%，但粮食主产区在提升自身粮食生产能力时，自身的利益也遭受了一些损失，在基础农业设施建设、粮食仓储、粮食流通等粮食生产过程中付出了巨额资金成本代价。造成这种情况的原因如下：一是政府对粮食售价的控制，使得粮食的价格不能根据市场的供求而波动；二是在流通环节，存在价格“剪刀差”，粮食主产区也损失了部分利益；三是粮食主产区承担着我国粮食生产的重任，只能放弃在第二、第三产业的机会成本，导致不够发达的粮食主产区补贴比较发达的粮食主销区情况时有发生。上述原因都直接对粮食主产区的经济发展造成了很大影响，使其在平等发展的道路上受到阻碍。

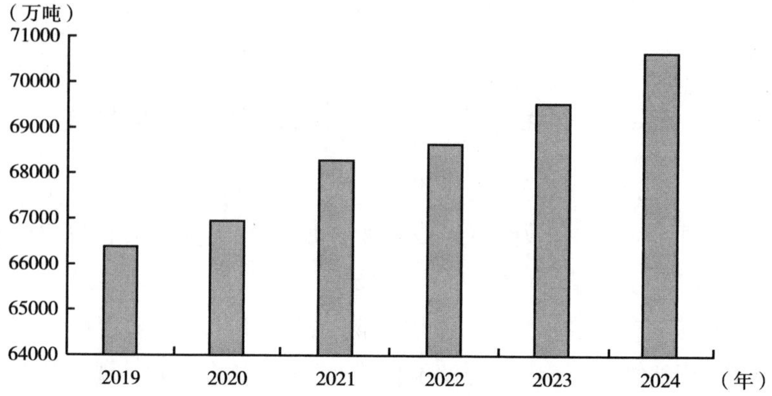

图 10－1　2019—2024 年我国粮食产量

政府间存在经济水平差异，欠发达地区特别是以农业为主要产业的地区，支农资金投入有限（孙时雨，2024）。在面对粮食主产区的经济发展困境时，应致力于构建和完善相关财税政策体系，设立粮食主产区利益补偿基金，以中央财政和粮食主产区的资金为主要资金来源，每年从中央财政收入和主要粮食销售区的土地出让金中提取一定比例，根据实际情况对粮食主产区的粮食生产主体给予相应补偿，并通过相关部门的合理运作，使该基金实现增值。对不符合发展趋势的原有财税政策，应积极"推陈出新"，将创新精神灵活融入财税政策制定的逻辑结构中，使其促进粮食主产区经济发展。

（1）建立粮食安全保障补偿基金

粮食是国家经济发展和人民生活稳定的保障，是国家独立自主、自力更生的基础。在我国的粮食生产中，主产区产粮占比高达 75%。由此可见，主产区的粮食安全与国家稳定一线相连。因此，提高粮食主产区的综合生产能力是我国保障粮食安全的重中之重。对于粮食主产区粮食产量的连年提升，国家应该加大激励力度，补偿其因粮食增产而损耗的大量时间、金钱以及人力资本，同时还应提高对粮食主产区粮食生产的重视程度，全面稳定落实各项粮食生产政策和相关财税政策。粮食安全保障补偿基金的建立就是为了提高粮食生产主体的积极性，政府可以根据当年和前一年的粮食生产量差额给予相应补偿，按照当地近 3 年的粮食平均价格落实补偿额度。

政府给予粮食补偿的前提是粮食主产区实现粮食增产目标，如若未实现既定的增产目标，粮食主产区将不会获得补偿。粮食生产周期结束后，粮食主产区按规定计算粮食安全保障补偿资金并上报中央，统计部门核实后确定粮食安全保障补偿资金的数额。中央政府应于每年3月将其分配给省财政部门，省财政部门再将其分配给每个粮食生产县和市。

在《全国新增1000亿斤粮食生产能力规划》中有这样的描述：在2018年，我国13个粮食生产省相关地区的原粮销售量占全国的88%，在两年间实现了8个百分点的增长，在原粮销售量上实现了较大突破。黑、吉、豫、苏、皖、赣、内蒙古、冀、鲁9个主要粮食产区，粮食净转让占全国的96%，其中黑龙江省获得了粮食净转让的第一名。黑龙江省已经连续十年实现粮食增长，粮食总产量增加了698.3亿公斤，占全国连续十年粮食增产的20.39%。2019年，黑龙江省粮食产量增长61%，为我国的粮食安全作出了突出贡献。但是，国家并没有对黑龙江的粮食主产区给予任何奖励和补偿。倘若在建立粮食安全保障补偿基金的情况下，黑龙江省在2019年的粮食产量增加了48.5亿公斤，根据近3年粮食平均价格每公斤1.62元计算，国家粮食安全保障资金共计78.57亿元，这笔资金将极大缓解黑龙江省的财政压力，对相关利益损失方给予有效补偿。通过在粮食主产区建立粮食安全保障补偿基金，黑龙江等粮食主产区的粮食生产积极性将不断提高，实现粮食产量连续稳定增长，国家粮食安全保障系数也会得到提高。

（2）建立商品粮调销补偿基金

中国经济社会发展的关键在于粮食问题。随着粮食安全意识的增强，中央政府增加了相应的财政支持，促进了粮食生产财税政策体系的完善。但是，在这些主产区中，目前只有5个省可以有效地转移粮食，即黑、吉、蒙、皖和赣5个省，其余粮食主产区只能维持自给自足的水平。这表明中国的粮食安全情况并不乐观，部分粮食主产区在发展道路上存在阻碍。经过仔细调查和分析，可以得出粮食主产区产粮热情下降的原因：一是损失了发展第二产业和第三产业的机会成本；二是粮食在调离的过程中也产生了大量的流通和储存成本。能够转移基本粮食的主产区多年来一直受到粮食生产要素的影响，其自身的资金运转也产生了问题，粮食主产区的境遇与粮食主销区甚至国家财政资源之间都有着不小的差距。粮食主产区和主销区按照粮食产量来折算地方的财政收入，从2006年起，粮食主产区折算的地方财政收入有增加的趋势，平均增长率高达17.77%，但与粮食主销区以及全国平均水平相比，差距仍然很大。

尽管主要产区的粮食产量逐年增加，但地方财政收入却呈现缓慢增长的状态，特别是在取消农业税后，粮食主产区与粮食主销区之间的差距被进一步拉大。粮食主产区政府每年都要消耗大量的劳动力和物资来组织粮食生产，但粮食主产区的经济发展能力有限，还必须要确保每年用于粮食生产的财政稳定增长。取消农业税后，在主要粮食产区参与谷物生产不会产生地方财政收入，相反，粮食产量越高，地方政府的贡献越大，商品粮的调离越多，政府的财政损失就越大。这种模式让粮食主产区的发展受到严重束缚，同时损害了区域经济利益。此外，由于粮食种植的特殊性，微型利益主体也遭受了严重的损失，这就造成了产粮大省内部农民乃至政府对粮食生产的热情不足，形成粮食产量和财政收入不匹配的矛盾。

商品粮调销补偿基金的建立将有效缩小主产区市场竞争不公平而造成的与粮食主销区的财政收入差距，并对取消粮食主产区农业税财政收入减少的问题进行了合理解决。这种建立商品粮调销补偿基金的方法可以极大地激发粮食微观和宏观主体在粮食生产方面的热情，也促进了区域经济发展和粮食生产基本设施条件的改善。即该补偿基金既增加了粮食微观主体的经济收入，也在宏观上有效保证了国家粮食安全。

（3）建立耕地保护补偿基金

政府有责任和义务加大农业领域的投入力度，不断提高农村地区经济社会发展水平，最大限度消除差距（Scott，2018）。保护耕地对保障我国粮食安全和巩固主要粮食产区的粮食生产成果具有积极意义。2014 年中央一号文件明确指出：“严守耕地保护红线，划定永久基本农田，不断提升农业综合生产能力。”粮食主产区，特别是粮食净转移量较大的粮食主产省，为实现对国家粮食安全的保障，每年要向其他地区输出部分粮食。这就要求粮食主产区始终保持一定的耕地面积，且耕地的产粮量是稳定的，因此粮食主产区必须放弃这部分耕地的其他产业参与机会，此时粮食主产区面临的是保护耕地和区域经济利益最大化之间的斗争。故而对于粮食主产区域经济利益的损失和维持一定耕地面积的费用，粮食进口地区应给予其经济补偿。通过建立保护耕地的补偿基金，并采取相应的经济补偿方法，可以在区域之间实现利益的重新分配，促进粮食进出口省之间的经济协调发展，避免了责任区经济发展不均衡的情况发生。

设立保护农业用地的补偿基金，不仅限于经济补偿方面，还应将其与相应激励措施结合，共同促进农业用地的持续利用和稳定作用，在总体上提高了主产区农业生产能力。用作补偿的基金必须遵循“受益人补偿，被保护人得偿”的原则，保持保护人与被保护人之间关于耕地保护的责任与义务均等。通过对不同地区之间差异的计算，确定该地区对粮食生产用耕地的需求与实际耕地存量之间的差异，并根据赤字或盈余情况建立补偿机制。如果该地区的粮食生产用地面积不足，该地区必须根据粮食生产用地面积的差量支付一定的补偿金，让不同地区在保护耕地方面的利益达到平衡。耕地保护补偿基金的来源包括转出土地获得的收入、有偿使用新建设土地所缴纳的费用和占用耕地所缴纳的税费三部分。耕地保护补偿基金的补偿主体是地方政府和粮食生产主体，粮食主产区地方政府占耕地保护补偿资金使用的60%，作为对耕地保护的利益补偿，也以此作为因占用土地而使其丧失发展第二、第三产业的机会成本；另外40%用于鼓励粮食生产主体，主产区的农民可将资金用于恢复土地或整理土地，恢复土地的生产能力，促进粮食主产区在粮食生产方面的可持续发展。

耕地保护补偿基金的建立，可以使农民得到更多政策性补偿，降低农民的种粮负担（卢成，2019）。若耕地保护补偿政策没有及时出台，相关法规也没有得到及时完善，则土地所有者很容易以较低的价格转换土地用途。该补偿基金的建立，让保护耕地和维护国家粮食安全的主体获得经济补偿和奖励。不过从长远来看，粮食生产主体可能会逐渐失去生产的热情，这不仅不会达到持续保护耕地的目的，同时也对维护国家粮食长效安全造成威胁，还将扩大地区与其相关从业者之间的经济差距。因此需要不断完善耕地保护补偿基金制度，延长耕地保护制度效力，保证耕地保护者有能力增加在耕地资源保护方面的投入，确保国家粮食安全。

10.1.3　粮食产销区利益平衡协调机制的建设

粮食安全与我国各地区都有密不可分的关系，但目前粮食主产区与粮食主销区之间发展不协调，粮食生产和经营主体的发展差距很大。因此，粮食生产的主要领域和粮食销售的主要领域必须建立利益平衡协调机制，同时改善现有的利益补偿和分配机制，以实现我国各区域均衡发展的目标。通过建立和完善主要销售区域和主要生产区域之间的利益平衡机制，不仅可以带动粮食主产区的经济发展，而且还能缩小其与粮食主销区的差距。

（1）建立长期稳定的直链产销合作关系

在当前全球粮食安全形势日益严峻的背景下，加强粮食主产区和粮食主销区之间的直链产销合作显得尤为重要。农业生产虽然具有一定的风险性，但在农业领域的资金投入可以更快获得收益，并获得良好的竞争力（Konstaintions，2016）。通过这种合作关系，可以充分利用粮食生产区域的土地资源和种植优势，同时借助粮食主销区的市场竞争优势，实现资源的最优配置，达到“1 +1 >2”的双赢效果。

首先，直链产销合作能够促进粮食生产和销售之间的无缝对接。通过对粮食流通的有效管理，能够在主产区与主销区之间实现粮食供求的平衡。这种平衡不仅提高了粮食的流通效率，还促进了我国粮食物流业的发展，有助于提高粮食产业化发展水平。粮食产业化的提升，进一步推动了主产区和主销区的经济发展，为地方财政注入新的活力。其次，建立直链产销合作可以有效推动主产区的粮食产量稳定增长。通过直接的产销合作关系，粮食生产微主体（如家庭农场、合作社等）能够获得更为明确的市场需求信息，从而激发他们的生产积极性。这种稳定的买卖关系让农民对未来的生产有了更强的信心，愿意投入更多的资源和精力，进一步提升粮食主产区的生产能力和经济实力。为了实现这一目标，作为主要产粮区和主要粮食销售区的粮食产销者，可以通过签订合同建立长期稳定的买卖关系。这种合同不仅涵盖粮食的产量、价格和交货时间，还应明确双方在合作过程中的责任与权利。产粮大省与粮食销售大省可以签署长期战略合作协议，利用电子商务等便捷渠道进行交易，提升交易的透明度和效率。在合作过程中，各方必须坚持“产权清晰、优势互补、共同风险”的原则。产权清晰是确保双方在交易中权益得到保障的前提，优势互补则是实现资源最大化利用的有效途径，而共同风险的承担则能增强合作的稳定性。因此，政府应积极鼓励和支持不同粮食企业在买粮、储藏、加工和卖粮等方面进行直链产销合作。目前，全国范围内已经有多个省份开始探索省际直链产销合作的模式。例如，黑龙江省与浙江省、吉林省与浙江省、天津市和吉林省之间的合作逐渐深入。这些地区在粮食生产、运输和销售等环节上形成了初步的合作体系。然而，现阶段的合作仍处于初期探索阶段，合作形式、方法和渠道亟待改进。为此，各省政府需要重视、支持和保护省际直链产销合作关系，建立生态服务渠道，推动政策的落实。政府可以提供营业税减免、财政补贴等政策支持，以降低合作企业的成本。同时，推动资金清算和运输等方面的政策优惠，为合作创造更加良好的环境。这不仅有利于减少中间流通成本，节约流通时间，还能有效优化资源配置，提高粮食流通的效率。

(2) 构建主产区投资式产销合作模式

为了实现粮食生产的稳定性与高效性，首先，必须在主要粮食产区直接建立粮食生产基地。粮食主产区的政府应充分发挥其领导作用，鼓励本地区的企业在本地进行投资，建立稳定的粮食生产和供应基地。这一模式的核心是通过签订合同，让主要销售区域与主要生产区域直接承包土地，并积极参与整个粮食生产过程。这不仅涵盖了生产前的规划和准备，还包括生产过程中的管理及生产后的销售和分配。通过这种“企业—基地—农民”模式，可以为当地农民建立经济利益共同体。在这一合作框架下，企业可以提供先进的生产技术和管理经验，农民则可以以土地和劳动力作为回报，确保双方的利益均衡。企业不仅对农产品的生产负责，还应参与到农业基础设施、道路以及公共基础设施的建设中，形成一个完整的产销链条。这样，不仅可以实现定点生产、加工和销售，还能够有效提升当地的农业生产效率。其次，在主要销售区域建立粮食仓储和销售基地同样重要。这些基地不仅可以作为粮食的集散地，还能有效管理粮食的储存与销售。例如，在主要生产区和主要销售区之间，可以投资建设集中性的谷物存储仓库，这样一来，粮食的存储压力就得到了缓解。同时，这些仓储设施应该配备先进的管理系统，以确保粮食的安全和品质。这种模式能够在需求高峰期迅速响应市场需求，降低由于运输和存储造成的粮食损失。粮食销售区还可以进行投资收购、粮食生产技术的改进和基础设施的建设。通过引导资金流入粮食的深加工领域，能够有效提升整个产业链的附加值。比如，将重点放在农业原料和农产品的深加工上，可以开发出更多符合市场需求的产品，进一步提升粮食的市场竞争力与经济效益。建立粮食仓储和销售基地，不仅缓解了主要粮食产区的储藏压力，还确保了主要粮食销售区拥有足够的粮食储备。这种合作模式降低了储运成本，增加了粮食生产区的收入，从而实现双赢。通过建立长期稳定的购买营销关系，主要生产区与主要销售区能够进行互利互惠的合作，促进区域经济的共同发展。

在实施过程中，政府应当发挥引导和协调的作用，推动企业与农民的合作。在政策层面，可以提供税收优惠、低息贷款等激励措施，鼓励企业加大对粮食生产和销售基地的投资。同时，地方政府还应积极搭建企业与农民之间的沟通平台，促进信息的共享和资源的优化配置。

10.1.4 促进粮食主产区农业基础设施建设的地方配套政策

做好农业基础设施建设，就是为粮食生产这栋“大厦”打造了基石；对农业基础设施建设的不断完善，就是对农村经济发展和农业和农村现代化程度的提升。农业基础设施能够间接增加农业产量，提升农业生产率，促进农业经济增长（Blakeslee et al.，2023）。同时，农业基础设施不仅可以有效改善水质，还有利于缓解洪水所带来的危害（Suttles et al.，2021）。对于粮食主产区中的粮食主产县，进一步加强节水方面的农业基础设施建设是提高县域粮食综合生产能力的主要途径。大部分农业基础设施建设都被归为公共物品类别，此类建设需要大量投资和较长的恢复期，这一特征也反映出农业基础设施的建设效率一般较低，而低效率直接导致当地对农业基础设施建设投资的热情不高。因此政府要在农业基础设施建设中，特别是在粮食主产区的农业基础设施建设中发挥重要作用。针对粮食主产区农业基础设施建设中存在的问题，政府要做到以下几点：

（1）优化主产区农业基础设施投入制度，构建长效投入机制

主要粮食产区是保障我国粮食安全的基石，肩负着举足轻重的使命。然而，粮食安全不仅依赖于单一省份或地区的努力，特别是优化农业基础设施的投入制度显得尤为重要。尽管近年来我国对粮食主产区的基础设施建设投资有所增加，但由于农业基础设施建设的成本相对较高，且通常需要相应的配套资金，这一现状制约了许多关键生产领域的发展。因此，国家应该尽快完善地方政府的财政支持体系。具体而言，应根据每个地区对国家粮食安全的贡献，合理划定地方财政对农业的支持资金比例。这样一来，财政资源的配置将更为合理，能够有效地支持那些在粮食生产中占据重要地位的主产区。

在农业补贴项目方面，政府应实施更为科学的扶持制度。在农业保险保费补贴等方面，自2007年开始我国中央财政实施农业保险保费补贴政策，其补贴力度不断加强。根据银保监会数据（见图10－2），2020年我国中央及地方政府农业保险补贴金额合计达603.5亿元，同比增长19.4%。通过这种方式有效地提高了农民的参与积极性，增强他们的生产信心，进而推动粮食生产的持续增长。为了确保粮食主产区的农业基础设施建设能够顺利进行，中央政府应主动承担大规模农用土地的基础建设、节水灌溉区的建设以及农业环境保护项目中的科技发展任务。这些基础设施的建设不仅是保障粮食生产的必要条件，也是在提升农业生产效率和可持续性方面的重要举措。与此同时，农业技术不足是地方政府难以承担大规模基础设施建设的关键原因，因此，中央政府在基础设施建设的过程中，必须关注这一问题，以便为粮食主产区的协调发展提供支持。

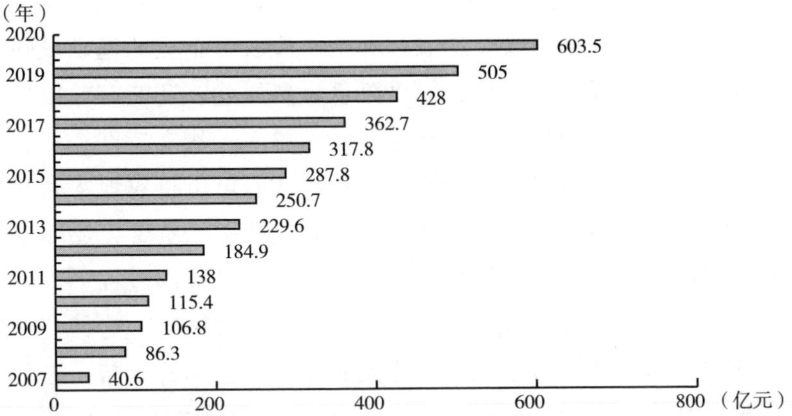

图 10－2 2007—2020 年我国中央及地方政府农业保险补贴金额合计情况

数据来源：银保监会。

为确保粮食生产基础设施建设中的资本投资机制能够长期有效，构建长效投入机制至关重要。中央财政应确保每年增加基础设施建设投资的额度，同时，农业方面的增长率必须不低于中央政府的常规收入增长率。这一政策不仅能够为农业基础设施建设提供稳定的资金支持，还将为提升农业生产能力、保障粮食安全创造良好的外部环境。此外，农业财政支出占总支出的比例也应实现逐年稳定增长。政府应对农业基础设施建设的投入进行专项审计，确保资金使用透明和高效。这种审计机制不仅有助于确保资金的合理使用，还能为后续的政策调整提供依据，从而不断优化农业基础设施建设的投入效果。在此基础上，还应增强各级政府与金融机构的合作，探索多元化的融资模式。地方政府可以与商业银行、投资机构合作，通过推出专项贷款、信贷担保等方式，引导社会资本进入农业基础设施建设领域。这种模式不仅能减轻地方政府的财政压力，还能提高资金使用的效率和灵活性。

（2）继续加大农业基础设施建设力度，努力扩宽融资渠道

粮食主产区具有独特的产业结构，当地的粮食生产效率一般较低，地方政府面临着资金短缺的问题，难以满足农业基础设施建设和粮食生产的实际需求。尽管近年来中央政府对农业基础设施的投资不断增加，然而，这些投入依然无法完全弥补基础设施建设的需求缺口。因此，迫切需要探索多元化的融资渠道，以推动农业基础设施的持续发展。

第一，政府可以利用财政资金的引导和杠杆功能，建立多样化的融资渠道。财政资金可以作为启动资金，引导社会资本的投入，形成合力。例如，地方政府可以设立农业基础设施建设专项资金，通过设立担保基金，汇集社会经济组织和个人的闲置资金，为农民和中小型农业企业的基础设施建设提供贷款担保。这一措施不仅能够大幅度降低融资风险，还能有效提高资金利用效率，从而推动农业基础设施的快速建设。第二，建立特许经营制度也是一个重要的解决方案。在规定的期限内，地方政府可以将农地水利基础设施等项目的特许权转让给社会资本。这种方式不仅能引入资金，还能通过市场化的运作提高项目的建设和运营效率。政府在特许经营的过程中，可以进行严格的监督和管理，确保设施的建设和运营达到预期标准。这种公私合营模式不仅减轻了地方政府的资金压力，还能通过社会资本的参与，提升农业基础设施的专业化水平。第三，政府还应积极与各类金融机构建立合作关系，拓宽融资渠道。地方政府可以通过与银行、保险公司等金融机构的合作，设计专门针对农业基础设施建设的贷款产品，并提供一定的利息补贴，以降低融资成本。通过建立农业信贷风险补偿机制，吸引金融机构加大对农业基础设施建设的投入，形成多层次的金融支持体系。在吸引社会资本和金融机构参与的同时，政府应注重提升农业基础设施建设的透明度和规范性。这不仅有助于增强社会各界对农业投资的信任感，还能为投资者提供更为清晰的市场前景和回报预期。通过定期发布农业基础设施建设进展报告，向公众公开相关信息，能够有效提升各方参与的积极性，让更多的社会资本投入到农业基础设施的建设中。第四，政府还应注重农业基础设施建设与当地经济发展的协调性。在制订融资政策和建设计划时，应充分考虑当地的实际情况，确保基础设施建设与粮食生产的需求相匹配。例如，针对不同地区的气候、地形和土壤条件，制订相应的水利设施、灌溉系统和仓储设施建设方案。通过合理配置资源，确保每一项基础设施的建设都能切实提升粮食生产效率。为了进一步促进社会资本的投资，政府可以通过提供税收优惠、投资补贴等政策激励，鼓励企业和个人参与到农业基础设施建设中来。这种方式不仅能有效降低投资风险，还能提高投资回报率，使更多的资本流入农业领域。同时，政府可以通过建设示范项目，展示农业基础设施建设的成效，以吸引更多的投资者参与。第五，强化支持农业科技创新的投入，将为提高农业基础设施建设的效率提供新的动力。政府可以通过设立科研资金，鼓励高校和研究机构与企业合作研发新技术、新设备，以提高农业基础设施的智能化和现代化水平。通过推动科技与农业基础设施的深度融合，能够有效提升粮食生产的效率和可持续性。

（3）明确粮食主产区农业基础设施建设重点，增强主产区自我发展能力

基础设施建设能够显著促进农户创业（张青和张瑶，2017），既有利于本地区农民增收，还对邻接省份存在空间溢出效应（骆永民和樊丽明，2012），农村教育、医疗卫生、社会保障等社会公共服务也在不同程度上发挥减贫增收的积极作用（孙玥等，2022）。鉴于主要粮食产区支持农业政策的机会成本高，以及资金投入造成的工业发展失衡情况，主要粮食生产地区的农业基础设施建设方法必须提前得到阐明。粮食主产区的发展重点是自我发展能力，主产区的农业基础设施建设必须结合实际需求，不能只看当前，应谋求长远利益。只有伴随粮食工业发展的加持，农业经济才能得到加强，区域经济才能得到改善，粮食生产主体才能真正致富。因此，为提高粮食主产区的粮食综合生产能力，必须以农业节水为源头，着力建设农业基础设施，这样才能使主产区粮食产量不断增加；要确保农业基础设施的投入比例满足实际需求，切实实现粮食增产增收；要重点发展主产区粮食深加工方面的基础设施，扩大粮食产业链全链条，深挖其中的每个重要环节，充分发挥粮食主产区粮食生产的比较优势。主要粮食产区支持农业政策的机会成本较高，加之资金投入可能导致工业发展失衡，明确农业基础设施建设的重点显得尤为重要。只有通过扎实的基础建设，才能增强主产区的自我发展能力，实现粮食产业的长远利益。粮食主产区的农业基础设施建设必须结合实际需求，将理论与实践相结合，而不能仅关注短期效益。政府应基于对各主产区的深入调研，了解当地农业生产的特点与潜在需求，制订切实可行的建设方案。这包括对灌溉系统、仓储设施、交通运输网络等基础设施的合理规划。以农业节水为源头，通过建设高效的灌溉系统，能够有效提升粮食单产水平，进而推动农业经济的发展。投资比例的合理配置至关重要。政府应确保农业基础设施的投入比例满足实际需求，避免盲目投资导致资源浪费。为此，必须建立科学的评估机制，对各项基础设施建设的必要性和可行性进行全面评估。通过动态监测和定期评估，及时调整资金投入方向，确保每一笔资金都能有效地转化为生产力。同时，政府可与社会资本合作，采用公私合营（PPP）等模式，充分发挥市场在资源配置中的作用，既减轻政府财政压力，又提升基础设施建设的效率和质量。

在推动粮食主产区自身发展方面，重点发展粮食深加工的基础设施同样具有重要意义。随着市场对高附加值粮食品的需求不断增加，粮食深加工已成为提升粮食产业链竞争力的关键环节。政府可以通过政策引导，鼓励企业加大对深加工设施的投资，完善从种植到加工的全产业链布局。这不仅能够提高粮食的附加值，增加农民收入，还能促进区域经济的全面发展。此外，支持科研与技术创新也是增强主产区自我发展能力的重要途径。政府应加大对农业科技研发的投入，引导科研机构与农业生产者合作，研发适应主产区实际情况的先进生产技术和设备。通过引入现代农业技术，如智能化农业管理系统、精准农业等，可以有效提升粮食生产的效率和可持续性。

10.2 财政税收政策调整思路和建议

10.2.1 补贴政策的调整

财税补贴是由财政部门主管的，依据相关政策，对某些特定的产业、部门、地区、企事业单位、居民个人或事项给予的一定时期内的补助或津贴。我国现行的财税补贴中的价格补贴部分，有着范围过于宽、数额过于大和环节过于多的现象，这对市场经济的合理发展产生了不良影响。补贴机制既不能改善当前市场的情况，中央和地方在相关领域的职权及管理范围也不明确，而且由于经营和预算等问题，虽然对企业进行了相关补贴，但并未解决企业面临的问题，没能真正拉动企业发展。

财税补贴是一把“双刃剑”，对经济有着双面影响。财税补贴的存在是合理的，不过其不应影响市场经济正常运行，并且由于其自身带有惯性，若放任其自流，则不能实现有效控制，因而财税补贴应被慎重使用。在设计补贴形式和数额时，应考虑财政的承受能力。我国经济在日后较长时期内，都处于转轨阶段。当然，政府不能因为上述原因，就停止对企业发放补贴，尤其是在当前经济和产业转型的关键时期。实际上，财政补贴在其他国家也起到了至关重要的作用，外国政府充分利用财政补贴，对本国的先进企业进行扶植，鼓励有竞争力的产品出口，以拉动本国的经济发展。在日本，汽车和电子产业在财税补贴帮扶下发展壮大，印度 IT 业的繁荣也和财政补贴有着莫大的关系。这些产业的繁荣发展，与本国的财税补贴力度密切相关。

解决财税补贴的问题，要靠深化改革，完善市场机制，要基于我国的国情和历史经验，对优势企业进行适当扶持，还要考虑国际规则对补贴的限制。因此须在 WTO 的政策允许范围内，将财税补贴的作用发挥到最大。这样既没有触犯其规定，又使我国企业得到了政策的帮扶，把财税政策这块“好钢”用在了扶持优秀企业的“刀刃”上。第一，要加速我国经济市场化进程，减少我国财税担子的重量；第二，要建立专人负责制度，对先前职权模糊的部门进行清晰的梳理，解决因事权范围不清导致的相关问题；第三，要清理企业的历史挂账，对一些旧账要划拨专项资金进行清理，一步一步减轻企业在这方面的负担；第四，要完善国有企业在经营方面的转换机制，加大投资力度，支持企业科技创新，提高企业跨越障碍的能力，发挥财税补贴的最大效力。

10.2.2 财政转移支付政策的调整

财政转移支付是国家通过重新分配整个社会的收入而采取的有效和重要的财政手段。财政支农支出可以促进本地农业技术创新（乔翠霞等，2023），提高农业技术效率（刘佳和余国新，2014），发挥技术进步的溢出效应进而影响邻近地区发展（黄伟华等，2023）。财政支农还可以改善农田水利、农村交通等基础设施（马轶群和孔婷婷，2019），并改善农村居民的社会福利，促进农村综合性改革（刘天琦和宋俊杰，2020）。在金融支农对农业创新和农村基本公共服务作用的相关研究中，学者们证实了金融发展对农业技术提升、规模化经营等的积极作用（陈志刚和章颖，2022），且国家涉农贷款增量奖励政策有效提高了农业机械化水平，优化了农村交通设施建设（行伟波和张思敏，2021）。从我国发展的角度看，当前的财政转移支付可以解决城乡居民所面临的收入差距问题。为了保障国家粮食安全，粮食主产区主要生产粮食作物，而放弃其他具有较大经济效益的产业，这直接导致该地区农民获取公共产品的机会减少。基于多种因素的影响和制约，财政转移支付制度改革亟须推进。

粮食主产区的粮食主产县常年从事粮食生产，导致区域工业发展不平衡，资金压力巨大，区域经济发展相对滞后，农业基础设施也有待完善。为了扭转这种局面，中央政府要加强对主要粮食产区的财政激励措施和一般财政转移支付，以最大限度激发粮食主产区政府的抓粮热情，促进农业经营主体进行粮食主产。通过改革来完善粮食主产区财政转移支付制度，使公共服务和区域企业发展水平达到全国平均水平，为实现粮食主产区经济腾飞奠定坚实基础。

现行的财政转移支付制度还存在一些不足之处，其主要表现为以下几点：一是对财政转移支付在制度方面的完善与追责机制未能紧密联系；二是相关资金的调拨还不够，闲置资金问题也需要得到解决；三是专项转移支付的整理和清理有待进一步完善，转移支付管理需要继续规范。因此，要在粮食主产区建立平衡的转移支付制度，通过改革完善国家对粮食主产区的财政转移支付制度，加强中央政府对粮食主产区财政转移支付的一般支付力度。通过增加中央政府的转移支付来支持主要粮食生产地区的粮食生产，可以更好地解决区域粮食生产与经济发展之间的关系，并解决粮食生产方面的矛盾，减少主要粮食生产地区的资金压力。只有在生产领域实现经济发展，凸显财政的灵活性，才能保护耕地并使粮食生产主体更好地参与粮食生产。

（1）规范财政转移支付资金管理方式

首先，合理编制一般性转移支付。根据国务院相关规定，财政部门应对一般性转移支付的预算进行科学规划和合理编制。这不仅涉及对各级政府财政状况的全面评估，还应考虑各粮食主产区在基础设施建设和公共服务等方面的实际需求。通过明确资金分配标准和程序，减少随意性和不透明性，实现资金的规范化管理。同时，专项财政转移支付的设立和调整也应进行全面规范，确保专项资金能够高效使用。其次，当前的转移支付制度需要进行彻底改革，以适应新型城镇化进程的要求。随着城镇化的快速推进，传统的转移支付模式已难以满足日益增长的公共服务需求。因此，财政部门应对转移支付制度进行深入研究，制定与新型城镇化相适应的资金分配政策。通过建立基于绩效的转移支付机制，鼓励地方政府提高公共服务效率，推动城镇化的可持续发展。最后，依照全国人大的决定和规范，专项转移支付的管理方式需进行仔细梳理和充分完善。专项转移支付一般是为了实现特定政策目标而设立的，因此其管理方式涉及制度执行的各个方面。应从根本上解决制度实施条件、范围、标准不明朗的问题，明确各项专项转移支付的具体使用范围和标准，确保资金使用的针对性和有效性。此外，应建立健全监督机制，确保资金使用的透明性。通过定期的审计、评估和社会监督，追查资金使用的责任，确保每一笔转移支付都能真正发挥其应有的作用。

（2）进一步优化财政转移支付制度结构

要根据全国人大相关要求，将财政转移支付主体设定为一般性转移支付，及时调整和扩大一般性转移支付的规模。这不仅有助于地方政府更好地应对经济下行压力，还能增强其在公共服务和民生保障方面的投入能力，实现社会的稳定与发展。针对专项转移支付制度的改革，需要缩减不必要的专项转移支付规模，继续实施不必要的专项转移支付不仅消耗政府资源，也可能导致资金使用效率的降低。因此，政府应进行系统评估，取消必要继续实施的专项制度。同时应整合目标和管理方式相似的专项制度，消除重复和冗余，提高专项资金的使用效率。这种整合不仅有助于简化管理流程，也能够集中资源用于真正需要重点支持的领域。在优化财政转移支付制度结构时，应加大在重点民生领域的各类资源投入力度。随着社会的发展，公共服务需求日益多样化，民生保障的任务也愈发繁重。在这一背景下，财政转移支付应更多地聚焦于教育、医疗、住房、社会保障等与民生息息相关的领域。政府可以通过增加对这些领域的一般性转移支付，确保地方政府在民生保障方面有足够的资金支持，从而提升公共服务的质量和覆盖面。

（3）加快财政转移支付制度改革执行进度

当前，财政转移支付在执行过程中存在下放晚、实施慢等问题，这不仅导致资金的滞后性使用，还影响了地方政府在社会发展、基础设施建设等方面的积极性。因此，相关部门需根据实际情况，采取切实可行的措施，做到早下放、快实施，从而提升转移支付的工作效率。

首先，要强化预算编制的及时性与有效性。对于符合条件的转移支付项目，财政部门应迅速制定预算，并及时划拨资金。预算编制的合理性不仅关系到资金的及时使用，更直接影响到各项社会事业的发展。因此，相关部门应建立快速反应机制，确保在项目审核合格后，预算能够迅速进入执行阶段，资金能够在短时间内流向需要的地方。这可以通过简化预算审批流程、提升审核效率来实现，确保资金配置的灵活性与适应性。其次，必须加强制度与资金的紧密联系。财政转移支付制度的有效实施离不开资金的及时到位，因此建立起制度与资金之间的密切联系尤为重要。在财政转移支付的管理和执行过程中，应鼓励各级政府在资金使用上进行合理规划，确保每一笔资金都能高效使用。相关部门应定期对转移支付资金的使用效果进行评估，建立反馈机制，将评估结果与后续资金分配相挂钩，以此促进各级政府更加重视资金的使用效率，确保转移支付的效益最大化。再次，对于财政转移支付在制度上存在的其他问题，也应给予充分重视。特别是一些制度改革的滞后问题，可能会严重拖慢改革的执行进度。因此，相关部门需要积极识别并解决这些问题，扫清改革道路上的障碍，确保制度改革顺利进行。可以通过开展专题调研、座谈会等方式，广泛征求各方意见，深入分析当前制度执行中的“瓶颈”问题，制订切实可行的解决方案。在此过程中，加强对改革进展的监督和评估，确保改革措施能够落到实处。最后，推进信息化建设也是提升财政转移支付效率的重要手段。利用现代信息技术建立透明、实时的财政转移支付管理系统，可以有效提升资金的流动性和透明性。通过信息化手段，政府可以实时监控资金流向和使用情况，确保每一项转移支付都能公开透明、便于追踪。此外，建立信息共享机制，让地方政府、科研机构和民间组织等多方参与到财政转移支付的监督中，形成全社会共同关注与参与的良好氛围。

10.2.3 粮食主产区奖励政策的调整

产粮大县是粮食主产区粮食生产的主力军，因此要提高粮食主产区的发展能力，就要尽快完善产粮大县奖励制度，对不合理和跟不上时代的制度进行改革，加大对产粮大县的奖励力度，鼓励粮食大县积极进行粮食生产。

（1）完善产粮大县奖励的标准和目标

现行的主要粮食生产县奖励标准主要集中在播种面积、粮食产量和基本粮食产品的数量三个方面。这些标准虽然有助于鼓励粮食生产，但其局限性也逐渐显现，特别是在面对自然条件和地理环境差异较大的情况下，这些标准未必能够公正地反映各地区的实际生产能力和贡献。

首先，现有的奖励标准大多基于规模指标，主要取决于县域的大小。这种做法忽视了不同地区的自然条件、资源禀赋和技术水平。例如，某些地理条件优越的县，尽管耕地面积有限，但由于采用了先进的农业技术和管理模式，其粮食生产效率可能远高于面积广大的县。在这种情况下，依然将奖励重点放在播种面积和总产量上，显然是不公平的。因此，建议在制定对产粮大县的激励政策时，必须充分考虑每个地区的粮食生产效率。具体而言，可以将粮食产量换算为人均或亩均产量，这样能够更为准确地反映各县的生产能力。此外，还应将商品粮的平均种植面积计入考量范围，甚至考虑到农业生产的技术水平和管理能力，以全面提升主要粮食生产县的种粮积极性。其次，地方政府在确保国家粮食安全方面的热情仍显不足，部分原因在于资金压力较大。因此，在完善产粮大县奖励制度时，必须为地方政府提供更多的财政支持，激励其加大粮食生产积极性。政府可以考虑通过专项资金、政策补贴等形式，减轻地方政府在粮食生产中的财政负担，鼓励其投入更多资源用于农业发展。在完善奖励目标时，不仅要提高地方政府的粮食生产积极性，还应兼顾农民的利益。激励政策需要从根本上提高农民种植粮食的积极性，确保他们能从中获得可观的经济收益。只有当农民看到真实利益时，他们才会在粮食生产中投入更多的努力。同时，激励政策应关注平衡地方经济发展，保证各地区在粮食生产方面的公平竞争。最后，提升农业科技创新能力，推动农业与科技的深度融合，也是实现粮食产量持续增长的重要手段。在这些目标的基础上，评估指标的设计也是完善激励政策的关键。最初的奖励政策是以谷物产品的数量、谷物的产量和谷物种植面积作为评估指标，然而，这些指标的局限性在实践中逐渐被暴露出来。为此，建议应遵循“公平、公正、公开”的原则，制定更为合理的评估指标体系。通过对这些奖励目标的完善，能够有效实现对产粮大县奖励制度的改革，切实提高各地区的粮食生产积极性。改进后的奖励标准不仅要能更公平地对待各个县，还要能鼓励生产者积极提升生产效率，优化资源配置，最终实现国家粮食安全的目标。

（2）加大对产粮大县的奖励力度

从主要粮食生产县现行激励政策存在的问题可以看出，现行激励措施的力度明显不足，未能有效激励主要粮食生产县的积极性。以黑龙江的恢复区为例，尽管粮食大县的拨付资金逐年上升，但其与实际粮食生产的关系却相对薄弱，实际效果不尽如人意。这种情况导致激励措施的初衷未能充分实现，因此亟待加大对产粮大县的奖励力度。

首先，现行的激励政策中，奖励措施往往缺乏针对性。以粮食拨款为例，实际奖励金额往往不足以覆盖粮食生产的成本，甚至相当于一公斤粮食的奖励不到一分钱。这种微薄的奖励力度显然无法有效调动农民和地方政府的积极性。因此，必须重新审视并加大对产粮大县的奖励力度，确保激励政策真正能够惠及生产者。为了实现这一目标，需要建立并推广优秀典型，通过树立标杆来发挥示范作用。不单单依靠奖励数额的提高，更应关注奖励对主产县的实际帮助程度。可以从全国平均财政水平出发，制定对有突出贡献的粮食生产县的奖励标准。具体而言，主要粮食生产县的奖励资金应与其人均财政资源相比较，确保奖励金额具备一定的可比性。这样可以确保那些在粮食生产上做出突出贡献的县，能够获得对应的财政支持，激励其继续推动粮食生产。其次，在保持粮食主产区项目效益不变或增加奖励的基础上，还应积极帮助主产区减轻金融经营风险。根据当前粮食市场的变化，主产区在面对外部压力时，往往会面临资金短缺和经营风险加大的问题。因此，政府应加大对粮食主产区的投资力度，尤其是对基础设施建设方面的投入。通过有效的资金划拨，帮助主产区解决在发展过程中遇到的摩擦与困难，提高其整体粮食安全水平。再次，在激励政策上，可以坚持“库存不变，增量增加”的原则，即在保持现有粮食库存量的基础上，逐步增加对粮食主产区的资金投入。这种策略不仅可以确保粮食生产的持续性，还能够为地方政府提供稳定的财政支持，增强其在粮食生产中的积极性。此外，政府可以通过折扣和补贴的形式，鼓励农民扩大种植规模，提高粮食产量。最后，为了确保激励政策的有效性，还需关注粮食工业的标准化。通过提升粮食生产的标准化水平，可以降低生产成本，提高生产效率，从而确保国家粮食安全。政府应积极引导和支持企业在粮食生产、加工和流通环节的标准化建设，推动整个粮食产业链的优化升级。通过现代化的生产手段和管理技术，提升产粮大县的粮食生产能力，实现可持续发展。此外，政府还应建立动态监测机制，以科学评估产粮大县的生产能力和潜力。通过对各县粮食生产的实时监测，可以及时了解其在生产过程中遇到的困难和挑战，从而及时调整激励政策，确保政策的适应性和有效性。只有通过科学的监测与评估，才能真正激励产粮大县在粮食生产中发挥更大作用。

（3）合理规划粮食产粮大县的资金用途，提高资金使用效果

根据现行法规，对主要粮食生产县的奖励资金的增加不能延续以往的制度，而应转向奖励那些大型谷物生产县。这一转变在一定程度上反映了政府对地方财政转移支付的重视，同时也强调了粮食生产过程中可能牺牲其他产业发展的机会成本。在这样的背景下，合理配置和使用资金显得尤为重要。

粮食主产区在保障粮食安全方面承担着重要责任。在这一过程中，许多粮食生产县为了增加粮食产量，往往需要牺牲其他产业的发展机会。制定针对这些县的奖励资金用途时，应该充分考虑这些牺牲所带来的机会成本。为了增强政策的有效性，获奖地县应当被赋予自主决定资金合理化用途的权利。这种自主权不仅尊重了地方政府的实际需求，也有助于更好地解决当地在粮食生产中遇到的具体问题。例如，部分资金可以用于提升农业基础设施，如灌溉系统和储粮设施的建设；也可以用于引入先进的农业技术和设备，提高粮食生产的效率和质量。在维持粮食大县奖励制度稳定增长的基础上，进一步完善现行的奖励制度显得尤为重要。政府可通过增加财政支持和奖励制度的数量，确保粮食主产区的粮食生产者能够加大对民生及基础设施建设的投资。同时，合理分配这些资金，将其用于改善区域经济发展，能够促进粮食生产的可持续性，为经济发展注入新的活力。

奖励主要以资金形式发放，政策执行的效果主要取决于资金的使用效果。资金使用越充分、合理，该政策越有效。对黑龙江省粮食主产县的调查显示，现阶段奖励资金存在分散和滥用的问题，导致资金未能发挥应有的效益。因此，必须严格界定资金的使用范围，确保资金使用符合政策规定。为此，建立持续的监督管理机制是至关重要的。地方政府应强化对资金使用的监控，确保每一笔资金的使用都能得到有效落实，并能产生实际的经济和社会效益，从而改善资金的使用效果，让资金最大限度支持产粮大县的农业发展。

（4）完善奖励政策的方式、路径及标准，丰富政策奖励依据

财政支农作为国家治理的重要手段，是促进农业发展的重要方式（王德文和黄季焜，2001；仰炬等，2008；Fuglie & Schimmelpfennig，2010），对提高农业全要素生产率、增加农民收入具有重要作用（Rizov et al.，2013；温涛和何茜，2020）。财政支农对缩小城乡经济差距（宋永华等，2022）、助力农民增收的影响（李艳秋等，2021），证实财政支农可促进经济层面共同富裕。同时，财政支农亦可协同金融机构（韩慧和吉富星，2022）、金融措施（张艺璇和李中建，2022）、助力农户减贫增收，推动区域经济增长，进而实现共同富裕。为增强农民生产积极性，推动粮食增产，政策应推行动态出入机制，具体措施包括：对达标增产县给予奖励，而对未达标的县进行清退。这一机制的设立不仅能够激励各地政府和农民的积极性，还能确保全国粮食生产的可持续发展。实施“年度计算，年度奖励”的原则，是确保奖励政策有效性的关键。政府需制定明确且具体的激励标准，确保奖励的透明度和可预期性。例如，可以根据每个县的粮食产量、耕地面积、农作物种植技术和气候条件等因素，设立多层次的奖励指标。高标准的激励制度将提高农民对粮食种植的积极性，促使他们采用更为先进的种植技术和管理方式，从而实现粮食产量的提升。在此基础上，完善奖励方式、路径与标准也显得尤为必要。政府可根据各地的实际情况，因地制宜制定相应的政策。比如，对于一些资源丰富、适合发展农业的县，给予更高的补贴和奖励；而对于条件较为严苛的地区，则可提供技术指导和艺术支持，帮助其提高粮食生产能力。此外，政府应考虑到每个地区的农业发展阶段和特点，确保政策的适应性和精准性。

奖励政策的实施应充分考虑当地实际情况，确保政策的有效落地。实施“谁种粮食，谁补贴，谁种粮食，谁补贴更多”的原则，强调通过简化流程来提高政策的执行效率。通过减少每个环节的时间和工作量，可以使补贴发放更加精准和及时，极大地降低人工成本。这不仅会减少政府在补贴发放过程中的资源浪费，还能激励农民积极参与粮食生产，提高粮食供给的可靠性。新的粮食补贴资金分配应与粮食生产者的生产方式和粮食产量的增加紧密相关。为此，政府可通过建立数据监测和评估机制，及时掌握各县的粮食生产情况，并根据评估结果进行动态调整。通过对产粮大县的表现进行全面评估，将奖励和补贴与其粮食产量的增加和贡献率相挂钩，确保激励措施的有效性和公平性。为了提高粮食主产区内产粮大县的生产能力和主动性，政府应提供更多合理依据，以促进其持续发展。这可以包括对粮食种植技术的引导和支持，帮助农民掌握先进的种植技术，提高土地利用效率和粮食产量。同时，政府可以加强农业科技创新的投入，鼓励科研机构与农户的合作，共同研发适合当地环境的高产优质粮食作物和农业生产技术。此外，完善的农业服务体系也是确保政策成功实施的重要环节。政府可以通过建立农业咨询服务中心，提供专业的种植指导、市场信息和技术培训，帮助农民更好地理解政策要求和市场需求。这一服务体系的建立将提升农民的生产技能和市场敏感度，增强他们的生产信心和积极性。

10.2.4 “粮食税收优惠”实施的设想

税收优惠，指的是减少或免去税收的一种措施，由国家对某一部分特定企业实施。为了实现促进粮食主产区发展的目标，当地政府应根据本地粮食相关企业的发展情况，给予最适合的税收优惠，引导粮食生产、收储、加工和流通等企业长远稳定发展，使其担负起助力粮食主产区经济发展的重要任务，满足了国家宏观调控要求，同时使企业的整体效益得到提升，降低企业的税收压力。除给予企业所得税优惠之外，相关部门还可在增值税、营业税和其他税种方面实施税收优惠。

（1）增值税

增值税是一种流转税，是中国主要税种之一。对于主产区的相应粮食生产经营主体，可实行免征政策，也可将税金先征后返，让增值税优惠落到实处。对于农民主体和合作社，其在市场进行农产品销售时，可对其增值税实行免征政策；对一些农民种粮用到的材料，如薄膜、农药化肥和粮种以及畜用饲料，也可实行免征政策；对一些农用资源经营企业，比如生产化肥的企业，对其生产的化肥可实行先征后返增值税的优惠政策。

（2）营业税

营业税是流转税制中的主要税种之一。其优惠政策内容是对收入的一部分进行免征营业税，如在机耕、排水灌溉、防治农作物病害和虫害、植物保护、农业和畜牧保险和农业技术培训的收入，畜类配种和防病治病收入，将土地使用权转给其他农民的收入等，其营业税可免予征收。

（3）所得税

对小微粮企、创业粮企和新型农业发展主体可给予所得税减免的税收优惠。在经济不发达的粮食主产区，要加大对粮食相关企业的所得税优惠力度，对处于不同发展周期的粮食企业也要给予不同种类的政策优惠，如对于成熟期粮食生产加工企业，企业应纳所得税较高，税收优惠政策则大大缓解了其负担，对此类企业在创新和发展方面的激励效果明显。

（4）其他税种

粮食相关企业需进口商品的，可享受零关税优惠政策；购买农用车辆、机械可享受免征购置税政策；建造农业基础设施占用了农用地，可对耕地占用税实行免征优惠；对粮食流通相关企业，对农产品流通税收实行减免；在其他农业资源上也可施行税收优惠政策。

对于相关粮企而言，税收优惠不仅能够有效降低其运营成本，还能够减轻企业面临的多重压力，从而显著提高其市场竞争力和积极性。因为这种政策的实施，使企业能够将节省下来的资金投入其他重要的发展环节，如技术创新、生产设备升级和市场拓展等，进而带动整体效益的提升。

在我国，粮食安全关乎国家的稳定和发展，粮食企业在这一体系中发挥着不可或缺的作用。为了确保粮食供应的稳定性与安全性，国家应当在税收政策上给予粮食企业更多的支持与鼓励，推出有针对性的税收优惠政策。这些政策不仅能够为粮食企业提供必要的资金支持，还能够激励其在生产效率、研发创新等方面进行积极探索和投入，从而实现可持续发展。主产区的粮食企业，应充分把握国家出台的相关税收优惠政策，以此为契机，更新陈旧的经营理念。这些企业往往在传统模式中难以适应迅速变化的市场环境，因此，创新成为了推动其发展的重要动力。通过引入现代管理理念和先进的生产技术，粮食企业不仅能够提高生产效率，还能在产品质量和服务水平上实现突破，增强市场竞争力。企业在采取税收优惠政策的同时，应建立良性的循环机制。即通过优化资源配置和生产流程，企业的效益将得到显著提升，而所获得的经济回报又能反过来增强其抗风险能力，从而享受到更多的税收优惠。这样的良性循环，不仅有助于企业自身的持续发展，也为国家的粮食安全注入了新的活力。

总的来说，税收优惠政策为粮食企业提供了重要的发展机遇。粮食企业必须紧紧抓住这一机遇，积极调整发展战略，提升创新能力，努力实现由传统向现代化的转型。只有这样，才能在激烈的市场竞争中立于不败之地，为国家的粮食安全贡献更大的力量。国家与企业之间的良性互动，无疑将为实现可持续发展与经济繁荣创造出更多的可能性和机遇。

10.2.5 主产区粮食加工业税收减免和税收返还的设计

在发达国家，食品加工后的增加值可以达到初始值的1—4倍，可见农产品加工后的价值增加量很明显，主产区粮食加工业发展上限较高。粮食加工能力和产业链长度是发展粮食经济，促进农业生产和帮助农民增加收入的重要因素之一。因此，应在税收方面给予粮食加工业相应的优惠，并且对政策、资金和科技等生产要素的作用进行全面的把握，为加工企业集约化发展营造良好环境。总的来说，主要产区的粮食加工业发展道路上存在两个方面障碍：一方面，现有的粮食加工业公司很多，但一般规模较小且分散，且产能严重过剩，需要紧急整合；另一方面，相关企业的粮食加工产业链太短，急需调整和发展。基于以上建议从以下几个方面入手，以优化主产区粮食加工业的发展。

（1）放宽主产区粮食加工企业用地政策

国家提出了18亿亩耕地红线政策，以严格控制粮食主产区的耕地使用。这一政策在保证国家粮食安全和生态保护方面发挥了重要作用。然而土地使用限制也在一定程度上制约了粮食加工企业的发展，尤其是在粮食主产区，导致企业面临用地紧张、发展不足的困境。因此，适当放宽对粮食加工相关企业土地使用的限制显得尤为重要。

首先，国家应在保护耕地的基础上，合理支持粮食加工企业的用地需求。粮食加工企业是提升粮食附加值、促进农业转型升级的重要环节，适当放宽对其用地政策，将有助于其快速发展。具体而言，政府可以在符合土地政策要求的前提下，鼓励粮食加工企业合理利用土地资源。这包括支持企业建设符合生产需求的厂房、仓库等设施，提升其生产效率和市场竞争力。此外，免征或减少土地使用税的政策，将直接降低企业的运营成本，增加其再投资的可能性，进而推动粮食加工业的整体发展。其次，优化土地使用政策设计是促进粮食加工发展的关键。政府应根据粮食生产的实际情况，优先发展粮食加工业，引导当地有潜力的企业向这一方向转型。在政策实施上，可以通过设立专项资金支持粮食加工企业进行技术改造和设备升级，增强其生产能力和市场适应性。同时，政府可以与地方企业合作，促进资源的有效配置，通过提供土地使用的灵活性和便利，鼓励企业投资发展。这不仅能够提升粮食加工的整体水平，还可以吸引更多的投资，形成良性循环。再次，集中发展粮食生产的主要领域，改善农业土地基础设施的建设，也是放宽用地政策的重要一环。通过构建完善的农业基础设施，包括道路、水利、仓储等设施，不仅能提高粮食生产的效率，也能为粮食加工企业提供更好的发展环境。同时，政府还应鼓励开展现代农业园区建设，集中资源为粮食加工企业提供服务和支持，以形成规模效应。在这一过程中，土地税减免政策的实施最能发挥其效益，吸引更多企业投资粮食加工业，推动农业与工业的融合发展。最后，政府在推进粮食加工企业用地政策放宽的过程中，应加强与地方政府、农业协会以及企业之间的沟通与协作。通过建立企业用地需求的反馈机制，及时了解并解决企业在用地过程中遇到的问题，确保政策的灵活性和适应性。

（2）给予主产区粮食加工企业资金支持

首先，要扩大粮食加工企业的融资渠道，加大资金支持力度。当前，许多粮食加工企业面临融资困难，特别是中小企业在贷款过程中常常遇到信贷审批流程复杂、抵押物不足等问题。因此，相关部门应简化符合规模要求和政策要求的粮食加工企业的贷款流程，促进其更容易获得资金支持。具体措施包括，支持粮食购买政策贷款，增加分期付款渠道，使企业在资金流转上更加灵活。又如，利用信贷贷款为企业提供更多的选择，减轻主产区粮食加工企业的财务压力，激励其扩大生产、提升技术水平。其次，对在主产区进行粮食深加工的相关公司，应增加财政投入，提供相关税收政策支持。粮食深加工不仅能够提升粮食的附加值，还能推动地方经济的发展。政府应通过财政补贴、专项资金等形式，增加对深加工企业的投资力度。同时，建立税收返还机制，对符合条件的企业实施税收减免政策，降低企业的运营成本，促进其可持续发展。这一机制可以根据企业的实际生产情况进行动态调整，确保支持措施的有效性和针对性。再次，积极采取税收减免政策，对社会资本进行合理主导，鼓励其投资粮食加工业。社会资本在粮食加工领域的投入能够为企业带来新技术和新管理理念，因此，政府应设立相应的政策，引导社会资本向粮食加工业倾斜。优先考虑支持粮食主产区的粮食加工企业，使其在政策的扶持下获得更大的发展空间。这一政策可以通过税收优惠、投资补贴等多种形式来实现，确保资金能有效地流入粮食加工领域，推动产业升级和技术创新。最后，对于拥有粮食深加工全产业链的地方政府，国家应给予一定的奖励和扶持。这不仅有助于激励地方政府加大对粮食加工企业的支持力度，也能促进地方经济的整体发展。建立适合当地的税收返还机制，将税收政策与地方发展实际相结合，能够帮助地方政府更好地支持本土企业的发展。同时，通过奖励机制，引导地方政府在资源配置、政策制定等方面更加关注粮食加工业，提升其整体竞争力。

（3）创建有利于主产区粮食加工企业发展的优良市场和税收政策环境

为了推动主产区粮食加工企业的健康发展，政府需要创建一个优良的市场和税收政策环境。这一环境不仅包括合理的市场机制，还需配合灵活的税收政策和有效的产业支持措施，从而促进粮食加工行业的集聚和品牌价值的提升。

首先，政府应积极支持和鼓励企业进行兼并与收购，一方面能提高企业的集聚程度，增强行业整体竞争力；另一方面，能够实现资源的优化配置。通过合并与收购，企业可以整合技术、管理和市场资源，形成更强的市场竞争力。同时，政府对那些做大做强的当地企业应给予特别的保护和扶持，包括在政策、资金和税收方面的优惠。这种支持不仅可以促进企业壮大，还能推动整个行业的创新和发展。其次，针对粮食加工行业的发展方向，政府可以推动一些企业改组为联合行动公司，鼓励它们走“专业化、精致化、特色化、新式化”的发展道路。这种结构调整将有助于提升企业的核心竞争力，使其在市场中形成明确的定位和优势。此外，通过联合行动，公司可以共享资源、降低成本，并在技术创新和市场开拓方面形成合力。这类模式能够有效提升粮食加工企业在国内外市场的影响力，创造出更多的知名品牌。对于规模过小、设备不合格和产品质量较差的小型企业，政府应采取及时的整治措施。通过资源整合，提高现有设备的综合利用能力，帮助这些企业进行技术改造和升级，提升其产品质量和市场竞争力。政府可以设立专项基金，支持小型企业进行设备更新和技术提升。同时，鼓励大型企业与小型企业之间的合作，通过技术和管理的传导，提升整个产业链的水平。在新项目的开发上，政府应进行详细的市场调研和制度修订，避免低水平的重复和盲目投资建设，防止社会资源的浪费。在这一过程中，政府可以引导企业进行合理的市场规划，确保新项目的投资能够满足市场需求，具有可持续性。在政策引导下，企业应注重项目的可行性研究，避免资源的盲目投入与浪费。建立良好的市场环境也需要政策的灵活性和透明性。政府应定期发布行业发展报告，提供市场动态和政策措施的透明信息，帮助企业及时了解市场变化，作出快速反应。同时，完善的法律法规体系可以为企业的经营活动提供保障，减少不必要的市场风险。此外，通过建立健全的行业协会，鼓励企业之间的沟通与合作，有利于形成良性的市场生态。最后，为了增强企业的国际竞争力，政府还应积极推动粮食加工产品的出口，鼓励企业参与国际市场的竞争。这可以通过国际展会、贸易洽谈等方式，提高企业的知名度和市场占有率，带动整个行业的升级与发展。

（4）加快主产区粮食加工企业技术创新与人才引进

主产区粮食加工企业的技术创新和人才引进尤为重要，只有通过技术创新和高素质人才的引进，才能提升企业的竞争力和生产效率，推动粮食加工行业的可持续发展。为了实现这一目标，当地政府和企业需要共同努力，制定切实可行的措施。

当地政府应充分利用税收优惠政策，将资金用来支持国家科技计划的实施，包括国家科技支持计划、农业科技成果特别转化计划和高科技研究计划。这些措施不仅能为粮食加工技术的创新提供资金支持，还能促进技术转化与应用。政府可以通过设立专项资金，鼓励企业自主研发和技术创新，建立较为完善的粮食加工技术支撑体系。例如，鼓励主产区的粮食加工企业设立研发机构，推动企业之间的结盟，形成技术共享和资源互补的良好局面。此外，政府还应积极推动粮食加工企业与高校和研究机构的合作，共同开发技术创新战略。这种合作不仅能够促进技术成果的快速转化，还能为企业注入新的创新理念与技术力量。通过联合研究，企业可以自主开发大规模关键设备，研发适合消费者需求的区域性和差异化新产品。这种以市场需求为导向的研发模式，将有助于企业在激烈的市场竞争中抢占有利位置。同时，在技术开发过程中，要特别关注节能、节水和低碳排放的要求，推动主产区粮食加工企业实现高效生产和绿色发展。在具体的技术创新方面，当地政府可以鼓励企业在小麦、玉米和大米等主要粮食加工领域进行深加工设备的开发。这些设备的更新和升级，将直接影响到企业的生产效率和产品质量。因此，政府在税收政策和资金支持上应给予优先考虑，帮助企业购置先进设备，提升其加工能力。同时，定期组织技术交流和研讨会，分享行业内的前沿技术和成功案例，促进经验的传播与应用。

然而，技术创新仅靠政策和资金支持是不够的，优秀人才的引进同样至关重要。在粮食加工企业的发展中，人才是推动技术创新和管理提升的重要力量。因此，政府应注重制定人才引进政策，积极吸纳优秀人才，特别是在粮食加工领域具有丰富经验和专业技术的人才。政府可以提供优厚的落户政策和生活保障措施，吸引更多优秀人才进入粮食加工行业。企业方面，也应将人才引进放在重要战略位置，确保在人才招聘和培养上投入足够的资源。企业可以通过多种渠道引进高素质人才，比如与高校合作、参与行业展会、实习生项目等。同时，企业应建立完善的激励机制，对有突出贡献的员工给予丰厚奖励，以此激励员工的创造性和积极性，增强企业的凝聚力。此外，企业还应注重内部培训和人才发展，提升现有员工的技能水平。通过定期的培训和学习，员工不仅可以更新自己的专业知识，还能提高团队的整体工作效率。企业可以借助外部专业机构，设计符合行业发展需求的培训课程，确保员工的技能与市场需求保持一致。

（5）加强主产区配套设施建设

政府应在税收优惠和返还机制的良好环境下，整合多方力量，加快主产区配套设施的建设。应遵循“储运、加工、批发、信息化”四合一的原则，确保形成高效的粮食物流体系，为粮食产业化的发展提供必要的保障。

首先，科学规划和合理设计是配套设施建设的基础。政府应根据实际情况对粮食物流园区进行规划，特别是要重视区域粮食批发市场的建设。批发市场作为农民与市场之间的纽带，发挥着重要的连接作用，是粮食物流的窗口。通过逐步形成具有规范交易、齐全功能和完善配套设施的粮食流通和经营区域中心，能够有效提升粮食的流通效率。例如，政府可以设立专门的粮食批发市场，确保其具备良好的交易环境、先进的信息系统和高效的物流体系，便于农民与加工企业之间的直接对接。其次，为了增强粮食流通的效率，政府应着力建立完善的粮油物流系统。现代的三维互补、多层次的粮食物流不仅能够提高粮食的流通效率，还能确保物流过程的安全性和可靠性。在此基础上，政府需要制定针对粮食批发市场和粮食生产基地的优惠政策，以吸引大型食品加工和流通企业进入市场。通过引导这些企业在主产区设立仓储和物流中心，可以有效拓展粮食流通网络，促进粮食产业的整体发展。政府还应引导和支持建立大型粮食物流公司。这些公司不仅能够提高粮食流通的专业化水平，还可以为粮食物流项目和仓储设施筹集资金，促进粮食经营模式的创新和发展。例如，政府可以通过设立专项资金或贷款贴息政策，为粮食物流公司提供资金支持，鼓励其加大对现代化物流设施的投入。通过这种方式，可以有效降低粮食流通的成本，提升整个粮食产业链的效率。在推动粮食物流的过程中，信息化建设也是不可或缺的关键环节。随着互联网和大数据技术的迅猛发展，信息化手段可以为粮食流通提供透明、高效的管理方式。政府应鼓励粮食企业采用智能化的物流管理系统，实现对粮食运输、存储及销售过程的实时监控。这一系统的建立将促使粮食流通更加科学化、便捷化，进一步提升行业的整体竞争力。此外，政府还应关注主产区重要物流节点的建设。这些物流节点不仅是粮食流通的枢纽，也是保障粮食安全的重要环节。针对这些节点，政府可以制定相应的优惠政策，鼓励企业在物流节点建设中加大投入，提升设施的现代化水平。同时，政府还可以通过优化政策环境，引导社会资本参与到粮食物流的建设中来，形成多元化的投资格局。最后，政府应加强与企业的沟通与合作，推动粮食配套设施的建设与管理。通过定期召开行业会议，了解企业在物流和仓储方面的需求，及时调整政策和措施，确保配套设施建设与行业发展的需求相匹配。此外，鼓励企业之间的合作与协同，可以形成良好的产业联盟，共同推动区域粮食物流的发展。

参考文献

[1] 陆福兴．粮食准公共产品属性与国家农业政策［J］．粮食科技与经济，2011，36（4）：11－13.

[2] 尹成杰．中国特色的粮食安全［J］．瞭望，2009（32）：26－29.

[3] 李全根．反哺农业是维护粮食安全的固本裕源之道［J］．调研世界，2009（9）：33－35.

[4] 魏后凯，韩磊，胡冰川．粮食供需关系变化新形势下转变农业生产方式研究［J］．河北学刊，2018，38（1）：103－110.

[5] Fleischer A，Felsenstein D. Support for Rural Tourism：Does it Make a Difference？［J］．Annals of Tourism Research，2000，27（4）：1007－1024.

[6] Rosegrant M W，Paisner M S，Meijer S，et al. Global Food Projections to 2020：Emerging Trends and Alternative Futures［J］．Implications Investment. Vision Discussion Paper. Washington D. C. Inernational Food Policy Research Institute，2001，1（2）：251－263.

[7] Engle Wamick J C，Escobal J，Laszlo S C. Ambiguity Aversion and Portfolio Choice in Small－Scale Peruvian Farming［J］．B. e. journal of Economic Analysis and Ploicy，2011，11（1）：68－69.

[8] Konstantinos Galanopoulos. The technical efficiency of transhumance sheep and goat farms and the effect of EU subsidies：Do small farms benefit more than large farms？Small Ruminant Research，2011（100）：1－7.

[9] Monetary and fiscal policies' effect onagricu Ltural growth：GMM estimation andsimulation analysis［J］．Economic Modelling，2012（5）.

[10] Foreman－Peck，James and I. S. Pepelasis. "Entrepreneurs and Businessmen in Greece during the Long Nineteenth Century." Palgrave Macmillan UK（2013）.

[11] Kirwan，U. S. farm dynamics and the distribution of U. S. agricultural subsidies［J］．Applied Economics Letters，2017（3）.

[12] Jambo, Newettie. The impact of government spending on agricultural growth: A case of Zambia, Malawi, South Africa and Tanzania [D]. Stellenbosch University, 2017.

[13] Legg W. Green Growth Strategies in Agriculture in OECD Countries [M]. Springer International Publishing, 2017.

[14] Aniyie I A. Fiscal Policy and Agriculture: Legal and Policy Framework for Stimulating Growth in Nigeria's Agricultural Sector [J]. Social Science Electronic Publishing, 2017, 21 (9): 162 – 184.

[15] David J. Hemming, Ephraim W. Chirwa, Andrew Dorward, Holly J. Ruffhead, Rachel Hill, Janice Osborn, Laurenz Langer, Luke Harman, Hiro Asaoka, Chris Coffey, Daniel Phillips. Agricultural input subsidies for improving productivity, farm income, consumer welfare and wider growth in low – and lower – middle – income countries: a systematic review [J]. Campbell Systematic Reviews, 2018, 14 (1): 18 – 22.

[16] Munongo S, Akanbi O A, Robinson Z. do tax incentives matter for investment? a literature review do tax incentives matter for investment? a literature review [J]. 2019.

[17] Moghaddasi S. Agricultural Public Spending in Nigeria [R]. IFPRI Discussion Paper, 2008.

[18] Lawal A W. An Analysis Of Government Spending On Agricultural Sector And Its contribution To GDP In NigerIa [J]. International Journal of Business and Social Science, 2011, 2 (20): 244 – 250.

[19] Bojnec T, Knific K. Farm Household Income Diversification as a Survival Strategy [J]. Sustainability, 2021, 13.

[20] Georgieva V, Blagoeva N. Development of The Bulgarian Tax Legislation in The Taxation of The Agriculture Income in The Period 1878 – 1945 [J]. 2021.

[21] Deininger K, Liu S, Xia F, et al. Property rights reform to support China's rural – urban integration: household – level evidence from the Chengdu experiment [J]. Australian Journal of Agricultural and Resource Economics, 2020, 64 (1): 30 – 54.

[22] Blagoeva N, Georgieva V. Pesticide tax – the new challenge in Europe's

green tax policy [J]. Bulgarian Journal of Agricultural Science, 2023, 29 (1): 3 -13.

[23] Stephen D. Social protection for enhanced food security in sub - Saharan Africa [J]. Food Policy, 2016, 3 (9): 52 -62.

[24] Wang S W, Manjur B, Kim J G, et al. Assessing Socio - Economic Impacts of Agricultural Subsidies: A Case Study from Bhutan [J]. Sustainability, 2019, 11.

[25] Bathla S, Joshi P K, Kumar A. Targeting Agricultural Investments and Input Subsidies in Low - Income Lagging Regions of India [J]. The European Journal of Development Research, 2019, 31 (5): 1197 -1226.

[26] Zagorin, P.. "The Court and the Country." (2023).

[27] Moss, C. B. & Schmitz, A.. Government Policy and Farm and Markets: The Main Tenance of Farmer Wealth [M]. Iowa: Iowa Stata Press, 2003: 115 -128.

[28] Diamaran, B. T. , Hertel, W. & Keeney, R.. OECD Domestic Support and the Developing Count ries [R]. GTAP Working Paper, No. 19, 2003.

[29] Serra T. Effects of decoupling on the mean and variability of output [J]. European Review of Agricultural Economics, 2006, 33 (3): 269 -288.

[30] Sergiy Z. Improvingagri cultural fiscal policy in UK raine [R]. working Paper, 2006: 1 -36.

[31] Ideba E. Ele, Iniobong E. Okon, Otu W. Ibok, Itoro N. Brown. Analysis of Agricultural Public Capital Expenditure and Agricultural Economic Growth in Nigeria 1961 -2010 [J]. American Journal of Experimental Agriculture, 2014, 4 (4).

[32] Rausser G, Zilberman D. Encyclopedia of Agriculture and Food Systems [J]. 2014.

[33] Castiblanco, Carmenza, A. Moreno, and A. Etter. "Impact of policies and subsidies in agribusiness: The case of oil palm and biofuels in Colombia." Energy Economics 49. may (2015): 676 -686.

[34] Gerlt S, Thompson W, Johansson R, et al. Now That It's 2016, Let's Compare 2014 Farm Bill Programs to the 2008 Farm Bill [J]. farmdoc daily, 2016, 6.

[35] Douglas Paranahyba de Abreu, Alcido Elenor Wander, Adriano De Carvalho Paranaiba. Price Subsidy Policy in Brazilian Agriculture: Peculiarities and Contradictions [J]. MISES, 2018 (6): 1 -6.

[36] Hansen Jim, Tuan Francis, Somwaru Agapi. Do China's agricultural policies matter for world commodity markets? [J]. China Agricultural Economic Review, 2011, 3 (1): 6 -25.

[37] Witt B. Contingent valuation and rural potable water systems: A critical look at the past and future [J]. Wiley Interdisciplinary Reviews: Water, 2018, 6 (2).

[38] Rasheed, Shenaz, et al. "Ecosystem valuation and eco - compensation for conservation of traditional paddy ecosystems and varieties in Kerala, India." Ecosystem Services 49 (2021).

[39] Blicharska, Malgorzata, et al. "Operationalisation of ecological compensation - Obstacles and ways forward." Journal of Environmental Management 304 (2022): 114 -277.

[40] van den Heuvel, LotteBlicharska, MalgorzataBlyth, SamuelRonnback, Patrik. "Catch reporting in recreational fishing: Swedish anglers' attitudes and preferences, and the effect of social factors." Fisheries Research 223 (2020).

[41] 周杨，邵喜武．改革开放40年中国粮食价格支持政策的演变及优化分析 [J]．华中农业大学学报（社会科学版），2019 (4): 15 -24, 169 -170.

[42] 杨芷晴，孔东民．我国农业补贴政策变迁、效应评估与制度优化 [J]．改革，2020 (10): 114 -127.

[43] 刘培生．我国粮食补贴政策的绩效研究 [D]．昆明：云南大学，2015.

[44] Huang, Jikun, S. Rozelle, and F. Tuan. "China's agriculture, trade and productivity in the 21st century." Antennas & Propagation IEEE Transactions on 61. 1999 (11): 2 -3.

[45] Rosegrant, Mark W., C. Ringler, and M. S. Paisner. "Agricultural research, technology and world food markets." International Association of Agricultural Economists (2001).

[46] Guido, Van Huylenbroeck, et al. "Multifunctionality of Agriculture:

A Review of Definitions, Evidence and Instruments. " Living Reviews in Landscape Research 2007, 3 (1): 3 -4.

[47] Kropp J D, Whitaker J B. The impact of decoupled payments on the cost of operating capital. Selected paper prepared for presentation at the Agricultural & Applied Economics Association 2009 AAEA & ACCI Joint Annual Meeting, Milwaukee, Wisconsin, July 26 -29, 2009

[48] 罗光强, 谭江林. 财政支粮政策、粮食产出稳定性及其影响研究——基于湖南省的统计数据 [J]. 农业技术经济, 2010, (4): 20 -27.

[49] 星焱, 胡小平. 中国新一轮粮食增产的影响因素分析: 2004—2011 年 [J]. 中国农村经济, 2013 (6): 14 -26.

[50] 徐建军, 星焱. 财政支农粮食产出效应的区域比较研究 [J]. 财政研究, 2013 (1): 54 -57.

[51] 吴连翠, 谭俊美. 粮食补贴政策的作用路径及产量效应实证分析 [J]. 中国人口·资源与环境, 2013, 23 (9): 100 -106.

[52] 康小兰, 李冬文, 刘滨. 农业基础建设与粮食产出关系的实证分析——基于 1991—2009 年时间序列数据 [J]. 江西农业大学学报 (社会科学版), 2013, 12 (4): 432 -437.

[53] 谢小蓉, 李雪. 农业基础设施与粮食生产能力的实证研究——吉林省例证 (1989—2012 年) [J]. 学术研究, 2014 (7): 91 -97, 160.

[54] 赵金霞. 基于 AHP 方法的中国粮食增产影响因素研究 [J]. 粮食科技与经济, 2019, 44 (11): 21 -24.

[55] 邹杰. 财政农业科技支出与粮食单产量动态关联 [J]. 经济问题, 2015 (6): 95 -99.

[56] 秦金霞. 浙江农业补贴政策的绩效评价与制度优化 [D]. 杭州: 浙江财经大学, 2016.

[57] 高鸣, 宋洪远, Michael Carter. 补贴减少了粮食生产效率损失吗? ——基于动态资产贫困理论的分析 [J]. 管理世界, 2017 (9): 85 -100.

[58] 王一杰, 邸菲, 辛岭. 我国粮食主产区粮食生产现状、存在问题及政策建议 [J]. 农业现代化研究, 2018, 39 (1): 37 -47.

[59] 张天佐, 郭永田, 杨洁梅. 基于价格支持和补贴导向的农业支持保护制度改革回顾与展望 [J]. 农业经济问题, 2018 (11): 4 -10.

[60] 张荐华, 刘培生. 我国财政对粮食直接补贴的政策绩效评价 [J].

学术探索，2015（4）：60－66.

［61］戴化勇，陈金波．新形势下粮食产销协作模式与机制研究［J］．农业经济问题，2021（2）：135－144.

［62］童馨乐，胡迪，杨向阳．粮食最低收购价政策效应评估——以小麦为例［J］．农业经济问题，2019（9）：85－95.

［63］朱青，卢成．财政支农政策与农民收入的实证研究——基于农业补贴的视角［J］．暨南学报（哲学社会科学版），2020，42（3）：67－83.

［64］李自强，李晓云，孙倩，叶伟娇．财政支农补贴能有效提升粮食全要素生产率吗？——兼顾农业技术环境的调节作用探讨［J］．中国农业大学学报，2021，26（8）：236－252.

［65］李京栋，李先德．最低收购价政策调整对我国粮食安全的影响——以稻谷为例［J］．中国农业资源与区划，2022，43（3）：46－57.

［66］Ye Feng，Yang Zhongna，Yu Mark，Watson Susan，Lovell Ashley. Can Market－Oriented Reform of Agricultural Subsidies Promote the Growth of Agricultural Green Total Factor Productivity? Empirical Evidence from Maize in China［J］．Agriculture，2023，13（2）.

［67］黄季焜，王晓兵，智华勇，黄珠容，Scott Rozelle．粮食直补和农资综合补贴对农业生产的影响［J］．农业技术经济，2011（1）：4－12.

［68］刘旗，刘培培．粮食直接补贴的增产效应——基于河南省面板数据的分析［J］．经济经纬，2013（3）：36－40.

［69］李韬．粮食补贴政策增强了农户种粮意愿吗？——基于农户的视角［J］．中央财经大学学报，2014（5）：86－94.

［70］钱加荣，赵芝俊．现行模式下我国农业补贴政策的作用机制及其对粮食生产的影响［J］．农业技术经济，2015（10）：41－47.

［71］张倩，许泉，王全忠，周宏．补贴政策与农户稻作制度选择——基于湖南省微观调研的证据［J］．产业经济研究，2016（6）：89－99.

［72］陈映廷．我国财政支农支出绩效的实证分析［J］．农村经济与科技，2016，27（23）：132－134.

［73］崔奇峰，蒋和平，蒋黎，吴颖宣．主产区粮食生产与财政收入关联分析及政策建议［J］．中国农业技术导报，2016，18（4）：190－198.

［74］刘海英，谢建政．政府补贴、农户收入和城镇化对粮食生产效率的影响［J］．江西师范大学学报（自然科学版），2016，40（1）：22－26，32.

[75] 田红宇，祝志勇．农村财政金融支农投入与粮食单产的动态关系——基于1952—2013年的经验验证 [J]. 三峡大学学报（人文社会科学版），2017，39（4）：47－52.

[76] 姜德波，汝刚，秦永．劳动力转移、技术进步与粮食产量——基于中国主要产粮省份的经验分析 [J]. 南京审计大学学报，2017，14（1）：29－36.

[77] 李莹．中国粮食安全财政政策的绩效测度及优化路径探究 [J]. 经济视角，2017（6）：70－77.

[78] 徐永金，黄纪心，苗珊珊．主产区、产销平衡区和主销区粮食产量影响因素的实证分析 [J]. 江苏农业科学，2018，46（20）：362－365.

[79] 李胜男．小麦种植技术优化及病虫害防治 [J]. 农家参谋，2019（12）：84.

[80] 黄少安，郭冬梅，吴江．种粮直接补贴政策效应评估 [J]. 中国农村经济，2019（1）：17－31.

[81] 王晓红．精准扶贫视角下提升我国农业保险财政补贴效率研究 [J]. 理论探讨，2020（1）：102－107.

[82] 赵和楠，侯石安．乡村振兴战略下土地治理投入对粮食生产的影响——"藏粮于地""藏粮于技"一体推进的经验证据 [J]. 贵州社会科学，2021（5）：153－160.

[83] 胡青江，向洁．财政支农支出的区域差异及动态演进——以中国粮食主产区为例 [J]. 技术经济与管理研究，2021（7）：92－96.

[84] 高鸣，王颖．农业补贴政策对粮食安全的影响与改革方向 [J]. 华南农业大学学报（社会科学版），2021，20（5）：14－26.

[85] 向洁，胡青江，闫海龙．中国31个省区市财政支农对农业经济增长的空间效应和门槛特征研究 [J]. 新疆财经，2021（1）：17－30.

[86] 杨广勇，杨林．财政涉农资金整合解决农业增产不增收问题了吗？——基于中部A省51个县域数据的双重差分检验 [J]. 中国经济问题，2020（6）：107－120.

[87] 王辉．税费改革对粮食生产的影响研究 [J]. 当代经济科学 2015，37（3）：107－116.

[88] 范东君．分税制改革、土地财政与粮食生产 [J]. 云南财经大学学报，2015（5）：49－57.

[89] 王芳，陈硕，王瑾．农业税减免、农业发展与地方政府行为——县级证据 [J]．金融研究，2018 (4)：104 - 120.

[90] 贾俊雪，秦聪，孙传辉，等．中央地方利益协调下减税政策的增收效应 [J]．中国工业经济，2019 (6)：79 - 97.

[91] 王思锐．Y 粮食加工企业税务风险管理研究 [D]．昆明：昆明理工大学，2023.

[92] 陈先吉．财税视角下的粮食产业与区域经济协同发展研究 [J]．内蒙古财经大学学报，2024，22 (3)：96 - 99.

[93] 陈明芳．实现我国粮食增产增收的财税政策分析 [J]．商业观察，2022 (22)：17 - 19.

[94] 高鸣，王颖．农业补贴政策对粮食安全的影响与改革方向 [J]．华南农业大学学报 (社会科学版)，2021，20 (5)：14 - 26.

[95] 程国强．创新农业补贴方式加大政策支持力度 [J]．农业工程技术，2015 (5)：42 - 43.

[96] 罗光强，姚旭兵．粮食生产规模与效率的门槛效应及其区域差异 [J]．农业技术经济，2019 (10)：92 - 101.

[97] 吴珍彩．粮食主产区利益补偿的理论分析和政策建议 [J]．农业经济，2016 (3)：9 - 11.

[98] 王永成．涉农税收优惠政策评析与完善建议——以辽宁为例 [J]．地方财政研究，2017 (6)：94 - 99.

[99] 蒋黎，朱福守．我国主产区粮食生产现状和政策建议 [J]．农业经济问题，2015，36 (12)：17 - 24，110.

[100] 袁慧．我国粮食政策的演变历程、内在逻辑及优化建议——基于粮食增产与粮农增收双重目标的视角 [J]．江苏大学学报 (社会科学版)，2021，23 (2)：104 - 111.

[101] 蒋和平．粮食政策实施及其效应波及：2013—2017 年 [J]．改革，2018 (2)：64 - 74.

[102] 杨君茹，万莎．粮食安全、农民增收与财政支农资金效率的耦合分析——基于 DEA - Tobit 模型的实证研究 [J]．湖北经济学院学报，2013，11 (4)：68 - 73.

[103] 周红梅．湖南省财政支农支出绩效评价研究 [D]．长沙：湖南农业大学，2015.

[104] 徐合帆，郑军，余家凤，马艾．乡村振兴背景下财政支农绩效及影响因素分析——以湖北省为例 [J]．税收经济研究，2019，24（2）：81－90.

[105] 李莹．中国粮食安全财政政策的绩效测度及优化路径探究 [J]．经济视角，2017（6）：70－77.

[106] 刘婷婷，秦会艳，黄颖利．粮食主产区农业生态效率时空演变及驱动因素研究——基于三大流域视角 [J]．长江流域资源与环境，2024，33（11）：2513－2524.

[107] 苏芳，刘钰，黄德林，薛冰，周潮，马静．经济政策不确定性对中国粮食安全的影响 [J]．中国农业大学学报，2021，26（7）：245－258.

[108] Abdoulaye Maïga; Amadou Bamba; Boubacar Sy; Georges Hady Keita; Issoufou Soumaïla Mouleye; Moussa Diallo. Analysis of the Effects of Public Expenditure on Agricultural Growth in Mali [J]. Journal of Asian Journal of Agricultural Extension, Economics & Sociology, 2021, 39（7）: 42－50.

[109] Veselinović Petar; Dimitrijević Miloš; Kostić Milan. Significance of fiscal policy for economic development and agriculture [J]. Ekonomika poljoprivrede, 2019, 66（2）: 357－377.

[110] 毛佳，朱述斌．新中国成立以来粮食安全财政政策的演进及其当代启示 [J]．江西财经大学学报，2021（4）：114－124.

[111] 耿仲钟．我国农业国内支持政策的改革进程与演进特征 [J]．农村经济与科技，2021，32（19）：42－44.

[112] 钱煜昊，曹宝明，武舜臣．中国粮食购销体制演变历程分析（1949—2019 年）——基于制度变迁中的主体权责转移视角 [J]．中国农村观察，2019（4）：2－17.

[113] 刘振伟．建立稳定的乡村振兴投入增长机制 [J]．农业经济问题，2019（5）：4－8.

[114] 王双正．1978 年以来我国粮食流通体制改革的主要历程、成效、特点及启示 [C] 湖南省社会主义新农村建设促进会，中国社会科学院农村发展研究所，湖南省人民政府农村工作办公室，长沙市人民政府，湖南省社会科学院．首届湖湘“三农”论坛论文集（上）．红旗出版社，2008：13.

[115] 胡小平，范传棋，高洪洋．改革开放 40 年中国粮食价格调控的回顾与展望 [J]．四川师范大学学报（社会科学版），2018，45（6）：23－29.

[116] Carr Patrick J, Kefalas Maria J. Hollowing out the Middle: The Rural

Brain Drain and What It Means for America [J]. Journal of Rural Social Sciences, 2011 (24): 535 - 543.

[117] 马腾, 袁芳. 粮食收购价政策对河南省小麦生产影响研究 [J]. 价格理论与实践, 2021 (S1): 106 - 110.

[118] 鲍国良, 姚蔚. 我国粮食补贴政策问题与对策——基于"险补结合"粮食补贴政策分析 [J]. 江西财经大学学报, 2022 (3): 87 - 95.

[119] 文小才, 杨淑燕. 财政补贴政策促进粮食主产区增产增收效果评价研究——以河南省为例 [J]. 价格理论与实践, 2022 (1): 91 - 95.

[120] Michael L. Mann; Robert K. Kaufmann; Dana Marie Bauer; Sucharita Gopal; James G. Baldwin; Maria Del Carmen Vera - Diaz. Ecosystem Service Value and Agricultural Conversion in the Amazon: Implications for Policy Intervention [J]. Environmental and Resource Economics, 2012, 53 (2): 279 - 295.

[121] 赵宁宁. 经济新常态下农业要大力发展粮食经济 [J]. 内蒙古统计, 2019 (3): 37 - 39.

[122] 陈颖, 李继志. 我国粮食生产支持政策的历史演变、现实迷失及政策优化 [J]. 农业经济, 2021 (5): 3 - 5.

[123] 张慧琴, 韩晓燕, 吕杰. 粮食补贴政策的影响机理与投入产出效应 [J]. 华南农业大学学报 (社会科学版), 2016, 15 (5): 20 - 27.

[124] 姚毓春, 夏宇. 日本、韩国粮食安全现状、政策及其启示 [J]. 东北亚论坛, 2021, 30 (5): 83 - 98, 128.

[125] 王海燕, 闫磊. 粮食供给侧: "按量补贴"与"按质补贴" [J]. 中国农业资源与区划, 2017, 38 (9): 1 - 7.

[126] Yu, Wusheng; Jensen, Hans Grinsted. China's agricultural policy transition: Impacts of recent reforms and future scenarios [J]. Journal of Agricultural Economics, 2010, 61 (2): 343 - 368.

[127] 唐莹莹, 王飞. 江苏省粮食生产形势及新时期保障粮食安全对策建议 [J]. 现代面粉工业, 2022, 36 (3): 15 - 19.

[128] 崔焕金, 曾蓓. 我国粮食安全政策演进的阶段性特征与启示: 1978—2020 年 [J]. 经济学家, 2021 (7): 120 - 128.

[129] Serban Scrieciu. Economic Impacts of Adopting the Common Agricultural Policy of the European Union [J]. Journal of Economic Integration, 2007, 22 (2): 407 - 438.

［130］谢炜聪，王景利．农机购置补贴政策与智慧农业体系的关联度模型分析［J］．农机化研究，2021，44（6）：41－44.

［131］辛翔飞，张怡，王济民．我国粮食补贴政策实施状况、问题和对策［J］．农业经济，2016（9）：89－91.

［132］Dobre Carina，Adina Magdalena Iorga，Elena Toma and Alexandra Muscănescu. Evolution of Romanian agriculture in the period（2007－2010）［J］. Scientific Papers Series：Management，Economic Engineering in Agriculture and Rural Development，2012，12（1）：49－52.

［133］陈祥云，张慧琴．我国粮食生产补贴政策的调整取向——基于供给侧改革视角［J］．地方财政研究，2019（10）：82－86.

［134］李琴英，陈芮格．农业保险高质量发展水平评价指标体系构建与测度——以 13 个粮食生产核心区为例［J］．金融理论与实践，2021（5）：12－19.

［135］Joseph Glauber，Katherine Baldwin，Jesús Antón and Urszula Ziebinska. Design principles for agricultural risk management policies［M］. OECD Food，Agriculture and Fisheries Papers，2021：58.

［136］周坚，张伟，陈宇靖．粮食主产区农业保险补贴效应评价与政策优化——基于粮食安全的视角［J］．农村经济，2018（8）：69－75.

［137］费佐兰，王有国，郭翔宇．产粮大县奖励政策实施的效果评价——以黑龙江省为例［J］．农村经济，2016（5）：35－41.

［138］卓乐．农业基础设施对粮食增产的作用机理及效应分析［J］．求索，2021（4）：125－132.

［139］张立迎，李翠霞．中国粮食主产区利益补偿的制度困境与路径选择［J］．求是学刊，2015，42（5）：72－77.

［140］Jenny clegg. Rural cooperatives in China：Policy and Practice［J］. Journal of Business and Enterprise Development，2006，13（2）：219－234.

［141］高敏，洪亚军．财政定向激励、技术融合式创新与共同富裕［J］．当代经济研究，2024（7）：117－128.

［142］乔金杰，穆月英．测土配方施肥补贴效果及补贴地区优先序——基于农业技术效率视角［J］．科技管理研究，2015，35（23）：223－227，233.

［143］Ramakumar R. India's Agricultural Debt Waiver Scheme，2008［J］. Review of Agrarian Studies，2013，3（1）：135－146.

［144］亓翠玲，王光胜，谢颂朝．济南市农作物种苗生产管理存在问题与发展建议［J］．中国种业，2022（11）：20－23.

［145］康涌泉．基于粮食安全保障的粮食主产区利益补偿制度研究［J］．河南师范大学学报（哲学社会科学版），2013，40（4）：74－76.

［146］Anderson，John E.；Giertz，Seth H.；Shimul，Shafiun N. Reducing property taxes for agriculture：Diffusion of use－value assessment policy across the United States［J］. Land Use Policy，2022，120（4）：106298.

［147］闫晗，乔均，杜蓉．粮食最低收购价政策对粮食加工业综合技术效率的影响——基于三阶段 DEA 和 Tobit 模型的实证研究［J］．商业研究，2021（4）：120－131.

［148］田红宇，祝志勇．中国粮食生产效率及影响因素分析——基于 DEA－Tobit 两步法研究［J］．中国农业资源与区划，2018，39（12）：161－168.

［149］张碧娟，白存生．坚持绿色发展理念狠抓粮食高质高效创建［J］．农家参谋，2019（12）：94.

［150］卫志民，于松浩．我国粮食安全保障体系构建研究：结构特征、潜在挑战与路径优化［J］．理论学刊，2021（4）：70－78.

［151］Fan，Shenggen；Pardey，Philip G. Research，Productivity and Output Growth in Chinese Agriculture［J］. Journal of Development Economics，1997，53（1）：115－137.

［152］Matsuyama Kiminori. Comparative advantage of Agricultural Productivity and Economic growth［J］. Journal of Economic Theory，1992，58（2）：317－334.

［153］Lubanga，Velma Njeri. Effect of Taxation on the Performance of Farming Industry in Trans Nzoia County［J］. The Pakistan Development，2020，40（2）：15－30.

［154］陈秧分，王介勇，张凤荣，刘彦随，成升魁，朱晶，司伟，樊胜根，顾善松，胡冰川，李先德，于晓华．全球化与粮食安全新格局［J］．自然资源学报，2021，36（6）：1362－1380.

［155］Barry K. Goodwin，Monte L. Vandeveer，John L. Deal. An Empirical Analysis of Acreage Effects of Participation in the Federal Crop Insurance Program［J］. American Journal of Agricultural Economics，2004，86（4）：1058－1077.

［156］Susan Bandias，Siva Ram Vemuri. Telecommunication infrastructure facilitating sustainable development of rural and remote communities in northern

[J]. Telecommunication Policy, 2005 (2-3): 237-249.

[157] 罗屹. 保障农民种粮合理收益面临的难点与政策选择 [J]. 价格理论与实践, 2023 (8): 61-65, 204.

[158] 钟智利, 符莉. 沈阳市农业科技创新发展问题与对策研究 [J]. 农业经济, 2023 (2): 33-34.

[159] 丁瑶. 黑龙江省粮食流通产业转型发展对策研究 [D]. 哈尔滨: 哈尔滨工业大学, 2015.

[160] 窦薇. 黑龙江省农村金融资源配置研究 [D]. 哈尔滨: 东北农业大学, 2015.

[161] 贾贵浩. 城镇化背景下粮食主产区利益动态补偿问题研究 [J]. 宏观经济研究, 2013 (12): 20-25, 52.

[162] 曹宝明, 黄昊舒, 赵霞. 中国粮食储备体系的演进逻辑、现实矛盾与优化路径 [J]. 农业经济问, 2022 (11): 25-33.

[163] 魏后凯, 贾小玲. 中国粮食主产区萎缩态势及其福利损失 [J]. 中共中央党校 (国家行政学院) 学报, 2023, 27 (5): 65-79.

[164] 朱晴晴. 政府补贴是否提升了粮食流通效率? ——基于企业层面微观数据的验证 [J]. 商业经济与管理, 2022 (11): 18-29.

[165] 张明, 杨颖, 邹小容. 新时期中国粮食补贴政策的战略协同与差异设计 [J]. 农业经济问题, 2021 (3): 53-61.

[166] 刘杰, 杨青山, 江孝君, 等. 东北地区粮食生产与经济发展的关系类型与地域格局 [J]. 经济地理, 2021, 41 (3): 39-48, 57.

[167] 韩莉, 战炤磊. 科技创新赋能粮食产业高质量发展的理论逻辑与实现机制 [J]. 科技导报, 2024, 42 (16): 58-65.

[168] 吴玲, 刘腾谣. 粮食安全中的利益主体博弈分析 [J]. 长白学刊, 2017 (1): 96-101.

[169] PU Z, FU J. Economic growth, environmental sustainability and China mayors' promotion [J]. Journal of cleaner producti-on, 2018, 172 (1): 454-465.

[170] 高昕. 新常态下我国粮食主产区综合利益补偿机制创新研究 [J]. 中州学刊, 2016 (10): 49-53.

[171] 钟钰, 巴雪真, 张合成. 调动种粮主体积极性: 内涵阐释、主要障碍与推进路径 [J]. 农业经济问题, 2024 (10): 96-107.

［172］ 王琼芳．公共服务背景下德阳市属国有粮食企业改革研究［D］．成都：西南交通大学，2017.

［173］ Su，Y.，Li，C.，Wang，K.，et al. Quantifying the Spatiotemporal Dynamics and Multi－aspect Performance of Non－grain Production during 2000—2015 at A Fine Scale. Ecological Indicators，2019（101）：410－419.

［174］ Du J，Zhou Z，Xu L. Evolutionary Game Mechanism on Complex Networks of Green Agricultural Production under Intensive Management Pattern［J］. Complexity，2020（9）：1－13.

［175］ Davis J and Zong P. Household own － consumption and grain marketable surplus in China［J］. Applied Economics，2002，34（8）：969－974.

［176］ Wright. International Grain Reserves and Other Instruments to Address Volatility in GrainMarkets［J］. World Bank Research Observer，2012，27（2）：222－260.

［177］ 辛岭，蒋和平．产粮大县粮食生产与农民收入协调性研究——以河南省固始县为例［J］．农业技术经济，2016（2）：45－51.

［178］ 廖进球，黄青青．改革开放以来粮食收购价格政策演进轨迹［J］．现代经济探讨，2018（8）：30－37.

［179］ 王生辉．全面落实国家粮食安全战略不断推进海南自由贸易港粮储事业高质量发展［J］．中国粮食经济，2024（4）：53－55.

［180］ 郭雅媛，张青．粮食主产区利益补偿机制创新研究——基于粮食安全问题的战略思考［J］．开放导报，2023（3）：88－95.

［181］ 张宁，张正军．对加强财务监管提高国有粮企效益的思考［J］．粮食问题研究，2016（4）：13－17.

［182］ 杜志雄，韩磊．供给侧生产端变化对中国粮食安全的影响研究［J］．中国农村经济，2020（4）：2－14.

［183］ 刘泽莹，韩一军，孟婷．最低收购价下调对农户种粮积极性的影响研究——基于有调节的中介效应模型的实证分析［J］．当代经济科学，2020，42（5）：122－132.

［184］ 赵和楠，侯石安．产粮大县奖励政策促进了县域粮食生产吗？——来自河南县域面板数据的证据［J］．地方财政研究，2021（11）：75－85.

［185］ 焦晋鹏．粮食主产区动态补偿机制的演化博弈分析［J］．江西社

会科学，2014，34（11）：41－46.

［186］郑任青．利益补偿视角下河南省耕地“非粮化”问题防治对策研究［D］．郑州：郑州大学，2024.

［187］韩晓．新时代全方位夯实粮食安全根基研究［D］．长春：吉林大学，2024.

［188］王越，孔令宇，高丹桂，等．生产要素视角下粮食主产区利益补偿机制研究——以东北粮食主产区为例［J］．中国农村经济，2024（6）：117－135.

［189］周洲，石奇．目标多重、内在矛盾与变革循环——基于中国粮食政策演进历程分析［J］．农村经济，2017（6）：11－18.

［190］Ramakumar R. Large－scale Investments in Agriculture in India［J］. IDS Bulletin，2012，43（Supplement）：92－103.

［191］吴振鹏，胡艳．财政支农支出与农民收入关系的实证研究［J］．江汉论坛，2013（1）：58－62.

［192］Pickson Robert Becker，Gui Peng，Chen Ai，Boateng Elliot. Climate change and food security nexus in Asia：A regional comparison［J］. Ecological Informatics，2023：76.

［193］王倩．粮食主产区农户农地流转行为及影响研究［D］．咸阳：西北农林科技大学，2019.

［194］Farrin K，Miranda M，Donoghue E. How do time and money affect agriculturalinsurance uptake？A new approach to farm risk management analysis［J］. ReportSummary. 2016，14（4）：33－37

［195］孙中叶，杨传宇，李治．健全我国粮食主产区利益补偿机制的新思路［J］．农业经济与管理，2024（1）：1－11.

［196］金婷，刘波，刘强，刘帅，徐定成．粮食最低收购价政策对我国小麦种植面积的影响机理分析［J］．南方农业学报，2018，49（2）：397－402.

［197］李晓毅．新时代我国农业农村现代化的发展历程及实现路径研究［D］．郑州：河南农业大学，2024.

［198］王旖旎，吴玲．全球视域下国际形势、粮食安全与中国方案［J］．农业经济与管理，2024（2）：13－24.

［199］崔宁波，董晋．主产区粮食生产安全：地位、挑战与保障路径［J］．农业经济问题，2021（7）：130－144.

[200] Paul van der Molen: Food Security, Land Use and Land Surveyors, Survey Review, Vol. 49, No. 353, 2017.

[201] Guanghui Jiang, Ruijuan Zhang, Wenqiu Ma, Ding Zhou, Xinpan Wang, Xin He. Cultivated land productivity potential improvement in land consolidation schemes in Shenyang, China [J]. Assessment and Policy Implications, 2017 (7): 80 – 88.

[202] 刘振滨，林丽梅，郑逸芳．粮食价格补贴政策改革：基于直接补贴与价格补贴的辨析 [J]. 上海经济研究，2016 (10): 61 – 65, 75.

[203] 马晓蕾，焦士兴，张建伟，等．东北三省粮食主产区农业比较优势与增长优势时空演变研究 [J]. 世界地理研究，2022, 31 (3): 602 – 612.

[204] 崔婧熙，张鹏．农产品加工业与农业高质量发展时空演化及耦合协调研究——以东北三省 142 个县为例 [J]. 农业与技术，2024, 44 (6): 128 – 135.

[205] 孙久文，程芸倩．统一大市场建设中的分工与协调：对东北经济的思考 [J]. 经济纵横，2024 (6): 63 – 71.

[206] 辛翔飞，张怡，王济民．我国粮食补贴政策效果评价——基于粮食生产和农民收入的视角 [J]. 经济问题，2016 (2): 92 – 96.

[207] 张伟，易沛，徐静．政策性农业保险对粮食产出的激励效应 [J]. 保险研究，2019 (1): 32 – 44.

[208] 吕萱娇．粮食主产区农业保险对农民收入的影响研究 [D]. 北京：北方工业大学，2024.

[209] 郑适，舒坤良，杨双，吴兴宏．完善玉米主产区粮食调控政策的思路与对策 [J]. 经济纵横，2016 (4): 62 – 65.

[210] 张义博．新时期中国粮食安全形势与政策建议 [J]. 宏观经济研究，2020 (3): 57 – 66, 81.

[211] Krugman P. Increasing Returns and Economic Geography [J]. Journal of Political Economy, 1991, 99 (3): 483 – 499.

[212] 刘慧．健全粮食主产区利益补偿机制 [N]. 经济日报，2024 – 06 – 20 (005).

[213] 胡凌啸，刘余，华中昱．粮食主产区利益补偿状况及机制创新 [J]. 农村经济，2024 (5): 77 – 88.

[214] Kirby, Mac, Ahmad, Mobin - ud - Din, Mainuddin, Mohammed, Khaliq, Tasneem, Cheema, M. J. M. Agricultural production, water use and food availability in Pakistan: Historicaltrends, and projections to 2050, Agricultural Water Management 1 January 2017 (179): 34 -46.

[215] 郑兆峰，宋洪远．健全粮食主产区利益补偿机制：现实基础、困难挑战与政策优化 [J]. 农业现代化研究，2023，44 (2)：214 -221.

[216] Mooney P H. Local governance of a field in transition: The food policy council movement [J]. Journal of Rural Studies, 2022 (89): 98 -109.

[217] 赵德昭．地方政府财政治理能力提升困境与改革路径 [J]. 地方财政研究，2017 (5)：66 -72.

[218] Lin, J. Y. Rural Reforms and Agricultural Growth in China. American Economic Review, 1992. Chinn. Methods for mapping local food production capacity from agricultural statistics [J]. Agricultural Systems, 2017 (104): 491 - 499.

[219] 吕新业，姜长云，李俊茹，王一杰，等．近年来我国农民收入增长的特点、问题与未来选择 [J]. 南京农业大学学报（社会科学版），2021，21 (3)：1 -21.

[220] 鲁莎莎，刘彦随，关兴良．粮食主产区农村经济发展态势及其政策影响分析 [J]. 经济地理，2011，31 (3)：483 -488.

[221] 蓝艺．国有粮食企业内部控制优化研究 [D]. 昆明：云南财经大学，2024.

[222] 赵南林．A 粮食集团后备人才培训体系优化研究 [D]. 长沙：中南大学，2022.

[223] Reardon. T. Barnet. Agronindustrialization, globalization, and international development: an 2015 (23), overview of issues, patterns, and determinants [J]. Agric. Econ.

[224] A, Kazukauskas, C, et al. Disinvestment, Farm Size, and Gradual Farm Exit: The Impact of Subsidy Decoupling in a European Context [J]. American Journal of Agricultural Economics, 2013.

[225] 魏玉君，叶中华．美国粮食安全保障政策变迁：启示与借鉴 [J]. 世界农业，2019 (3)：50 -55，115.

[226] 高道明，田志宏．美国对外粮食援助政策演变及其对中国的启示

[J]. 中国农业大学学报（社会科学版），2018，35（2）：106 – 113.

[227] Smith V H, Glauber J W. Agricultural Insurance in Developed Countries: Where Have We Been and Where Are We Going? [J]. Applied Economic Perspectives and Policy, 2012, 34 (3): 363 – 390.

[228] 安琪，朱晶，林大燕．日本粮食安全政策的历史演变及其启示 [J]. 世界农业，2017（2）：77 – 81，87.

[229] Altamore L, Chinnici P, Bacarella S, et al. Current Framework of Italian Agriculture and Changes between the 2010 and 2020 Censuses [J]. Agriculture, 2024, 14. DOI: 10.3390/agriculture14091603.

[230] Bartolini F, Viaggi D. The common agricultural policy and the determinants of changes in EU farm size [J]. Land Use Policy, 2013, 31 (1): 126 – 135.

[231] Hristov, Jordan Clough, Yann Sahlin, Ullrika Smith, Henrik G. Stjernman, Martin Olsson, Ola Sahrbacher, Amanda Brady, Mark V. Impacts of the EU's Common Agricultural Policy "Greening" Reform on Agricultural Development, Biodiversity, and Ecosystem Services [J]. Applied Economic Perspectives and Policy, 2020, 42 (4).

[232] Fabian C, Maria B D, Carlo C, et al. Does market competitiveness significantly affect public intervention in agricultural insurance: the case in Italy [J]. Applied Economics, 2011, 43 (27): 4149 – 4159.

[233] Abass, Kabila, Adanu, et al. Peri – urbanisation and loss of arable land in Kumasi Metropolis in three decades: Evidence from remote sensing image analysis [J]. Land Use Policy, 2018 (72): 470 – 479.

[234] Berman, Peter, Kusuma, et al. Can cash transfers improve determinants of maternal mortality? Evidence from the household and community programs in Indonesia [J]. Social science and medicine, 2016, 12 (12): 1 – 19.

[235] 陈亭．我国粮食最低收购价的完善建议 [J]. 改革与战略，2017，33（5）：30 – 32.

[236] Fan S, Gulati A, Thorat S. Investment, subsidies, and pro – poor growth in rural India [J]. Agricultural Economics, 2010, 39 (2): 163 – 170. DOI: 10.1111/j.1574 – 0862.2008.00328.x.

[237] Dedyukhina I, Labovskaya Y, Maksimov V, et al. The Contribution of the Agricultural Region to the Implementation of the State Project to Support and

Develop the Export of Agricultural Products [C] //International Conference on Innovations in Sustainable Agricultural Systems. Springer, Cham, 2024. DOI: 10.1007/978-3-031-70673-8_41.

[238] Joshi S K, Gauraha A K. 24 - Global biofertilizer market: Emerging trends and opportunities [M]. Elsevier Inc. 2022.

[239] Seck A. Fertiliser subsidy and agricultural productivity in Senegal [J]. The World Economy, 2017, 40 (9): 1986-2006.

[240] Zhou A. Research on the development path of agricultural insurance in the process of new urbanization. 2017, 28 (3): 1953-1957.

[241] Rahman M M, Mamun S. The effects of telephone infrastructure on farmers' agricultural outputs in China [J]. Information Economics and Policy, 2017, 41 (12): 88-95.

[242] Ding Y, Sun C. Does agricultural insurance promote primary industry production? Evidence from a quasi-experiment in China [J]. The Geneva Papers on Risk and Insurance-Issues and Practice, 2020: 1-26.

[243] 朱晶，李天祥，臧星月．高水平开放下我国粮食安全的非传统挑战及政策转型 [J]. 农业经济问题，2021 (1): 27-40.

[244] Hazell P, Varangis P. Best practices for subsidizing agricultural insurance [J]. Global Food Security, 2020.

[245] Adam A. E., Abdelsalamb S. M., Siddigcd K. H. A.. Do grain reserves necessarily contribute to prices stability and food security in Sudan? An assessment. Journal of the Saudi Society of Agricultural Sciences, 2012 (2).

[246] Pierre G., Pauw K., Magrini E.. The effect of the National Food Reserve Agency on maize market prices in Tanzania. Review of Development Economics, 2018 (2).

[247] Xu J F, Liao P. Crop Insurance, Premium Subsidy and Agricultural Output [J]. Journal of Integrative Agriculture, 2014 (11): 9.

[248] Tuo G. How to promote agricultural insurance in China?: Experiences, problems and solutions during 2007-2014 [J]. China Agricultural Economic Review, 2016, 8 (2): 194-205.

[249] 韩杨．中国耕地保护利用政策演进、愿景目标与实现路径 [J]. 管理世界，2022，38 (11): 121-131.

[250] 王曙光，张泽群. 财政激励下主产区粮食低碳生产“稳中求进”策略——基于演化博弈模型的分析 [J]. 商业研究，2024 (1)：131 - 142.

[251] 张靖卓，田建民，上官彩霞，等. 财政支持粮食产业发展政策：基于河南实践的分析与改进 [J]. 农业经济，2024 (2)：89 - 91.

[252] Glauber. Double indemnity: crop insurance and the failure of U. S. Agricultural disaster Policy, AEI Agricultural Policy Series, 2007.

[253] 蒋和平. 健全种粮农民收益保障机制和主产区利益补偿机制，调动维护粮食安全的“两个积极性” [J]. 农业经济与管理，2022 (6)：15 - 19.

[254] 陈明星，张淞杰. 粮食主产区农业生态补偿困境及破解路径 [J]. 区域经济评论，2023 (3)：111 - 117. DOI：10.14017/j.cnki.2095 - 5766.2023.0036.

[255] 张明，杨颖，邹小容. 新时期中国粮食补贴政策的战略协同与差异设计 [J]. 农业经济问题，2021 (3)：53 - 61. DOI：10.13246/j.cnki.iae.2021.03.005.

[256] 毛佳，朱述斌. 新中国成立以来粮食安全财政政策的演进及其当代启示 [J]. 江西财经大学学报，2021 (4)：114 - 124. DOI：10.13676/j.cnki.cn36 - 1224/f.2021.04.011.

[257] 胡凌啸，刘余，华中昱. 粮食主产区利益补偿状况及机制创新 [J]. 农村经济，2024 (5)：77 - 88.

[258] 张哲晰，炎天尧，穆月英. 健全粮食安全利益保障体系的机制设计与政策建议 [J]. 西北农林科技大学学报（社会科学版），2024，24 (2)：12 - 23. DOI：10.13968/j.cnki.1009 - 9107.2024 - 02 - 02.

[259] 陈颖，李继志. 我国粮食生产支持政策的历史演变、现实迷失及政策优化 [J]. 农业经济，2021 (5)：3 - 5.

[260] 孙中叶，杨传宇，李治. 健全我国粮食主产区利益补偿机制的新思路 [J]. 农业经济与管理，2024 (1)：1 - 11.

[261] 赵惠敏. 新时期粮食主产区利益补偿机制研究 [J]. 社会科学战线，2021 (12)：50 - 55.

[262] 陈明星，唐轲，张淞杰. 完善粮食主产区利益补偿机制的路径及对策 [J]. 区域经济评论，2022 (1)：45 - 51.

[263] 赵和楠. 新中国 70 年粮食安全财政保障政策变迁与取向观察 [J]. 现代面粉工业，2020，34 (1)：55.

［264］ 李燕，彭超．财政资金统筹使用的困境及路径选择［J］．河北大学学报（哲学社会科学版），2018，43（6）：94－101.

［265］ 于海英．构建乡镇财政监督体制提升基层财政管理质量［J］．商业文化，2022（14）：30－32.

［266］ 高芳华．强化财政绩效管理提升财政资金使用效率［J］．投资与合作，2024（7）：211－213.

［267］ 黄家慧，郭安宁．大食物观的生成演进、时代价值与发展路径［J］．农业经济，2023（10）：29－31.

［268］ 李超男．高标准农田建设赋能乡村振兴［J］．河北农机，2024（2）：157－159.

［269］ 乔春华．数字普惠金融、财政补贴与农民农村共同富裕［J/OL］．会计之友，2024（20）：50－56［2024－09－26］.

［270］ 胡迪，刘婷，薛平平，等．我国粮食目标价格补贴政策的作用机制分析［J］．江苏社会科学，2019（4）：107－113.

［271］ 蒋和平，杨东群，王晓君．新时代我国粮食安全导向的变革与政策调整建议［J］．价格理论与实践，2018（12）：34－39.

［272］ 李光泗．粮食收储制度市场化改革与粮食安全保障体系构建——基于临时收储政策改革的观察［J］．江西社会科学，2023，43（9）：17－28.

［273］ 王保进．促进农民农村共同富裕的时代意义、核心要义与实践路向［J］．农业经济，2024（8）：84－87.

［274］ Stefan Bojnec，Latruffe L. Farm Size，Agricultural Subsidies and Farm Performance in Slovenia. Land Use Policy，2013（3）.

［275］ Nakajima T. Migration，Employment，and Industrial Development in Japan. Theoretical Economics Letters，2014（8）.

［276］ 张维刚，欧阳建勇．乡村振兴视阈下农业高质量发展的财政支持政策选择［J］．江西社会科学，2021，41（2）：72－84.

［277］ 张发明，丁峰，王坪．中国粮食主产区农业高质量发展水平评价与时空演变［J］．浙江农业学报，2021，33（1）：150－160.

［278］ 陈明星．粮食安全韧性：内在机理、重塑路径与提升策略［J］．贵州社会科学，2023（11）：120－128. DOI：10.13713/j.cnki.cssci.2023.11.014.

［279］ 郝爱民，刘育廷．三产融合对主产区粮食产业高质量发展的外溢效应研究［J］．农林经济管理学报，2022，21（5）：509－517. DOI：10.16195/

j. cnki. cn36 – 1328/f. 2022 – 05 – 54.

[280] 周家明，刘祖云．村规民约的内在作用机制研究——基于要素—作用机制的分析框架 [J]. 农业经济问题，2014，35 (4)：21 – 27，110. DOI：10. 13246/j. cnki. iae. 2014 – 04 – 004.

[281] 彭锁．粮食安全视角下粮食主产区利益补偿机制完善研究 [J]. 粮食科技与经济，2022，47 (2)：17 – 20，34. DOI：10. 16465/j. gste. cn 431252ts. 2022 – 02 – 04.

[282] Chaudhuri S, Yabuuchi S. Formation of Special Economic Zone, Liberalized FDI Policy and Agricultural Productivity. International Review of Economics & Finance, 2010 (4): 32 – 35.

[283] 李文学，马婧杰．生态农业发展的价值意蕴、国际经验与路径指向 [J]. 农业经济，2024 (9)：11 – 14.

[284] Rosegrant M W, M S Paisner, S Mejer, et al. Global Food Projections to 2020: Emerging Trends and Alternative Futures [M]. International Food Policy Research Institute, 2001.

[285] Soane B. D. , C van Ouwerkerk. Soil compaction in crop production [M]. Elsevier, 2013.

[286] 刘涵．财政支农支出对农业经济增长影响的实证分析 [J]. 农业经济问题，2008 (10).

[287] 李树培，魏下海．改革开放以来我国财政支农政策的演变与效率研究 [J]. 经济评论，2009 (4).

[288] 彭克强，鹿新华．中国财政支农投入与粮食生产能力关系的实证分析 [J]. 农业技术经济，2010 (9).

[289] 司翼，高飞，王亚芬．我国财政农业支出的经济效应：效率评价及路径优化 [J]. 商业研究，2017 (9).

[290] E. C. Mamatzakism. Public infrastructure and productivity growth in Greek griculture. AgriculturalEconomics. 2003, 5 (29): 169 – 180.

[291] Knox J W, M G Kay, E K Weatherhead. Water regulation, crop production, and agricultural wat er management—understanding farmer perspectives on irrigation efficiency [J]. Agricultural Water M anagement, 2012 (108): 3 – 8.

[292] Jahan, Selim and Robert McClcery. Making infrastructure work for the

poor United Nations evelopment Programme, New York, NY, 2005.

[293] Fan P, Research, productivity, and output growth in Chinese agricultural. Jounal Development Economics. 1997 (53): 115 –137.

[294] Thadaboina V. a Study of Warana Wired Village Project in India, Transit Stud Rev [J]. ICT and Rural Development. 2009 (16): 560 –570.

[295] Jenny clegg, Rural cooperatives in China: Policy and Practice. Journal of Business and Enterprise Development, 2006.

[296] Wei L, Wang Y, Zhou Z, et al. Unlocking the effects and optimization path of financial support for improvement in environmental quality and rural revitalization development: an empirical analysis based on provincial data of Shaanxi province [J]. Environmental Science and Pollution Research International, 2023, 30 (2): 46795 – 46812.

[297] Niu X, Liu M, Tian Z, et al. Research on the impact of agricultural financial support on agricultural carbon compensation rate [J]. Sustainability, 2022, 14 (21): 13892.

[298] Arega D. Alene V M M. The effects of education on agricultural productivity under traditional and improved technology in northern Nigeria [J]. an endogenous switching regression analysis, Empirical Economics. 2007 (32): 141 –159.

[299] Sckokai P, Moro D. Modeling the Reforms of the Common Agricultural Policy for Arable Crops under Uncertainty [J]. American Journal of Agricultural conomics, 2006, 88 (1): 43 –56.

[300] 刘宏杰. 中国财政支农支出对第一产业增加值的影响研究: 1952—2006 年 [J]. 华南农业大学学报 (社会科学版), 2008 (3): 2 –12.

[301] 时悦, 赵铁丰. 中国农业全要素生产率影响因素分析 [J]. 华中农业大学学报 (社会科学版), 2009 (2): 51 –59.

[302] Stefan Bojnec, Latruffe L. Farm Size, Agricultural Subsidies and Farm Performance in Slovenia. Land Use Policy, 2013 (3): 25 –76.

[303] 王延杰. 农民增收与财政支持 [J]. 河北大学学报 (哲学社会科学版), 2002 (2).

[304] Coleman W D, Chiasson C. State Power, Transformative Capacity and Adapting to Globalization: an Analysis of French Agricultural Policy, 1960 –

2000. Journal of European Public Policy, 2002 (2).

[305] 王德祥，李建军. 新农村建设、财政支出与农民收入增长——基于贵州省遵义市12个县的实证分析 [J]. 农业经济问题，2009 (2).

[306] Nakajima T. Migration, Employment, and Industrial Development in Japan. Theoretical Economics Letters, 2014 (8).

[307] 魏朗. 财政支农支出对我国农业经济增长影响的研究——对1999—2003年农业生产贡献率的实证分析 [J]. 中央财经大学学报，2007 (9): 28 -30.

[308] Anderson, Kym, Rausser, Gordon, Swinnen, Johan. Agricultural Policy: A Global View. Encyclopedia of Agriculture & Food Systems, 2014 (2).

[309] Ant N J, Mou L C L. Risk Effects of Crop Support Measures [J]. 2002.

[310] Koundouri P, Laukkanen M, Myyr S, et al. The effects of EU agricultural policy changes on farmers' risk attitudes [J]. European Review of Agricultural Economics, 2009, 36 (1): 53 -77.

[311] Vision Discussion Paper. Washington D. C. International Food Policy Research Institute, 2001, 1 (2): 251 -263.

[312] Johnson MB, Planning Without Prices: A Discussion of Land Use Regulation Without Compensation. Planning Without Prices. B, ed. Lexington MA, Lexington Books, 1987.

[313] Samapundo S. , F Devlieghere, B. D. Meulenaer et al. Predictive modeling of the individual and combined effect of water activity and temperature on the radial growth of fusarium verticilliodes and F. proliferatum on corn [J]. International Journal of Food Microbiology, 2005 (15): 35 -45.

[314] Elias, Government Expenditures on Agriculture and agricultural Growth in Latin America. International Food Policy Research Institute Research Report, 1985.

[315] Nielson DJ, Productive and predatory public policies: research expenditures and producer subsides in agriculture. American journal of agricultural economics, 1992.

[316] Abel, Wilhelm, Agricultural fluctuations in Europe: from the thirteen to twentieth centuries. London Methuen Co. Ltd, 1980.

[317] Mouratiadou I, Latka C, van der Hilst F, et al. Quantifying sustainable intensification of agriculture: The contribution of metrics and modelling [J]. Ecological Indicators, 2021 (129): 107870.

[318] Yi F, Sun D, Zhou Y. Grain subsidy, liquidity constraints and food security: Impact of the grain subsidy program on the grain - sown areas in China [J]. Food Policy, 2015, 50 (1): 114 - 124.

[319] 陈飞，范庆泉，高铁梅. 农业政策、粮食产量与粮食生产调整能力 [J]. 经济研究，2010 (11): 101 - 114.

[320] 赵惠敏. 新时期粮食主产区利益补偿机制研究 [J]. 社会科学战线，2021 (12): 50 - 55.

[321] 黄少安，郭冬梅，吴江. 种粮直接补贴政策效应评估 [J]. 中国农村经济，2019 (1): 17 - 31.

[322] 胡继连，李平英，李敏. 财政支农政策的农民评价：以山东省为例 [J]. 农业经济问题，2014 (9): 47 - 54.

[323] 江山，王义民. 大规模减税降费背景下地方财政支农风险的识别与防范 [J]. 信阳师范学院学报（哲学社会科学版），2022 (1): 81 - 86.

[324] Konstantinos Angelopoulos. Does public sector efficiency matter? Revisiting the relation between fiscal size and economic growth in a world sample [J]. Public Choice, 2018, 13 (7): 245 - 278.

[325] 孙时雨. 财政支持农业新质生产力发展的多元挑战与规范创新 [J]. 农业经济，2024 (8): 114 - 116.

[326] Scott. Targeted poverty investments and economic growth in China [J]. World D evelopment, 2018, 26 (12): 137 - 151.

[327] Konstaintions Angelopoulos. Does public sector efficiency matter? Revisitingthe relation between fiscalsize and economic growth in a world sample [J]. Public Choice, 2016, 13 (7): 16 - 32.

[328] Blakeslee D, Dar A, Fishman R, et al. Irrigation and the spatial pattern of local economic development in India [J]. Journal of Development Economics, 2023, 161 (3): 102997.

[329] Suttles, K, Eagle A, McLellan E. Upstream solutions to downstream problems: investing in rural natural infrastructure for water quality improvement and flood risk mitigation [J]. Water, 2021, 13 (24): 3579.

[330] 张青，张瑶．农村非生产性公共品对农户创业行为选择的影响——基于微观视角的经验分析 [J]．财政研究，2017 (6)：84 -97.

[331] 骆永民，樊丽明．中国农村基础设施增收效应的空间特征——基于空间相关性和空间异质性的实证研究 [J]．管理世界，2012 (5)：71 -87.

[332] 孙玥，黄涛，王艳慧，等．乡村振兴重点帮扶县农村基本公共服务的多维减贫效应 [J]．经济地理，2022 (6)：144 -155.

[333] 乔翠霞，刘韵致，杨晨曦．FDI 对农业技术创新的影响——基于财政支农的调节效应分析 [J]．东岳论丛，2023 (5)：148 -159，192.

[334] 刘佳，余国新．地方财政支农支出对农业技术效率影响分析——基于随机前沿分析方法 [J]．中国农业资源与区划，2014 (5)：129 -134.

[335] 黄伟华，祁春节，聂飞．财政支农、技术溢出与农业碳排放 [J]．软科学，2023 (2)：93 -102.

[336] 马轶群，孔婷婷．农业技术进步、劳动力转移与农民收入差距 [J]．华南农业大学学报 (社会科学版)，2019 (6)：35 -44.

[337] 刘天琦，宋俊杰．财政支农政策助推乡村振兴的路径、问题与对策 [J]．经济纵横，2020 (6)：55 -60.

[338] 陈志刚，章颖．农村金融发展促进了我国农业规模化经营吗？——基于全国两大家庭农场示范区调查数据的实证分析 [J]．农业经济问题，2022 (5)：83 -97.

[339] 行伟波，张思敏．财政政策引导金融机构支农有效吗？——涉农贷款增量奖励政策的效果评价 [J]．金融研究，2021 (5)：1 -19.

[340] 王德文，黄季焜．双轨制度下中国农户粮食供给反应分析 [J]．经济研究，2001 (12)：55 -65.

[341] 仰炬，王新奎，耿洪洲．我国粮食市场政府管制有效性：基于小麦的实证研究 [J]．经济研究，2008 (9)：42 -50.

[342] Fuglie K, Schimmelpeennig D. Introduction to the special issue on agricultural productivity growth: A closer look at large, developing countries [J]. Journal of Productivity Analysis, 2010, 33 (3): 169 -172.

[343] Rizoy M, Pokrivcak J, Ciaian P. Cap subsidies and productivity of the EU farms [J]. Journal of Agricultural Economics, 2013, 64 (3): 537 -557.

[344] 温涛，何茜．财政金融支农政策效应的阶段性差异分析 [J]．当

代经济研究，2020 (10)：78 - 86.

[345] 宋永华，陈昌兵，杨祥雪．财政支农真的能促进城乡共同富裕吗？——基于城乡异质性动态随机一般均衡模型的研究 [J]. 上海经济研究，2022，42 (2)：115 - 128.

[346] 李艳秋，辛立秋，赵孟鑫．财政支农与金融助农促进农民增收的空间溢出和门槛特征 [J]. 地方财政研究，2021，18 (10)：65 - 71，79.

[347] 韩慧，吉富星．财政金融协同支农的多元挑战与规范创新 [J]. 地方财政研究，2022，19 (5)：28 - 36.

[348] 张艺璇，李中建．财政支农、普惠金融发展与农户减贫增收：基于中部六省的异质性研究 [J]. 经济问题探索，2022，43 (4)：180 - 190.